九
色
鹿

THE SUCCESSION
AND TRANSITION

Land Tax in
Tang and Song Dynasties

承续与变迁

唐宋之际的田税

吴树国　著

社会科学文献出版社
SOCIAL SCIENCES ACADEMIC PRESS (CHINA)

· 目 录 ·

绪　论

一　研究意义和价值

在中国古代农本社会中，田税的地位与作用尤为关键。田税与土地、户籍制度相辅相成，共同形成国家财政收入的基础，并规范着社会经济运行秩序。同时，田税是赋役制度的核心。田税制度的构成形式与运行状况直接决定着杂税增减、征榷推行以及役制赋税化进程。不仅如此，田税影响层面更为广泛，涉及问题也颇为细微。从中央财政机构调整到地方基层组织建设，从人口流动到百姓生活，到处都会发现田税的制度因子。故田税不仅是一项独立经济制度，也是其他社会制度的基础。这正是研究田税制度的价值所在。

任土作贡和因田制赋一直是中国古代农本社会

的制税理念。杜佑《通典》云："是故历代至今，犹计田取租税。"[1]
马端临在考察历代田赋之制时亦称："盖赋税必视田亩，乃古今不可
易之法。"[2]然而，中国古代田税受田制影响颇大。吕思勉早就指出：
"欲知古代之税法，必先知古代之田制。"[3]在井田制和为民制产思想
影响下，授田制曾一度活跃。故中国古代田税并非单纯地表现为履
亩而税，也曾以计丁、量户形式出现。纵观田税制度演进趋势能够
发现，在征收方式上整体包含着从人丁逐步转向土地的过程，其过
渡阶段恰在中国古代唐宋之际。

由唐代租庸调到两税法，再至宋代形成二税，唐宋之际田税制
度演进形式并不复杂，但其制度内涵变化却极其丰富。不仅征税对
象由人丁向土地转移，亦伴随着田税附加税的扩张与整合、田税地
域差异的加剧以及田税征收管理的调整。故研究唐宋之际田税制度
变迁对认识中国古代田税乃至整个赋役制度的演进特征都具有重要
意义。此外，田税变迁还对唐宋之际的国家财政、农业经济和农民
生活产生了不同程度的影响，因而这一研究对理解唐宋社会发展也
不无裨益。

然而，受以往唐、宋断代研究局限，特别是五代十国史研究
的薄弱，唐宋之际田税制度较少被纳入整体研究视野。仅有研究
成果也以概论居多，做逼近的、细密的长时段研究尚显不足，所
得结论多是对唐宋田税制度的宏观对比。虽然"唐宋变革论"和
"唐宋转型学说"催生学界打通唐宋断代局限的要求，但能够体
现强烈问题意识、做深层次过程和关系研究的成果尚不多见。就
唐宋之际田税制度研究而言，基本上还停留在"简单的回应"层
面，而这正是本书意欲突破之处，亦为本书选题的意义与价值
所在。

1　杜佑：《通典》卷4《食货四·赋税上》，北京：中华书局，1988，第69页。
2　马端临：《文献通考》卷3《田赋三》，北京：中华书局，1986，第48页。
3　吕思勉：《中国制度史》，上海：上海教育出版社，1985，第545页。

二　研究状况

　　在中国古代财政史和经济史研究中，唐宋田税制度受关注较早，取得的成果也极为丰富。由于本书研究重点是唐宋之际田税制度变迁，以及由此引发的田税地域差异、征收管理调整和变迁影响等层面，故本书将针对上述领域研究状况做较为详细梳理。

　　两税法是唐代田税制度变迁的重要标志。关于 20 世纪两税法的研究状况，陈明光有过专门介绍。[1] 日本学者船越泰次关于唐代两税法研究史的梳理亦可参照。[2] 总体来看，学术界对两税法研究主要集中在形成背景和内容上，对两税法制度形成的制度动因和两税法在唐宋之际的推移研究稍显不足。关于租庸调向两税法的演变，学术界主要围绕两税法内容展开，如鞠清远和王仲荦探讨了户税和地税走向两税法的过程。[3] 岑仲勉和曾我部静雄则从租庸调旧制向两税法演进的角度加以分析。[4] 金宝祥和束世澂注重户税向两税法的发展。[5] 胡如雷从多个税种合并或重组的认识出发来研究这次转变。[6] 黄永年则对户税、地税以及向两税过渡中的征纳细节进行考辨。[7] 这些学者的研究为认识租庸调向两税法演变奠定了基础。但上述研究争论焦点是两税法组成内容，而对两税法演进过程叙述过简。随着两税法研究的逐步细化，对其演变过程的研究力度增大，船越泰次、张泽咸、郑学檬、陈明光、李志贤和宁欣都从不同角度进行了深入细致

1　陈明光：《20 世纪唐代两税法研究评述》，《中国史研究动态》2000 年第 10 期。

2　船越泰次『唐代两税法研究』汲古書院、1996 年、5~80 頁。

3　鞠清远：《唐代的两税法》，《国立北京大学社会科学季刊》第 6 卷第 3 期，1936 年；王仲荦：《唐代两税法研究》，《历史研究》1963 年第 6 期。

4　岑仲勉：《唐代两税法基础及其牵连的问题》，《历史教学》1951 年第 2 卷第 5、6 期；曾我部静雄「両税法と戸税・地税の無関係を論ず」『東洋学』2 号、1959 年 10 月。

5　金宝祥：《论唐代的两税法》，《甘肃师范大学学报》1962 年第 3 期；束世澂：《两税法与建中税制改革》，《历史教学问题》1958 年第 2 期。

6　胡如雷：《唐代两税法研究》，《河北天津师范学院学报》1958 年第 3 期。

7　黄永年：《唐代两税法杂考》，《历史研究》1981 年第 1 期。

的解析。[1] 值得注意的是，敦煌吐鲁番文书对该问题研究起了重要推动作用。李锦绣正是依据敦煌吐鲁番文书资料进行细密化研究，使租庸调向两税法演变过程逐步清晰。[2] 总体上看，两税法形成与唐前期租庸调、户税、地税、资课都有关联，是一个总体推动过程，而其中制度细节和实施机制还有待于深挖。

相对于租庸调向两税法转变，两税法在唐宋之际推移问题虽多有论及，但就其研究深度而言，则显得相对逊色，主要存在以下三种认识。

第一，认为是两税法的裂变。刘道元对唐宋两税法变化较早进行了颇有见地的分析。认为两税法是资产税，宋代二税已经为纯粹土地税，其变化表现为商税、屋税从资产税中脱离。庸税在田税中，故只能差役，再加之政权力量薄弱，社会混乱，资产税便成为土地税。[3] 日野开三郎也对两税法演变有所研究，与刘道元类似，他认为唐代两税包括都市屋税和地税与农村田税两部分，宋代以后城市两税变成了宅税和地税，农村田税依旧，只是改变了钱纳原则。[4] 李剑农探讨了宋代两税的演变，认为它源于唐末、五代税制。指出变化过程是庸调从两税法中脱出，调变成了按户课配和丁口钱，庸则变成了现役；庸调额转入地亩征收，即钱额化入地亩，同时两税额在唐宋之际不断增加。[5] 梁太济通过对民田之赋、公田之赋、城郭之赋、杂变之赋、丁口之赋"五赋"的考察，深入讨论了宋代两税

1　船越泰次『唐代両税法研究』；张泽咸：《唐五代赋役史草》，北京：中华书局，1986；郑学檬：《中国赋役制度史》，厦门：厦门大学出版社，1994；陈明光：《唐朝推行两税法改革的财政前提——代宗时期财政改革与整顿述评》，《中国社会经济史研究》1990 年第 2 期；李志贤：《杨炎及其两税法研究》，北京：中国社会科学出版社，2002；宁欣：《唐德宗财税新举措析论》，《历史研究》2016 年第 4 期。

2　李锦绣：《唐代财政史稿》上卷，北京：北京大学出版社，1995。

3　刘道元：《两宋田赋制度》，上海：新生命书局，1933，第 11~13 页。

4　日野開三郎『日野開三郎東洋史学論集』第四卷『唐代両税法の研究 本篇』三一書房、1982 年。

5　李剑农：《中国古代经济史稿》第 3 卷（宋元明部分），武汉：武汉大学出版社，2005。

与唐代两税的异同，对田税制度从唐到宋的演变轨迹进行了探讨。[1]
金宝祥和束世澂则认为，唐代户税至宋代已转为身丁税，故宋代两
税是田亩税。[2]

　　第二，认为是两税法中户税逐渐被田亩税取代。金毓黻指出：
"唐代两税系按资产计税，而以户名为计算之准，故极近于户税。
宋代二税系按地亩计税，而不必问其户名，故亦可谓为地税。按实
言之，前者为资产税，计户而不计地。后者为土地税，计地而不计
户。此则二者异同之辨也。"[3]故认为唐代户税至宋代被田亩税彻底
取代。张泽咸对上述看法提出了质疑，坚持户税在五代十国时期还
存在，只是户税钱已大大减少。在两税变迁上，他认为田亩税在自
身发展中形成了钱米并征，强调"两税中的田亩税终唐之世都是居
于重要地位"；并指出"原先按每户资产多少征收的户税钱，由于
各种社会情况的变化，失去了它赖以存在的基础。到了宋代，两税
便全部集中在土地上征收田亩税，而不再有主要是把田产计算在内
的户税了"。[4]在该问题上，郑学檬的观点前后有些变化。在《五代
两税述论》中，他认为五代田税中"计亩税钱"是"唐末以来江淮
两税钱基础上的制度化"，由于两税钱原为户税钱，所以郑氏的话
应该包含"户税转入地亩征收"含义。但在其稍后《五代十国史研
究》和《中国赋役制度史》两书中，却认为田亩税钱是田亩税自身
发展的结果，存在由全部税钱向夏钱秋米转移的过程，户税钱何时
逐步转入田亩，还需研究。[5]与上述观点不同，沈世培坚持认为，户

1　梁太濟「宋代兩稅及其與唐代兩稅的異同」『中国史学』第 1 卷、中国史学会、1991 年 10 月；
　　另收入《梁太济文集·史事探研卷》，上海：上海古籍出版社，2018，第 557~592 页。
2　金宝祥：《论唐代的两税法》，《甘肃师范大学学报》1962 年第 3 期；束世澂：《两税法与建中税
　　制改革》，《历史教学问题》1958 年第 2 期。
3　金毓黻：《唐代两税与宋代二税》，《中国学报》第 1 卷第 1 期，1943 年。
4　张泽咸：《论田亩税在唐五代两税法中的地位》，《中国经济史研究》1986 年第 1 期。
5　郑学檬：《五代两税述论》，《中国社会经济史研究》1983 年第 4 期；《五代十国史研究》，上海：
　　上海人民出版社，1991，第 160 页；《中国赋役制度史》，第 278 页。

税在唐穆宗长庆以后，开始不再按户等征收，而是转为按地亩征收，两税钱也就变为田亩税。[1]汪圣铎亦支持此观点，同时还撰文对唐宋两税税钱的折科问题进行了探讨。[2]翁俊雄在《唐后期民户大迁徙与两税法》中也提出了类似的看法。[3]刘进宝在研究唐宋之际归义军经济史时认为，归义军赋税征收完全以土地为据，是赋役制度在唐宋变革的绝好个案。[4]针对以上认识，李锦绣主张户税向田亩税转变是一个渐变过程，各地区之间存在较大的差异性，转变时期并非始于长庆，而是起自晚唐，由局部向全国发展，五代逐渐普遍。[5]高树林根据对中国封建社会阶段性的认识，认为唐代两税法和宋代"杂变之赋"标志着中国封建赋税结构的两次重大变化。[6]

第三，认为是两税法自身重组。这一认识淡化了履亩征税的田亩税与据户等纳钱的户税之间的区别。日本学者船越泰次研究了唐宋两税法的课税体系，不同意使用户税和地税概念，而主张用"两税钱"和"两税斛斗"。[7]陈明光使用这一概念框架，进一步论证唐五代时期两税的演变，认为是两税钱计征资产范围的转变，即从杂产及田产的综合，转向单纯的田地（含种植于其上的桑木）。[8]周曲洋对唐宋之际户税演进的研究理路进行了更为全面的分析，认为中国学者多用"户税/地税"这一组概念进行分析，其中暗含了将两税中的户税视为户口税或人头税的倾向，并与据田亩征课的地税相

1　沈世培：《两税向田亩税的转变及其原因初探》，《中国社会经济史研究》1990年第1期。
2　汪圣铎：《两宋财政史》，北京：中华书局，1995；《北宋两税税钱的折科》，《许昌师专学报》1989年第2期。
3　翁俊雄：《唐后期民户大迁徙与两税法》，《历史研究》1994年第3期。
4　刘进宝：《唐宋之际归义军经济史研究》，北京：中国社会科学出版社，2007，第178~182页。
5　李锦绣：《唐代财政史稿》下卷，北京：北京大学出版社，2001，第664页。
6　高树林：《试论中国封建社会赋税制度的税役变化问题》，《中国史研究》1989年第1期。
7　船越泰次：《唐代两税法中的斛斗征科及两税钱的折籴和折纳问题》，中译本载刘俊文主编《日本中青年学者论中国史（六朝隋唐卷）》，上海：上海古籍出版社，1995，第485~508页。
8　李锦绣：《唐代财政史稿》下卷，第614页；陈明光：《从"两税钱"、"两税斛斗"到"桑田正税"——唐五代两税法演变补论》，《文史》2010年第1辑，北京：中华书局，2010。

对立。由于宋代两税已转为据地征收，中国学者多认为户税在宋代已经被消解或取代。日本学者船越泰次则坚持唐人语境中两税应由"两税钱"与"两税斛斗"组成，"两税钱"是对人户综合资产的课税，其中既包括杂产也包含田亩。故周曲洋主张两税在唐宋之际的变迁，究竟是田税对户税的消解，还是两税钱（户税）自身的重组，仍有待于进一步探究。[1]此外，王曾瑜对宋代两税的征收时间、税物品类、每亩田地两税额、附加税以及两税与当时社会的阶级关系等各方面逐项进行了考订，在一些问题上也上溯到唐代。[2]梅原郁围绕五代、宋租税制探讨了五代和宋两税法的演进。[3]不过，这些研究对户税和地税的差异都缺少特别明确的区分。

通过上述观点能够发现，对唐宋之际两税法变迁研究，学术界存在两税裂变、田亩税取代户税和两税重组等不同认识。笔者曾就这一问题考察了五代十国时期吴、南唐的田税，发现了唐末和五代时期两税变迁的一些轨迹，质疑了唐穆宗长庆时期两税法发生彻底转变这一认识。[4]实际上，唐后期两税法的具体实施情况，在五代北方地区的转化过程，以及宋代文献中二税名目的实际形成都有待于研究。故在唐宋之际田税制度延续的宏观视野下，学者们需要突破一些变迁关键节点后才能对其有一个正确和完整的认识。对此，包伟民、周曲洋的相关学术梳理和评述值得借鉴和反思。[5]

田税附加税范围在唐宋之际趋于扩大，地位也日趋重要。张泽咸对田税附加税、输租和输脚进行了研究。[6]李锦绣全面论述了田

---

1 周曲洋：《概念、过程与文书：宋代两税研究的回顾与展望》，《唐宋历史评论》第4辑，北京：社会科学文献出版社，2018，第207~210页；《量田计征：宋代二税计征相关文书研究》，博士学位论文，中国人民大学，2017，第101~121页。

2 王曾瑜：《宋朝的两税》，《文史》第14辑，北京：中华书局，1982。

3 梅原郁「両税法の展開－五代、宋の租税制をあぐつて－」『歴史教育』17~6、1968年。

4 吴树国：《五代十国时期吴、南唐田税考辨》，《中国经济史研究》2004年第1期。

5 包伟民：《唐宋转折视野之下的赋役制度研究》，《中国史研究》2010年第1期；周曲洋：《概念、过程与文书：宋代两税研究的回顾与展望》，《唐宋历史评论》第4辑，第196~217页。

6 张泽咸：《唐五代赋役史草》。

税附加税，认为税草作为地税附加税，有因需定收的特点；脚钱就
征税物而言可分为租脚、庸调脚、地税脚；裹束是庸调物的包装费；
丁租、地税都有仓窖钱、加耗。[1]青苗地头钱也具有附加税的性质，
王永兴认为青苗地头钱本是两种税种，后来合而为一；张泽咸认为
青苗地头钱原来就是青苗钱的附加。[2]陈明光主张青苗钱和地头钱具
有资产税的性质，又都是中央直接税，因此为同一税制。另外还从
"两税外加率一钱以枉法论"到两税"沿征钱物"的制度脉络对唐
五代田税附加税进行详细讨论。[3]但日本学者铃木俊认为青苗钱是户
税的附加税；日野开三郎则认为与户税、地税没有关系。[4]五代十国
时期田税附加税骤增，日野开三郎和周藤吉之对此进行了研究。[5]郑
学檬在《五代十国的杂税》中指出了杂随正纳问题，大体勾勒出五
代杂税的全貌。[6]有关宋代田税附加税的相关成果也较多，前述王曾
瑜对宋代两税附加税进行了考订。[7]梁太济深入讨论了杂变之赋于宋、
唐二代的异同，对其从唐到宋的演变轨迹进行了探讨。[8]其他一些著
作也涉及宋代杂变之赋，如赵雅书《宋代的田赋制度与田赋收入状
况》[9]、漆侠《宋代经济史》[10]、汪圣铎《两宋财政史》、包伟民《宋代地

1　李锦绣：《试论唐代的税草》，《文史》第 34 辑，北京：中华书局，1992；《唐前期的附加税》，
　　《中国唐史学会论文集》，西安：三秦出版社，1993。
2　王永兴：《隋唐五代经济史料汇编校注》，北京：中华书局，1987；张泽咸：《唐五代赋役史草》。
3　陈明光：《唐代财政史新编》，北京：中国财经出版社，1991；《从"两税外加率一钱以枉法论"
　　到两税"沿征钱物"——唐五代两税法演变续论》，《魏晋南北朝隋唐史资料》第 25 辑，武汉：
　　武汉大学出版社，2009。
4　鈴木俊「唐の戶税と青苗錢との關係に就て」『池内博士還暦記念東洋史論叢』座右宝刊行会、
　　1940 年；日野開三郎『日野開三郎東洋史学論集』第三卷『唐代両税法の研究 前篇』三一書
　　房、1981 年。
5　日野開三郎「五代の沿征に就いて」『史渊』13、1936 年；周藤吉之「南唐・北宋の沿征」『東
　　洋史論叢：和田博士古稀記念』講談社、1961 年。
6　郑学檬：《五代十国的杂税》，《中国社会经济史研究》1984 年第 4 期。
7　王曾瑜：《宋朝的两税》，《文史》第 14 辑。
8　梁太濟「宋代両税及其與唐代両税的異同」『中国史学』第 1 卷、中国史学会、1991 年 10 月。
9　赵雅书：《宋代的田赋制度与田赋收入状况》，台北：台湾大学文学院，1969。
10　漆侠：《宋代经济史》，上海：上海人民出版社，1987。

方财政史研究》[1]、王棣《宋代经济史稿》[2]、黄纯艳《宋代财政史》[3]和田晓忠《宋代田赋制度研究》[4]等。

　　唐宋之际田税附加税的研究状况亦可谓是"杂"，或者附在田税之后，或者对其中某一个税目做单独研究。在时段上缺少贯通性，基本上是关于唐前期、唐后期、五代和北宋各自田税附加税的探讨，仅有的对唐宋的整体考察也建立在对比基础上。正因为如此，目前学界尚未形成对唐宋之际附加税的整体认识，对一些附加税变化也缺乏过程性深入考察。故唐宋之际附加税研究既需要宏观的整体认识，也需要微观的过程分析。

　　关于田税地域差异，因唐前期推行统一税制，一些地区特殊税制引起学界关注。日野开三郎讨论了唐代岭南税米问题，认为是特殊地区税制。[5]陈寅恪讨论了江南"租折布"，提出唐朝财政制度的南朝化。[6]李锦绣结合吐鲁番出土文书，首次详论了唐前期存在的"轻税"制度。[7]唐后期田税地区差异成为普遍现象，学者更多地从财政角度关注税额问题。陈明光和李锦绣都探讨了各地税额和税率的轻重悬殊现象。[8]郑学檬揭示了五代各政权的田税和附加税。[9]斯波义信将宋代东南六路上供祖额长期维持不变现象，概括为"原额主义"。[10]包伟民专门探讨了宋代"地方财政区域间不

1　包伟民：《宋代地方财政史研究》，上海：上海古籍出版社，2001。

2　王棣：《宋代经济史稿》，长春：长春出版社，2001。

3　黄纯艳：《宋代财政史》，昆明：云南大学出版社，2013。

4　田晓忠：《宋代田赋制度研究》，北京：中国社会科学出版社，2016。

5　日野开三郎：《论唐代赋役令中的岭南户税米》，辛德勇译，《唐史论丛》第3辑，西安：陕西人民出版社，1987，第52页。

6　陈寅恪：《隋唐制度渊源略论稿》，北京：中华书局，1963。

7　李锦绣：《唐前期"轻税"制度初探》，《中国社会经济史研究》1993年第1期；《唐代财政史稿》上卷。

8　陈明光：《唐代财政史新编》；李锦绣：《唐代财政史稿》下卷，第664页。

9　郑学檬：《五代十国史研究》。

10　斯波义信：《宋代江南经济史研究》，方健、何忠礼译，南京：江苏人民出版社，2001，第248~256页。

平衡问题"。[1] 程民生从宋代地域经济着眼，对宋代田税的地区性差异做了阐述。[2] 李金水指出在宋代田税具体运行中，土地买卖、土地兼并以及诡名寄产等问题加剧了田赋不均。[3]

纳税绢帛通过折变形成绢估，亦对区域税率产生不同影响。对唐后期折变和绢估，日野开三郎、王永兴、吴丽娱、魏道明、李锦绣都有相关解析，特别是区分了虚估、实估、省估和省中估。[4] 张亦冰立足北宋《天圣令·关市令》，对唐宋时估制度进行了研究。[5] 研究宋代折变和绢估的成果也较多，汪圣铎《北宋两税税钱的折科》最早发覆，是该领域最重要成果。[6] 此后，张熙惟、李晓和田晓忠都有相关探讨。[7]

田税地域差异研究中存在的问题亦是宏观概括式研究较多，微观梳理较少。由于地域条件和社会背景十分复杂，田税地域差异的形成往往是多元动力造成的。所以，既要把它放在田税变迁的大背景下，同时也需要做个案的深入研究。

田税征管主要涉及户口和土地管理。在户口方面，张泽咸认为与衣冠户出现的同时或稍早，便出现了形势户，包括诸色杂有职掌的吏职和各地有权势的有力人户，他们本身虽然没有免除差

1　包伟民：《宋代地方财政史研究》。

2　程民生：《宋代地域经济》，郑州：河南大学出版社，1992。

3　李金水：《王安石经济变法研究》，福州：福建人民出版社，2007，第 465~479 页。

4　日野開三郎『日野開三郎東洋史学論集』第四卷『唐代両税法の研究 本篇』271~281 頁；王永兴：《中晚唐的估法和钱帛问题》，《社会科学》1949 年第 2 期；吴丽娱：《浅谈大历高物价与虚实估起源》，韩金科主编《'98 法门寺唐文化国际学术讨论会论文集》，西安：陕西人民出版社，2000，第 523~531 页；吴丽娱：《试析唐后期物价中的"省估"》，《中国经济史研究》2000 年第 3 期；魏道明：《略论唐朝的虚钱和实钱》，《青海师范大学学报》1992 年第 2 期；魏道明：《论唐代的虚估与实估》，《中国经济史研究》2002 年第 4 期；李锦绣：《唐后期的虚钱、实钱问题》，《北京大学学报》1989 年第 2 期；李锦绣：《唐代财政史稿》下卷，第 1217~1249 页。

5　张亦冰：《唐宋时估制度的相关令文与制度实践——兼论〈天圣令·关市令〉宋 10 条的复原》，《中国经济史研究》2017 年第 1 期。

6　汪圣铎：《北宋两税税钱的折科》，《许昌师专学报》1989 年第 2 期。

7　张熙惟：《宋代折变制探析》，《中国史研究》1992 年第 1 期；李晓：《宋代工商业经济与政府干预研究》，北京：中国青年出版社，2000；田晓忠：《宋代田赋制度研究》。

役的特权，但实际并不出差科，是宋代形势户的前身。[1]日本学者草野靖对两税法以后主客户的含义、形成、户口统计以及区分标准进行了探讨。[2]尹敬坊对宋代形势户中的品官之家、州县及按察官司吏人这两种人户在封建结构中所占的地位及其所享受的特权，分别做了论述。[3]朱家源等对宋朝给予官户的合法税役减免项目和时间范围做了分析，认为对官户明文规定的合法税役减免实际非常有限，主要是通过各种非法途径隐产逃税，并将一部分赋税负担转嫁到贫下户身上。[4]此外，梅原郁亦对宋代形势户和官户进行了分析，[5]但草野靖认为梅原郁对形势户理解不充分，因而进行了再论述。[6]

关于客户，唐宋史学者研究较多。张泽咸较早对客户进行了论述。他主张客户除了客籍户外，还有地主官僚的寄庄户，认为五代时期正式出现了主客对称的局面。[7]唐长孺则基本将客户限定在客籍户范围，认为两税法前，客户是浮寄户，两税法后，客户无论附籍与否，基本上都是无资即无地户，他们与其他贫人一起成为地主田庄上合法的直接劳动者，但一旦造籍入户，客户就成了土户。因此，土客之分也就是土著与外来之分，而非有产与无产之分。[8]翁俊雄认为，唐代后期已经发生了土客对称的变化，客户指无地户，主户为有地户。[9]关于宋代客户以及户等问题，王曾瑜《宋朝阶级结构》

1　张泽咸：《唐代的衣冠户和形势户——兼论唐代徭役的复除问题》，《中华文史论丛》1980 年第 3 辑，上海：上海古籍出版社，1980。

2　草野靖「両税法以降の主客戸制度」（上、下）『熊本大学文学部論叢』（33、37）、1990 年、1991 年。

3　尹敬坊：《关于宋代的形势户问题》，《北京师院学报》1980 年第 6 期。

4　朱家源、王曾瑜：《宋朝的官户》，邓广铭、程应镠主编《宋史研究论文集》，上海：上海古籍出版社，1982。

5　梅原郁「宋代の形势と官戸」『東方学報』60、1988 年。

6　草野靖「宋代の形势戸」『人文論叢』（福岡大学）25~1、1993 年。

7　张泽咸：《唐代的客户》，《历史论丛》第 1 辑，北京：中华书局，1964；《唐代阶级结构研究》，郑州：中州古籍出版社，1996。

8　唐长孺：《唐代的客户》，《山居存稿》，北京：中华书局，1989。

9　翁俊雄：《唐后期民户大迁徙与两税法》，《历史研究》1994 年第 3 期。

是其多年研究的总结。[1] 梁太济详细地阐述了具有客户性质的各种称谓以及它们的区别和联系，指出宋代客户是"无产而侨寓者"，无论乡村客户还是坊廓客户，都是如此。[2]

至于税收相关的户籍文书，翁俊雄探讨了唐后期"据地造籍"的现象。[3] 葛金芳研究了宋代户帖，认为宋代户帖不是户口册而是赋税征收通知单。[4] 尚平认为户帖属于产税凭证。[5] 刘云等认为宋代户帖是产税文书，也是宋代赋役推排的主要依据之一，而不是纳税通知书。[6] 冯剑辉依托新发现的南宋宝庆元年开化县户帖抄件，进一步确认户帖是宋代土地产权登记和征税的凭证。[7] 汪圣铎和王曾瑜还探讨了宋代户钞。[8] 此外，刘进宝和孙继民还从唐宋之际税制变迁视角分析了户状文书。[9]

唐宋时期，土地制度研究成果极其丰富，但直接涉及田税变迁与土地管理加强的论著并不多。陈明光认为，地方政府负有检校与招佃逃田、收租抵税、代管逃户部分收益等产权管理职责；民间一直存在逃户亲邻私自处理逃田产权的非法行为，这是与地方官员赋税"摊逃"互为因果的经济习俗。他还进一步指出，宋代制定和调整政策时的财政考虑更加突出，更多地采用田赋减免措施，调整逃田收益权在官民之间的分配。此外，他还论述了五代时期中央对地

1　王曾瑜：《宋朝阶级结构》，石家庄：河北教育出版社，1996。

2　梁太济：《宋代客户诸称辨析》，《陈乐素教授（九十）诞辰纪念文集》，广州：广东人民出版社，1992。

3　翁俊雄：《唐后期民户大迁徙与两税法》，《历史研究》1994 年第 3 期。

4　葛金芳：《宋代户帖考释》，《中国社会经济史研究》1989 年第 1 期。

5　尚平：《宋代户帖的性质及其使用》，《广西社会科学》2007 年第 5 期。

6　刘云：《税役文书与社会控制：宋代户帖制度新探》，《保定学院学报》2010 年第 2 期；刘云、刁培俊：《宋代户帖制度的变迁》，《江西师范大学学报》2009 年第 6 期。

7　冯剑辉：《宋代户帖的个案研究》，《安徽史学》2018 年第 3 期。

8　汪圣铎：《税钞、粮草钞和盐钞》，《文史》第 15 辑，北京：中华书局，1982；王曾瑜：《宋朝的两税》，《文史》第 14 辑。

9　刘进宝：《唐宋之际归义军经济史研究》；孙继民：《唐宋之际归义军户状文书演变的历史考察》，《中国史研究》2012 年第 1 期。

方检田干预加强。[1]郑学檬揭示了五代各政权的检田均税。[2]武建国在论述土地制度过程中，也提及了税收问题。[3]刘进宝认为敦煌归义军史料中的户状是唐宋之际土地过户的法律标志。[4]郭丽冰认为，北宋建国后承袭唐代对土地私有产权的保护制度，实行"不抑兼并"的土地政策，建立了一套从上至下的土地管理机构，并制定了详细的土地管理内容，从制度上保障了宋代土地私有产权，从而确保了国家赋税收入，巩固了政权稳定。[5]此外，陈明光和毛蕾研究了唐宋以来田宅典当买卖中的牙人。[6]戴建国研究了田宅交易投税凭由和官印田宅契书，认为官印田宅契书不是买卖双方的标准文本，而是政府管理的法律文书，并探讨了宋代土地产权的复杂变化。[7]

从整体上来看，田税征收管理方面以间接研究居多，直接研究并不多见，所以，需要从田税变迁角度对田税征管的演进做系统梳理。

关于唐宋之际税制变迁的影响，学界研究成果众多。两税法后，国家财政形成定额管理体制，对此，陈明光、李锦绣、汪圣铎、包伟民等都给予深入细致的研究。[8]陈明光特别指出两税法以后出现农业税和商品税并行的二元财政收入结构。[9]唐宋之际是人丁税向财产税和土地税转变的重要时期，税制改变对农业经济影

1　陈明光：《论唐五代逃田产权制度变迁》，《厦门大学学报》2004 年第 4 期；《宋朝逃田产权制度与地方政府管理职能变迁》，《文史哲》2005 年第 1 期；《"检田定税"与"税输办集"：五代时期中央与地方的财权关系论稿之一》，《中国社会经济史研究》2009 年第 3 期。

2　郑学檬：《五代十国史研究》。

3　武建国：《五代十国土地所有制研究》，北京：中国社会科学出版社，2002。

4　刘进宝：《唐宋之际归义军经济史研究》，第 31~40 页。

5　郭丽冰：《略论宋代国家的土地管理》，《广东教育学院学报》2005 年第 2 期。

6　陈明光、毛蕾：《唐宋以来的牙人与田宅典当买卖》，《中国史研究》2000 年第 4 期。

7　戴建国：《宋代的田宅交易投税凭由和官印田宅契书》，《中国史研究》2001 年第 3 期；《从佃户到田主：宋代土地产权形态的演变》，《中国社会科学》2017 年第 3 期。

8　陈明光：《唐代财政史新编》；李锦绣：《唐代财政史稿》下卷；汪圣铎：《两宋财政史》；包伟民：《宋代地方财政史研究》。

9　陈明光：《论唐朝两税预算的定额管理体制》，《中国史研究》1989 年第 1 期。

响深远。陈明光认为唐代后期地方财政支出定额包干制有助于南方经济建设；张安福认为唐后期税制改革促进了唐代农民产业经营多样化，并对日常生活产生影响；侯江红指出唐朝两税三分制财政改革丰富了地方政府农业经济职能；王珏、何富彩还借助经济学模型分析唐代两税法的经济效果。[1]陈明光还探讨了唐宋时期田赋灾伤蠲免问题。[2]张剑光、邹国慰则分析了唐后期商品性农业生产的增强。[3]对唐宋之际的税负，学界多持增长论，但也有学者提出质疑。如包伟民就认为宋代赋役征敛总体水平处于与前后各王朝大体相等水平。[4]孙彩红通过对唐后期两税量化，认为税负增加不大。[5]田晓忠指出宋代田赋负担并没有沉重到让普通百姓全部不堪重负的境地。整体而言，宋代田赋负担的总体水平仍然不高，处于相对合理水平。[6]谷更有亦对宋代乡村户生活程度进行了细化考察。[7]

纵观唐宋之际田税变迁研究能够发现，史学界在该领域已经取得了令人瞩目的成就。这些学者积累下的丰富资料和细致分析，为本书继续拓展奠定了坚实基础和提供了较好借鉴。但上述研究中也存在诸多问题。

第一，断代史研究范式仍然居于主导地位。众多成果还是唐、五代十国和宋代际泾渭分明，虽然彼此也不乏向前回顾和向后展

1　陈明光：《唐代后期地方财政支出定额包干与南方经济建设》，《中国史研究》2004 年第 4 期；张安福：《税制改革对唐代农民产业经营和日常生活的影响》，《江西社会科学》2009 年第 7 期；侯江红：《唐朝两税三分制财政改革与地方政府农业经济职能》，《中国农史》2011 年第 1 期；王珏、何富彩：《唐代两税法的经济效果——基于双重差分模型的实证分析》，《中国经济史研究》2017 年第 6 期。
2　陈明光：《唐宋田赋的"损免"与"灾伤检放"论稿》，《中国史研究》2003 年第 2 期。
3　张剑光、邹国慰：《唐五代时期江南农业生产商品化及其影响》，《学术月刊》2010 年第 2 期。
4　包伟民：《宋代地方财政史研究》，第 242~279 页。
5　孙彩红：《唐后期两税法下纳税人的税收负担水平新探》，《厦门大学学报》2010 年第 2 期。
6　田晓忠：《宋代田赋制度研究》，第 150 页。
7　谷更有：《唐宋国家与乡村社会》，北京：中国社会科学出版社，2006，第 155~175 页。

望，但多论述极简，仅停留在观点枚举层面，尚未进行深入逻辑论证。

第二，唐宋宏观对比式研究居多。虽然有些学者也尝试打破唐宋断代樊篱，但多属于对唐宋某一阶段成熟田税制度的宏观对比，缺乏对具体演进过程和关键环节的梳理，尤其是缺失对关键过渡阶段五代十国田赋制度的研究，这必然影响长时段会通研究的主旨。

第三，立足财政视角而非专门税制研究，亦在某种程度上削弱了对唐宋之际田税的考察。虽然税收是财政收入的重要组成部分，但财政研究无法代替税制研究。因为财政史中的税制研究多强调税收征纳的结果，而税制研究则更重视税制运行的实际过程。

有鉴于此，本书尝试从唐宋之际长时段视野，对田税制度做逼近、绵密的细致分析，希望避免"唐宋变革"的简单概念演绎，以及对比式的长时段阐释，将唐宋时期田税制度看成一个连续性的动态发展过程，并将其放到变动的唐宋社会中进行观察，考订细节，重构史实，生发议题，最终呈现唐宋之际田税制度变迁的细密纹理。

三　概念界定和研究思路

（一）概念界定

1. 唐宋之际

将唐宋作为一个时间段进行考察并非中国史学研究的传统。习惯上，唐宋经常被分为两个不同历史阶段。唐代往往与隋、五代构成隋唐五代史，若再延长，则上溯与魏晋南北朝相连，甚至秦汉。两宋多自成系统，也经常与辽夏金元构成一个研究单元，抑或与明代放在一起讨论。这种研究习惯多从制度连续性着眼，认为汉唐社会性质相同，宋代则开启历史新阶段。[1]但目前中国史学界越来越多的研究开始唐宋并称，这主要受国外史学影响。从制度变革着眼，将唐宋放在一起进行研究很早就在日本出现。在 1910 年，日本学者内藤湖南在《概括的唐宋时代观》中使用了"唐宋时代"一词，不过他认为："这个词其实并没有什么意义。因为唐和宋在文化的性质上有着显著的差异：唐代是中世的结束，而宋代则是近代的开始，其间包含了唐末至五代一段过渡期。"[2]内藤湖南唐宋变革观影响了一个时期日本史学的研究，从唐宋变革和制度转型角度研究唐宋历史成为日本部分史学工作者的取向。日本唐宋变革观也影响了欧美和中国台湾史学，有关"唐宋变革"的研究成果不断涌现。中国大陆学者在近些年开始回应"唐宋变革说"，出现了一系列冠以"唐宋"名称的论文和著作。[3]"唐宋"一词成为"一个有着特殊意味、特殊

1　如明代学者陈邦瞻在《宋史纪事本末·叙》中称："宇宙风气，其变之大者三：鸿荒一变而为唐虞，以至于周，七国为极；再变而为汉，以至于唐，五季为极；宋其三变，而吾未睹其极也。变未极则治不得不相为因，今国家之制，民间之俗，官司之所行，儒者之所守，有一不与宋近乎？"（北京：中华书局，1977，第 1191~1192 页）近现代学者中持此论者更多，钱穆在《中国文化史导论》中将汉唐时代作为中国文化的一个阶段，宋元明清时代作为另外的阶段。（北京：商务印书馆，1993，第 241~251 页）而国学大师王国维、陈寅恪也都注意到宋代开启新时代的意义。王国维在《宋代之金石学》中认为："近世学术，多发端于宋人。"（《国学论丛》第 1 卷第 3 号，1928 年，第 45 页）陈寅恪在《邓广铭〈宋史职官志考证〉序》中说："华夏民族之文化，历数千载之演进，造极于赵宋之世。"（陈寅恪：《金明馆丛稿二编》，陈美延编《陈寅恪集》，北京：三联书店，2001，第 277 页）

2　内藤湖南：《概括的唐宋时代观》，刘俊文主编《日本学者研究中国史论著选译》第 1 卷《通论》，黄约瑟译，北京：中华书局，1992，第 10 页。

3　参见高明士《战后日本的中国史研究》，台北：明文书局，1987；宫泽知之《唐宋变革论》，《中国史研究动态》1999 年第 6 期；张其凡《关于"唐宋变革期"学说的介绍与思考》，《暨南学报》2001 年第 1 期；罗祎楠《模式及其变迁——史学史视野中的唐宋变革问题》，《中国文化研究》2003 年第 2 期；李华瑞《20 世纪中日"唐宋变革"观研究述评》，《史学理论研究》2003 年第 4 期；柳立言《何谓"唐宋变革"？》，《中华文史论丛》2006 年第 1 期；刁培俊《"唐宋社会变革"假说的反思与区域视野下的"历史中国"》，《学术月刊》2013 年第 2 期；张邦炜《唐宋变革论的误解与正解——仅以言必称内藤及会通论等为例》，《中国经济史研究》2017 年第 5 期；李华瑞《宋史研究应当翻过这一页——从多视角看"宋代近世说（唐宋变革论）"》，《古代文明》2018 年第 1 期；杨际平《走出"唐宋变革论"的误区》，《文史哲》2019 年第 4 期。

魅力的时间概念"。[1]

尽管"唐宋"并称在今天史学界早已耳熟能详,但值得注意的是它仅是一个模糊的时间概念,而试图具体明确它的时间界限并不容易,这要取决于分析的目的。唐宋之际田税制度有其自身发展轨迹,表现出特殊的历史阶段性。故本书所着眼的"唐宋之际",在时间断限上是从唐开元、天宝之际,历经中晚唐、五代十国至北宋前期。但为了研究需要,个别领域探讨不免涉及唐前期和宋代其他阶段的历史问题。

一般认为,唐代制度变化起于中唐,如陈寅恪在《论韩愈》中指出:"唐代之史可分为前后两期,前期结束南北朝相承之旧局面,后期开启赵宋以降之新局面。关于政治社会经济者如此,关于文化学术者亦莫不如此。"[2]但具体时间则存在不同意见。从经济上,特别是赋役方面来说,两税法多被认为是具体标志。侯外庐就指出,"唐代则以建中两税法为转折点,以黄巢起义为枢纽,处在由前期到后期的转变过程中"。[3]内藤湖南也认为唐中叶的两税法使人民摆脱了奴隶佃农地位,开启了新的时代。[4]本书以开、天之际为考察开端绝非否定先贤对两税法意义的论断,事实上两税法在唐宋之际田税制度变迁中具有决定性作用。但两税法的出现不在一时,它存在一个制度的层累过程。制度生成具有滞后性,两税法的确立实际是对地方已有税制运行实态的确认和修补,而变化发端恰在开元、天宝时期。

本书将"唐宋之际"下限重点放在北宋前期。美国学者刘子健著有《中国转向内在:两宋之际的文化内向》,认为:"将宋朝——

---

1 邓小南:《近年来宋史研究的新进展》,《中国史研究动态》2004 年第 9 期。

2 陈寅恪:《论韩愈》,《历史研究》1954 年第 2 期。

3 侯外庐主编《中国思想通史》第 4 卷,北京:人民出版社,1992,上册,第 1 页。

4 内藤湖南:《概括的唐宋时代观》,刘俊文主编《日本学者研究中国史论著选译》第 1 卷《通论》,第 10 页。

北宋和南宋——视为一个历史时期却可能是一个陷阱……毫无疑问，南宋初期发生了重要转型。这一转型不仅使南宋呈现出与北宋迥然不同的面貌，而且塑造了以后若干世纪中中国的形象。"[1]尽管北宋和南宋是否发生转型尚值得商榷，但他提出了北宋和南宋的区别问题。不仅如此，北宋中期以后，承袭中晚唐和五代的国家制度在新形势下再次发生嬗变。从田税制度来看，北宋前期对中唐以来赋役变化进行了中央层面的制度化，并在制度承袭基础上加以优化，如确立田赋地方个体税额、折估固定化和杂税的法定认同等。故本书将唐宋之际田税制度的研究下限定在北宋前期。

2. 制度

唐宋之际田税是作为一种制度存在于社会体系中的。关于制度概念和内涵，在不同历史时期和不同学科领域都有所区别。中国古代"制度"一词是法令和礼俗的总称。"国家的法令和典章"成分在"制度"寓意中占主要地位，如《易·节》称："天地节，而四时成，节以制度，不伤财，不害民。"[2]北宋王安石也曾言："所谓诸生者，不独取训习句读而已，也必习典礼，明制度。臣主威仪，时政沿袭，然后施之职事。"[3]但"制度"内涵并不局限于此，也经常指礼俗、观念、习惯等，如西汉宣帝认为："汉家自有制度，本以霸王道杂之，奈何纯任德教，用周政乎！且俗儒不达时宜，好是古非今，使人眩于名实，不知所守，何足委任！"[4]

在现代经济学中，不同经济学流派，甚至同一经济学流派之间，对制度的理解也不一致。对"制度"含义理解不同，主要是由

1　刘子健：《中国转向内在：两宋之际的文化内向》，赵冬梅译，南京：江苏人民出版社，2002，第 4 页。

2　《周易正义》卷 6《节》，阮元校刻《十三经注疏（附校勘记）》，北京：中华书局，1980 年影印本，第 70 页。

3　王安石：《临川先生文集》卷 69《取材》，北京：中华书局，1959，第 734 页。

4　《汉书》卷 9《元帝传》，北京：中华书局，1962，第 277 页。

于学者之间不同的分析目的。[1] 旧制度经济学派代表凡勃伦认为："制度实质上就是个人或社会对有关的某些关系或某些作用的一般思想习惯。"[2] 这来自他对人的心理动机和生理动机本能的分析，因而将制度归结为人主观心理层面的思想或习惯状态。该学派的另一代表康芒斯则认为"制度"是一个不确定的名词。在他看来，家庭、公司、工会、同业协会，甚至国家本身，这些组织都是制度。如果从普遍原则角度概括制度行为，他将制度解释为集体行动控制个体行动。[3] 新制度经济学派则对制度有另外的解释，美国经济史学家道格拉斯·C.诺斯认为："制度是一个社会的游戏规则，更规范地说它们是为决定人们的相互关系而人为设定的一些制约。"[4] 从规范和约束功能出发，诺斯将制度分为正式法令和非正式约束，正式法令包括法律、法规和产权等，非正式约束则包括道德约束、习惯、习俗、传统以及行为准则。

由此可见，"制度"内涵极其丰富。无论是中国古代制度规范，还是现代经济学意义上的制度，都完全区别于简单的国家法律条文制度范畴，更多地表现为一种决定人们相互关系的约束和规则。这种约束和规则包括外在的国家强制实施的法律、法规，还有内化于人们思想行为中的惯例、习惯、习俗等。本书所使用的"制度"概念，其意义界定正在于此。

3. 变迁

无论是将"制度"归结为一种思维习惯、控制行为，还是一种约束和规范，"制度"必须落实到社会层面才能发挥作用。由于社会不断变化发展，制度也必然随之变化。也就是说，制度是鲜

---

1 青木昌彦：《比较制度分析》，周黎安译，上海：上海远东出版社，2001，第 2 页。
2 凡勃伦：《有闲阶级论》，蔡受百译，北京：商务印书馆，1964，第 139 页。
3 康芒斯：《制度经济学》，于树生译，北京：商务印书馆，1981，第 86~92 页。
4 道格拉斯·C.诺斯：《制度、制度变迁与经济绩效》，刘守英译，上海：上海三联书店，1994，第 3 页。

活的，变化是制度运行的常态。由此可见，将制度视为变动的本无可厚非。然而制度变化存在程度和性质问题，特别是唐宋之际制度变化涉及"变革"和"转型"的争议。故为避免用词上的含糊和发生歧义，本书在行文中采用"变迁"这一中性词语。

关于对唐宋社会变化使用"变革"和"转型"称谓的争议，罗祎楠进行了梳理。[1] 使用"变革"一词来自日本学者"唐宋变革"理论，英文翻译为"Tong-Song Transition"。关于 Transition，韦氏字典对该词的解释是：a movement, development, or evolution from one form, stage or style to another。其中含有发展、进化的意思。而主张使用"转型"一词发端于美国学者郝若贝（Hartwell），他在《750~1550 年期间中国的人口、政治和社会变迁》（*Demographic, Political, and Social Transformations of China, 750-1550*）[2] 一文中，将日本学者讨论唐宋变革时使用的 Transition 一词改变为 Transformation。按照韦氏字典的释义，Transformation 中含有变化的义项是指：an act process of transforming or being transformed。其动词 Transform 的相关义项是：（1）to change in composition or structure；（2）to change the outward form or appearance of；（3）to change in character or condition。可见，Transformation 不包含发展进化的意义，只是由一种形态转向另外一种形态，两种形态间也是一种平等关系。因此，被翻译为"转型"。尽管郝若贝试图避免使用 Transition 一词的预设色彩，但选择 Transformation 事实上也存在一些问题。既然存在转型，就需要界定从何种型构转向而来，向哪一种型构转化。同时，转型存在外表和性质的变化，在制度变化过程中，有的制度外表没有发生变化，但性质已经转变。而有的制度虽然外表发生变化，但性质并没有改变。故转型一词仍然不能消除对制

1　罗祎楠：《模式及其变迁——史学史视野中的唐宋变革问题》，《中国文化研究》2003 年第 2 期。
2　郝若贝：《750~1550 年期间中国的人口、政治和社会变迁》，穆仪译，《中国史研究动态》1986年第 9 期。

度走向的预设性色彩。

　　本书选用"变迁"一词来表达制度的走向。"变迁"着眼于制度的变化和迁移。英文应为"Change"，如道格拉斯·C. 诺斯的《经济史中的结构与变迁》一书，英文书名为 *Structure and Change in Economic History*。[1] 制度变迁并不意味着一定是发展和变化，其性质和形式也可能保持固有的状态。按照香港中文大学张小军博士的观点，在人类社会制度的变迁中，有三种路径力量在起作用，即 Revolution（革命）、Evolution（演进）[2] 和 Involution（内卷）[3]。顾名思义，革命是一种间断性的、突发的、后果极其严重的制度改变与更替，即从一种社会制度过渡到另一种社会制度。而演进或进化，则是一种相对缓和的、连续性的、沿革式的缓慢社会变迁。与前两者不同，内卷可以被理解为一个社会体系或制序在一定历史时期中在同一个层面上内缠、自我维系和自我复制。[4] 由此可见，制度变迁存在多种形式和路径。使用"变迁"一词，能尽量避免制度变化的预设性色彩，接近制度变化的初始含义。

　　实际上，使用"变迁"一词还有制度承续的观照。就唐宋时期制度变化而言，许多学者强调制度的连续性特征。先师任爽早在 2005 年接受《历史教学》杂志编辑采访时就谈道："我一直认为，唐宋时期在整个中国历史的发展过程中是一个连续性相对较强

1　道格拉斯·C. 诺斯：《经济史中的结构与变迁》，陈郁、罗华平等译，上海：上海三联书店，1994。商务印书馆 1992 年版将此书译为《经济史上的结构和变革》。

2　Evolution（演进与进化）这一概念，更多的论述可以见诸弗里德利希·冯·哈耶克对自发社会秩序的分析和理路。（《自由秩序原理》，邓正来译，北京：三联书店，1997；《个人主义与经济秩序》，邓正来译，北京：北京经济学院出版社，1998）

3　克利福德·吉尔茨（Clifford Geertz）在研究爪哇的水稻农业时最早使用了"内卷化"这一概念。黄宗智在分析 20 世纪早期的华北农村时所提出的"过密化"理论，也可以说是对吉尔茨的"内卷化"理论的一种借用（《长江三角洲小农家庭与乡村发展》，北京：中华书局，1992，第 11~12 页）；另杜赞奇在《文化、权力与国家：1900~1942 年的华北农村》（王福明译，南京：江苏人民出版社，1996，第 53 页）一书中，提出了"国家政权的扩张与内卷化"这一概念。

4　张小军：《理解中国乡村内卷化的机制》，（香港）《二十一世纪》总第 45 期，1998 年。

的阶段。这种连续性几乎处处都有表现。无论是经济层面、政治层面、文化层面还是社会层面，也无论是物质层面、制度层面还是精神层面，都可以看出这种连续性。特别是在制度层面，连续性就更加明显。"[1] 继之，先师任爽在《唐宋制度史研究丛书·总序》中亦称："唐宋史的特征是'连续'而非'变革'。尽管这一时期中经济、社会、政治与文化的变化无处不在、无时不有，却从未逸出古代中国历史演变的传统格局。"[2] 同样在 2005 年，《唐研究》组织了"唐宋时期的社会流动与社会秩序研究"专号，邓小南和荣新江在序中将唐宋看作"延续"与"更革"交互的时代，指出："这既是因为两个时代在政治、制度、思想以及文化成就上的连续性，牵动着我们对'文化巅峰'的自豪记忆，当然也是因为两段历史之间存在明显的反差甚至'断裂'。"[3] 可见针对"唐宋变革论"，学界早有对唐宋之际历史连续性的强调。近年来对"唐宋变革论"的理论检讨越来越多，其中李华瑞从多重视角对"宋代近世说"即唐宋变革论进行了全面分析，明确主张唐宋史研究应当翻过这一页。[4] 在唐宋史研究的理论检讨中，有更多学者重申唐宋历史的连续性而非断裂。如包伟民在《宋代城市研究》中反诘道："过度强调唐宋间历史的断裂，是否会遮盖问题的另一侧面——连续性？"[5] 张邦炜评价当前宋史研究时也谈道："用对比法研究唐宋变革，其长处在于凸现更革，其弊端则是忽略延续，片面性较大，容易割断历史。唐宋变革不是突变，而是剪不断、理还乱的漫长渐变过程，很难一刀

1　任爽、卞季：《鉴空衡平——任爽教授访谈录》，《历史教学》2005 年第 8 期。

2　任爽：《唐宋制度史研究丛书·总序》，赵旭：《唐宋法律制度研究》，沈阳：辽宁大学出版社，2006，"总序"，第 1 页。

3　邓小南、荣新江：《"唐宋时期的社会流动与社会秩序研究"专号·序》，邓小南、荣新江主编《唐研究》第 11 卷，北京：北京大学出版社，2005，第 1~2 页。

4　李华瑞：《唐宋史研究应当翻过这一页——从多视角看"宋代近世说（唐宋变革论）"》，《古代文明》2018 年第 1 期。

5　包伟民：《宋代城市研究》，北京：中华书局，2014，第 50 页。

两断。"[1] 正鉴于此，本书对唐宋之际田税的变迁研究着力体现其历史的连续性。

（二）研究思路

本书对唐宋之际田税制度研究是沿着制度结构演进、制度实施机制调整以及制度变迁影响三个层面进行的。其中，制度结构演进是从纵向和横向两个角度对唐宋之际的田税和附加税加以探讨。制度实施机制则是对田税征收管理调整的揭示。制度变迁影响主要分析了田税制度变迁对国家财政、农业经济和农民生活的影响。在研究过程中，首先注重田税制度变迁的过程研究，努力把握和捕捉导致制度变迁的关键性政策、制度和节点。其次注重田税制度不断重构和重塑过程中与其他制度间的关系，展现制度变迁的多元动力。

第一章"田税的变迁"。通过考察两税法的形成、两税法在中晚唐和五代十国的整合以及宋代田税的内在变迁等制度过程，从整体上勾勒出唐宋之际田税变迁的演进趋势和特征。唐前期义仓地税的征收实践和安史之乱以后的财政凋敝促使田税地位逐步提高，并成为两税"田亩之税"的重要内容；两税确立地税和户税的主体税种地位，顺应了地方税制的运行方式，但也造成了税权下移和田税对户税的消解。中晚唐时期是田税对户税的隐性消解阶段，至五代十国时期，开始新的田税制度建设。履亩而税也促使作为征税对象的土地进一步细化，宋代田税开始转向内在的组合变换。

第二章"田税附加税的演进"。该章注重考察唐宋之际征税对象向田亩转变的过程，田税附加税的种类增多和功能增强的趋势以及宋代对田税附加税的整合。首先探讨了唐前期的田税附加税，认

---

[1]　张邦炜：《史事尤应全面看——关于当前宋史研究的一点浅见》，《西北师大学报》2017 年第 1 期。

为它尚处于中央法令的规范之内。接着分析了唐宋之际田税附加税的三次高潮，揭示了它们与征税对象由人丁向田亩转变的同步趋势。然后着重讨论宋代"杂变之赋"的形成与整合，认为"杂变之赋"向单一性的田税附加税演进，并发挥了重要辅助税种功能。通过研究发现，由于附加税随正税附加，唐宋之际附加税随田税地位的上升而凸显，同时，附加税的整合也与田税转向内在变化呈现同一特征。

第三章"田税的地域差异"。该章对田税地域差异形成的原因、唐宋之际田税地域差异的动态表现以及宋代对田税地域差异的规制及限度进行了细致考察。认为中国古代根据地域差异定税的思想和唐宋之际税权下移是田税地域差异形成的原因。唐宋之际不仅有两税税额、税率的"轻重相悬"，也有中央和地方规制田税中形成的地域特色，五代时期随着天下瓜裂，地域差异更剧。宋代曾试图努力消除这些差异，但只能局限在个别领域。唐宋之际田税的地域差异固然与该时期的社会背景相关，但从它与田税地位同步上升来看，更应归诸田税自身的内在特征。

第四章"田税征收管理的调整"。该章探讨了在田税制度结构改变之后田税征管模式的相应变化，以及与田税征管紧密关联的土地和户口制度的调整。户帖的出现和户钞的完善体现了对纳税人田税征管的加强。逃田立租、任充永业和移产割税则是土地与税额紧密结合后田税征管的趋势。在土地管理上，统计手段逐步强化，对土地交易的控制也转移至割税上。而据地造籍、主户与客户之分以及形势户籍的出现则是户口制度调整的表现。这一切都形成了唐宋以降税收乃至社会管理的新特征。

第五章"田税变迁的影响"。主要分析了田税制度变迁对国家财政、农业经济和农民生活的影响。定额田税不仅促使国家财政进行定额化管理，也造成了农业税收益走向停滞和萎缩，从而促使国家财政收入结构多元化的进一步增强。随着履亩而税的推行，国家惠农政策与农业生产的联系日益紧密，因而推动了农业发展。同时，税收货币化也促使农业生产商业性增强。然而，田税变迁从整体上并未对农民税负和生活状态产生多大影响，说明田税征收额度与经济发展水平之间的界限不能随意超越。

第一章　田税的变迁

在中国古代农本社会中，土地是国家赋税的
主要指向。杜佑称："是故历代至今，犹计田取租
税。"[1] 马端临亦云："盖赋税必视田亩，乃古今不可
易之法。"[2] 然而，土地需要与劳动力结合，才能实
现再生产。同时，赋税征收也必须有纳税人作为依
托，故在中国古代社会，赋税、土地和劳动力三
者一直交互配合，赋税并不是单纯与土地存在关
联，也包括人的因素在内；而人的因素除了指向
土地的占有者或持有者——丁，也针对其背后的家
庭——户。正因为如此，赋税制度经常与土地制度
和户籍制度扭结在一起。受其影响，赋税征税对象

1　《通典》卷 4《食货四·赋税上》，第 69 页。
2　《文献通考》卷 3《田赋三》，第 48 页。

并不总是单一指向土地，也一度徘徊于丁、户之间。如在唐以前，尽管土地始终是主体税源，但征税对象却在地、丁、户三者之间调整，选择何种征税对象则与国家为满足财政需要的调节和平衡机制有关。

就赋税具体变化而言，三代井田下的贡、助、彻制言之凿凿，虽疑窦颇多，但分田制税之主旨极为清晰。春秋、战国以降，"初税亩"兴起，开启履亩而税之端；但随着田税形态的军赋转向丁税性质的口算，"头会箕敛"亦成计丁出赋之源。秦汉因之，在田租之外，算赋、口赋成为满足国家财政的重要渠道，因而形成田赋与丁税并行的赋税体系。其间，因人口逃亡和豪家荫庇，丁税形成财政收入能力下降，于是财产税性质的訾赋和户调作为国家财政的平衡机制出现。至曹魏之际，以调代赋，赋税结构变成了户调和田租。西晋占田制出现后，丁税很快又重新与户调、田租结合，形成丁租和丁调，调的财产税平衡特征虽然保持，却被局限在乡里。至北魏均田制兴起，丁调中的户、訾因素也告完结，出现了丁税性质的租调制，隋唐租调制即是延续了北魏赋税体系。故唐以前的赋税演进表现为田税与丁税、户税三者的分合杂糅。不过，丁税和户税的实质，则是在井田、授田、占田和均田等一系列田制作用下据田出税的变换形式和补充形式。从这一层面观之，田税一直是赋税征收的本体。因此，尽管唐以前赋税形式纷繁变化，但广义上的田税实际上仍呈现出一种连续性特征。

唐宋之际是田税嬗变的重要时期，其演进过程亦呈现出承上启下的连续性。这不仅表现为中国古代农本社会据田出税的制税主旨继续得到贯彻，而且履亩而税的田税形式也得到切实推广。但值得注意的是，赋税征税对象并没有继续在丁、户、地三者之间转换，而是呈现为丁户地—户地—地的单向运动。宋代以后，履亩而税的田税成为赋税主要形式。尽管丁、户因素依然存在，但多限于征役范围。如果说中国古代赋税征收对象总体趋势中包含了一个从人丁逐步转向土地的过程，那么，唐宋之际恰恰是这一过程的过渡阶段。

　　本章正是着眼于这一关键环节，希望从微观实证分析入手，具体展现唐宋之际田税的嬗变过程，并剖析其演进的内在逻辑。笔者认为，唐前期义仓地税的税制实践和安史之乱以后财政凋敝促使履亩而税的田税地位逐步提高，并成为两税重要内容；两税确立地税和户税主体税种地位，顺应了地方税制的运行方式，但也造成了税权下移，导致全国性人口统计和土地分配难以实施，致使田税从此脱离土地分配制度；户税是丁税调节形式，但两税法后错位上升为主体税种。税权分散和税收征管能力低下，使基层组织难以应对户税征收中的户口流动与财产计量，导致户税逐渐萎缩。随着"据地造籍"和逃田承担户税，户税逐渐与田税趋同，最终融入田税之中。此外，履亩而税也使田税征税对象土地自身进一步细化，田税从与丁税、户税的杂糅转向内在组合变换。

一　从义仓地税到两税田亩之税：田税地位的上升

　　早在春秋时期，鲁国推行的"初税亩"已经具有"履亩而税"的制税精神。如《公羊传》中称："税亩者何？履亩而税也。"[1]《穀梁传》中亦云："初税亩者，非公之去公田，而履亩十取一也。"[2]不过在中国古代社会前期，由于田税经常与国家授田制相结合，真正按土地实有数目征税的"履亩而税"并未彻底推行。唐前期租调税制尽管也指向田地，但在均田制下亦仅是名义上的田税，实际属于丁

1　《春秋公羊传注疏》卷16《宣公（十年至十八年）》，阮元校刻《十三经注疏（附校勘记）》，第2286页。

2　《春秋穀梁传注疏》卷12《宣公（元年至十八年）》，阮元校刻《十三经注疏（附校勘记）》，第2415页。"初税亩"问题目前史学界存有争议。晁福林认为，初税亩只是谋划之中的事，并未能付诸实施。不过，他也肯定它是土地赋税制度具有进步意义的谋划。参见氏著《论"初税亩"》，《文史哲》1999年第6期。

税形式。然而值得注意的是，唐前期地方推行的义仓地税却使"履亩而税"得到部分实践，这为安史之乱以后税制改革和两税中田税主体地位的确立准备了条件。

（一）唐前期义仓地税"履亩而税"的实践

唐代义仓地税确立于太宗贞观二年（628），《唐会要》记载：

> 尚书左丞戴胄上言曰："……今丧乱之后，户口凋残，每岁纳租，未实仓廪，随时出给，才供常年，若有凶灾，将何赈恤。故隋开皇立制，天下之人，节级输粟，多为社仓。……今请自王公已下，爰及众庶，计所垦田，稼穑顷亩，每至秋熟，准其见苗，以理劝课，尽令出粟，麦稻之乡，亦同此税，各纳所在，立为义仓。若年谷不登，百姓饥馑，当所州县，随便取给，则有无均平。常免匮竭。"上曰："既为百姓先作储贮，官为举掌，以备凶年，非朕所须，横生赋敛，利人之事，深是可嘉，宜下有司，议立条制。"户部尚书韩仲良奏："王公已下，垦田亩纳二升。其粟麦粳稻之属，各依土地，贮之州县，以备凶年。"制可之。[1]

义仓是中国古代国家防备水旱、赈济灾民的备用粮仓。唐代官府规定"王公已下，垦田亩纳二升"，使义仓地税演变为一种经常性税收。这种"履亩而税"的制度规定是赋税演进的积极信号。但在唐前期，均田制、户籍制和租调制三位一体，国家授田制性质的土地制度依然强势存在，土地被登录在户籍上。因此，义仓地税要实现"计所垦田，稼穑顷亩，每至秋熟，准其见苗，以理劝课"的目标，就必须建立新的土地统计机制和征课办法。在这方面，义仓

---

[1] 王溥：《唐会要》卷88《仓及常平仓》，北京：中华书局，1955，第1612页。

地税通过造青苗簿和见佃方式实现了"履亩而税"。

国家"每年户别据已受田及借荒等，具所种苗顷亩，造青苗簿"，[1] 说明青苗簿属于在户籍之外重新制造，并且青苗簿不仅根据已授田，还包括授田外的荒田[2]，即只要是已耕种土地都要体现在青苗簿上。不过，青苗簿的实际制作颇为复杂，吐鲁番出土文书揭示了这一问题。在吐鲁番出土文书中，制作青苗簿需要青苗案、青苗历和户青苗簿三个过程。[3] 青苗案是征收地税的堰头根据地亩情况，准确登记地亩主人和佃人，有的还记载作物种类。如大谷文书二三七三号中记载："王阿利贰亩，佃人左神感，种粟。侯除德贰亩，佃人周苟尾，种粟……王阿利贰亩，佃人索武海，种粟。"[4] 王阿利地亩出现两次，分别由左神感和索武海租佃，可见属于两块不同的土地。故青苗案是按土地分布情况制造，特点是以地统人。州县根据青苗案进一步加工青苗历和户青苗簿。青苗历是以乡为单位的地亩和青苗统计，大谷文书二八三九号背面记载了敦煌县的青苗历，统计总亩数四百八十六顷八亩，"皇六十五顷卅一亩（六十顷麦），高五十五顷卌八亩……"，[5] 文中"皇"是敦煌乡，"高"是莫高乡。而户青苗簿则是以户为单位登记田亩和青苗，它最终要上报尚书省。如大谷文书二八三四号中登记户主石海达"廿九亩粟。一段一亩，城北卅里宜谷渠，东王林、西自田、南自田、北王林；一段七亩，城北卅里宜谷渠，东荒、西自田、南邓

1　李林甫等：《唐六典》卷 3《尚书户部》，陈仲夫点校，北京：中华书局，1992，第 84 页。

2　此处荒田是指官僚地主以借荒名义占领的田地，这些土地并不都是荒田，如天宝十一载，唐玄宗颁诏指出："王公百官及富豪之家，比置庄田，恣行吞并，莫惧章程。借荒者皆有熟田。"参见董浩等编《全唐文》卷 33《禁官夺百姓口分永业田诏》，北京：中华书局，1983 年影印本，第 365 页。

3　李锦绣：《唐代财政史稿》上卷，第 508~514 页。

4　池田温：《中国古代籍帐研究》，龚泽铣译，北京：中华书局，2007，录文与插图部分，第 182 页。

5　池田温：《中国古代籍帐研究》，录文与插图部分，第 195 页。

珹、北荒"。[1] 由此推之，前面列举青苗案中王阿利地亩两次出现，如果制造户青苗簿，户主王阿利名下的种粟田地势必会合并统计，然后分别列出。

《唐六典》关于青苗簿规定后又特别注明，"宽乡据见营田，狭乡据籍征"，[2] 这透露出国家、州县和地方征纳地税所用青苗簿并非一致。国家核对地税以户青苗簿为依据，这与租庸调按户籍征纳相对应；同时，狭乡户籍上已受田和户青苗簿上的见受田一致，由此可以将《唐六典》中"狭乡据籍征"理解为国家按户籍上已受田统计地税，估计在一些地区户青苗簿已被户籍取代。但在地方层面，户籍和户青苗簿在征收地税上的作用则处于次要地位。前引大谷文书二八三九号背面记载了敦煌县的青苗历，统计总亩数四百八十六顷八亩，"皇六十五顷卅一亩（六十顷麦），高五十五顷卌八亩"，由此能够发现，县是根据青苗历上的地亩数和作物种类向基层乡里税职人员督征地税。至于直接征税的堰头则离户籍更远，完全按"见佃"，即土地现耕种人征税。换句话说，地主被租佃土地的义仓地税由佃人承担。吐鲁番出土一件"唐阿麹辞稿为除出租佃名事"文书，其内容是阿麹出租土地给张感通佃种，县司"案内未除阿麹名"，仍旧征阿麹的地税麦，故阿麹请辞"附感佃名，除阿麹名"，改征张感通地税。[3] 可见，唐前期义仓地税之所以能够顺利实施，主要是坚持"见佃"原则，即征收对象为现耕种者。无论这块土地是自有田还是租佃田，只要你是实际耕种人，就要负担地税。关于义仓地税征收的见佃原则，特别是实际租佃人承担地税，其认识来源于唐前期吐鲁番所在的西州地区。那么，该见佃原则能否代表唐王朝在地方推行义仓地税时的普遍制度特征呢？对此，多数学者持谨

1　池田温：《中国古代籍帐研究》，录文与插图部分，第 194 页。

2　《唐六典》卷 3《尚书户部》，第 84 页。

3　国家文物局古文献研究室、新疆维吾尔自治区博物馆、武汉大学历史系编《吐鲁番出土文书》第 7 册，北京：文物出版社，1986，第 358 页。

慎态度。[1]但李锦绣坚持认为："但需明确的是，地税由租佃者交纳。官僚大地主是不纳地税的，这才是地税能够征收到'王公以下'垦田的原因。"[2]笔者同意这一见解。实际上这样做的结果，一方面使大土地所有者摆脱了纳地税的负担，减轻了地税推行中的阻力，另一方面使土地所有权转移带来的税收转移矛盾降至最低，从而使履亩征税落到实处。因此，地方据青苗案征收地税在实际运作中具有非常强的可操作性。国家征收地税的依据与地方实际实施层面的不同，正是地税灵活性特征的体现。

唐朝前期中央与地方在地税征税簿籍上的差异，在实践中难以避免存在衔接上的矛盾。地方征地税以见佃为主，依据青苗案，以地找人，以人派税，而中央和州则是依据户籍和户青苗簿，以户找地，按地核税，由下向上和由上到下的契合点是税额。但敦煌出土伯二九七九号文书中有"唐开元二四年（736）九月岐州郿县尉□勋牒判集"，其中记载：

14. 请裁垂下。不伏输勾征地税及草后申第廿六

15. 廿三年地税及草等，被柳使剥由，已具前解。不蒙听察，但责名

16. 品。若此税合征，官吏岂能逃责？只缘有据，下僚所以薄言，今

17. 不信里正据簿之由，惟凭柳使按籍之勾……[3]

在判集前部分有"里正则见逃见死，以此不征。使司则执未削

1　杨际平:《唐代西州青苗簿与租佃制下的地税》(《新疆社会科学》1989年第1期）和张泽咸《唐五代赋役史草》（第73页）中都注意到西州佃人承担地税的事实，但都将其作为个案处理，未做延展讨论。

2　李锦绣:《唐代财政史稿》上卷，第506页。

3　池田温:《中国古代籍帐研究》，录文与插图部分，第230页。

未除，由是却览"字样，联系上文大致情况是：鄠县开元二十三年拖欠地税及草，里正以"见逃见死"为由，认为应该不征，而柳使（地税使）从"未削未除"出发，坚持征缴。里正依据的是"簿"，这里应是青苗案，柳使依据的是"籍"，应是户籍。由此可以看出，地税征收的矛盾反映了国家和基层在地税征管上的两重性。同时，岐州位于唐京畿道西部，毗邻京兆府。由此亦能发现吐鲁番地税履亩征税的操作过程并非个别现象。

（二）安史之乱以后地税的凸显

唐前期租庸调制度是以每丁授田百亩为前提，前已谈到在广义上属于土地税，但名税田实税丁。作为主体税种，租庸调制度在唐前期已经出现了危机。其根源，首先是外部制度环境变化引发内部税制结构紧张。这是因为，从宏观角度来看，租庸调制是被嵌入在唐代整体社会结构之中，它在实际实施过程中的作用和效果要受到其他制度的制约。与主体税种租庸调关联最为密切的是唐代的土地制度和户籍制度。土地制度仍然是均田制，这项制度以虚拟的土地平均分配为基础。在实际征收中，征税对象并不取决于是否分到土地，而是人丁的差别。故租庸调实际上是人头税。因此，土地在唐前期租庸调的征纳中作用甚微。相比之下，户籍制度却是刚性的，在税收征收中发挥着关键作用。对国家主体税种的规避是中国古代社会赋役制度运行中的普遍现象。唐前期民众对租庸调的规避主要针对户籍，特权阶级通过合法渠道蠲免，而农民则选择非法逃避。《通典》记载，天宝十四载（755），国家管理的户口8914709户，不课户3565501户，不课户占了总户数的40%。[1] 如此高比例的不课户应与特权阶级法律内规避赋役密不可分，但土地问题引发的农民非法逃避也是重要因素。土地是税收的基础，即税基。由于土地兼并，

---

1 《通典》卷7《食货七·历代盛衰户口》，第153页。

税基遭到破坏，失去土地的人开始逃亡，逃户直接造成了税收流失。

不过，唐前期租庸调制作为国家主体税种的地位并没有丧失。这是因为人口还在不断增长，杜佑在天宝中期计帐中记载国家课丁尚有891多万；同时，税收制度内部具有互补性。作为辅助税种并服务于地方的户税和地税开始出现上供税额，这表明国家可以通过侵吞地方钱财来确保中央税收的平衡。上述因素都使租庸调制得以正常维持。真正对唐前期租庸调制度施以致命打击的是安史之乱。在安史之乱的八年时间里，战争和人口的逃亡直接造成了基层户籍制度的崩溃，出现了"海内波摇，兆庶云扰，版图隳于避地"[1]的局面。肃宗乾元三年（760），国家掌握的户口已由天宝时的891万户下降到193万户。[2]这使中央依靠户籍征税的人丁税系统遭受打击。与此同时，租庸调制的执行有赖于中央对地方州县一以贯之的财权和税权，然而中央上述权力被安史之乱时走向军政合一的方镇势力拦腰斩断。方镇"应须兵马甲仗器械粮赐等，并于本路自供"，[3]从而使中央与地方在财税权力关系上变成了中央与方镇节度观察使的对立，中央命令不能直接到达地方。因此，丧乱以后的唐中央政府面临如何重建有利于中央集权的赋税体系问题。肃宗享国短暂，且尚在战时，因而对国家赋税的整顿主要从代宗开始。[4]

唐代宗统治初期的赋税政策是想重新恢复租庸调制度，这是以往学界殊少关注的。如在宝应二年（763）战争结束后，坚持"庸调地税依旧"，[5]永泰改元时又重申"百姓除正租庸外，不得更别有科

1　陆贽：《翰苑集》卷22《均节赋税恤百姓第一条》，《景印文渊阁四库全书》第1072册，台北：台湾商务印书馆，1986，第781页。

2　《唐会要》卷84《户口数》，第1551页。

3　宋敏求编《唐大诏令集》卷36《命三王制》，北京：商务印书馆，1959，第155页。

4　代宗于宝应元年（762）即位，763年，也就是宝应二年和广德元年战争结束。陈明光《唐朝推行两税法改革的财政前提——代宗时期财政改革与整顿述评》（《中国社会经济史研究》1990年第2期）中对地税税率增加有所论及。

5　《唐会要》卷83《租税上》，第1534页。

率"。[1]从唐中央颁布的一系列诏书来看，其具体政策目标有二。第一，恢复和重建户籍制度。户籍制度是租庸调制实施的依据，为使国家能掌握更多编户，中央政府首先要解决逃户就地附籍问题。因此，代宗在宝应二年（763）九月下敕："客户若住经一年已上，自贴买得田地，有农桑者，无问于庄荫家住，及自造屋舍，勒一切编附为百姓差科，比居人例量减一半，庶填逃散者。"[2]同时，命令刺史、县令根据"见在实户量贫富等第科差，不得依旧籍帐"。[3]第二，蠲赋息役，并改革租庸调制，吸引更多百姓回到租庸调体系中来。代宗在广德元年（763）诏告天下："诸道百姓通租悬调及一切欠负官物等，自宝应元年十二月三十日已前，并放免。"[4]此后，一再坚持重申此项政策。可见，政府急于使逃税之人归业。土地兼并和摊逃也是百姓逃亡的主要动因，对此朝廷规定："百姓田地，比者多被殷富之家、官吏吞并，所以逃散，莫不由兹。宜委县令，切加禁止，若界内自有违法，当倍科责。……逃户不归者，当户租赋停征，不得卒摊邻亲高户。"[5]又"如有浮客，情愿编附，请射逃人物业者，便准式据丁口给授。如二年已上，种植家业成者，虽本主到，不在却还限，任别给授"。[6]另外，改革租庸调制，给予百姓优惠。唐代宗广德元年敕称："天下男子，宜二十五岁成丁，五十五入老。"[7]又"一户之中有三丁，放一丁庸调"。[8]

　　唐代宗时欲重建以往租庸调赋税体系，这些举措并非失策，同时中央政策力度也非常大，尽量修补现成的制度，这也是古代中央

1　《唐大诏令集》卷 4《改元永泰赦》，第 24 页。

2　《唐会要》卷 85《籍帐》，第 1560 页。

3　《唐会要》卷 85《定户等第》，第 1558 页。

4　《唐大诏令集》卷 9《广德元年册尊号赦》，第 57 页。

5　王钦若等编《册府元龟》卷 495《邦计部·田制》，北京：中华书局，1960 年影印本，第 5929 页。

6　《册府元龟》卷 495《邦计部·田制》，第 5929 页。

7　《唐会要》卷 85《团貌》，第 1555~1556 页。

8　《册府元龟》卷 490《邦计部·蠲复二》，第 5865 页。

政府惯常的做法，但这些措施并未收到预想效果。究其根源，中央政治权力削弱当是重要一端。因为从权力角度而言，经济权力是政治权力的派生品。唐中央在经济制度方面种种规制和整合的权力运作与"朝廷不能覆诸使，诸使不能覆诸州"的政治分离情况相悖，结果只能"课免于上，而赋增于下"。[1]另外，唐中央重建租庸调制的努力也与地方实际赋税征纳路径截然相反。战争时期人口死亡与迁徙破坏了租庸调制赖以依存的户籍制度，以"见佃"为特征的地税和"见居"性户税遂成为地方依赖的征税渠道。就地税而言，广德元年（763）七月诏书中重申恢复"地税，依旧每亩税二升"，[2]说明战争期间地方加征地税非常普遍。在稍后的永泰、大历年间，位于沙州的河西节度使还请求将地税再加收四升，[3]足见地税已经成为地方藩镇加税的主要形式。由此可见，安史之乱后唐中央最初的赋税措施既超出其现有政治能力，也不符合当时地方赋税运行的实际状况，这是中央政策难以在地方贯彻的重要原因。

实际上，不仅地方不认同中央恢复租庸调的政策，即使中央直接管辖的关中地区，欲依靠恢复租庸调制来筹集税收也极为困难。正是在这种情况下，唐中央开始调整税收政策，主要表现就是在京兆府地区改革地税。永泰元年（765），京兆尹第五琦尝试推行"每十亩官税一亩"[4]的什一税，由于是在小麦丰收时征收，开启了田亩税夏季征收的先河。但实行一年以后，因税率过高，"民苦甚重，多流亡"，于是代宗下旨，"悉停十一之税"。[5]再次修订地税税率则是从大历四年（769）开始，从该年十月到次年三月半年时间里，唐代宗连颁三道诏敕[6]：

1　《唐会要》卷 83《租税上》，第 1536 页。

2　《旧唐书》卷 48《食货上》，北京：中华书局，1986，第 2019 页。

3　池田温：《中国古代籍帐研究》，录文与插图部分，第 250 页。

4　《旧唐书》卷 48《食货上》，第 2019 页。

5　《资治通鉴》卷 224，代宗大历元年，北京：中华书局，1956，第 7192 页。

6　《册府元龟》卷 487《邦计部·赋税一》，第 5831~5832 页。

（大历四年）十月敕曰："比属秋霖，颇伤苗稼，百姓种麦，其数非多，如闻村间，不免流散。来年税麦，须有优矜。其大历五年夏麦所税，特宜与减常年税。其地总分为两等，上等每亩税一斗，下等每亩税五升。其荒田如能开佃者，一切每亩税二升。"

（大历四年）十二月敕："其京兆来年秋税，宜分作两等，上下各半。上等每亩税一斗，下等每亩税六升。其荒田如能佃者宜准今年十月二十九日敕一切每亩税二升，仍委京兆尹及令长一一存抚，令知朕意。"

（大历）五年三月，定京兆府百姓税，夏税上田亩税六升，下田亩税四升，秋税上田亩税五升，下田亩税三升，荒田开佃者亩率二升。

上述改革首先突破"亩税二升"的地税税率。地税来源于义仓税，亩税二升的税率很低。为了增加财政收入，唐中央在大历四年（769）两次都将京兆府上田的亩税率定在一斗，与原二升相比，增加了4倍。这说明朝廷急于增加财政收入，也预示着地税完全背离了备灾赈荒的制税初衷。由于税率过高，到大历五年（770），不得不将亩税率调整到最高5~6升。对这次地税改革，有学者认为，田税夏秋税制的出现促使地税分夏秋两次征收，且租庸调斛斗税额被重新按土地进行了摊征，故也是租庸调并入两税的先声。[1]这种认识无疑是正确的。但需注意的是，夏秋两征不是一块田地的两次征税。因为黄河流域的土地为两年三熟，夏麦秋粟的成熟不是一年出现，故一块田地根据作物种类按季节为一年

1　李锦绣：《唐代财政史稿》下卷，第619页。

一征。[1]

　　唐代宗之所以寻求地税改革，主要是因为在户籍制度遭到破坏的情况下，原有义仓地税征收所依据的青苗簿对统计土地和人口具有实际操作性，是增加财政收入最可行的手段。中央还曾利用青苗簿征收地税的附加税，这在地税改革之前就已经开始。代宗广德二年（764）正月，"税天下地亩青苗钱给百官俸料，起七月给"。[2] 这说明安史之乱刚刚平定就加征了青苗钱。青苗钱的得名当与义仓地税所依据的青苗簿有关。青苗钱最初为亩税 15 文，后来又增加了类似的地头钱 25 文，直到大历八年（773）才恢复到青苗地头钱 15 文的标准，总体的加征量很高。

　　从国家角度而言，义仓地税原来亩税二升的税额按户青苗簿由土地占有者承担，但落实到基层，则由土地的实际耕作者承担。随着安史之乱以后地税税率的逐步提高，这种情况发生了变化，基层征收地税开始转向土地持有者，即开始向田主征税，中央与地方基层在地税征收上逐步走向一致。对此，学界围绕唐、五代"地子"征纳问题多有探讨。[3] 杨际平认为，在唐前期人丁税占主导的赋税体制下，只能地税系于田亩，因此出现佃人承担地税的特例。[4] 笔者赞同这一认识。正因为如此，两税法以后人丁税向田亩税转变，地税征收方式亦随之改变。刘进宝对唐、五代地子"据田出税"的研究亦有论证，足资借鉴。[5]

1　对此，日本学者船越泰次也从"夏税地"和"秋税地"方面做了考证。参见船越泰次『唐代両税法研究』123 頁。

2　《册府元龟》卷 506《邦计部・俸禄二》，第 6073 页。

3　姜伯勤：《一件反映唐初农民抗交"地子"的文书——关于〈牛定相辞〉》，《考古》1978 年第 3 期；杨际平：《唐代西州青苗簿与租佃制下的地税》，《新疆社会科学》1989 年第 1 期；陈国灿：《略论唐五代的各类"地子"及其演变》，《中国古代社会研究——庆祝韩国磐先生八十华诞纪念论文集》，厦门：厦门大学出版社，1998；刘进宝：《唐宋之际归义军经济史研究》，第 92~111 页。

4　杨际平：《唐代西州青苗簿与租佃制下的地税》，《新疆社会科学》1989 年第 1 期。

5　刘进宝：《唐宋之际归义军经济史研究》，第 92~105 页。

（三）两税"田亩之税"的形成

大历十四年（779），杨炎为相，开始推行两税法。关于两税法，学界研究比较充分。[1] 本书的研究重点是田亩之税的形成。关于两税法立法文件，主要是诏敕。最早是杨炎起请条，《唐会要》记载：

> 炎遂请作两税法，以一其名。曰："凡百役之费，一钱之敛，先度其数，而赋于人，量出以制入。户无土客，以见居为簿，人无丁中，以贫富为差。不居处而行商者，在所州县税三十之一，度所取与居者均，使无侥幸。居人之税，秋夏两征之，俗有不便者，正之。其租庸杂徭悉省，而丁额不废，申报出入，如旧式。其田亩之税，率以大历十四年垦田之数为准，而均征之。夏税无过六月，秋税无过十一月。逾岁之后，有户增而税减轻，及人散而失均者，进退长吏，而以度支总统之。"德宗善而行之。[2]

杨炎起请条和后来两税法立法内容有出入，但奠定了两税法改革内容的主体框架。从文中能看出，两税法继承了地方实际赋税运行的制度框架。要之，首先承认了户税和地税的主体税种地位。文中的居人之税和田亩之税即是户税和地税，而将原来的"租庸杂徭悉省"，实际上并入了前者之中。这样国家正税的主体税种租庸调就被户税和地税取代，原来的主体征税对象丁也被户和地取代。主体征税对象的更迭标志着税制结构发生了变化。其次，两税法承认

---

1 参见陈明光《20 世纪唐代两税法研究评述》，《中国史研究动态》2000 年第 10 期。21 世纪以后，该方面的重要成果有李志贤的《杨炎及其两税法研究》和宁欣的《唐德宗财税新举措析论》（《历史研究》2016 年第 4 期）。
2 《唐会要》卷 83《租税上》，第 1536~1537 页。

了地方在税率方面的制税权，中央实行定额控制。正如后来唐宪宗诏敕所言："两税之法，悉委郡国。"[1] 陆贽在评价两税法时也称："不量物力所堪，唯以旧额为准，旧重之处流亡益多，旧轻之乡归附益众；有流亡则已重者摊征转重，有归附则已轻者散出转轻，高下相倾，势何能止。" 又 "每州各取大历中一年科率钱谷数最多者，便为两税定额，此乃采非法之权，令以为经制；总无名之暴赋，以立恒规"[2]。鉴于唐代宗时期的教训，这次两税法改革是以州为单位，确定各自不同的户税和地税税率。如同州地税，每亩 "税粟九升五合，草四分，地头榷酒钱共出二十一文已下"[3]，而相邻的京兆府却亩税五升[4]。最后，在纳税人方面，提出了 "户无土客，以见居为簿，人无丁中，以贫富为差" 的原则，这是对户税和地税原有 "见居"和 "见佃" 的继承。由此可见，两税法改革从征税对象、税率到纳税主体都顺应了地方实际赋税的运行状况，这是两税法能够成功确立的关键。但也正是由于对地方的税权让渡，后来两税法变迁脱离了中央的控制。

出于 "抑藩振朝"[5] 目的，两税法对地方税制运行也进行了厘革。一方面，将户税中的各税目并合，使其成为单一税。户税原来是多税目、多税率、多税额的复合形式税，如大税、小税、别税等，两税以后变成了统一的 "居人之税"。大历四年唐中央整顿户税，重新规定了税率，上上户四千文，依次至下下户五百文[6]。虽然统一税率没有被推广，但单一税的形式应是这次两税法改革的内容。另一方面，并合其他杂税至户税中。如杨炎所称杂税，"故科敛之名凡数百，废者不削，重者不去，新旧仍积，不知其

1　《旧唐书》卷 49《食货下》，第 2120 页。

2　《翰苑集》卷 22《均节赋税恤百姓第一条》，《景印文渊阁四库全书》第 1072 册，第 782 页。

3　《元稹集》卷 38《同州奏均田状》，冀勤点校，北京：中华书局，1982，第 436 页。

4　《资治通鉴》卷 234，德宗贞元十年，第 7559 页。

5　日野開三郎『日野開三郎東洋史学論集』第四卷『唐代両税法の研究 本篇』41 頁。

6　《唐会要》卷 83《租税上》，第 1534 页。

涯"。[1]陆贽也称:"大历中,非法赋敛,急备供军,折估、宣索、进奉之类者,既并收入两税矣。"[2]另外,两税法不仅是税制改革,同时也是财政体制的改革。《旧唐书·裴垍传》载:"先是,天下百姓输赋于州府,一曰上供,二曰送使,三曰留州。"[3]两税三分固然与唐中期国家政治军事形势有关,但国家赋税制度的自身变迁无疑起了决定作用。户税和地税上升为主体税种后,便承担起国家财政收入的重任,户税按户等征税,不可能实行统一税率;地税走出亩税二升的义仓税率以后,税率也是千差万别,无法统一。在这种情况下,中央采取总额控制,将其变成中央与地方的共享税实属无奈之举。

两税法的推行虽然符合中国古代王朝中央政权一贯的财政平衡做法,即将财政收益能力最强的税种提升到主体税种地位,但它是在税权下移情况下建立的中央与地方共享正税体制,这是其区别于以往国家正税的主要特征。按照国家财政对正税的依赖程度,两税法僵化的定额体制势必造成财政的捉襟见肘,然而事实上,中央政府另有财政回旋的空间,这就是盐利的巨额收入。早在安史之乱时期,为筹措战时经费,第五琦推行榷盐法,《资治通鉴》称:"琦作榷盐法,用以饶。"[4]但据陈明光研究,其实际获利并不多,广德二年(764)前后,江淮盐利每年不过四十万至六十万贯,河东盐利则为八十万贯。[5]真正使盐利成为国家财政可依赖对象的是唐代宗时期刘晏盐法改革。他通过建立商运商销的就场专卖制度,使盐利收入大增,到大历末年,即两税法改革前夕,已经达到每年六百万贯,"天下之赋,盐利居半,宫闱服御、军饷、百官禄俸皆仰给焉"。[6]也正因如此,唐中央财政才能减少对正税的依赖,并建立中央与地方共

1　《唐会要》卷83《租税上》,第1536页。

2　《翰苑集》卷22《均节赋税恤百姓第一条》,《景印文渊阁四库全书》第1072册,第783页。

3　《旧唐书》卷148《裴垍传》,第3991页。

4　《资治通鉴》卷219,肃宗至德元年,第7002页。

5　陈明光:《唐代财政史新编》,第172页。

6　《新唐书》卷54《食货四》,北京:中华书局,1975,第1378页。

享的正税体制。

通过以上分析能够发现，两税法中的户税和地税能够取代租庸调，主要还是对它们形成国家财政收入能力的考虑。户税和地税由于服务于地方，因此具有部分税目的初始制税权、部分税率的决定权以及能够按照"见居"和"见佃"的灵活方式征税，故成为安史之乱以后地方藩镇加税的依赖税种。唐代宗时期，曾欲恢复以往的租庸调制，结果以失败告终，不得不转而依靠户税和地税，但其制定统一户税税率的做法并没有在地方推行，地税改革也只限于京兆府。直到杨炎两税法改革，才最终将户税与地税提升到主体税种的地位。而税权下移以及盐利收入的上升，也使两税法改革能够从征税对象、税率以及纳税主体等诸多层面都顺应地方实际赋税运行状况。

同时，通过上述研究亦能发现唐宋之际正税嬗变中存在的特殊现象。国家财政的平衡机制仍然将与土地相关的最优化税种提高到正税主体税种地位，而榷盐收入的增加，使国家财政减少了对正税的依赖。这导致两个后果：一方面，国家财政开始在正税之外寻求平衡，因而形成了农业税和禁榷收入的二元赋税收入结构；另一方面，国家财政尽管在正税之内仍不时于丁、地和户之间进行平衡，但在税权下移的情况下，力度明显减弱。中央与地方共享的正税定额体制被改变，以往正税由中央进行刚性制度设计的特点，逐步被户税和地税柔性的地方性特征所取代。国家正税由此告别了统一税率，地方性税制运作也促使成为正税的土地税摆脱了中央制税的田制羁绊，据地出税落到实处，而固化的定额体制也使正税在地方的自我发展能力趋强。这一切都促使两税法在唐宋之际的变迁以及田税对户税的消解。

二　唐宋之际田税对户税的消解

两税法自建立始，历经晚唐、五代十国，至北宋前期，其制度本身发生了重大变化。突出表现为：两税之中，财产税性质的户税在征税对象、征税物品上逐渐与田税趋同；随着税种自身萎缩，户税渐趋融入田税中，最终形成宋代二税即田亩税的局面。[1]唐宋之际田税对户税的消解大致分为三个阶段。第一阶段为中晚唐时期。尽管已经出现了田税与户税融合的趋向，甚至部分地区完全"据地出税"，但都属地方行为，尚未形成中央税制模式，因此属于隐性消解阶段。第二阶段是五代十国时期。随着唐政权解体，原来的藩镇分化组合后形成了五代十国诸割据政权。在这些政权内部，融合户税后的田税制度纷纷被各割据政权所确立。第三阶段是北宋前期。北宋统一全国后，不仅继承了原来各割据政权的田税制度模式，还有的放矢地加以厘革，使新的田税即二税成为天下通法。关于北宋前期田税的整合，将在下节重点探讨，本节主要就前两个阶段展开考察。

（一）中晚唐时期户税与田税融合的趋向

　　唐中期诞生的两税法在安史之乱以后中央集权削弱、地方分权加强的形势下出现，故两税法的征管采取中央对收支定额管理和地方定额包干的制度。以州为单位，将两税收入划分为留州、送使和上供三部分。在定额管理体制下，中央对两税的制度管理和平衡机制非常有限，主要是确保中央上供税额的足额实现以及对地方留州、送使税额的监督。至于与税额密切相关的户口统计、垦田变动以及户等升降等具体工作则由基层政权负责。中晚唐时期，户税与田税征收中的融合趋向恰是在基层州县乡里范围实际执行税法中完

1　与本书田税对户税"消解"说不同，一些学者认为是田税与户税的"重组"，持这一观点的主要有日本学者船越泰次《唐代两税法中的斛斗征科及两税钱的折籴和折纳问题》，中译文载刘俊文主编《日本中青年学者论中国史（六朝隋唐卷）》，第485~508页；陈明光《从"两税钱"、"两税斛斗"到"桑田正税"——唐五代两税法演变补论》，《文史》2010年第1辑；周曲洋：《概念、过程与文书：宋代两税研究的回顾与展望》，《唐宋历史评论》第4辑，第207~210页。对此，本书附录论文《唐宋之际户税变迁问题再议》中有所回应。

成的。尽管国家诏敕文书和一些朝廷官员的行为反映出这一趋向，但都没有将其上升为国家制度。直到唐祚播迁，五代开始，才开始制度更张。故这一时期只能是田税对户税的隐性消解阶段。

1. 户税与地税在征收对象上趋同

唐前期户税依据"见居"户的户等派税，地税则依"见佃"青苗征收，征税对象截然不同。安史之乱以后，人口逃亡，版籍混乱，人头税性质的租庸调制形成国家财政收入的能力降低，相反，户税和地税因其"见居"与"见佃"特点而地位上升。两税法中"户无主客，以见居为簿"和"其应科斛斗，请据大历十四年见佃青苗地额均税"，表明它与唐前期制度的承袭性。然而实行两税法以后，户税和地税"见居"与"见佃"的内涵都发生了明显变化。户税由"见居为簿"走向"据地造籍"；地税纳税人也由"见佃"者转向土地持有者。

唐前期地税由实际耕种者承担，对此前已揭示，这在地税仅亩税二升的简单税制下可行。但实行两税法以后，地税不仅亩税额增加，而且征税物品中也出现钱额或折变的绢额，这样地税再由租佃农承担就变得不切实际，故唐后期地税直接向田主征收。由于土地流动情况可以掌握，地亩税收标准一定，即便田主逃亡，还可以找到现田主，或通过出租、向客户转让等形式保证地税税额的完整，所以实行两税法以后地税征收大体保持稳定。尽管人口逃亡、土地流转和土地自然条件变化也会影响地税实际征收状况，但毕竟土地具有可掌控性，在税额固定的情况下，按土地实有数量重新平均税额百姓也可以接受。如长庆年间，元稹在同州均田就是，"悉与除去逃户荒地及河侵沙掩等地，其余见定顷亩。然取两税元额地数，通计七县沃瘠，一例作分抽税"。[1]可见，唐后期地税这一税种在实际征管中体现了很强的操作性。

---

1 《元稹集》卷38《同州奏均田状》，第545页。

　　与之相比，户税征收方式在基层社会具体执行中有所改变。户税征收依赖户籍和定户等第。实行两税法以后，唐中央分别在贞元四年（788）、元和二年（807）、元和十四年（819）、穆宗即位的元和十五年（820）以及稍后的长庆元年（821）、敬宗即位的长庆四年（824）屡下诏敕，要求定户等。然而元和六年（811）吕温在衡州发现，当地"承前征税，并无等第，又二十余年，都不定户"。[1] 长庆三年（823），元稹在同州也看到，"右件地，并是贞元四年检责，至今已是三十六年"。[2] 可见除贞元四年地方依诏定户等外，其他定户等政令在地方都没有推行。同州和衡州分处南北，特别是同州，还属于京畿道所辖，足以反映出当时地方州县不定户等的普遍性。像唐敬宗时湖州刺史庾威，因"富户业广，以资自庇，产多税薄，归于羸弱"，因而"并包者加籍取均，困穷者蠲减取济"，[3] 反倒成为个别"拙政"特例。唐后期不定户等与这一时期人口、土地流动频繁有关。人口流动除受传统意义上的战争和灾荒影响外，还与两税法税制本身的弊端相关。[4] 陆贽就揭露称："不量物力所堪，唯以旧额为准。旧重之处流亡益多，旧轻之乡归附益众；有流亡则已重者摊征转重，有归附则已轻者散出转轻，高下相倾，势何能止。"[5] 与此同时，唐后期土地兼并剧烈，个体庄园兴起。在户税所依赖的户口和财产变动不居的情况下，基层州县乡里在征收户税时必然难以定户等。

　　两税法属于定额体制，它不仅体现在中央和州之间，县以及最基层乡里也都有定额。它是各级行政部门必须完成的硬性指标，而不检定资产、不定户等的结果是百姓户税额的僵化，如独孤郁揭露

<hr />

1　《唐会要》卷 85《定户等第》，第 1558 页。
2　《元稹集》卷 38《同州奏均田状》，第 545 页。
3　《册府元龟》卷 474《台省部·奏议五》，第 5660 页。
4　陈明光：《试论汉宋时期农村"计赀定课"的制度性缺陷》，《文史哲》2007 年第 2 期；刘玉峰、钊阳：《试论唐代两税法的制度缺陷和执行弊端》，《唐史论丛》第 17 辑，西安：陕西师范大学出版社，2014，第 46~57 页。
5　《翰苑集》卷 22《均节赋税恤百姓第一条》，《景印文渊阁四库全书》第 1072 册，第 782 页。

道："昔尝有人，有良田千亩，柔桑千本，居室百堵，牛羊千蹄，奴婢千指，其税不下七万钱矣。然而不下三四年，桑田为墟，居室崩坏，羊犬奴婢十不余一，而公家之税曾不稍蠲，督责鞭笞，死亡而后已。"[1] 这里的督责鞭笞是为保证户税额稳定而采取的无奈之举。在人口、土地流转频繁的情况下，基层州县乡里要确保户税足额征收，遇到的最棘手的问题还是户口与财产特别是土地的分离。为此，他们不得不采取摊逃或招人租佃逃田以代纳税钱的变通措施。摊逃是将逃户户税摊在现户上，李渤出使经过陕西渭南县看到："长源乡本有四百户，今才一百余户；阆乡县本有三千户，今才有一千户，其他州县大约相似。"[2] 原因始自摊逃，但它只会导致更多逃亡，"似投石井中，非到底不止"。[3] 摊逃是饮鸩止渴的临时办法，并非保持户税足额征收的长久之策。户税征收所依据者包括动产和不动产。当户口逃离后，动产荡尽，留下的只有桑田、房宅等不动产。房宅不是再生产的必要条件，价值也不高，但桑田确是必要生产要素，只要与生产力结合就能实现再生产。故将逃户土地租给其他人耕种来代纳税钱的再生产措施成为保证户税征收的有效办法。基层里正往往直接摊及邻保或无田户耕种，代纳税钱。如唐宣宗《大中二年正月制》中云："所在逃户，见在桑田屋宇等，多是暂时东西，便被邻人与所由等计会，虽云代纳税钱，悉将斫伐毁折。及愿归复，多已荡尽，因致荒废，遂成闲田。从今已后，如有此色，勒乡村老人与所由并邻近等同检勘分明，分析作状，送县入案，任邻人及无田产人，且为佃事，与纳税粮。"[4] 与摊逃相比，这种做法更能得到唐中央的认可和支持。另唐武宗《检校逃户制》亦规定："自今已

1　李昉等编《文苑英华》卷488《才识兼茂明于体用策》，北京：中华书局，1966，第2490~2491页。

2　《旧唐书》卷171《李渤传》，第4438页。

3　《旧唐书》卷171《李渤传》，第4438页。

4　《唐会要》卷85《逃户》，第1566~1567页。

后，应州县开成五年已前逃户，并委观察使刺史差强明官就村乡诣实简勘桑田屋宇等，仍勒长令切加简较，租佃与人，勿令荒废。据所得与纳户内征税，有余即官为收贮。"[1] 唐懿宗时也要求"其逃亡户口赋税及杂差科等，须有承佃户人，方可依前应役。如将阙税课额，摊于见在人户，则转成逋债，重困黎元"。[2]

逃户能够留下桑田是实现再生产并保证户税征纳的前提，然而多数逃户在逃亡之前会将桑田变卖或贴典给权贵，基层行政人员无法获得这部分土地。另外，即使一些人户没有逃离，也会碍于生计变卖田产，造成有户无田，户税逋悬，购买土地者则有田无税。如《北梦琐言》卷 1 载："葆光子同寮尝买一庄，喜其无税，乃谓曰：'天下庄产，未有不征。'同寮以私券见拒。"[3] 为此，基层州县乡里只能尝试依据土地流向对新的土地所有者征收户税。元和中期，李翱为庐州刺史，"时州旱，遂疫，逋捐系路，亡籍口四万，权豪贱市田屋牟厚利，而寠户仍输赋，翱下教使以田占租，无得隐，收豪室税万二千缗，贫弱以安"。[4] 李翱以田占租的做法可能有国家法令依据。元和八年（813）十二月宪宗下敕称："应赐王公、公主、百官等庄宅、碾硙、店铺、车坊、园林等，一任贴典货卖，其所缘税役，便令府县收管。"[5] 从这一法令来看，实行两税法后，至迟在元和时期国家已经认同地方府县在财产变动后依据其流向向现所有人征税。武宗《加尊号后郊天赦文》中亦载："其有称未逃之时典贴钱数未当本价者，便于所典买人户下据户加税，亦不在却收索及征钱之限。"[6] 逃户将土地贱价贴典，国家主张对典买人户据户加税，反映出土地流转下户税的征收实态。唐宣宗时期似乎加大了对这一政策的执行力

1　《全唐文》卷 76《检校逃户制》，第 799 页。

2　《旧唐书》卷 19 上《懿宗本纪》，第 681 页。

3　孙光宪：《北梦琐言》卷 1《郑光免税》，贾二强点校，北京：中华书局，2002，第 19 页。

4　《新唐书》卷 177《李翱传》，第 5282 页。

5　《旧唐书》卷 15《宪宗本纪下》，第 448 页。

6　《全唐文》卷 78《加尊号后郊天赦文》，第 820 页。

度。大中四年（850）正月下诏称："又青苗两税，本系田土；地既属人，税合随去。从前赦令，累有申明。豪富之家，尚不恭守，皆是承其急切，私勒契书。自今已后，勒州县切加觉察。如有此色，须议痛惩。"[1]大中六年（852），宣宗赐其舅舅郑光鄠县及云阳县庄各一所，并免除府县所有两税。结果被大臣们以"据地出税，天下皆同"[2]为由制止。这些都反映了土地流转中户税的征收方式。

　　但需要指出的是，此时流转中土地所对应的户税还是这块土地作为原户内资产应承担的户税额，它属于直接的一对一关系。在此种特殊情况下，同样数量的土地即便在一州之内也未见得户税钱额相同，它与晚唐五代以后户税与地税重合，统一规定一州内土地每亩税绢或税钱额完全不同。尽管元稹《长庆元年册尊号赦》中有"宜委所在长吏，审详垦田并亲见定数，均输税赋"[3]的记载，宣宗大中年间诏敕中说"青苗两税，本系田土，地既属人，税合随去"和"据地出税，天下皆同"，但都不意味着户税已经根据田亩数量征收。如穆宗在元和十五年即位赦文中尚称："自今已后，宜准例三年一定两税，非论土著俗居，但据资产差率。"[4]可见，穆宗执政伊始还没有改变两税征收方式的迹象。而河北是特殊区域，一年以后对其均定赋税即便采用新的方式也不能说全部改变已有的政策。而且长庆以后按户等第税钱依然存在，如唐敬宗时湖州刺史庾威仍然"尽简，并包者加籍取均，困穷者蠲减取济"。[5]唐武宗在《会昌二年四月二十三日上尊号赦文》中也揭示："百姓垦田，承前已申顷亩及斛斗单数，近年又令其人户税钱等第、垦田水陆顷亩，挟县乡分析，徒为繁弊，无益政途。"[6]此时，

1 《唐会要》卷84《租税下》，第1544页。
2 《唐会要》卷84《租税下》，第1544~1545页。
3 《唐大诏令集》卷10《长庆元年册尊号赦》，第61页。
4 《唐大诏令集》卷2《穆宗即位赦》，第11页。
5 《册府元龟》卷474《台省部·奏议五》，第5660页。
6 《文苑英华》卷423《会昌二年四月二十三日上尊号赦文》，第2144页。

李方玄也在池州按科品高下创造籍簿,并复定户税,"得与豪猾沉浮者,凡七千户,衮入贫弱,不加其赋"。[1] 即使到了唐懿宗咸通七年(866),对河南及同、华、陕、虢等州遭蝗虫食损田苗除放免本色苗子外,"仍于本户税钱上每贯量放三百文,如今年秋税已纳,即放来年夏税"。[2] 由此可以看出,地税和户税一直还是分开计税。

除上述户口与土地分离造成已有户税额流失外,客户问题也值得注意。对于以见居为簿的户税来说,客户是法定的税源。但唐后期地方并未按照两税法规定将客户纳入当地户籍。杜佑谈道:"自圣上御极,分命使臣,按比收敛,土户与客户共计得三百余万,比天宝才三分之一,就中浮寄仍五分有二。出租赋者减耗若此。"[3] 说明即便建中定税时也仅是将有土地的客户落籍。翁俊雄曾对照《元和郡县图志》考察唐后期衡州、潮州、韶州对客户、浮户不书户籍的情况,也深刻地揭示了这一现象。[4] 究其原因,没有土地的客户受人雇用,隐于田庄、乡里,一旦与居人等同征税,便立刻流移。正如胡三省在《资治通鉴》中注云:"浮户谓未有土著定籍者,言其蓬转萍流,不常厥居,若浮泛于水上然。"[5] 因此,地方政府经常将浮客作为租佃逃户所留土地的后备军和正税缺额时的补充者。如贞元十二年(796)六月,赵州刺史皇甫政奏:"贞元十年,进绫縠一千七百匹,至汴州,值兵逆叛,物皆散失,请新来客户续补前数。"[6] 韦处厚曾为地方州刺史,也备谙此事,认为:"自兵兴以来,垂二十载。百姓粗能支济,免至流离者,实赖所存浮户相倚,两税得充,纵遇水旱虫霜,亦得相全相补,若搜索悉尽,立至流亡。"[7] 客户对两税的补充作

---

1 杜牧:《樊川文集》卷 8《唐故处州刺史李君墓志铭》,上海:上海古籍出版社,1978,第 131 页。

2 《唐大诏令集》卷 86《咸通七年大赦》,第 489 页。

3 《通典》卷 40《职官二十二·秩品五》,第 1108 页。

4 翁俊雄:《唐后期民户大迁徙与两税法》,《历史研究》1994 年第 3 期。

5 《资治通鉴》卷 281,后晋高祖天福三年,第 9187 页。

6 《唐会要》卷 85《逃户》,第 1565~1566 页。

7 《册府元龟》卷 493《邦计部·山泽一》,第 5901 页。

用主要体现在租种逃户土地代纳税钱，避免摊逃上，至于客户是否独立被征收重税以及具体征税方式，目前还缺乏可兹佐证的史料。

总之，唐后期在人口、土地频繁流转的情况下，户税征收所依据的资产在流转中逐渐剥离其中的浮财，向单纯土地过渡，而邻保、客户代纳税钱或以田占租都进一步促使户税钱与土地更加紧密结合，其结果是户税征税对象"户"的弱化，土地在两税征纳中地位的上升，从而让原本征税方式各异的户税和地税在征税对象上出现了重合趋势。

2. 户税与田税征税物品逐渐一致

户税与地税不仅征税对象明显不同，在征税物品上也形态各异。户税以钱计税并折纳绢帛，地税征谷物，其附加税征钱。实行两税法以后，户税与田税在征税物品上逐渐趋同，主要表现在折籴和旨支米上。

折籴是将户税钱折成谷物缴纳，主要实行于军队集中驻扎的北方地区。[1] 德宗贞元二年（786）十月度支奏："京兆、河南、河中、同、华、陕、虢、晋、绛、鄜、坊、丹、延等州府秋夏两税、青苗等钱物，悉折籴粟麦，所在储积，以备军食……诏可其奏，自是每岁行之，以赡军国。"[2] 从"自是每岁行之，以赡军国"可以看出，折籴成为上述地区以后户税钱与青苗钱改变征税物品形态的定制。白居易曾论折籴之利云："折籴者，折青苗税钱，使纳斛斗。免令贱粜，别纳见钱。在于农人，亦甚为利。"[3] 但既然旨在供军，折籴就不可避免存在强制性，且不可能兼顾百姓种食是否丰盈，故不能说完全属便民措施。折籴数量大体有一个固定量。以京兆府为例，贞

---

1 参见船越泰次《唐代两税法中的斛斗征科及两税钱的折籴和折纳问题》，中译本载刘俊文主编《日本中青年学者论中国史（六朝隋唐卷）》，第492~496页；杨际平《试论唐代后期的和籴制度》，《杨际平中国社会经济史论文集·唐宋卷》，厦门：厦门大学出版社，2016，第181页。

2 《册府元龟》卷502《邦计部·平籴》，第6013页。

3 白居易：《白氏长庆集》卷41《今年和籴折籴利害事宜》，《景印文渊阁四库全书》第1080册，第630页。

元二年十一月度支上奏言："请于京兆府折明年夏税钱二十二万四千贯文，又请度支给钱，添成四十万贯。令京兆府今年内收籴粟麦五十万石，以备军仓。"[1] 那么，京兆府折籴粟麦的 50 万石是否为固定量呢？ 元和六年十月放免了 "京兆府每年所配折籴粟二十五万石"，[2] 又元和八年九月，度支王绍上奏 "请折籴粟京兆府二十五万石"，[3] 这里的 25 万石折籴粟非常稳定，而 50 万石的数字中包括麦。由此可以推断，京兆府在贞元、元和时期每年有 50 万石固定折籴量，其中一半为粟、一半为麦。最初 50 万石粟麦占用了 22.4 万贯的夏税钱，中央财政又贴了 17.6 万贯才完成该数额。按此量计算，当时的粟麦均价将达到每斗 80 文，史籍也有佐证。据《资治通鉴》记载："（贞元三年十二月）自兴元以来，是岁最为丰稔，米斗直钱百五十、粟八十。"[4] 由于京兆府隶属中央直辖，故财政两分，这也是中央占用其中一半户税钱的原因。可见，此时完成折籴数额还不充裕，但这种局面随着谷价回落便得到改善。元和时期的粟价，按李翱《进士策问》的记载，一斗不过 20 文，[5] 比贞元初跌了 3/4。这样秋季折籴粟 25 万石只需 5 万贯，不用户税钱，青苗钱就能解决。[6] 因此，王绍在奏请京兆府折籴粟 25 万石时说："准旧仍各于本州处中旬时估，每斗加饶五之一，京兆府量加五之二，以当府秋税青苗钱折纳。"[7] 以此推之，夏青苗钱有能力折籴另外的 25 万石麦。尽管户税钱暂且摆脱了折籴粟麦，但到文宗开成时期，又重新被折以粟麦。据《册府元龟》卷 484《邦计部·经费》载：

---

1 《唐会要》卷 90《和籴》，第 1636 页。
2 《旧唐书》卷 14《宪宗上》，第 438 页。
3 《册府元龟》卷 502《邦计部·平籴》，第 6014 页。
4 《资治通鉴》卷 233，德宗贞元三年，第 7508 页。
5 李翱：《李文公集》卷 3《进士策问》，《景印文渊阁四库全书》第 1078 册，第 114~115 页。
6 李锦绣认为秋青苗钱为京兆府 1030 万亩，再乘以每亩 18 文，为 18.54 万贯。（《唐代财政史稿》下卷，第 698 页）但笔者认为，青苗钱随地征收，但地亩有夏税地和秋税地之分，不能重征，所以，18.54 万贯是夏、秋两季青苗钱。如果笼统计算，秋青苗钱只有 9.27 万贯。
7 《册府元龟》卷 502《邦计部·平籴》，第 6014 页。

（开成元年）二月，度支奏："每年供诸司并畿内诸镇军粮等，计粟麦一百六十余万石，约以钱九十六万六千余贯籴之；畿内百姓每年纳两税见钱五十万贯，约以粟麦二百余万贯籴之。是度支籴以六十而百姓籴以二十五，农人贱籴利归商徒，度支贵籴贿行黔吏。今请以度支贵籴钱五十万贯送京兆府，充百姓一年两税，勒二十三县代缩输粟八十万石，小麦二十万石，充度支诸色军粮，则开成三年以后似每岁放百姓一半税钱，又省度支钱一十万贯……"诏付京兆府，夏季以前先造户帖，务使平允。[1]

从上文可以看出，京兆府夏秋户税钱又被重新折籴粟麦，而且将税钱折籴情况造成户帖，说明这一制度被固定并加以推行。京兆府户税折籴具有代表性，其他北方地区也存在户税钱折籴粟麦的情况。如贞元三年（787），度支奏称："河南、河中府及同、华、晋、绛、陕、虢、鄜、坊、丹、延等州，今年夏税各送上都及留州、留都府钱八十一万贯，请量取三十万贯折籴豆麦等贮纳，仍委和籴使、兵部郎中姚南仲勾当。"[2]这项建议被采纳。元和八年九月，王绍奏请折籴粟中除京兆府外，还包括同州五万石，华州三万石，陕州五万石，虢州三万石，河中府三万石，绛州二万石，河南府六万石，河阳节度管内十万石。敬宗宝历元年（825）八月下敕，命度支于两畿，及凤州、邠泾、鄜坊、同华、河中、陕州、河阳等道共和籴、折籴二百万斛，命祠部郎中崔忠信等分道主之。[3]这些都说明在北方户税钱折籴粟麦非常普遍。唐后期折籴对两税流变的影响很大，其中秋税钱就是通过和籴或折籴融入田亩税，关于这一点，日

1 《册府元龟》卷484《邦计部·经费》，第5790~5791页。
2 《册府元龟》卷502《邦计部·平籴》，第6013页。
3 《册府元龟》卷502《邦计部·平籴》，第6014~6015页。

本学者船越泰次已有揭示。[1]

　　与北方税钱受折籴影响不同，南方税钱流变与旨支米价有密切关联。旨支米价，也叫度支米价，是地税米折钱及绢，它是指江南地税米除上供部分外其余部分的折纳形式。[2]将正税米折绢在唐前期就已经出现，如江南租折布。唐后期征收的旨支米由租米改为地税米，但旨支米本色外还保留按价折匹段的特征。如元和十四年皇甫镈以宰相判度支，奏称："诸道州府监院每年送上都两税、榷酒、盐利、度支米价等匹段加估定数。"[3]从讨论度支米价的加估可以看出这一点。不过随着江南蚕桑业和丝织业的发展，此时度支米价已由布转向绢帛，上文匹段加估主要是绢帛，但也不乏纳丝的。如《唐故河南令张君墓志铭》载："改虔州刺史……度支符州，折民户租，岁征绵六千屯。比郡承命惶怖，立期日，唯恐不及事被罪。君独疏言：'治迫岭下，民不识蚕桑。'月余，免符下，民相扶携，守门叫欢为贺。"[4]除绢帛外，度支米也可以直接转化为税钱。如卢坦在宣州，"罢宣歙度支米，收其价以移之于湖南"。[5]

　　地税附加的青苗钱、榷酒钱本身就存在与户税相同的纳税物品，而谷米征收又部分征钱绢，虽然属于折纳行为，但却使地税的征税物品形态与户税趋同。再联系户税通过折纳、折籴导致征税物品形态与地税趋向一致的情况，不难发现，唐后期户税和地税在征税物品形态上的差异已经淡化，户税与地税征税物品在形态上走向统一。

　　3. "苗税"：晚唐时期户税与田税青苗钱重合的信号

　　苗税，又称苗税钱，在五代、两宋时期使用普遍，主要指按田

1　船越泰次：《唐代两税法中的斛斗征科及两税钱的折籴和折纳问题》，中译本载刘俊文主编《日本中青年学者论中国史（六朝隋唐卷）》，第492~496页。

2　关于旨支米，李锦绣进行了细致研究。参见氏著《唐代财政史稿》下卷，第667~676页。

3　《册府元龟》卷469《台省部·封驳》，第5590页。

4　《韩昌黎全集》卷30《唐故河南令张君墓志铭》，上海：世界书局，1935，第384页。

5　《全唐文》卷640《故东川节度使卢公传》，第6464页。

地征收的税钱。但苗税却出现在唐后期，是随地青苗钱和按户征收的户税钱重合之产物。

青苗钱出现在安史之乱结束后，代宗广德二年正月"税天下地亩青苗钱给百官俸料，起七月给"。[1]青苗钱有时称地头钱，亦有称呼"苗税"的，唐人刘长卿大历时期有《送河南元判官赴河南勾当苗税充百官俸钱》[2]的诗，从充百官俸钱可以断定此处苗税实际上指青苗钱，但两税法实行之前仅此一例。两税法实行后，青苗钱和户税钱成为税收中中央的两个纳钱税种，因而常被一并提及。不过，二者区别极其明显。唐德宗时，郑甫外任为"宣歙青苗税户使"。[3]顾况在为韩洄所作行状中也称："（建中初）拜户部侍郎，判度支，管诸道青苗税户。"[4]元和十一年（816）下诏云："其京畿百姓所有积欠元和九年、十年两税及青苗，并折籴折纳斛斗及税草等，除在官典所由腹内者，并宜放免。"[5]可见，青苗钱和两税钱或户税钱被区分得很清楚。

然而上文已经谈到，唐后期在人口、土地频繁流转下，作为户税征税对象的"户"开始弱化，土地在两税征纳中地位上升，从而让原本征税方式各异的户税和地税在征税对象上出现了重合趋势。最为典型的是大中四年出现了"青苗两税，本系田土，地既属人，税合随去"[6]的提法。在此情况下，青苗钱与两税钱的区别也开始模糊，大中元年（847）正月十七日赦文中称："荆南管内应遭旱损农户，赦书下后，新年夏随地税钱宜并放免。"[7]文中"随地税钱"具体指青苗钱还是两税钱很难判定。"苗税"出现也由同一因素导

---

1 《册府元龟》卷 506《邦计部·俸禄二》，第 6073 页。

2 刘长卿：《刘随州集》卷 2，《景印文渊阁四库全书》第 1072 册，第 15 页。

3 《文苑英华》卷 953《舒州刺史郑公墓志铭》，第 5011 页。

4 《全唐文》卷 530《韩公行状》，第 5382 页。

5 《册府元龟》卷 491《邦计部·蠲复三》，第 5873 页。

6 《唐会要》卷 84《租税下》，第 1544 页。

7 《文苑英华》卷 430《大中元年正月十七日赦文》，第 2179 页。

致。最早出现苗税的诏令为大中十三年（859）唐懿宗即位诏，其中有"诸道州府有遭水损甚处，其今年合纳苗税钱等，委长吏酌量蠲放"。[1]以后苗税开始在国家诏令中频繁出现。咸通七年十一月的大赦文称："江淮诸州百姓，只合输本分苗税，不合分外差科，多为所在长吏权立条流，临时差配，或强名和市，都不给钱。自今除纳本分苗税外，一切禁断。"[2]百姓只输苗税，禁断其他一切征科，透露出户税与地税融合的信息。僖宗乾符二年正月七日南郊赦文中也谈及："其逃亡人户产业田地，未有人承佃者，其随田地苗税、除陌、榷酒钱及斛斗等，并权放三年，勒常切招召人户，三年后再差官勘覆，据归复续却收税。"另"诸道州府，或有遭水旱甚处，去年夏税合纳苗税等钱，委本州府长吏酌量蠲放"。[3]这里有两个问题值得注意。其一，出现"随田地苗税、除陌、榷酒钱及斛斗"。苗税随田地说明征税对象指向土地；同时除陌钱也按土地征收，除陌钱来源于中外给用钱的抽贯。据《旧唐书·穆宗本纪》云："以国用不足，应天下两税、盐利、榷酒、税茶及户部阙官、除陌等钱，兼诸道杂榷税等，应合送上都及留州、留使、诸道支用、诸司使职掌人课料等钱，并每贯除旧垫陌外，量抽五十文。仍委本道、本司、本使据数逐季收计。"[4]这是紧急情况下的抽贯，从"除旧垫陌外"可以看出上述诸项都是除陌对象，特别是两税。然而，乾符二年（875）除陌钱出现在随田地苗税之后，笔者估计应是随着户税钱并入田地征收，除陌也相应出现在田税中。到唐昭宗时，《改元天复赦文》中亦载："自今已后，但每年芟薙之时，委京兆府于本县苗税钱数内，酌量功价，支付陵令，遣自和雇人夫，委拜陵官常加点检。"又"其京兆府每月合差赴飞龙掌闲，虽是轮差诸县，不免长挠疲人。

1　《全唐文》卷 85《即位赦文》，第 892 页。
2　《全唐文》卷 85《大赦文》，第 898 页。
3　《全唐文》卷 89《南郊赦文》，第 930~931 页。
4　《旧唐书》卷 16《穆宗本纪》，第 478 页。

宜令府司于苗税钱内，每月据所差人数目，每人支钱送付飞龙司，仰自和雇人夫充役"。[1] 修陵和雇人夫以及飞龙掌闲轮差都是徭役范畴，两税法实行以后，唐中央政府对这些用役一再强调："天下诸州府，应须夫役、车牛、驴马、脚价之类，并以两税钱自备，不得别有科配。"[2] 由两税充当雇资到由苗税钱和雇，反映出两税已经被包含到随地苗税中。

不过，苗税的出现只能说明中央乃至地方政府对青苗钱和两税钱（确切地说为户税钱）的重合趋势有了部分认同，但此时唐中央并没有改变官方两税制度模式。同时，苗税作为地方征税实践还尚未流布至唐王朝的全部州县，故与两税并行不悖，唐王朝诏敕中青苗钱和两税钱的称谓仍然存在。京兆府青苗钱的记载在上述大中五年、大中十三年、咸通七年甚至乾符二年的诏敕中都曾出现。咸通七年诏敕还有："其京兆府今年青苗、地头及秋税钱，悉从放免。仍并出内库钱二十四万五千三百六十余贯，赐官府司充填诸色费用。河南及同、华、陕、虢等州，遭蝗虫食损田苗，奏报最甚，除合放免本色苗子外，仍于本户税钱上，每贯量放三百文，如今年秋税已纳，即放来年夏税。"[3] 这里不仅出现青苗、地头及秋税钱，亦有苗子和本户税钱，它们都与苗税称谓一并使用。由此可知，晚唐时期户税与地税趋向融合，青苗钱和户税钱向苗税发展，但这一切都是地方实际税收征管的结果，中央虽然偶尔在诏敕中认同这一现象，但是并没有将其上升为中央的统一制度。

（二）五代十国时期两税向田税的转变

尽管两税法在实际运行中，户税在征税对象与征税物品形态上都与地税趋于重合，但在两税分权体制下并没有引发中央税制更

---

1 《全唐文》卷92《改元天复赦文》，第961~962页。

2 《唐大诏令集》卷2《顺宗即位赦》，第10页。

3 《全唐文》卷85《大赦文》，第897页。

张。真正完成这一过程则是在五代十国时期。当黄巢起义再次打乱国家政治秩序，造成新一轮人口逃亡、版籍混乱，唐王朝濒于解体，地方藩镇趁势争夺中央政权。为了满足军需以及壮大经济实力，各地方政权纷纷进行财政改革，并在所属统治区域内推广，两税法恰是在此时完成了制度变迁。[1]

1. 北方五代两税法的变迁

黄巢起义以后，僖宗在中和五年（885）回到长安，改元光启。尽管名义上重新恢复了唐王朝统治，然而国家实际上已经四分五裂。当时北方藩镇割据形势是："时李昌符据凤翔，王重荣据蒲、陕，诸葛爽据河阳、洛阳，孟方立据邢、洺，李克用据太原、上党，朱全忠据汴、滑，秦宗权据许、蔡，时溥据徐、泗，朱瑄据郓、齐、曹、濮，王敬武据淄、青，高骈据淮南八州，秦彦据宣、歙，刘汉宏据浙东，皆自擅兵赋，迭相吞噬，朝廷不能制。"[2]在这些藩镇中，据汴、滑的宣武节度使朱全忠势力发展最快。文德元年（888），朱全忠打败秦宗权，据有其地，实力大增。此时，在朱全忠统治区域发生的一次赋税改革尤值得关注。史载：

> 高途，唐末为汴宋亳观察判官，僖宗文德初，监宋州军州事。时螟潦之后编户初复，途克己为政，始定履亩之税，以抑兼并，太祖乃命管内如其制。于是赋无虚额，民无遗负，公庾实而军食美矣，改天平宣义两府从事。[3]

高途最初为郿州从事，经盐铁使秦韬玉推荐，被朱全忠署为宣

1　关于五代十国时期两税向田税的转变，郑学檬《五代十国史研究》（第 151~165 页）和杜文玉《五代十国经济史》（北京：学苑出版社，2011，第 242~250 页）都有过讨论。陈明光则专门对五代两税从两税钱、两税斛斗到桑田征税进行了分析（《从"两税钱"、"两税斛斗"到"桑田正税"——唐五代两税法演变补论》，《文史》2010 年第 1 辑）。

2　《旧唐书》卷 19《僖宗本纪》，第 720 页。

3　《册府元龟》卷 677《牧守部·能政》，第 8094 页。

武军（宣武镇下辖汴、宋、亳、颍四州）掌记，后迁汴宋亳观察判官。掌记负责草拟笺奏，而观察判官为藩镇的重要理财官，掌两税征收和财赋支用，可见高途在宣武军中的地位。故当高途在宋州履亩而税，朱全忠命"管内如其制"就不奇怪了。高途履亩而税的前提是"蟓漧之后编户初复"，目的是"抑兼并"。在两税法中，地税本来就是履亩而税，谈不上改革。故这里将履亩而税作为一项改革并加以推广，笔者认为其针对的应是户税，也就是说，将户税钱额履亩征收制度化。随着朱全忠兼并其他藩镇，并于907年建立后梁，这项改革在其统治区被逐步推广。反观唐后期两税法中户税和地税征收方式趋同迹象，可推知这一融合趋势在五代后梁时期的北方仍然延续。虽然史称后梁"既受唐禅，两税之法，咸因唐制"，[1]实际已非建中两税之旧。

　　五代两税变迁在后唐体现得更为明显。后唐庄宗同光二年（924）敕中两次提到"桑田正税"。[2]将两税直接称为桑田正税，说明两税已经转变为田亩税。前文曾提到唐末将青苗两税简称"苗税"的现象，这在后唐明宗长兴二年（931）再次出现。诏云："其所置田地，如是本主种田苗，及见菜园，候收刈及冬藏毕，方许交割。据交割日限后修盖，其已定田地内所有苗税等，宜令据亩数出除。"[3]苗税据亩数出除透露出已经完全属于田亩税。另外长兴元年（930）二月下制书谈及，天下州府征收夏秋苗税，土地节气，各有早晚，于是出现预先促征的现象。于是户部奏河南府等四十七州处，"节候常早，大小麦、曲麦、豌豆，取五月十五日起征，至八月一日纳足，正税匹段钱、鞋、地头、榷曲、蚕盐及诸色折科，取六月五日起征，至八月二十日纳足"；[4]幽、定等十六州，"节候较晚，

1　《册府元龟》卷488《邦计部·赋税二》，第5839页。
2　《册府元龟》卷488《邦计部·赋税二》，第5839页。
3　王溥：《五代会要》卷26《街巷》，北京：中华书局，1998，第316~317页。
4　《册府元龟》卷488《邦计部·赋税二》，第5840页。

大小麦、曲麦、豌豆，取六月一日起征，至八月十五日纳足，正税匹段钱、鞋、地头钱、榷曲、蚕盐及诸色折科，取六月十日起征，至八月二十五日纳足"。[1] 这里征收的是夏秋苗税，但其中包括正税匹段钱，足见原户税钱及折征匹段等色已经融入田税中。然而需要指出，五代一些诏敕中仍然会出现"户税"痕迹。如后唐天成三年（928）敕："宜令随处州府长吏，逐县每年考课，如增添得户税最多者，具名申奏，与加章服酬奖。"[2] 又后晋高祖天福六年（941）八月，"忻、代、蔚、并、镇州管界内有经藩部践踏却苗稼者，其合纳苗子、沿征钱物等据顷亩与除放，其经烧爇舍室、杀伤人命者，据户下合征苗税并与除放"。[3] 如果单独看天成敕中"户税"，可能会有户税回归之惑，但若联系天福敕中"户下合征苗税"，则可窥其端倪。前已分析此时苗税属于田亩税，户下苗税反映出虽然苗税据亩出税，但税额最终会系在具体户主人名下征收，此处的户已非作为征税依据的户，而是属于征税客体的户。换句话说，任何税收最终都由具体的纳税单位来承担，中国古代生产组织和社会组织的核心就是家庭，即个体的户。故尽管五代以后田亩正税已经不直接与户等或户内资产发生关联，[4] 但广义上还会形成各户的不同税额，按户征纳。

户税与地税融合，一律据亩出税，这使田亩成为两税唯一征税对象，故检核田亩成为决定两税收入的关键。五代时期，北方诸政权都十分注重对田亩的统计。后唐明宗时命令："今年夏苗委人户自供通顷亩，五家为保，本州具帐送省，州县不得差人简括，如人户隐欺，许人陈告，其田倍征。"[5] 可见，对田亩检核仍根据居民自报的"手实"传统。后晋定税亦采用"委人户自量自概"[6] 的方式。后

1　《册府元龟》卷 488《邦计部·赋税二》，第 5840 页。
2　《五代会要》卷 19《县令上》，第 245 页。
3　《册府元龟》卷 94《帝王部·赦宥一三》，第 1125 页。
4　当然，税物的支移和折变也与户等发生关联，但笔者认为这属于财政手段，并非税收征纳方式。
5　《册府元龟》卷 488《邦计部·赋税二》，第 5840 页。
6　《册府元龟》卷 488《邦计部·赋税二》，第 5841 页。

周世宗均定田租是五代时期较为突出的定税之举，他按唐时元稹所上"均田表"提出的均田办法。史称："（显德）五年七月诏曰：朕以寰宇虽安，烝民未泰。当乙夜观书之际，校前贤阜俗之方。近览元稹《长庆集》，见在同州时所上《均田表》，较当时之利病，曲尽其情。……今赐元稹所奏均田图一面，至可领也。"[1]而元稹同州均田也是百姓自通顷亩，说明中国古代税制习俗具有很强的影响力。不过检田毕竟会触及乡村百姓的利益，特别是一些官吏乘机勒索百姓。《宋史·食货志》揭示称："五代以来，常检视见垦田以定岁租。吏缘为奸，税不均适，由是百姓失业，田多荒失。"[2]因此，五代政权也极力保持社会稳定，减少检田行为。如《新五代史·刘审交传》记载："（后晋高祖年间）议者请检天下民田，宜得益租，（刘）审交曰：'租有定额，而天下比年无闲田，民之苦乐，不可等也。'遂止不检，而民赖以不扰。"[3]五代时期北方政权将是否检核田亩作为讨论焦点，足见田亩税的重要地位，但与户税相关的定户等行为却在史籍上难以寻觅到，这些现象虽不能直接说明户税转入地亩，但可间接地佐证这一点。

2. 南方十国两税法的变迁

晚唐和五代十国时期，虽然南方也经历了军阀纷争，然而比北方相对承平，故两税法嬗变过程被更清晰地凸显出来。南方诸藩镇中，以淮南节度使杨行密建立的杨吴以及鼎革的南唐政权实力最强，对两税税制变革也较为彻底。

早在唐昭宗景福二年（893），杨行密手下的重要将领陶雅进入歙州，即后来徽州，[4]开始整顿税收，实行了按亩征钱制度。《宋会要

---

1 《五代会要》卷25《租税》，第307页。

2 《宋史》卷174《食货上二·赋税》，北京：中华书局，1985，第4203页。

3 《新五代史》卷48《刘审交传》，北京：中华书局，1974，第545页。

4 歙州到北宋徽宗宣和三年（1121）后称徽州，自此直到清朝一直被沿用。因史料中多称徽州，故后面行文统一采用徽州称谓。

辑稿》记载:"(南宋绍兴三年十月)七日,江南东西路宣谕刘大中言,徽州山多地瘠,所产微薄。自为唐陶雅将歙县、绩溪、休宁、祁门、黟县田园分作三等,增起税额,上等每亩至税钱二百文,苗米二斗二升。为输纳不前,却将䌷、绢、绵、布虚增高价,纽折税钱,谓之元估八折。惟婺源一县不曾增添,每亩不过四十文。"[1] 陶雅将税钱每亩最高增至二百文,远远超出田税附加范畴,实际是将户税钱向地税转移的制度改革,因徽州土地少,税钱重,遂出现重税现象。不过,在输纳困难的情况下,陶雅通过高估绢价实际降低了税率,对此后文会有详论。陶雅徽州均税反映了晚唐以降南方军阀政权改变两税征收方式,将户税转入地亩征收的取向。南宋人曾敏行在其《独醒杂志》中称:"予里中有僧寺曰南华,藏杨、李二氏税帖,今尚无恙。予观行密时所征产钱,较之李氏轻数倍。"[2] 此处提及杨行密时"产钱",曾敏行为南宋人,习惯上称土地为产,可知杨行密时所纳"产钱"就是计亩所纳之钱。

"杨、李二氏税帖"也反映出计亩征钱在杨吴和李氏南唐已相沿形成制度,事实的确如此。杨行密死后,杨吴政权实际由大将徐温及其养子徐知诰把持。至顺义年间,杨吴尽有淮南、江西之地,对外战争基本停止,于是开始整顿内政。此时在税制上,杨吴试图改变地方各自为政的状况。于是在顺义二年(922),"差官兴版簿,定租税,厥田上上者,每一顷税钱二贯一百文,中田一顷税钱一贯八百,下田一顷千五百,皆足陌见钱,如见钱不足,许依市价折以金银。算计丁口课调,亦科钱"。[3] 从改革内容看,这次税制整顿明显是杨吴政权对霸府时期各地田税计亩征钱的制度化规定。那么,这里的计亩所税钱是包括了税米在内的全部土地税,还是涵盖除夏

1 徐松辑《宋会要辑稿》食货七〇之三五,北京:中华书局,1957,第 6388 页。
2 曾敏行:《独醒杂志》卷 1《杨行密税轻》,朱杰人点校,上海:上海古籍出版社,1986,第 3 页。
3 洪迈:《容斋续笔》卷 16《宋齐丘》,《容斋随笔》,孔凡礼点校,北京:中华书局,2005,第 418 页。

税钱外的部分秋税钱？

实际无论是前述产钱还是顺义时期亩税钱，都是唐后期两税法中户税钱额转向地亩征收在中央政权层面的设范立制，原有土地税计亩征粟米规定始终保持。对此，陶雅在徽州定税时钱米并征是最好佐证。而杨吴顺义改革税制时亩税钱分别为上田 21 文、中田 18 文、下田 15 文，当时绢价是每匹市价 500 文，[1] 由此可知相应米价。建中时"绢一匹为钱四千，米一斗为钱二百"，至元和末，"绢一匹价不过八百；米一斗不过五十"。[2] 匹绢与石米的比价为 2：1 或 1.6：1。如果按 1.6：1 计算，顺义整顿税收时匹绢价 500 文，则斗米价仅为 30 文左右。也就是说，顺义时亩税钱即使是上田，一亩税钱仅买 7 升米，这与唐代平均地税亩税一斗还少，故顺义改革中税钱不可能包括田亩斛斗在内。然而对杨吴顺义改革，《资治通鉴》记载稍有不同，"先是，吴有丁口钱，又计亩输钱，钱重物轻，民甚苦之。齐丘说知诰，以为钱非耕桑所得，今使民输钱，是教民弃本逐末也。请蠲丁口钱，自余税悉输谷帛，纨绢匹直千钱者当税三千"。[3] 这里出现用谷帛来折纳亩税钱的记载。既然钱额与谷和帛对应，那就难免把钱额看成全部亩征收物。事实上，《资治通鉴》记载比较含混。宋人洪迈《容斋续笔》引《吴唐拾遗录》对此则谈得较为详细："（宋齐丘）上策乞虚抬时价，而折纨、绵、绢本色，曰：'江淮之地，唐季已来，战争之所。今兵革乍息，黎氓始安，而必率以见钱，折以金银，此非民耕凿可得也，无兴贩以求之，是为教民弃本逐末耳'。是时绢每匹市卖五百文，纨六百文，绵每两十五文，齐丘请绢每匹抬为一贯七百，纨为二贯四百，绵为四十文，皆足钱，丁口课调亦请蠲除。"[4] 由此可知，宋齐丘上策主张将税钱折为纨绢绵

---

1 《容斋续笔》卷 16《宋齐丘》，《容斋随笔》，第 418 页。
2 《李文公集》卷 9《疏改税法》，《景印文渊阁四库全书》第 1078 册，第 145 页。
3 《资治通鉴》卷 270，后梁均王贞明四年，第 8832 页。
4 《容斋续笔》卷 16《宋齐丘》，《容斋随笔》，第 418 页。

本色，这与户税计钱折绫绢如出一辙。故此处没有谈折米而且后面也没有列出米价，不足为怪。《吴唐拾遗录》对绢帛虚估价格的记载说明《资治通鉴》中"匹直千钱者当税三千"之含混，由此可见"谷帛"一词亦不准确。计钱折绫绢是两税法中户税传统，而顺义亩税钱中钱折帛正是这一制度在田亩税中的再现。这也同样佐证顺义时期钱额仅是田亩税钱的一部分，税米额始终独立存在。

另一个问题是顺义改革中计亩征钱是否包括部分秋税钱。秋税米折钱或折绢的确存在于杨吴歙州即后来的徽州地区，但徽州秋税米折钱或折绢自唐朝时就已存在，其根源在于特殊的地理环境。唐元和时期，崔玄亮任该州刺史时就实行了米折钱，史称："先是，歙民居山险，而输税米者，担负跋涉，勤苦不支。公许其计斛纳缗，贱入贵出，官且获利，人皆忘劳。"[1]到吴、南唐时期，继续保持了税米折钱传统，并把这部分税钱再折成绢，这就是以后沿袭下来的徽州苗绢，南宋人程大昌谈道："徽州，唐歙州也。有水可通浙江，而港洪狭小，阅两旬无雨，则舟胶不行。以此人之于秋苗额中，量州用米数，许于本色外，余尽计米价，准绢价，令输以代纳苗，以便起发也……赵曰：予略知其似矣！徽之苗米，本州全得用，不起一粒，已自优如他州矣，而不知起发苗绢即是计米输绢也。"[2]由此可见，徽州计米输钱绢属于特殊现象，不能以此为据断定顺义改革中计亩所输之钱包括部分秋税钱。同时，徽州秋税钱是由税米所折，其根源在于税米，最终还是米税。

尽管史书对顺义改革赞誉有加，但这次改革具体亩税额和物估并未彻底执行。因为杨吴版图内各地土壤、地力都存在很大差异。就上田来说，都统一定为亩税21文，本身就不合理，且不符合实际。而且两税法实行时财政属定额管理体制，各州税收总额固定，

---

1 《全唐文》卷 679《崔公墓志铭》，第 6947 页。
2 程大昌：《演繁露续集》卷 2《徽州苗绢》，《景印文渊阁四库全书》第 852 册，第 219 页。

税率不同，地方财政以总额确定收支。这次改革实际上是在所辖区内统一税率，这样各州税收总额必然被打破。税额增加尚可，若减少，则地方财政就会难以维持。再加之宋齐丘又高估绢价，故遭到许多大臣的反对，"朝议喧然沮之，谓亏损官钱万数不少"。[1] 尽管徐知诰力主推行，然而当时徐知诰并未彻底掌握大权，实权仍操在徐温手里，地方上一些节度使和刺史大多属于拥有功勋的旧将，拥有很大权力。故这次税制改革具体推行时一些制度设计并没有得到实施，如徽州田税实际上亩税额还是以 200 文、150 文和 100 文征收，其物估也还是保持了陶雅时标准。但值得肯定的是，这次改革制税原则还是得到了贯彻。第一，蠲除丁口钱，统一计亩税钱。这是户税钱转向地亩的制度确立，也是宋代夏钱的滥觞。第二，折绢。它恢复了两税法中户税钱折纳传统，对战争以后残破经济复苏无疑颇为必要。第三，高估。尽管宋齐丘所制定的估价可能并未完全在各地推行，但把绅绢绵高出市场价征收的做法无疑成为制度先例，为后来税额固化奠定了基础。

由于顺义改革没有彻底推行，吴唐禅代后，李昇（即徐知诰）在升元五年（941）对田税进行了再次整顿。史载："升元中，限民田物畜高下为三等，科其均输，以为定制。"[2] 这次遣官检校，使民田"高下肥硗皆获允当，人绝怨恣，输赋不稽"。[3] 此外，为了调节土地肥瘠以减轻征税时的不均，还实行"田每十亩，蠲一亩半，以充瘠薄"[4]的措施。南宋《新安志》记载了北宋沿袭下来的南唐田税情况，如宣州的太平县税钱 9~12 文，税米 1 斗 3 升 9 合至 1 斗 5 升，饶州的浮梁县税钱 14~24 文，税米 3 升 3 合至 5 升 5 合，而

1 《容斋续笔》卷 16《宋齐丘》，《容斋随笔》，第 418 页。

2 马令：《南唐书》卷 14《汪台符》，《丛书集成新编》第 115 册，台北：新文丰出版公司，1986 年影印本，第 268 页。

3 龙衮：《江南野史》卷 1《先主》，《丛书集成新编》第 115 册，第 219 页。

4 宋敏求：《春明退朝录》卷下，诚刚点校，北京：中华书局，1980，第 38 页。

池州石埭县税钱 8~12 文，税米 6 升 5 合至 1 斗 1 升 7 合，[1] 从其所反映的各州甚至各县亩税钱、米税额来看，这次改革没有像顺义改革时在全国规定统一的亩税钱或税米标准，而是根据各地物产和土壤情况，详细制定了三等税收额。因兼顾各地实际情况，故这次税制改革被广泛推行。值得注意的是，李昇此次整顿田税并非他本人的独特见识，而是采纳了处士汪台符的建议，而汪台符恰恰是徽州人，"天复初，为陶雅幕客，已而见天下苦兵战，遂居乡里，执耒力田。睿帝时，徐知诰镇金陵，台符自草间上书，陈民间九患及利害十余条"。[2] 既然汪台符的生活范围主要在徽州，那么其田税改革主张不可避免受徽州先行税制影响，而升元改革中将民田按肥瘠分三等输课正是徽州地税的内容。而前已引述，徽州田税正是夏税钱、秋税米制度，故升元改革亦应是对夏钱秋米制度的确认。对升元改革，《资治通鉴》评曰："分遣使者按行民田，以肥瘠定其税，民间称其平允。自是江淮调兵兴役及他赋敛，皆以税钱为率，至今用之。"[3] 有学者以"皆以税钱为率"为佐证，认为这次改革是土地税全部征钱。其实史料里在"皆以税钱为率"后还有"至今用之"句。司马光所处北宋时期，推行的正是夏税钱、秋税米制度。因此，尽管司马光所说很容易让人理解为江淮各种税收都以税钱为标准，但就田税而言，以钱为率其实仅是指夏税，秋税存在税米不容置疑。从司马光的评价中，亦能获得一个重要信息，即升元改革使田税计亩税钱制度彻底确立，这也标志着唐宋之际两税法中户税钱额转向地亩的税制演进过程在吴、南唐统治地区最终完成。

1　罗愿纂，赵不悔修《新安志》卷 2《税则》，《宋元方志丛刊》，北京：中华书局，1990 年影印本，第 7625 页。

2　吴任臣：《十国春秋》卷 10《汪台符传》，徐敏霞、周莹点校，北京：中华书局，1983，第 142 页。

3　《资治通鉴》卷 282，后晋高祖天福六年，第 9230 页。

　　吴、南唐以外其他政权两税变迁的过程，因史料残缺尚不完全清晰，但亦能发现户税已经融入地税的迹象。如闽政权的田税征收，《淳熙三山志》记载："初伪闽时，垦田一万四千一百四十三顷一十六亩有奇，白配钱二万三百八十四贯四百有奇，斛斗九万二千七百余石，外官庄田不输夏税，惟征租米八万一千三百四十八石有奇。"[1] 文中谈到白配钱和夏税。白配钱说明原来田亩不征钱，后来所加，那么这些钱从何而来呢？笔者认为与户税有关。官庄田不征夏税，说明白配钱在夏季征收，而夏钱秋米正是南方两税变迁的模式。此外，泉州留从效在驱赶南唐戍将时曾言："比年军旅屡兴，农桑废业，冬征夏敛，仅能自赡，岂劳大军久戍于此。"[2] 这里的"冬征夏敛"，司马光解释为"秋谷成熟，征租至冬，春蚕毕收，敛帛于夏，即谓二税也"。[3] 泉州在太平兴国三年（978）归宋。司马光生于1019年，当属同时代人，其解释不会有错。吴越田税中也存在税钱，《宋会要辑稿》记载了南宋乾道时期临安府新城县吴越留下的进际税，"每田十亩，虚增六亩，计每亩纳绢三尺四寸，米一斗五升二合；桑地十亩虚增八亩，计每亩纳绢四尺八寸二分"。[4] 进际税中每亩纳绢和米，其中绢应是税钱的转化，如果其承袭吴越税制，则户税与地税已经融合不言自明。又史载："国初，尽削钱氏白配之目，遣右补阙王永、高象先各乘递马均定税数，只作中下两等。中田一亩夏税钱四文四分，秋米八升；下田一亩钱三文三分，米七升四合，取于民者不过如此。"[5] 此处谈及宋初削减钱氏白配钱，也是计亩征钱米。《新安志》中原属吴越统治的衢州开化县税制，每亩税钱自4文8分至7文，米自3升至4升4合。[6] 这里衢州开化县税制与徽州税

1　梁克家纂修《淳熙三山志》卷10《垦田》，《宋元方志丛刊》，第7878页。

2　《资治通鉴》卷286，后晋高祖天福十二年，第9350页。

3　《资治通鉴》卷286，后晋高祖天福十二年，第9350页。

4　《宋会要辑稿》食货七〇之五八，第6399页。

5　孙应时纂修，鲍廉增补，卢镇续修《琴川志》卷6《税》，《宋元方志丛刊》，第1207页。

6　《新安志》卷2《税则》，《宋元方志丛刊》，第7625页。

则一同记载，徽州税则从陶雅定税到南宋一直沿袭，由此推测，衢州税则中计亩征钱米也应是吴越田亩税的制度遗存。

三 北宋时期田税本身的内在变迁

两税法经过唐后期和五代十国的税制变迁，至北宋后，田亩税成为国家唯一的主体税种形式。[1]以往田税与丁税、户税的分合杂糅状态消失。然而，这并不意味着田税变迁的结束和形式走向僵化。李剑农认为宋承五代之弊，两税遂呈变态，特别指出身丁税复现和据户等资产派役问题。[2]葛金芳、李志贤则都认为宋代两税延续了向单轨制赋役结构转化的趋势，出现赋役征纳摊丁入亩的迹象。[3]上述学者关于宋代两税的认识仍然是田税与丁税、户税的分合杂糅路径。实际在唐五代两税变迁中，除田税对户税的消解外，田税征税对象土地也在进一步细化，因而田税本身的内在变迁成为宋以后主体税种发展的形式。

（一）田税内在变迁的表现

宋代田税的内在变迁包括按土地肥瘠分等与制定税率、按土地种类划分税目等，其中，桑田之税的出现及演进是宋以后田税本身内在变迁的突出标志。

1. 土地肥瘠与税率差异

中国区域地理环境千差万别，各地土壤条件也各异；即使在同

1　金毓黻：《唐代两税与宋代二税》，《中国学报》第1卷第1期，1943年。梁太济「宋代兩税及其與唐代兩税的異同」『中国史学』第1卷、中国史学会、1991年10月；另收入《梁太济文集·史事探研卷》，第557~592页。

2　李剑农：《中国古代经济史稿》第3卷（宋元明部分），第204~207页。

3　葛金芳：《两宋摊丁入亩趋势论析》，《中国经济史研究》1988年第3期；李志贤：《"宋承五代之弊，两税遂呈变态"——论宋代赋役变革与两税法精神的传承》，《宋史研究论丛》第5辑，石家庄：河北大学出版社，2003。

一地区，土地在自然形成中也肥瘠不均。土地自然差别在唐前期名税田、实税丁的租庸调制中并没有受到重视。备赈灾的义仓地税因处于正税的补充地位，故虽按亩征税但也没有土地肥瘠的差别，一律亩税二升。安史之乱以后，地税在形成国家财政收入中的地位日隆，土地自然差别才被反映到税额上。大历四年，因京畿受灾，代宗颁布《减次年麦税敕》："其大历五年夏麦所税，特宜与减常年税。其地总分为两等，上等每亩税一斗，下等每亩税五升。其荒田如能开佃者，一切每亩税二升。"[1] 可见，土地开始被按肥瘠分为三等，规定不同的税率。稍后又按同样的方式规定了秋税。[2] 大历五年三月诏称："定京兆府百姓税，夏税上田亩税六升，下田亩税四升；秋税上田亩税五升，下田亩税三升，荒田开佃者亩率二升。"[3] 这进一步使土地的分等和税额固定化。不过上述规定仅对京兆府而言，两税法中对田亩之税只是说以大历十四年见佃青苗为准，并没有规定具体的征税方式。两税法实行后，元稹在同州均税时透露，当州每亩纳"税粟九升五合，草四分，地头榷酒钱共出二十一文已下"。[4] 这里并没有分等。不过陆贽曾言："今京畿之内，每田一亩，官税五升，而私家收租殆有亩至一石者。"京兆府田税分等前已引述，两税法实行后不会再回到原来的状态，说明陆贽的话只是大略估计。那么，元稹对同州田税是否估计得来呢？从上书皇帝和税额精确到升、合来看，又不像妄言，由此推断，类似于京兆府这样田税按肥瘠分为三等并规定不同税率的现象在唐后期并不普遍。

黄巢起义后，军阀纷争，为供军需，开始厘革税制。唐昭宗景福二年，杨行密手下将领陶雅进入歙州（后来的徽州），整顿税制。《宋会要辑稿》记载："（南宋绍兴三年十月）七日，江南东西路

---

1 《全唐文》卷48《减次年麦税敕》，第531~532页。

2 《旧唐书》卷48《食货上》，第2092页。

3 《册府元龟》卷487《邦计部·赋税一》，第5832页。

4 《元稹集》卷38《同州奏均田状》，第546页。

宣谕刘大中言，徽州山多地瘠，所产微薄。自为唐陶雅将歙县、绩溪、休宁、祁门、黟县田园分作三等，增起税额，上等每亩至税钱二百文，苗米二斗二升。为输纳不前，却将䌷、绢、绵、布虚增高价，纽折税钱，谓之元估八折。惟婺源一县不曾增添，每亩不过四十文。"[1] 这次定税是将田园分作三等，定不同的税额。值得注意的是，对于这次分等，《新安志》卷2《税则》称："新安三壤之则。"所谓"三壤"，来自传说大禹定赋的"咸则三壤，成赋中邦"，[2] 这是指在国都的做法。实际上，《尚书·禹贡》中对各州田赋是按土地质量分为九等，相应地将田赋分为九个等级，远比此复杂。春秋时期管仲在齐国"相地而衰征，则民不移"，[3] 也是根据土地肥瘠不同而分等纳赋，但都多于三等。同时，先秦的"三壤"与授田制联系较为密切。因此，笔者认为"三壤之则"受到重视应是东汉以后。东汉度田以后，开始实际推行履亩而税，故田地分等纳税被关注，《后汉书·秦彭传》记载："每于农月，亲度顷亩，分别肥瘠，差为三品，各立文簿，藏之乡县。于是奸吏局踏，无所容诈。"[4] 秦彭任山阳太守在章帝建初元年（76），从"彭乃上言，宜令天下齐同其制。诏书以其所立条式，班令三府，并下州郡"。[5] 可见，分别按土地肥瘠，差为三品，分等纳税，已经在东汉初推行全国。而"咸则三壤，成赋中邦"不过为此寻找证据而已，但"三壤之则"对晚唐至宋代田税细化影响较大。继陶雅在歙州推行三壤法以后，杨吴政权在顺义二年，"差官兴版簿，定租税，厥田上上者，每一顷税钱二贯一百文，中田一顷税钱一贯八百，下田一顷千五百，皆足陌见钱，如见钱不足，许依市价折以金银。算计丁口课调，亦科钱"。[6]

1　《宋会要辑稿》食货七〇之三五，第6388页。
2　《尚书正义》卷6《夏书·禹贡》，阮元校刻《十三经注疏（附校勘记）》，第152页。
3　《国语》卷6《齐语》，上海：上海古籍出版社，1978，第236页。
4　《后汉书》卷76《秦彭传》，北京：中华书局，1965，第2467页。
5　《后汉书》卷76《秦彭传》，第2467页。
6　《容斋续笔》卷16《宋齐丘》，《容斋随笔》，第418页。

吴唐禅代后，李昪在升元五年对田税进行了再次整顿。史载"升元中，限民田物畜高下为三等，科其均输，以为定制"，[1] 这次遣官检校，使民田"高下肥硗皆获允当，人绝怨恚，输赋不稽"。[2] 同时，为了调节土地肥瘠以减轻征税时的不均，还实行"田每十亩，蠲一亩半，以充瘠薄"[3] 的措施。可见，三壤之则在吴、南唐统治区域得到很好的推行。上述地区主要在南方，北方五代时未见记载。

三壤之则在宋代的应用也很普遍。[4] 宋太宗至道二年（996），陈靖言："逃民复业及浮客请田者，委农官勘验……其田制为三品：以膏沃而无水旱之患者为上品，虽沃壤而有水旱之灾、埆瘠而无水旱之虑者为中品，既硗瘠复患于水旱者为下品。上田人授百亩，中田百五十亩，下田二百亩，并五年后收其租，亦只计百亩，十收其三。"[5] 文中的田制三品带有授田制的味道。不过，宋真宗景德初年，"诏诸州不堪牧马闲田，依职田例招主客户多方种莳，以沃瘠分三等输课"。[6] 这里就是真正按三等输课。南宋《新安志》记载北宋沿袭南唐田税的情况，也是三等税钱。如宣州的太平县税钱 9~12 文，税米 1 斗 3 升 9 合至 1 斗 5 升；饶州的浮梁县税钱 14~24 文，税米 3 升 3 合至 5 升 5 合；而池州石埭县税钱 8~12 文，税米 6 升 5 合至 1 斗 1 升 7 合。但也提到了"开化之接休宁者，税钱自七文至四文八分，米自四升四合至三升"。[7] 开化县属于衢州，原为吴越辖地，说明北宋对吴越田赋整顿时也实行了三壤之则。这从宋初遣右补阙王永、高象先削钱氏白配之目中也能看得出来，"均定税数，只作中

1　马令：《南唐书》卷 14《汪台符》，《丛书集成新编》第 115 册，第 2682 页。

2　《江南野史》卷 1《先主》，《丛书集成新编》第 115 册，第 219 页。

3　宋敏求：《春明退朝录》卷下，第 524 页。

4　关于宋代三壤法，漆侠先生认为是宋代普遍实行的税制规定。参见氏著《宋代经济史研究》，第 396 页。

5　李焘：《续资治通鉴长编》卷 40，至道二年七月庚申，上海师范大学古籍整理研究所、华东师范大学古籍整理研究所点校，北京：中华书局，2004，第 845~846 页。

6　《宋史》卷 173《食货上一·农田》，第 4161 页。

7　《新安志》卷 2《税则》，《宋元方志丛刊》，第 7625 页。

下两等。中田一亩，夏税钱四文四分，秋米八升；下田一亩，钱三文三分，米七升四合，取于民者不过如此"。[1] 虽作中、下两等，但也是按三壤之则均定的。由于十国后期福州为吴越辖地，故也按此法均定。

三壤之则作为宋代中央推行的制度在地方实际税制中不可能整齐划一，非常复杂。即使是中央政府也存在变通情况，如北宋在王安石变法时，"岁以九月，县委令佐分地计量，随陂原平泽而定其地，因赤淤黑垆而辩其色，方量毕，以地及色参定肥瘠，而分五等以定税则"。[2] 可见，方田均税法推行的是五等税则。南宋时期推行经界，主要是绍兴时期李椿年和光宗绍熙时期的朱熹。经界以后，土地等级更为复杂，如福州绍兴十九年（1149）行经界法，"田以名色定等，乡以旧额敷税。列邑之地各有高下肥硗，一乡之中土色亦异，于是或厘九等，或七等，或六等，或三等，杂地则或五等，或三等。多者钱五文，米一斗五升；最少者钱一分，米仅合勺"。[3] 总体上看，土地的分等越来越细密化。

2. 土地种类与税目差别

在农业生产中，因不同土壤对作物种类的选择，以及出于经济收益考虑会形成种植专门作物的土地。所以，土地不仅有肥瘠之别，也存在因适合不同作物种植而形成的田地差异。这使土地税在总的田赋名称下出现了不同税目，当然也会形成不同税率。

《淳熙三山志》记载，南宋时期福州垦田四万二千六百多顷，园、林、山、地、池塘、陂堰等六万二千五百多顷。[4] 由此可以看到，土地已经被分成田、园、林、山、地、池塘、陂堰等不同种类。在征税中，能看到园与田的区别。"中下两等定税，

---

1 《琴川志》卷6《税》，《宋元方志丛刊》，第1207页。

2 《文献通考》卷4《田赋四》，第58页。

3 《淳熙三山志》卷10《垦田》，《宋元方志丛刊》，第7879页。

4 《淳熙三山志》卷10《垦田》，《宋元方志丛刊》，第7878页。

中田亩产钱四文四分，米八升；下田亩三文七分，米七升四勺；园亩一十文。"[1] 另外同书卷 11《官庄田》中有："请依漳、泉例课一色斛斗，上田亩九斗，中田、上园亩六斗，下田、中园亩四斗五升。"[2] 可见，漳州和泉州也和福州一样对园分别定税。那么，这里的园指什么呢？果园、茶园、菜园还是城内坊郭户土地？待考。

不仅园与田不同，宋代地方志中的田与地也不一样。《淳熙三山志》中，园、林、山、地、池塘、陂堰等六万二千五百多顷，地是独立于田的。这种区别在《重修琴川志》卷 6 和《至顺镇江志》卷 5 中都有提及。特别是《至顺镇江志》引蔡逢《丹阳志》记载尤为详细："宋代相仍失于厘革，然尚视田土之肥瘠分为四等，曰上，曰中，曰下，曰不及等。尝考之，上等、中等者，田则夏有绵，秋有米四升五合或五升，地则夏有丝绵、大小麦；下等之田，则夏无绵，秋有米四升五合，地则夏无丝绵、大小麦也；不及等者，田则夏税无几，秋米一升，地则夏税绢一分，盐钱一文而已。"[3] 从中能够发现，田与地税率不同。由于处在南方，田所对应的为秋米，地对应的是大小麦。由此推断，田指的是水田，所生产的米为稻米，而地应为旱地，出产大小麦等。

除此之外，出于经济收益考虑也会形成种植专门作物的土地。在唐前期，一些专门的菜地已经出现。如《唐开元四年（716）西州柳中县高宁乡籍》中有很多这样的记载，"壹段伍拾步永业菜，城北壹里"，"壹段陆拾步永业菜，城北半里"。[4] 不过，未发现专门定税的记载。唐文宗大和四年（830），崔戎称："西川税科，旧有苗青如茄子、姜芋之类，每亩或至七八百文，征敛不时，烦扰颇甚。今令并省税名目，一切勒停，尽依诸处为两限，有青苗约立等第，颁给

---

1 《淳熙三山志》卷 10《垦田》，《宋元方志丛刊》，第 7878 页。
2 《淳熙三山志》卷 11《官庄田》，《宋元方志丛刊》，第 7881 页。
3 俞希鲁纂，脱因修《至顺镇江志》卷 6《赋税》，《宋元方志丛刊》，第 2698 页。
4 池田温：《中国古代籍帐研究》，录文与插图部分，第 103 页。

户帖，两税之外余名一切勒停。"[1]西川一些专门种植茄子、姜芋之类的土地被单独计税，每亩税率达到 700 文或 800 文，国家规定的青苗钱才每亩 15 文，可见税率非常高。尽管该杂税最终被并入户税，但说明唐宋之际一些专门的土地已经与一般田地相区别而开始单独计税。桑地就是典型的例子。《宋会要辑稿》中记载了南宋临安府新城县的桑地征税情况："新城县田亩旧缘钱氏以进际为名，虚增进际，税额太重。每田十亩，虚增六亩，计每亩纳绢三尺四寸，米一斗五升二合；桑地十亩，虚增八亩，计每亩纳绢四尺八寸二分，此之谓正税。"[2]由此能够发现，桑税在五代时期就已经出现并被宋代继承了下来。关于桑税情况，下文将做详述。

　　总体上看，五代、两宋时期土地作为唯一的正税征收对象本身也在细化。其结果使田赋成为多税率、多税目的税种，甚至有的税目发展成新的独立税种。因此，该问题颇值得进一步研究。

（二）桑税的形成及流变

　　桑税虽然属于作为征税对象的土地进一步产生的新税种之一，但它并非突然出现，而是渊源有自。同时，桑税与其他土地衍生税种不同之处在于，桑税最终演变为国家正税，极大地丰富了中国古代土地税的内涵。

1. 桑税的产生

　　中国古代社会早在先秦时期就已经出现了桑税[3]的制度设想。《礼记·月令》中记载："蚕事毕，后妃献茧，乃收茧税，以桑为均，贵贱长幼如一，以给郊庙之服。"这里征收茧丝的"茧税"即为后

1　《册府元龟》卷 488《邦计部·赋税二》，第 5837 页。
2　《宋会要辑稿》食货七〇之五八，第 6399 页。
3　本书所谈的"桑税"，是指以个人拥有的桑产为征税对象，并以独立税种出现的税制形式。先秦时期对使用公有桑树者所征收的"茧税"，以及两税法时桑树被作为部分资产而征收的资产税都不是本书意义上的桑税。

来桑税的雏形。不过此时桑树尚属国家公有，因而"以桑为均"是根据个人所用桑叶的数量来均摊其所应献蚕茧的多少，它反映了中国古代社会早期土地公有制下有关桑树的税收形式。随着春秋战国时期土地的私有化，赋役制度也随之变化，原来公桑制度下征收的"茧税"消失。从春秋战国一直到唐代前期，赋役制度的总体特征都是重人丁、轻资产。尽管植桑养蚕所生产的绢帛一直是赋税征收的主要物品，但在实际税收中绢帛都是依据"丁"或"户"来征纳，并不考虑民户是否植桑和拥有桑树的数量，因而私有桑地下独立的桑税征纳方式始终未能出现。[1]

从唐中期开始，实行了数百年之久的租调制被两税法取代。两税法"以资产为宗"，主要包括户税和地税。尽管此时仍未产生独立的桑税税种，但与绢帛有关的税名像"縑税""丝税""茧税"等却明显增多。如唐德宗时的大臣陆贽曾揭露说："蚕事方兴，已输縑税；农功未艾，遽敛谷租。"[2]元稹诗中有"蚕神女圣早成丝，今年丝税抽征早"[3]的句子；杜牧在谈到黄州征收绢物损耗时也称："茧丝之租，两耗其二铢。"[4]它们指的是两税法中按民户资产征收的户税。户税被冠以各种绢帛类的税名，首先是因为租庸调时期的调绢此时已经并入了户税。唐德宗建中元年（780）二月起请条中明确记载："其丁租庸调，并入两税。"[5]其次，户税以资产为征收对象，所依据的资产中包括桑树的数量。这一做法在中古时期较为普遍，如吐鲁番出土北凉时期赀簿文书中就把桑田作为计赀对象。朱雷还指出刘宋、南齐均是随着桑树的生长而

1　有学者根据长沙走马楼三国吴简 6297 号中有"桑税绵二斤"等记载，认为此时存在桑税。参见高峰《六朝政权与长江中游农业经济发展》，天津：天津古籍出版社，2009，第 65 页。不过，此时桑税是否据桑地征收，待考。

2　《翰苑集》卷 4《均节税恤百姓第四条》，《景印文渊阁四库全书》第 1072 册，第 792 页。

3　《元稹集》卷 23《织妇词》，第 260 页。

4　《樊川文集》卷 14《祭城隍神祈雨文·第二文》，第 203 页。

5　《唐会要》卷 83《租税上》，第 1535 页。

增加赀额。[1] 唐代后期桑田计赀再次加强，如元和时期的大臣独孤郁在《才识兼茂明于体用策》中曾说："昔尝有人，有良田千亩，柔桑千本，居室百堵，牛羊千蹄，奴婢千指，其税不下七万钱矣。"[2] 大中二年（848）正月三日赦书中亦载："所在逃户见在桑田、屋宇等，多是暂明东西，便被邻人与所由等计会，推云代纳税钱，悉将砍伐毁折。"[3] 最后，户税以钱额计，征纳时却"计钱而输绫绢"。[4] 特别是经过元和四年（809）裴垍的改革后，户税钱折绢的估价通过法律形式得以确定，从而使户税在一些地区表现为固定的绢额，如唐穆宗长庆时期河南道的兖州莱芜县，年税绢为一千匹。[5] 正是由于以上原因，户税在记载中才多被称为各种名目的绢税。尽管户税不是纯粹的桑税，但户税钱折绢和部分绢额的固定化，却为后来桑税的出现准备了条件。

　　两税法中的户税在晚唐和五代十国时期发生了变化。因定户等依据的资产难以计量，后来资产遂变为单纯的土地，于是户税与地税渐趋融合变成了单纯的土地税。由于此前户税钱是被折纳成绢甚至部分固定化为绢额，所以，此时的土地税不但计亩征谷物，而且还要平均征绢。绢帛的生产来源于桑蚕，当税绢与土地对应以后，土地中的桑树自然成为税绢的参照对象。因为每亩土地中桑树有多有少，对桑树少的土地，国家不会减轻平均的税绢量；但对桑树种植比较集中的土地，国家便试图采用新的税收方式使税收收益最大化。于是，桑地逐渐地被从一般种植粮食作物的粮地中剥离出来，

1　吐鲁番出土的"赀合文书"最早由贺昌群发表，将其年代定在高昌国末期和唐初，黄永年亦使用其讨论唐代户等，但日本学者池田温、堀敏一都认为是高昌国时期文书。后朱雷先生结合北大图书馆所藏同类文书，将其年代定在北凉时期，并对其性质进行申论。参见朱雷《吐鲁番出土北凉赀簿考释》，《武汉大学学报》1980 年第 4 期。

2　《文苑英华》卷 488《才识兼茂明于体用策》，第 2490 页。

3　《文苑英华》卷 422《大中二年正月三日册尊号赦书》，第 2137 页。

4　《新唐书》卷 52《食货二》，第 1353 页。

5　《唐会要》卷 70《州县改置上·河南道》，第 1254 页。

单独税绢，这样桑税便产生了。桑税具体产生的时间应是两税法发生税制变迁的晚唐时期，在军阀割据的五代十国时期成为国家税种。这一过程在五代十国的税收征纳中有充分表现。关于此时北方的桑税征收，宋太祖《劝栽植开垦诏》称："五代以来，兵乱相继，国用不足，庸调繁兴。围桑柘以议蚕租，括田畴以足征赋。"[1]此诏书颁布于太祖乾德四年（966）八月，对此北宋中央规定："自今百姓有能广植桑枣开荒田者，并令只纳旧租，永不通检。"[2]由此可见，桑税在五代政权统治的北方已被纳入税收体系，北宋时承袭了这一税种和旧税额。

十国统治的南方地区，也存在桑税征收。如南宋临安府新城县就有桑税，"新城县田亩旧缘钱氏以进际为名，虚增进际，税额太重。每田十亩，虚增六亩，计每亩纳绢三尺四寸，米一斗五升二合；桑地十亩，虚增八亩，计每亩纳绢四尺八寸二分，此之谓正税"。[3]文中桑地所纳绢就是桑税，而从"旧缘钱氏"看，桑税早在十国吴越政权统治时期就已存在。南唐是十国中的重要政权，其烈祖李昪颁布诏书："民三年艺桑及三千本者，赐帛五十四；每丁垦田及八十亩者，赐钱二万，皆五年勿收租税。"[4]从文中关于五年内桑及垦田免税，五年后大概将恢复征税来看，南唐也存在桑税征收。前蜀在王建统治时，"蜀中每春三月为蚕市，至时货易毕集，阗阓填委，蜀人称其繁盛。而建尝登楼，望之，见其货桑栽者不一，乃顾左右曰：'桑栽甚多，倘税之，必获厚利。'由是言出于外，民惧，尽伐其桑柘焉"。[5]从百姓砍伐桑柘的行为来看，王建想按民户桑栽的数量来征税，这项税收实际上也是桑税。

1 《宋大诏令集》卷 182《劝栽植开垦诏》，北京：中华书局，1962，第 658 页。
2 《宋大诏令集》卷 182《劝栽植开垦诏》，第 658 页。
3 《宋会要辑稿》食货七〇之五八，第 6399 页。
4 陆游：《南唐书》卷 1《烈祖本纪第一》，《丛书集成新编》第 115 册，第 299 页。
5 《五国故事》卷上，《丛书集成新编》第 115 册，第 44 页。

2. 宋代桑税

宋代开国，对五代十国时期的苛捐杂税多有厘革，但保留了桑税，这从前述北宋乾德四年颁布《劝栽植开垦诏》和南宋临安府存在桑税中都能清楚地发现这一点。先秦时期颇具桑税雏形的"茧税"是根据个人所用桑叶数量来确定税额，但当时是针对国有公桑。宋代开国之际，桑树早已是民众个人私产，故宋代桑税征收对象必然指向桑树。南宋临安府吴越时期留下的桑税是按桑地计亩税绢，而宝庆元年（1225）开化县户帖抄件中也能发现这一征税方式："割郑悔户土名高岭二等平桑地二角一十一步，又二等平桑地乙么三角十步，火人基地二角五十三步，合起产钱七文，绢三寸囗分，盐九勺三抄，绢一寸二分，加四贯五百八十文。"[1]户帖抄件中土地为二等桑地，说明桑地有等级，而两块桑地分别有各自绢税额，也说明桑税征收依据之一是种植桑树的土地面积。但宋代桑税也并非完全采用这种征收方式。除了按桑地计亩税绢，还有另一种征收方式，即按"桑功"税绢。

宋太宗在至道元年（995）六月下令重造州县二税的版籍，在颁布样式中说："凡一县所管几户夏秋二税、苗亩桑功正税及缘科物，用大纸作长卷，排行实写，为帐一本。"[2]文中"桑功"与"苗亩"并列，都是征税依据。关于桑功，唐中期李翱在其《平赋书》中解释为："其田间树之以桑，凡树桑人一日之所休者谓之功，桑太寡则乏于帛，太多则暴于田，是故十亩之田植桑五功。"[3]按照李翱的说法，桑功是一个人一天修桑的工作量。从常识上看，每个人劳动能力不同，每天工作环境也不一样，因而劳动量也不同，故不可能按这个标准来计税。既然桑功不是指人的工作量，是否与桑地有某

1　程超宗:《高岭祖墓渊源录》,《富溪程氏祖训家规封邱渊源合编》, 清宣统三年抄本, 转引自冯剑辉《宋代户帖的个案研究》,《安徽史学》2018 年第 3 期。

2　《续资治通鉴长编》卷 38, 至道元年六月己卯, 第 817 页。

3　《李文公集》卷 3《平赋书》,《景印文渊阁四库全书》第 1078 册, 第 113 页。

种固定换算关系呢？因为临安府桑税就是按桑地来征纳。李翱介绍十亩地能植桑五功，每亩地则为 0.5 功，这能否成为桑功的计量标准呢？今天，在河南省荥阳市广武区桃花峪存有唐代《昭成寺僧朗谷果园庄地亩幢》，上面的文字分别刻于唐贞元八年（792）和贞元二十一年（805），记载了不同田地的植桑情况。其中有："地一段十亩、桑十功，是买，地主逯五德、男常政。地一段贰十亩、并桑，僧宝明处买，本地主刘春。……地一段贰拾柒亩半、并桑……施地一段三十亩、内桑柳并是……两段地贰拾五亩、桑拾功，西至乩浩、南道、北寺田，施主孔维。"[1] 从文中所记桑树来看，有的按桑功来计算，不过并非如李翱所讲的十亩五功，前面地十亩，有桑十功，后面两段地有二十五亩，而桑也是十功，可见桑功与土地没有固定比例。另外文中还记载土地"并桑"和"内桑柳并是"，这里没有按"功"来计。考虑到这些土地的买卖关系以及寺院对土地所有权的强调，如果土地中桑树数量达到"功"的计量标准，必然如前面两例那样加以记载，所以这些土地中桑树数量可能很少，根本达不到桑功的基本计量单位。该地亩幢关于桑功的记载也说明每亩土地上桑功并不一样。既然桑功不可能是人的工作量，又不会是地亩平均量，笔者认为桑功这一标准在实际计量时是按桑树数量，但更具体计量单位还有待研究。通常桑树应按"株"来计，但《宋史》载："祖宗时，重盗剥桑柘之禁，枯者以尺计，积四十二尺为一功，三功以上抵死。"[2] 这里以"尺"数计"功"是针对所有桑树还是仅对枯桑不得而知，但可以肯定桑功已经物化成桑的一定数量。故宋代有的地区征收桑税是以桑树数量计"功"，以"功"计税。

宋代桑税出现桑功和桑地两种不同计税征收方式，这应与不同地区的桑树种植方式有关。由于唐中期以后北方旱作地区在桑树种

---

1 《昭成寺僧朗谷果园庄地亩幢》，转引自荆三林《〈唐昭成寺僧朗谷果园庄地亩幢〉所表现的晚唐寺院经济情况》，《学术研究》1980 年第 3 期。

2 《宋史》卷 199《刑法一》，第 4976 页。

植上实行桑粮间作，所以到宋初保留了"桑功"计税的征税方式；而南方水乡地区在桑树种植上以专业桑园为主，因此桑税按桑地面积计亩征收。

关于唐宋之际桑树的种植方式，学术界一般认为有以下三种：环庐树桑、桑粮间作和专业桑园。环庐树桑是居家传统，但在唐宋时期桑树还是高大乔木的情况下，依靠这种方式获得桑叶数量颇为有限。所以，后两种方式在桑树种植中居于主要地位，但存在时间和地域差异。北方地区中唐时期以桑粮间作为主，即在种植粟、麦和黍的大田里间种桑树。前引李翱在这一时期所著《平赋书》中曾谈道，"桑太寡则乏于帛，太多则暴于田"，这是明显的桑粮间作方式。此外，韩愈"桑下麦青青"[1]、储光羲"桑间禾黍气"[2]以及贞元五年（789）顾况在《宋州刺史厅壁记》中"无土不殖，桑麦翳野"[3]的描写也都反映了这种情况。但北方在唐末五代时期也出现了专业桑园，反映这一时期渭河和黄河下游生产情况的农书《四时纂要》已经不讲桑粮间作，而出现使桑树高大树形变矮的生产技术，说明以往桑粮间作方式正在向专业桑园转化。南方绢帛生产在中唐以后开始迅速增长，由于南方主要为水田，桑树在"低湿之地，积潦伤根，万无活理"，[4]故李伯重认为不便实行桑粮间作，只能在野地散植和排水较好的高平之地建立专业桑园。[5]但杨际平认为南方旱田也不少，桑树也有可能与其他作物间作。[6]对该问题，笔者认为南方旱田植桑不无与其他作物间作的可能，但南方粮食作物以水稻为主，如果旱田植桑，应该是尽可能地种植桑树，不会再着意生产粮食。也

---

1 《韩昌黎全集》卷6《过南阳》，第103页。
2 彭定求等编《全唐诗》卷137《行次田家澳梁作》，北京：中华书局，1960，第1388页。
3 《全唐文》卷529《宋州刺史厅壁记》，第5371页。
4 沈练撰，仲昂庭辑补《广蚕桑说辑补》卷上《桑地说》，北京：农业出版社，1960，第1页。
5 李伯重：《略论均田令中的"桑田二十亩"与"课种桑五十根"》，《历史教学》1984年第12期。
6 杨际平：《唐田令的"户内永业田课植桑五十根以上"——兼谈唐宋间桑园的植桑密度》，《中国农史》1998年第3期。

就是说，南方种植桑树主要是以建立专业桑园为主。

由于南、北方植桑存在时间和地域的差异，因而在唐末五代出现桑税时，尽管北方已经出现了专业桑园，但仍沿袭了桑粮间作时按"功"计算桑数量的传统方式，以桑功计税，而南方按专业桑园的亩数计税。宋朝建立，把桑税不同征收方式继承下来，仍然是北方按桑功、南方按桑园亩数分别征收桑税。宋代桑税计量标准上的地域差异在北宋政府进行的几次均田（实为均税）行动中都有明显体现。同样是一亩桑地，如果按亩计税，那么无论桑地中有多少桑树，税绢额都是一定的；然而若以桑功计税，桑树数量增加，桑税额也要随之增加。故在以桑功计税地区政府检税时，百姓为了降低税额，经常剪伐桑柘。正是由于这一原因，北宋时期政府进行的几次名为均田、实为均税的行动中，北方以"桑功"计税地区的百姓纷纷剪伐桑柘，如京畿路的开封府、永兴军路的河中府和河北路等。[1]

宋代北方地区以桑功税绢的桑税征收方式，是唐中期以后桑粮间作的产物。随着入宋以后北方在植桑方式上进一步专业桑园化，这种征税方式越来越不适应北方桑蚕业的发展。前已谈到，在唐末五代时期北方已经出现了专业桑园，这种情况至宋代愈加普遍，像宋人描写北方洺州和密州的诗句"桑柘半郊原"[2]和"沃野便到桑麻川"[3]都反映了这一点。另外，北宋太宗时大臣陈靖谈到逃民复业和浮客请田时也说："其室庐、蔬韭及桑枣、榆柳种艺之地，每户及十丁者给百五十亩，七丁者百亩，五丁七十亩，三丁五十亩。除桑功五年后计其租，余悉蠲其课。"[4]这里五年后计租的桑功针对专门种植桑树的土地，由此也可知专业桑园的经营趋势。因为专业桑园中

1 《续资治通鉴长编》卷47，咸平三年十二月庚申，第1034页；《续资治通鉴长编》卷192，嘉祐五年，第4654~4655页。
2 强至：《祠部集》卷4《过洺州》，《景印文渊阁四库全书》第1091册，第41页。
3 《东坡全集》卷7《和蒋夔寄茶》，《景印文渊阁四库全书》第1107册，第132页。
4 《续资治通鉴长编》卷40，至道二年秋七月庚申，第846页。

桑树已由高大乔木转向低矮，这使桑树数量变化频繁，从而对桑功计量造成困难。一些地方官员乘机加税扰民，致使百姓剪伐桑柘避税。为遏制此类现象，北宋在不改变原有桑税征收方式的情况下，在北方采取桑税定额化的变通措施。如北方河南应天府，田亩和桑功税绢定额为四万七百多匹。[1] 宋真宗在大中祥符七年（1014）诏书中也称："亳州真源县桑税太重，特减三分，永为定额。今后添种桑柘，更不加税。"[2] 桑税定额化促进百姓在已有的桑地上改进生产技术，提高桑树的种植数量，因而有利于北方桑蚕业的发展。

对于宋代两税，学术界一般认为：两税已经转向地亩征收，夏税北方纳绢、麦，秋税纳本色斛斗；南方则是夏钱秋米。但桑税的发现使得有必要对已有成说重新检讨。在宋代，专业桑园的桑地与同时征收钱米或钱绢的土地不同，二者的主要区别是有不同的税率，且分别计税。如南宋临安府新城县，桑地每亩纳绢四尺八寸二分，田亩则每亩纳绢三尺四寸、米一斗五升二合，桑地与一般税地区别明显。因桑地与一般税地都是土地税征收对象，故在宋代桑地和桑功所出之税都是正税。前述南方临安府新城县的桑地之税，史籍中明确称"此之谓正税"，[3] 同样位于北方河南的应天府，"畿内七县，共主客六万七千有余户，夏秋米麦十五万二千有零石，绢四万七百有零匹，此乃田亩桑功之自出，是谓正税"。[4] 桑税在宋代挤入国家正税行列，同时也是宋代两税的重要内容。可见，以往对宋代两税结构的认识忽略了地亩区别。实际上，宋代两税由特殊的桑地之税和普通的民田之税构成，桑地之税按桑地或桑功征绢，民田之税则南方夏钱秋米，北方夏征绢麦，秋征斛斗。

中国古代税收制度变迁，主要表现为主体税种的衍化和更迭，

---

1 《文献通考》卷9《钱币二》，第95页。
2 《宋会要辑稿》食货七〇之六，第6373~6374页。
3 《宋会要辑稿》食货七〇之五八，第6399页。
4 《文献通考》卷9《钱币二》，第95页。

而决定税种差异的重要因素就是征税对象。在唐宋之际两税法变迁研究中，以往学者也多关注于此，因而都注意到唐代两税中的户税和地税到宋代变为单独田亩税这一特征。但征税对象本身也是鲜活的，并非一成不变。唐宋之际两税法变迁不仅存在户口和土地两种征税对象的融合，也存在土地这一征税对象的细化。桑税在宋代两税中出现就是这一特征的突出体现。在唐前期租庸调时代，土地作为征税对象以整体面目出现，并没有被细化为粮地、桑地或蔬菜地等。征税中偶有此端倪立即就会被禁止。如"天宝元年六月敕，如闻河东、河北官人职田既纳地租，仍收桑课，田树兼税，人何以堪！自今已后，官人及公廨职田有桑，一切不得更征丝课"。[1] 唐前期职田应按田亩纳谷物，对田中之桑再加征桑课不合税法，因而这种桑课被政府禁止。即使到晚唐和五代十国时期，桑地在土地中地位逐步凸显，桑税已经确立，但它似乎还是被作为非法杂税来对待。如前引《宋大诏令集》中，"围桑柘以议蚕租"的背景是："五代以来，兵乱相继，国用不足，庸调繁兴。""庸调繁兴"明显透露出桑税有税外加征的杂税性质。然而随着桑税纳绢作用的逐步增强，它在两税中的地位渐趋改变，桑税逐步获得了合法地位，成为两税主体组成部分。因而桑税的存在也是宋代两税区别于唐代两税的一个重要特征。

3. 辽、金桑税

唐、五代桑税的萌芽和发展不仅影响了宋代桑税的形成，也为与北宋对峙的辽朝留下了制度因子；同时，辽和北宋的桑税制度亦为金代桑税制度之源。故辽、金桑税的继承和发展说明唐宋之际两税的演变对后代税制同样具有决定性影响。

建立辽政权的契丹族虽然是游牧民族，但很早就已认识蚕桑。契丹族早期活动的一些地区甚至适于种桑，如在灵河流域，离辽都

---

1 《册府元龟》卷506《邦计部·俸禄二》，第6071页。

城上京不远的川州，"地宜桑柘，民知织纴"，[1]相邻的灵、锦、显、霸等州也是重要的蚕桑产地。[2]《辽史·食货志》称："仲父述澜为于越，饬国人树桑麻，习组织。"[3]述澜生活在耶律阿保机建国之前，说明早在部落时代契丹人就对蚕桑并不陌生。随着契丹人对农业的开发，以及对渤海和幽云十六州等农业生产地区的占领，辽政权对蚕桑业的重视程度不断加强。辽太宗耶律德光曾颁布诏书，命令有关部门"劝农桑，教纺绩"。[4]据学者研究，辽适合植桑地区主要在辽政权中京道的灵河流域、原渤海国的沃州（今朝鲜咸镜北道滨海地区）和龙州（今吉林宁安市）以及从后晋获得的燕云十六州地区。沃州和龙州主要是柞蚕业，辽初随着渤海人西迁，该地区的蚕桑业逐渐衰落。故辽的蚕桑产地主要是灵河流域和燕云十六州地区。[5]

辽朝燕云十六州地区存在专门针对桑地征收的桑税。北宋真宗时期出使辽国的使臣路振在这一地区发现，"虏政苛刻，幽蓟苦之，围桑税亩，数倍于中国，水旱虫蝗之灾，无蠲减焉"。[6]文中"幽蓟"就是燕云十六州地区，"围桑税亩"表明辽政权将桑树集中的土地单独剥离出来，按亩征收桑税。燕云十六州的桑税应是受五代政权的影响，因为该地区原属中原王朝，后晋时才割让给辽。《宋大诏令集》中称"五代以来，兵乱相继，国用不足，庸调繁兴。围桑柘以议蚕租，括田畴以足征赋"，[7]说明该地区的桑税为五代遗制。关于辽朝灵河流域的桑税征收，北宋使臣路振称："灵河有灵、锦、显、霸四州地，生桑麻贝锦，州民无田租，但供蚕织，名曰太后丝蚕户。"[8]

---

1 厉鹗：《辽史拾遗》卷13引《北番地理志》，《景印文渊阁四库全书》第289册，第953页。

2 江少虞：《宋朝事实类苑》卷77《契丹》，上海：上海古籍出版社，1981，第1015页。

3 《辽史》卷59《食货志上》，北京：中华书局，2016，第1026页。

4 《辽史》卷59《食货志上》，第1026页。

5 韩茂莉：《辽金农业地理》，北京：社会科学文献出版社，1999，第111~112页。

6 《宋朝事实类苑》卷77《契丹》，第1011页。

7 《宋大诏令集》卷182《劝栽植开垦诏》，第658页。

8 《宋朝事实类苑》卷77《契丹》，第1015页。

可知，这一地区因为土地适宜桑树生长，所以辽政府也将它们从一般田地中剥离出来，变成专门桑地。在税收上，不纳田税，专供丝织品，这种税收形式明显是桑税。

建立金政权的女真族原本也是游牧民族，在定居按出虎水（今黑龙江阿什河流域）以后，虽"以耕凿为业"，但"不事蚕桑"。[1]故最初金代税制中没有桑税。直到灭辽和占据北宋淮河以北的中原地区后，才开始接触蚕桑。由于金政权所管辖的所有适于植桑土地都是从辽和北宋那里占领的，因此它的桑税制度根植于辽和北宋的桑税制度。

辽和北宋的桑税制度在金代继续存在。金世宗大定四年（1164）诏称："免北京岁课段匹一年。"[2]金朝北京路正是辽代中京路，如前文所述，这一地区的灵河流域各州在辽代就是专门桑税区，专供丝织品，而金代也在该地区每年征课匹段。由此可以推之，金代通过征收桑税获得这些匹段。同时金政府规定："桑被灾不能蚕，则免丝绵绢税。"[3]这里丝绵绢税直接与桑树对应，说明金代存在桑税这一税种。另外，金代诗人元好问《秋蚕》诗称："东家追胥守机杼，有桑有税吾有汝。"[4]诗中反映的是追着收税的胥吏守在织机旁，而这种税又和桑树对应，也说明所征收的是桑税。

金代不仅继承辽和北宋的桑税制度，而且进一步发展了这项制度。这表现在两个方面。一方面，金代提高了桑税在两税中的地位。唐代两税由户税和土地税构成，五代以后，两税变成了单纯的土地税。土地分为粮地和桑地。桑地按亩征绢，即笔者所讨论的桑税；而粮地除征收谷物外，还变相征绢，即名义上征钱，实际上折成绢。金代却取消了粮地的变相税绢，使两税变成了桑地出绢、粮

1　徐梦莘：《三朝北盟会编》卷3《政宣上帙三》，上海：上海古籍出版社，1987，第17页。

2　《金史》卷6《本纪第六·世宗上》，北京：中华书局，1975，第133页。

3　《金史》卷47《食货二·租赋》，第1056页。

4　元好问：《遗山集》卷3《秋蚕》，《景印文渊阁四库全书》第1191册，第43页。

地出谷的局面，从而提高了桑税在两税中的地位。另一方面，金代制定了专门的桑田制度，不仅保证了桑税的税源，而且规定了民户应纳的最低桑税额。

首先探讨一下金代提高桑税在两税中的地位问题。五代以降，两税法的征收方式为：桑地单独按亩征绢；粮地除征收谷物外，还以税钱折变的名义征收绢。辽代燕云十六州地区继承了中原的两税法，所以这一地区的粮地也存在税绢。《宣府镇志》记载："北地节候颇晚，宜从后唐旧制：大小麦、豌豆，六月十日起征，至九月纳足；正税匹帛钱、鞋、地、榷酒钱等，六月二十日起征，至十月纳足。"[1] 文中"正税匹帛钱"即是税钱折纳的匹帛，为粮地变相税绢，不是桑税。宋代北方粮地税收中也存在这种名义上税钱实则折纳的税绢。如北宋仁宗嘉祐时期河北东路的冀州南宫县，每匹税绢折价为五百文。[2] 这种税绢就是粮地税钱所折纳的绢。但辽和北宋两税法中粮地税绢方式在金代消失。《金史》记载："金制，官地输租，私田输税。租之制不传。大率分田之等为九而差次之，夏税亩取三合，秋税亩取五升，又纳秸一束，束十有五斤。"[3] 由于金代两税中粮地不再征绢，因而可以推之两税中的税绢已经完全按桑地数量来征收，这意味着辽和北宋时期仅是两税中次要税种的桑税，在金代两税中已经取得与谷物税同等的地位，这是桑税在金代的重大变化。

对于金代桑税取代粮地绢税，迄今学术界尚未对其原因进行根究。笔者认为，有以下两种因素发挥了具体推动作用。第一，女真族和契丹族等入主中原的少数民族在土地征税上的简单化。这两个民族原来都属于游牧民族，农业在生产中并不占主要地位，直到后来受汉人影响才开始重视农桑。由于它们接触农业较晚，因而在税收上都实行了任土作贡的简单税制。就契丹族建立的辽政权来说，

---

1 《辽史拾遗》卷 15 引《宣府镇志》，《景印文渊阁四库全书》第 289 册，第 999 页。

2 《宋史》卷 340《刘挚传》，第 10849 页。

3 《金史》卷 47《食货二·租赋》，第 1055 页。

仅在燕云十六州地区移植了中原王朝复杂的田税制度，其他地区则按土地实际产品征税。如果土地富于蚕桑，就单独征收桑税，前面提到的灵河地区就是典型的例证；如果是一般粮地，则"计亩出粟以赋公上"，[1]就是说只征粟，并不征绢。同样，女真族建立的金政权在土地征税上也有简单化倾向。如在女真族进入中原之前的天会三年（1125），金政权向猛安谋克户所占土地征收税额是，"其令牛一具赋粟一石"。[2]虽然针对的是国有土地，但不是按土地的亩数，而是按牛的数量（三头牛为一具），可见征税方式的原始和简单。第二，金代物力钱的开征。仅据女真族的征税习惯还不足以解释金代何以取消粮地的税绢，因在"因俗而制"的情况下可以沿袭原辽、宋统治区的田税制度。问题关键是金世宗时期对全国税制进行了整顿，最重要的举措就是征收物力钱。史载："计民田园、邸舍、车乘、牧畜、种植之资，藏镪之数，征钱有差，谓之物力钱。"[3]物力钱并不像唐代两税法中户税钱那样按户等征纳，然而都是征钱的财产税。五代以后，两税法中户税并入了土地税，原有户税钱也改为按土地征收，辽燕云十六州和北宋地区粮地中的税绢正是来自这种税钱折纳。所以，粮地中的税绢实际上是由唐代财产税转化而来的。当金代重新征收财产税性质的物力钱时，就与粮地税绢体现的税钱重复，于是被取消。因此，在金代征收田税趋于简单化的形势下，物力钱的开征又为简化税制提供了理由和契机，最终金代田税变成了桑地出绢、粮田出谷的局面。

桑税在金代发展的另一表现就是桑田制度的确立。辽和北宋时期，桑田数各地多寡不一，每户植桑数也不一样，甚至个别地区和农户还不经营蚕桑。如果沿用辽和北宋的田制，金政权很难保证获得国家财政所需的大量绢帛。于是，金政权为保证桑税税绢的征收

1　《辽史》卷 59《食货志上》，第 1028 页。
2　《金史》卷 3《本纪第三·太宗》，第 53 页。
3　《金史》卷 47《食货二·租赋》，第 1056 页。

量而制定了相应的桑田制度。金代田制规定："凡桑枣，民户以多植为勤，少者必植其地十之三，猛安谋克户少者必课种其地十之一，除枯补新，使之不阙。"[1]从制度内容能够看出，金代民户必须把至少十分之三的土地用来植桑枣，若是猛安谋克户，也至少种植土地的十分之一。这里桑与枣的种植比例在史料中并没有明确记载。但金章宗时，"用尚书省言，申明旧制，猛安谋克户每田四十亩树桑一亩，毁树木者有禁，矕地土者有刑"。[2]如果按猛安谋克户必植桑枣十分之一的规定，四十亩土地至少有四亩桑枣，而金章宗申明旧制时说猛安谋克每四十亩必须树桑一亩。如果这样，那就是十分之一的桑枣地中三分种枣，一分种桑。从常识来看，桑地不应少于枣地，所以这一比例即使是针对猛安谋克户，也难以令人信服。因此，金代究竟每户至少被要求多大比例的桑地还有待研究。但不管怎样，有土地的民户都必然有一部分桑地。表面上看，金代向土地课桑的用意是保证桑税有稳定税源。但笔者认为它具有更深层的含义，那就是规定了个体民户最低的桑税额，即不管是否拥有规定的桑田面积，是否在上面植桑，都要缴纳最低桑田数的桑税绢。这可能是作为一种强制手段，或者作为一种惩罚手段，但最终目的都是确保国家税绢的稳定征收。金代桑田和桑税结合的制度形式对后代影响深远。比较明显的是明代，洪武元年（1368），明太祖朱元璋下令"凡有田五亩至十亩者，栽桑、麻、木绵各半亩，十亩以上者倍之"。[3]明代桑田制度与金代要旨相同，不仅在于劝农植桑，也重在保证税绢。如明嘉靖时期的《永春县志》卷4记载："国初最重农桑之政，令天下府州县提调官用心劝谕农民趁时种植，计地栽桑，计桑科绢，府州县具有定额。"由于永春县只适合栽种苎麻，因而

1　《金史》卷47《食货二·田制》，第1043页。

2　《金史》卷11《本纪第十一·章宗三》，第256页。

3　徐溥等奉敕撰，李东阳等重修《明会典》卷19《宪纲·事例》，《景印文渊阁四库全书》第617册，第236页。

"有地不种桑，递年输绢"。可见，明代桑地制度也是重在规定民户的最低桑税额。

关于金代桑税，目前学术界基本上称其为"户调"。主要依据是金代党怀英《赠正奉大夫袭封衍圣公孔公墓表》中的记载："（孔摠字符会，大定间）特授曲阜县令……每岁夏绢凡丈尺小户，旧例合并全匹输纳，随村首目皆自敛掠，公止令依市价积算和买，使并起纳，尽革旧弊。"[1] 由于文中有"丈尺小户"用语，因而学者们萌生"户调"看法。中国古代户调制度正式颁布于曹魏时期，按照户内资产和丁的数量确定户等，然后按户等征绢或布。以后随着占田、均田制度的推行，户调变为依据名义上的受田额按"户"或"丁"平均征收。到唐两税法时期，调绢被并入户税，重新又按户等"计钱而输绫绢"。[2] 就户调制度发展而言，征收对象主要有三种。其一，依据资产确定户等，按户等征收调绢。其二，按"丁"征收调绢。由于各户丁的数量不同，每户调绢也不一样。其三，按户平均调绢。

依据前引金代党怀英史料分析，以上三种征税对象都不可能适用于史料中夏绢的征收。首先，不可能按户平均调绢。文中谈到小户夏税绢很少，不成匹，因而征税时许多户合并成匹缴纳，所以十分不便。这里说小户税绢少，那么肯定不乏税绢比较多的大户，可见户内税绢不同，因此可以排除按"户"平均纳绢的户调形式。其次，按户等纳绢也不现实。根据有关学者研究，金代户等只简单地分为三等，在赋役征收中作用甚微，许多赋役都直接与物力挂钩。田税按田亩质量分等，与户等也无关。[3] 从前文"丈尺小户"来看，各户夏绢数量差异很大，因而征收时相当复杂。由此推之，依靠简

1　张金吾编《金文最》卷89《赠正奉大夫袭封衍圣公孔公墓表》，北京：中华书局，1990，第1302页。

2　《新唐书》卷52《食货二》，第1353页。

3　刘浦江：《金代户籍制度刍论》，《民族研究》1995年第3期。

单三等户制来征纳夏绢无法实施。最后，也不会按"丁"调绢。因为从以往按"丁"调绢情况来看，每丁征收绢基本上是成匹成丈的整数，不可能出现对小户"丈尺"的情况。排除以上三点，夏绢只能按户内土地来征。前面已经谈到金代粮地夏秋税仅是税粟，辽幽云地区和北宋统治区粮地的税绢在金代已经消失，故金代夏税绢的征税对象只能是桑地。由于每户桑地数量不同，税绢数量千差万别，所以许多小户"丈尺"交税并不奇怪。夏税绢是按桑地计征的桑税，不是按户征收的"户调"，但为什么征纳时却离不开"户"呢？这是因为在中国古代社会，无论哪一项税收最终都要落在某一户名下来征收。所以从广义上说，任何税收都可称为"户税"，只是分为不同的征收对象而已。由此可见，金代税绢是针对桑地征收，是一种土地税，而不是"户调"。

　　明晰了金代桑税征收方式后，有必要对金代两税重新加以认识。目前，学术界一般认为：金代两税夏秋仅仅征收粟米，是纯粹的地税，北宋田亩税中的绢帛在金代另以户调形式出现。实际上，金代两税的征收物品还是绢和谷物，征收对象也没变，仍是地亩，只是在地亩之中，桑地与粮地的区分更加明确，桑地出绢，粮地出谷。如果从这一角度观之，金代两税已经变为"纯粹的地税"之说不无道理。另外从唐宋赋役制度流变角度来看，两税法从唐代户、地并征到宋代转向地亩趋势在金代也一直保持着。

第二章 田税附加税的演进

附加税是相对正税而言的。在中国古代社会，一般将主要税种称为正税，按一定比例或定额随正税附加征收的税则为附加税。早在先秦时期，田税附加税就已经出现，刍税即有该性质。如《国语·鲁语下》云："其岁，收田一井，出稷禾、秉刍、缶米，不是过也。"[1]秦汉时期除了刍税和类似的稿税以外，还出现了以亩敛钱。如《后汉书·陆康传》载："时灵帝欲铸铜人，而国用不足，乃诏调民田，亩敛十钱。"[2]尽管中国古代国家正税都指向田亩，但唐以前国家正税的实际征收方式在田、丁和户之间更迭，附加税也随之附着在不同税种之

---

1 《国语》卷5《鲁语下》，第218页。
2 《后汉书》卷31《陆康传》，第1113页。

上，且丁和户的比重高于田亩，故唐以前真正的田税附加税并不占主要地位。然而随着唐宋之际征税对象向田亩转变，田税附加税的份额逐步增大，其承担了补充和调节田税的辅助税种角色，不仅一些地区田税附加税的税额超过了田税，而且在国家和地方财政中的地位日渐重要。

整体上看，唐前期在租庸调名税田实税丁的赋税体制下，附加税还主要附着在人丁上，真正意义上的田税附加税表现为义仓地税的税草、税脚和其他杂项附加。但两税法实行以后田税附加税开始迅速递增，经历了中晚唐、五代十国和宋初三次高潮，宋代的田税附加税已经形成繁杂的"杂变之赋"，挥之不去，罢之不能，不得不对其进行厘革，最终形成了单一性的田税附加税，并发挥了重要的辅助税种功能。由于附加税随正税附加，因而其变化与正税演进相始终。大体上，唐前期附加税还仅是在正税身上累加，或被正税吸纳，但唐宋之际田税地位的上升使附加税不断累加的同时，自身也开始整合，这与田税从与丁税、户税杂糅转向内在变化呈现同一特征。

一　唐前期的田税附加税及其地位

唐前期租庸调制名义上属于田税，但实际上属于丁税。故此处涉及的田税为"履亩而税"实践的义仓地税。义仓地税的附加税有税草、地税脚、仓窖税和加耗等。

税草是比较常见的田税附加税。先秦、秦汉时已经有了税草的前身刍、稿，三国曹魏明帝时期，栈潜上疏称："都圻之内，尽为甸服，当供稿秸铚粟之调。"[1] 这里的稿秸当与刍、稿一脉相承。三国以后，未见记载，此时田租演变为丁租，可能税草附于丁租之上。唐代义仓改变了北齐义仓和隋社仓按丁和户征收的方式，实行履亩而

1 《三国志》卷 25《高堂隆传》，北京：中华书局，1959，第 718 页。

税，故税草重新回归田税，附加在义仓地税上。[1]

　　税草出现在唐太宗贞观时期。《新唐书》记载："贞观中，初税草以给诸闲，而驿马有牧田。"[2]《唐六典》也称："其诸州稿、秸应输京、都者，阅而纳之，以供祥麟、凤苑之马。"[3]而此时义仓地税已经在贞观二年（628）确立，在时间上为税草附加提供了可能。税草经常与地丁连在一起。唐高宗仪凤二年（677）十月诏称："关内百姓，宜免一年庸调及租，并地丁、税草。"[4]敦煌出土文书伯二九七九号"唐开元二四年（736）九月岐州郿县尉□勋牒判集"中也记有"不伏输勾征地税及草"和"廿三年地税及草等"。[5]税草也和地税一样履亩而征。目前史学界研究唐前期税草都提到"唐西州高昌县出草帐"，[6]在该文书中有"康守相贰亩柒束"和"崇圣寺拾肆亩肆拾玖束"字样，可见为按亩税草，同时寺田也同样交税表明，税草在征税原则上与地税一致，都以"见佃"为准，这些都说明税草附加于义仓地税之上的事实。

　　地税脚是指附加在地税上的脚钱。纳脚钱的标准中央有统一规定，《唐六典》卷3"度支郎中员外郎"条云：

> 凡天下舟车水陆载运皆具为脚直，轻重、贵贱、平易、险涩，而为之制。（河南、河北、河东、关内等四道诸州运租、庸、杂物等脚，每驮一百斤，一百里一百文，山阪处一百二十文；车载一千斤九百文。黄河及洛水河，并从幽州运至平州，

1　关于唐代税草与义仓地税的关联，李锦绣《试论唐代的税草》（《文史》第34辑）和陈茜《唐五代税草问题述论》（硕士学位论文，青海师范大学，2015）都有详细讨论。

2　《新唐书》卷51《食货一》，第1343页。

3　《唐六典》卷19《司农寺》，第525页。

4　《唐大诏令集》卷79《幸东都诏》，第450页。

5　池田温：《中国古代籍帐研究》，录文与插图部分，第230页。

6　国家文物局古文献研究室、新疆维吾尔自治区博物馆、武汉大学历史系编《吐鲁番出土文书》第9册，北京：文物出版社，1990，第23~25页。

上水，十六文，下，六文。余水，上，十五文；下，五文。从澧、荆等州至杨州，四文。其山阪险难、驴少处，不得过一百五十文；平易处，不得下八十文。其有人负处，两人分一驮。其用小舡处，并运向播、黔等州及涉海，各任本州量定。)[1]

地税本身是服务于地方的税种。正如唐玄宗在诏书中所言："元率地税，以置义仓，本防险年，赈给百姓。"[2] 故最初义仓税"贮之州县，以备凶年"，由地方州县兼管，并服务于地方，"唯荒年给粮，不得杂用"，[3] 具有专款专用性质。但这种规定在武则天时期即被改变，出现将义仓地税转输京师之事，至开元时期成为定制。义仓地税转输费用自然也要附加在地税上，如开元四年（716）五月敕文中称："近年已来，每三年一度，以百姓义仓造米，远送交纳，仍勒百姓私出脚钱，即并正租，一年两度打脚。"[4] 可见，地税脚和正租脚钱完全不同。

仓窖税是为储存粟米所征收的杂税。《唐六典·司农寺》记载："输米、粟二斗，课稿一围，三斛，橛一枚；米二十斛，簸蒫一领；粟四十斛，苫一蕃；麦及杂种亦如之；以充仓窖所用。仍令输人营备之。"[5] 仓窖税所纳在本州县征以实物。贞观二年，户部尚书韩仲良奏："王公已下，垦田亩纳二升，其粟麦粳稻之属，各依土地，贮之州县，以备凶年。"朝廷在批准该奏议的同时，并"令窖苫宜以葛蔓为之"。[6] 可知义仓地税最初虽然储在州县，但也必须缴纳实物性的窖苫或葛蔓。后来实物性的仓窖税也出现折钱征收，如开元二十一年（733），裴耀卿改革漕运，增加了类似仓窖的"营

1　《唐六典》卷 3《尚书户部》，第 80~81 页。
2　《册府元龟》卷 490《邦计部·蠲复二》，第 5862 页。
3　《唐六典》卷 3《尚书户部》，第 84 页。
4　《册府元龟》卷 502《邦计部·常平》，第 6021 页。
5　《唐六典》卷 19《司农寺》，第 526 页。
6　《唐会要》卷 88《仓及常平仓》，第 1612 页。

窖"税，每丁 50 文。[1] 开元二十三年（735），改变纳钱方式，"自今已后，凡是资课、税户、租脚、营窖、折里等应纳官者，并不须令出见钱，抑遣征备，任以当土，所司均融支料"。[2] 前已谈到，义仓地税不久开始转运京师，故附着在义仓地税上的仓窖税也必然随之改变。

加耗是针对所征收粟米在运输和储存时的损耗而征。唐前期义仓地税也有加耗。《夏侯阳算经》记载了唐前期的地税，称："今有田三百七十九亩，亩出税谷三升，纳官每斛加二升耗，问输正及耗各几何？"[3] 此处地税加耗是每斛二升。《唐六典·太仓署》记载："凡粟支九年，米及杂种三年。（贮经三年，斛听耗一升；五年已上，二升。）"[4] 因为义仓以备水旱，故加耗执行了五年以上标准。

以上是唐前期的田税附加税。其中除税草外，其他附加税都带有税物运输和管理附带费用性质，而税草，制度久远，已经成为税制惯例。由此可见，唐前期田税附加税的制税名目尚未出现掠夺式私征滥加。同时税额和税收支向都在中央政府法令规定范围内，像税草，《唐六典》中规定："其诸州稿、秸应输京、都者，阅而纳之，以供祥麟、凤苑之马。"[5] 又如前述加耗，地税每斛二升和正租每斛一升都是执行了统一的国家规定。如果是不属于中央规定的田税附加税，则会遭到禁止，如桑课就是这样。唐前期桑树被要求植在桑田上，但随着均田制废弛，大田植桑越加普遍。于是，田税附加税性质的桑课随之出现。如天宝元年（742）六月敕称："如闻河东、河北官人职田既纳地租，仍收桑课，田树兼税，人何以堪！自今已

---

1 《通典》卷 10《食货十》，第 222 页。

2 《册府元龟》卷 487《邦计部·赋税一》，第 5829 页。

3 甄鸾注《夏侯阳算经》卷中《求地税》，《景印文渊阁四库全书》第 797 册，第 236 页。

4 《唐六典》卷 19《司农寺》，第 527 页。

5 《唐六典》卷 19《司农寺》，第 525 页。

后，官人及公廨职田有桑，一切不得更征丝课。"[1]可见，桑课被明令禁止。

唐前期附着在地税上的田税附加税尽管种类也很多，但与正租、正调相比并不占主要地位，这是因为地税本身就是辅助性税种，且亩税二升的税率本身很低。虽然以授田百亩计算，租粟二石的亩税也是二升，但实际普通百姓授田都达不到百亩，一般只有二三十亩。如果按这一亩数计算，家庭地税平均在 4～6 斗，单丁租粟是其 4 倍左右。因此，家庭地税的总税额要比正租低得多。而地税附加税中，加耗、脚钱和仓窖税都是按上交税的数量缴纳。尽管正租用于军国之需，贮存时间较短，加耗按三年之用规定每斛一升耗损，而地税为每斛二升，但也仅仅高出百分之一。故从税粮角度比较，地税相较正租要低。

不过，税草是地税独有的附加税，在国家财政中发挥了很大作用。开元二十四年（736）三月，户部尚书李林甫奏："租庸、丁防、和籴、杂支、春彩、税草诸色旨符，承前每年一造，据州府及诸司计，纸当五十余万张，仍差百司抄写，事甚劳烦。条目既多，计检难遍，缘无定额，支税不常，亦因此涉情，兼长奸伪。臣今与采访使、朝集使商量，有不稳便于人，非当土所出者，随事沿革，务使允便，即望人知定准，政必有常，编成五卷以为常行旨符，省司每年但据应支物数，进书颁行，每州不过一两纸。"[2]这里税草与租庸、丁防、和籴并提，足见其地位。但这是税草与租庸、丁防、和籴一样服务于中央财政的结果。史称"贞观中，初税草以给诸闲，而驿马有牧田"，[3]说明税草主要供闲厩马用。《唐六典·司农寺》也称："其诸州稿、秸应输京、都者，阅而纳之，以供祥麟、凤苑之马。"[4]

---

1 《册府元龟》卷 506《邦计部·俸禄二》，第 6071 页。

2 《唐会要》卷 59《度支员外郎》，第 1020 页。

3 《新唐书》卷 51《食货一》，第 1343 页。

4 《唐六典》卷 19《司农寺》，第 525 页。

笔者认为，作为地税附加税的税草只是在军国支出需要上与其等同，若从税收数量上看，较正租和调的附加税还是少很多。如税草亩出1~3束，而杜佑计江南折租，每丁"通以三端为率"，[1]可见仅租脚每丁达一端。[2]

二　唐宋之际田税附加的三次高潮

安史之乱以后，随着征税对象由人丁向田亩转变，田税附加税也愈加膨胀。大体上经历了两税法实施前后中央明加和地方暗加阶段、五代十国军事争霸之际和后期财政危机下的加征以及入宋后一些杂税随田出税三次高潮。[3]

（一）两税法实施前后的田税附加税

这一时期田税附加税在原有基础上增加了青苗钱、榷酒钱，这是中央明令的加征，而草耗、函头也在中央承认之列。此时地方私自在田税上附加税目应该比较多，但留下的史料记载较少，只能从中央禁止这一行为中发现蛛丝马迹。当然，加征、摊征、科配和纽配等法外附加也层出不穷，这些名目属于加税无疑，但能否构成新的固定附加税还有待商榷。

青苗钱作为田税附加税，早在两税法形成之前就已经存在。唐代宗广德二年正月，"税天下地亩青苗钱给百官俸料，起七月

1　《通典》卷6《食货六》，第110页。

2　李锦绣：《唐代财政史稿》上卷，第579页。

3　关于这一时期的田税附加税问题，陈明光《从"两税外加率一钱以枉法论"到两税"沿征钱物"——唐五代两税法演变续论》（《魏晋南北朝隋唐史资料》第25辑）对唐五代田税附加税有详细讨论；郑学檬《五代两税述论》（《中国社会经济史研究》1983年第4期）专门探讨了五代田税附加税。北宋田税附加税被称为"杂变之赋"，相关研究成果较多，如赵雅书《宋代的田赋制度与田赋收入状况》，第114~117、126~130页；王曾瑜《宋朝的两税》，《文史》第14辑；漆侠《宋代经济史》，第406~422页；黄纯艳《宋代财政史》，第420~428页；田晓忠《宋代田赋制度研究》，第67~135页。

给"，[1]说明刚刚平定安史之乱就加征了青苗钱。与其相似的还有地头钱，至迟在永泰元年（765）就已出现，史称："其青苗、地头钱，亦宜三分放一，先欠永泰元年地头钱十四万九千一百四十一贯并宜放免。"[2]但青苗钱和地头钱也一并称为青苗钱，如《新唐书·食货志》记载："至大历元年，诏流民还者，给复二年，田园尽，则授以逃田。天下苗一亩税钱十五，市轻货给百官手力课。以国用急，不及秋，方苗青即征之，号'青苗钱'。又有'地头钱'，每亩二十，通名为'青苗钱'。"[3]关于青苗钱的税额，最初青苗钱为每亩 15 文，地头钱曾经征 20 文，到大历八年（773）正月二十五日颁敕："青苗、地头钱，天下每亩率十五文，以京师烦剧，先加至三十文，自今已后，宜准诸州，每亩十五文。"[4]《资治通鉴》中的线索更为清晰：

　　　宋白曰：大历五年五月，诏京兆府应征青苗、地头钱等，承前青苗钱，每亩征十五文，地头钱，每亩征二十五文，自今已后，宜一切以青苗钱为名，每亩减五文，征三十五文，随征夏税时据数征纳。八年，每亩率十五文。[5]

　　两税法实行以后，青苗钱有所增加。贞元八年（792）五月，"初增税京兆青苗亩三钱，以给掌闲、骁骑"，[6]可见增加到 18 文。但个别地区却远远高于这个数额，如贞元十二年（796）二月，虢州刺史崔衍奏："所部多是山田，且当邮传冲要，属岁不稔，颇有流离，旧额赋租，特乞蠲减。虢居华陕之间而税重数倍，青苗钱华陕之郊

1　《册府元龟》卷 506《邦计部·俸禄二》，第 6073 页。

2　《册府元龟》卷 490《邦计部·蠲复二》，第 5866 页。

3　《新唐书》卷 51《食货一》，第 1348 页。

4　《旧唐书》卷 48《食货上》，第 2092 页。

5　《资治通鉴》卷 223，代宗广德二年七月，第 7165~7166 页。

6　《旧唐书》卷 13《德宗下》，第 374 页。

亩出十有八，而虢之人亩征七十。"[1]

中央增加的田税附加税除青苗钱外，还有榷酒钱。榷酒钱最初是专卖税，《旧唐书》记载："建中三年，初榷酒，天下悉令官酿。斛收直三千，米虽贱，不得减二千。委州县综领。醨薄私酿，罪有差。以京师王者都，特免其榷。"[2] 但在贞元年间，已经随两税征收。贞元十四年（798）正月诏："诸道州府应欠负贞元八年、九年、十年两税及榷酒钱，总五百六十万七千余贯，在百姓腹内一切并免。"[3] 但元和六年（811）六月，京兆府奏："榷酒钱除出正酒户外，一切随两税、青苗据贯均率。从之。"[4] 从元稹在同州均田时描述该州百姓田地，每亩税地头榷酒 21 文来看，北方地区的榷酒钱随正税青苗钱据贯摊入地亩，成为田税附加税。

函头是唐后期兴起的田税附加税。唐宣宗在大中六年（852）十一月下敕云："应畿内诸县百姓军户，合送纳诸仓及诸使两税，送纳斛斗。旧例，每斗函头、耗物、遽除，皆有数限。访闻近日诸仓所由，分外邀额利、索耗物，致使京畿诸县，转更凋弊，农桑无利。职此之由，自今以后，只令依官额，余并禁断。"[5] 可见，函头是据百姓所交斛斗，按斗征纳的附加税。关于函头，还有这样记载，大中三年（849）和籴粟入窖前，"□用五石函，元纳行概人南公素、王义、张荣……函头段楚□□"。[6] 这里"五石函"是指可容纳五石粟米的函柜，函头则为负责分装粮食入函以及具体管理函柜的负责人。由此笔者推断，函头成为附加税是政府对交纳税粮收取的误差补偿，与作为具体管理者的函头无关。函头作为误差补偿费同五代

1　《册府元龟》卷 488《邦计部·赋税二》，第 5834 页。

2　《旧唐书》卷 49《食货下》，第 2130 页。

3　《册府元龟》卷 491《邦计部·蠲复三》，第 5873 页。

4　《旧唐书》卷 49《食货下》，第 2130 页。

5　《唐会要》卷 88《仓及常平仓》，第 1617 页。

6　陆耀遹：《金石续编》卷 4《和籴粟窖砖文》，《石刻史料新编》第 4 册，台北：新文丰出版公司，1982，第 3079 页。

时期的铺衬、纸笔、盘缠等钱类似。如后唐天成元年（926）五月十五日敕云："检纳夏秋苗子斛斗，每斗只纳一斗，官中纳不收耗；人户送纳之时，如有使官布袋者，每一布袋，使百姓纳钱八文，内五文与擎布袋人，余三文，即与仓司充吃食、铺衬、纸笔、盘缠，若是人户出布袋，令只纳三文与仓司。"[1] 仓司每袋收取三文钱，充吃食、铺衬、纸笔、盘缠等费用，函头与其类似，这种费用得到中央的允许。函头与斗余、秤耗不一样。后周广顺元年（951）规定，仓场库务"不得别纳斗余、秤耗"。[2] 斗余、秤耗属于苛敛百姓，是官府禁止的行为。而函头是行政性收费，前述每斗函头"皆有数限"，足见其中的差别。

　　唐后期加耗范围有所扩大，如出现了草耗。德宗时期陆贽称："臣等又勘度支，京兆比来雇车估价及所载多少。大率每一车载一百二束，每一里给佣钱三十五文，百束应输二束充耗。"[3] 唐前期税草是否存在加耗，史无记载。但从唐前期律令制严格规范推知，税草加耗应出现在安史之乱以后。除中央官税额外，地方私自提高加耗量的现象也非常严重。唐武宗时杜牧记载黄州耗额，"茧丝之租，两耗其二铢；税谷之赋，斗耗其一升"。[4] 按《唐六典》中规定的官耗额度，每石（斛）才纳一升加耗，地方却增加了 9 倍。可能鉴于这种情况，唐宣宗在大中六年下敕申明："应畿内诸县百姓军户，合送纳诸仓及诸使两税，送纳斛斗。旧例，每斗函头、耗物、遽除，皆有数限。访闻近日诸仓所由，分外邀额利、索耗物，致使京畿诸县，转更凋弊，农桑无利。职此之由，自今以后，只令依官额，余并禁断。"[5] 说明国家力求将加耗控制在法定范围内。

1　《五代会要》卷 27《仓》，第 330 页。

2　《五代会要》卷 27《仓》，第 331 页。

3　《翰苑集》卷 20《论度支令京兆府折税市草事状》，《景印文渊阁四库全书》第 1072 册，第 758 页。

4　《樊川文集》卷 14《祭城隍神祈雨文第二文》，第 203 页。

5　《唐会要》卷 88《仓及常平仓》，第 1617 页。

　　唐后期中央与地方财政分臠，地方制税权增加，因而私自增加田税附加税的现象很多。尽管史料记载颇少，但仍能从中央诏敕中窥其端倪。如元稹在同州发现，"当州从前税麻地七十五顷六十七亩四垄，每年计麻一万一千八百七十四两，充州司诸色公用"，[1]由于无敕可凭，被他放免。税麻就属于同州私自增加的田税附加税。此外，有的地方还对特殊田地征收高额青苗钱。唐文宗大和四年，崔戎即称："西川税科，旧有苗青如茄子、姜芋之类，每亩或至七八百文，征敛不时，烦扰颇甚。今令并省税名目，一切勒停，尽依诸处为两限，有青苗约立等第，颁给户帖，两税之外余名一切勒停。"[2]文中关键是苗青如茄子、姜芋之类田属于什么性质，是否像桑园一样属于特殊田地。笔者认为茄子、姜芋之类田应该是一年两熟之下粟麦收割之后的补种田地，被地方官府作为征税对象。前述税麻也应该属于这种性质，如果属于专门田地，所征税与法定二税存在替代关系，肯定不能废除。因此，它们都属于地方私自加征的田税附加税。

　　唐后期田税附加税中，有些存在具体名目，但也有额外附加的无名科敛。如摊征和加征斛斗。穆宗长庆元年（821）六月，知怀州河南节度参谋兼监察御史韦珩奏论："当州元和九年秋至十四年夏，准圣旨额外加征并节度使司简见苗征子及草等共计五百六十万三千五百八十石束。"[3]此处额外加征时得到朝廷允许。元稹提及同州的摊配也是准敕旨进行。"准元和十三年敕，缘夏阳、韩城两城残破，量减逃户率税，每年摊配朝邑、澄城、郃阳三县代纳钱六百七贯九百二十一文，斛斗三千一百五十二石一斗三升三合，草九千九束，零并不计。"[4]但一些地方则是法外摊征。如会昌二年（842）四月敕文："田畴地有高低，岁有善恶；伤于水潦则低地

1　《元稹集》卷39《论当州朝邑等三县代纳夏阳韩城两县率钱状》，第438页。
2　《册府元龟》卷488《邦计部·赋税二》，第5837页。
3　《册府元龟》卷699《牧守部·谴让》，第8342页。
4　《册府元龟》卷495《邦计部·田制》，第5931页。

不稔，稍遇亢旱即高处无苗。近闻州县长吏，掩其灾损，务求办集，唯于熟苗上加征，将填欠数，致使黎元重困，惠养全乖。自今后，州县百姓有遭水旱苗稼不收处，检验不虚，更准前后敕文被免，不得加征熟田人户，令本配额外，重出斛斗。"[1] 科配、纽配也是两税外加征。唐文宗开成元年（836），李石等主张："放京畿一年租税，及正、至、端午进奉，并停三年，其钱代充百姓纽配钱。"[2] 唐僖宗《乾符二年南郊赦》也指出："朝廷征发兵士，固非获已，道途顿递，劳费至多。又闻节级须得人事裨补，每县不下五千文，尽配疲人，深可哀悯。"又"近年百姓流散，税钱已多。如闻自朝廷用军，有纳百姓正税外，每贯纽四十、五十文，已是数年，至今不矜放"。[3]

　　上述摊征、加征、纽配钱都已经成为固定税额，说明税收征敛走向常态。但需要注意的是，摊征、加征和纽配钱不属于独立税目。像穆宗时期征地子和草，明确"额外加征"，地子和草作为税目原来就有，此次增加的是税额；同样元稹在同州发现了摊配朝邑、澄城、郃阳三县钱、斛斗和草，也是税额增加，而不是确立新税目。据贯纽折税钱更是在原有税钱基础上加征，不涉及设立新的税名。因此，尽管上述摊征、加征、纽配钱也属于田税附加性质，但它们更应该被理解为财政额增加或调整性质，而不是作为新的独立田税附加税被确立。

（二）五代十国时期的田税附加税

　　五代十国时期，在诸割据政权内部，田税已经完成了对户税的消解，田税独立的主体税种地位已经确立。以往多重的田税附加税亦有统一"沿征钱物"之名，这不仅说明田税附加税被合法化、制度化，也反映出其在各政权中央财政和税制体系中的地位。整体观

1　《文苑英华》卷 423《会昌二年四月二十三日上尊号赦文》，第 2143 页。
2　《旧唐书》卷 172《李石传》，第 4485 页。
3　《唐大诏令集》卷 72《乾符二年南郊赦》，第 402、404 页。

之，五代十国军阀纷争，财政压力骤增，普遍法外聚敛，这也导致了田税附加税的膨胀。

后唐长兴元年（930）二月制中称：

> 天下州府各征秋夏苗税，土地节气，各有早晚，访闻天下州县官吏于省限前，预先征促，致百姓生持送纳，博买供输，既不利其生民，今特议其改革，宜令所司更展期限。于是户部奏：三京、邺都、诸道州府，逐年所征夏秋税租，兼盐曲折征，诸般钱谷等起征条流，内河南府、华、耀、陕、绛、郑、孟、怀、陈、齐、棣、延、兖、沂、徐、宿、汶、申、安、滑、濮、澶、商、襄、均、房、雍、许、邢、邓、雒、磁、唐、隋、郓、蔡、同、郓、魏、汴、颍、复、曹、廓、宋、亳、蒲等州四十七处，节候常早，大小麦、曲麦、豌豆，取五月十五日起征，至八月一日纳足，正税匹段、钱、鞋、地头、榷曲、蚕盐及诸色折科，取六月五日起征，至八月二十日纳足；幽、定、镇、沧、晋、隰、慈、密、青、登、淄、莱、邠、宁、庆、衍十六处，节候较晚，大小麦、曲麦、豌豆，取六月一日起征，至八月十五日纳足，正税匹段、钱、鞋、地头钱、榷曲、蚕盐及诸色折科，取六月十日起征，至八月二十五日纳足；并、潞、泽、应、威塞军、大同军、振武军七处，节候更晚，大小麦、豌豆，取六月十日起征，至九月纳足，正税匹段、钱、鞋、榷曲钱等，取六月二十日起征，至九月纳足。[1]

文中的田税附加税除了地头钱、榷曲属于原来青苗钱和榷酒钱的继续外，最新出现蚕盐、鞋钱以及其他诸色折科，且从分布范围

来看，已经遍布后唐诸州。

蚕盐形成源于俵配制。最早可见于后唐同光三年（925），《五代会要》称："魏府每年所征随丝盐钱，每两与减放五文，逐年俵卖蚕盐、食盐、大盐、甜次冷盐，每斗与减五十，栾盐与减三十。"[1] 俵卖即是俵配，也就是强制配盐给百姓然后征收盐钱。从引文来看，俵卖盐品种众多，包括蚕盐、食盐、大盐、甜次冷盐和栾盐。其中，以蚕盐最为普遍。如后唐明宗天成元年（926）诏令称："诸州府百姓合散蚕盐，今后每年只二月内一度俵散，依夏税限纳钱。"[2] 后晋天福时期也有俵散蚕盐的记载。[3] 后周世宗显德三年（956），齐州将"管内元于秋苗上俵配蚕盐，谓之察头盐，每一石征钱三千文"，又"沧棣滨淄青五州管内所请蚕盐，每一石征绢一匹"。[4] 蚕盐之外，食盐亦是俵配盐的大宗。后晋天福元年（936）十一月赦："洛京管内逐年所配人户食盐，起来年每斗减放十文。"[5] 后汉至后周也都俵配食盐。虽然蚕盐或食盐俵配有买卖交易意味，但具有强制性，且百姓能否获得或足额获得蚕盐和食盐尚未可知。在这种情况下，逼迫百姓强制性据田纳蚕盐钱和食盐钱，说明它已经具有田税附加税属性。

鞋钱，也称供军鞋钱，是把军需科配的军鞋变为钱的形式摊入地亩。后周广顺二年（952）正月敕称："一、诸处营田，户部院及系赐人户所纳租牛课利，其牛每头具上率纳苗课，逐年都纳秋夏斛斗二万一千余石，更纳钱、鞋、布、秆草等。"[6] 可知不仅正税田地纳此类附加税，就是营田户的牛租苗课也难以幸免。

五代十国时期新增加的田税附加税远不止诏敕中涉及的这两项。如小绿豆税，就是魏州增加的田税附加税，后唐同光三年二月

1　《五代会要》卷 26《盐》，第 320~321 页。

2　《五代会要》卷 26《盐》，第 321 页。

3　《五代会要》卷 26《盐》，第 321 页。

4　《册府元龟》卷 488《邦计部·赋税二》，第 5843 页。

5　《五代会要》卷 26《盐》，第 321 页。

6　《五代会要》卷 15《户部》，第 198 页。

下敕称："魏府小绿豆税，每亩减放三升。"[1]可知它已经获得了中央的承认。税麻是北方各地普遍征收的附加税，前述元稹在同州发现当地税麻。[2]该附加税在五代亦有出现。如后周时，北海令李元懿上书指出："夏秋苗上每亩麻、农具等钱，省司元定钱十六，及刘铢到任，每亩上加四十五，每顷配柴五围、炭三秤。"[3]省司规定麻钱数目，足见税麻已经被后周中央认可。不仅如此，刘铢还每顷配征柴和炭。如果说麻和农具属于中央税，配征柴税和炭税就是地方田税附加税。

农具钱来自榷铁。五代初年榷铁，进而禁止民间私铸农具，但可能不利于生产，因而由禁榷改为征税，类似榷酒钱。后唐长兴二年（931）十二月诏称："今后不计农器、烧器、动使诸物，并许百姓逐便自铸造……乡村百姓只于系省夏秋苗亩上纳农器钱一文五分足，随夏秋二时送纳。"[4]《新五代史》评价此事称"除铁禁，初税农具钱"，[5]可知这应是由禁榷改为征农具钱的发端。前述后周北海令李元懿揭示，省司元定夏秋苗上的每亩杂钱，不仅有麻钱，也包括农具钱，"省司元定钱十六，及刘铢到任，每亩上加四十五"。[6]

牛皮税成为田税附加税时间较晚。最初是禁民间私自买卖牛皮，凡有牛皮的，悉令输官偿值。如后唐天成二年（927）诏称："所在府县纠察杀牛卖肉，犯者准条科断。其自死牛即许货卖，肉斤不得过五钱，乡村民家死牛，但报本村所由，准例输皮入官。"[7]后汉的牛皮禁令更严，"汉祖在北京时，大聚甲兵，禁牛皮不得私货易及民间盗用之。如有牛死，即时官纳其皮，其有犯者甚众。及即大

---

1 《五代会要》卷25《租税》，第304页。

2 《元稹集》卷39《论当州朝邑等三县代纳夏阳韩城两县率钱状》，第438页。

3 《册府元龟》卷547《谏诤部·直谏一四》，第6575页。

4 《五代会要》卷26《铁》，第323~324页。

5 《新五代史》卷6《明宗本纪》，第63页。

6 《册府元龟》卷547《谏诤部·直谏一四》，第6575页。

7 《旧五代史》卷38《唐书十四·明宗纪四》，北京：中华书局，1976，第521页。

位，三司举行请禁天下牛皮，法与河东时同，天下苦之"。[1]由于用法太苛，后周广顺二年改革，形成牛皮税，其诏曰："累朝已来，用兵不息，至于缮治甲胄，未免配役生灵，多取于民，助成军器。就中皮革，尤峻科刑，稍犯严条，皆抵极典，乡县以之生事，奸猾得以侵渔，宜立所规，用革前弊。应天下所纳牛皮，今将逐所纳数，三分内减二分，其一分于人户苗亩上配定。每秋夏苗共十顷纳连角皮一张，其黄牛纳干筋四两，水牛半斤，犊子皮不在纳限。牛马驴骡皮筋角，今后官中更不禁断，只不得将出化外敌境。州县先置巡检牛皮节级并停。"[2]

　　牛租和桥道钱是比较特殊的田税附加税。五代牛租肇始于后梁，史称："东南郡邑各有租牛课户，往因梁太祖渡淮，军士掠民牛以千万计，梁太祖尽给与诸州民，输租课。自是六十余载，时移代改，牛租犹在，百姓苦之，至是特与除放。"[3]可见牛租成为固定附加税，在五代持续六十余载。桥道钱见于后唐河阳节度使辖区，长兴元年二月敕："河阳管内人，每亩上旧征桥道钱五文，今后并放不征。"[4]关于桥道钱来源，史载："五代时，有津渡之算，水或枯涸，改置桥梁，有司犹责主者备偿。"[5]可知，桥道钱来自定额商税向田税附加税的转换。

　　加耗作为田税附加税在唐代已存在，五代加耗类别和税额都有增加趋势。后唐庄宗时期检讨后梁仓场加耗乱象，制称："盖闻伪朝已来，恣为掊敛，至于杂色斛斗、柴草，受纳仓场，邀颉人户，分外课求。纳一斗则二斗未充，纳一束则三束不充，互相蒙蔽，上下均分，疲弊生灵，莫斯为甚。自今已后，仰长吏选清强官吏充主

1　张齐贤：《洛阳缙绅旧闻记》卷5，《景印文渊阁四库全书》第1036册，第168页。
2　《旧五代史》卷112《周书三·太祖纪三》，第1486页。
3　《旧五代史》卷112《周书三·太祖纪三》，第1488页。
4　《册府元龟》卷492《邦计部·蠲复四》，第5881页。
5　《文献通考》卷19《征榷六》，第185页。

纳，仍须严立条制，以防奸欺，兼具逐色所纳加耗申奏。"[1] 虽然要"严立条制"，但后唐加耗并未减少。如唐后期法定耗物是函头、耗物和遗除，但后唐天成元年五月十五日敕称："检纳夏秋苗子斛斗，每斗只纳一斗，官中纳不收耗；人户送纳之时，如有使官布袋者，每一布袋，使百姓纳钱八文，内五文与擎布袋人，余三文，即与仓司充吃食、铺衬、纸笔、盘缠，若是人户出布袋，令只纳三文与仓司。"[2] 此处出现铺衬、纸笔、盘缠等钱，而使用官布袋的百姓需要付八文，说明加耗趋重。[3]

（三）入宋后形成的田税附加税

五代十国时期田税附加税已经十分繁杂，宋代建立以后，将唐末和五代十国时期"偏霸掊克凡数百种"，[4] 悉令除去，然而很多田税附加税还是保留下来，并增加了新的田税附加税。

五代十国时期的一些博征，入宋后停止实物供给，但随田税加征的税额犹在，由此形成新田税附加税。所谓博征，《资治通鉴》称："唐人以茶盐强民而征其粟帛，谓之博征。"胡三省注云："博，博易也，言以茶、盐博易而征其粟帛。"[5]《册府元龟》中也提到类似转征："先是，州人于两税外以茗茶及盐抑配户民，令输缣帛稻米，以充其直，谓之转征，又岁率羊彘薪炭之类，人甚苦之。"[6] 虽然最初博征属于强制抑配，但毕竟有茶盐补偿，尚有交易色彩，因此还不是完全的无偿税收，但入宋以后这种情况发生改变。

---

1 《册府元龟》卷 160《帝王部·革弊二》，第 1933 页。

2 《五代会要》卷 27《仓》，第 330 页。

3 关于布袋，郑学檬认为属于独立的田税附加税名目布袋钱（《五代两税述论》，《中国社会经济史研究》1983 年第 4 期）。本书将其放到加耗下面，是因为百姓需付布袋钱给擎布袋人，如果百姓自出布袋，也可不付布袋费，故认为布袋钱属于官仓耗费，而不是独立的附加税名目。

4 《续资治通鉴长编》卷 24，太平兴国八年四月辛卯，第 543 页。

5 《资治通鉴》卷 293，后周显德三年，第 9558 页。

6 《册府元龟》卷 160《帝王部·革弊二》，第 1938 页。

陈靖在《上真宗论江南二税外沿征钱物》中云："且江南伪命日，于夏税、正税外，有沿征钱物，曰盐博䌷绢、加耗丝绵、户口盐钱、耗脚、斗面、盐博斛斗、酝酒曲钱、率分纸笔钱、析生望户钱、甲料丝、盐博绵、公用钱米、铺衬芦簟、米面脚钱等，凡一十四件，悉与诸路不同……因仍旧贯，以至于今。"[1] 这里盐博䌷绢、盐博斛斗、户口盐钱、盐博绵等就是由强制交换的博征转换而来。在宋代徽州税则中也有该性质的盐钱，"上田园每亩税钱二百，为夏税䌷四寸，绢一尺三寸，布一尺，绵三钱；见钱五十五，盐钱十二，脚钱十二，此三色杂钱者，又折变为绢四尺三寸，绵四钱五分，麦一升二合"。[2] 徽州盐钱的演变过程，原为"官据口给食盐而敛其直"，然而，"至广陵及南唐之末，淮南产盐之郡为周世宗所下，无以给民，因以旧所得之数纽为正税，但输之"。[3] 由此观之，前述盐博䌷绢、盐博斛斗、户口盐钱、盐博绵都出于该原因。杨行密时期加征的军衫布成为田税附加税也是通过这一路径。史载："时军兴事繁，用度不足，太祖欲以茶盐易民布帛。"[4]《新安志》亦载："又有军衫布三千一百五十匹，亦杨氏时，岁于民间以盐博之，每匹给盐七斤半，其后亦以无盐，直令输纳。"[5] 此外，入宋后也新增加了一些田税附加税。如新的义仓税，建隆四年（963）三月诏："诸州所属县各置义仓官，所收二税，每石别输一斗，贮之以备凶俭，给与人民。"[6]

纵观宋代田税附加税的累加过程能够发现，中央和地方都对田税附加税的扩大起到了推波助澜作用，而地方实际税制运行对田税

1　赵汝愚编《宋朝诸臣奏议》卷104《财赋门·税赋上》，北京大学中国中古史研究中心校点整理，上海：上海古籍出版社，1999，第1111页。

2　《新安志》卷2《税则》，《宋元方志丛刊》，第7624页。

3　《新安志》卷2《杂钱》，《宋元方志丛刊》，第7626页。

4　《十国春秋》卷5《高勖传》，第86~87页。

5　《新安志》卷2《夏税物帛》，《宋元方志丛刊》，第7627页。

6　高承：《事物纪原》卷1《义仓》，《景印文渊阁四库全书》第920册，第28页。

私自加派更具主导地位。

在讨论宋代田税附加税时，附加税的种类和范围是无法回避的问题。赵雅书对宋代田赋研究较早，他认为："附加税是以正税税额为基数，而以成数或定数附于正税而加征的税法。……附加税的税目，如同杂变赋一样繁难，有时两者几无区别，主要还是附加税是附于正税之上而已。"[1] 故将义仓税、和买、进际税、牛革钱、头子钱、加耗等列入附加税。王曾瑜认为宋代两税附加税包括支移、折变、加耗、义仓、各种附加税钱、分钞与合零就整、大斗大斛、斗面斛面、呈样、预借、重催、畸税漏催和其他加税共计十三种之多。[2] 漆侠在讨论宋代田赋时没有用田税附加税这一概念，而是将折变、加耗、义仓以及和买、布估钱等都作为增加田赋的手段，但也谈及"杂钱"。[3] 汪圣铎指出宋代两税附加税主要是唐五代沿袭下来的"杂钱"，后来又新创了很多附加在田赋上的杂钱，如钞旁定帖钱等。[4] 黄纯艳也是在沿袭五代沿纳到宋代杂钱的语境中定义两税附加税，重点指出加耗和斛面、头子钱和水脚钱、义仓米等。[5] 田晓忠《宋代田赋制度研究》中专列"宋代田赋附加税问题"一章，是这一领域最新、最重要的成果。在总结前人的基础上，他将田赋附加税分为直接附加税、间接附加税和其他重要附加税三种。其中，直接附加税包括加耗、斛面与大斗、畸零、头子钱、水脚钱、义仓米等；间接附加税指折变和支移；其他附加税则包括和籴（科籴）、和预买和折帛钱、役钱等。[6]

从上述对宋代田税附加税的认识来看，可以分为三种语境。第一种是赵雅书，他强调附加税应该是以正税税额为基数，而以成数

1　赵雅书：《宋代的田赋制度与田赋收入状况》，第 126 页。
2　王曾瑜《宋朝的两税》，《文史》第 14 辑。
3　漆侠：《宋代经济史》，第 406~410 页。
4　汪圣铎：《两宋财政史》，第 196~197 页。
5　黄纯艳：《宋代财政史》，第 420~428 页。
6　田晓忠：《宋代田赋制度研究》，第 67~135 页。

或定数附于正税而加征的税法。附于正税之上是附加税的主要特征。第二种以漆侠、汪圣铎和黄纯艳为代表，主要还是沿着唐五代杂税演进的"沿征钱物"和"杂钱"制度脉络。第三种以王曾瑜和田晓忠为代表，除"沿征钱物"和"杂钱"外，将支移、折变和其他各种附加到田地的钱额都列入田税附加税中。问题的焦点有二：一是附加税与杂变之赋的区别；二是杂变之赋以外诸如支移、折变等是否也属于田税附加税。

　　首先，附加税与杂变之赋是否存在区别？赵雅书在其《宋代的田赋制度与田赋收入状况》中将附加税和杂变之赋分开。他认为杂变之赋"即杂税，亦即间接税，范围很广，名目繁多，除牛革蚕盐之属外，矿税、商税、营业税都包括在内"。[1] 继之进一步解释称："其（杂变之赋）对于正税来说，有两种意义：第一是沿袭……由于财政收入关系，不能免除，仍得沿用，此种税无一定税则，无确定税额。时而增加，时而减少，征收没有定制。第二种是增设。北宋中期以后，西、北两边外患日亟，军用浩繁；南宋以后，疆土大蹙，而度支不减，所以'正税外科数繁重'，为应付实际需要，杂变赋名目繁多，不可胜数。"[2] 故将农器税、支移脚钱、折变、收撮课子、经总制钱、月椿钱、板账钱和预借等都列入杂变之赋。对比赵先生前述附加税，即义仓税、和买、进际税、牛革钱、头子钱、加耗等名目，笔者认为折变、经总制钱、月椿钱、板账钱和预借等也都是以正税税额为基数，除折变外，其余以成数或定数附于正税而加征，按此逻辑都应该属于附加税。而赵先生所列附加税中，牛革税本身就属于杂变之赋，《宋史·食货志》中云："曰杂变之赋，牛革、蚕盐之类，随其所出，变而输之是也。"[3] 而前述陈靖《上真宗论江南二税外沿征钱物》中所列十四件杂钱中，按赵先生的分类，加

1　赵雅书：《宋代的田赋制度与田赋收入状况》，第 99 页。
2　赵雅书：《宋代的田赋制度与田赋收入状况》，第 113~114 页。
3　《宋史》卷 174《食货上二·赋税》，第 4202 页。

耗丝绵、耗脚、斗面、铺衬芦簾、盐博紬绢、户口盐钱、盐博斛斗、酤酒曲钱属于附加税，而米面脚钱、甲料丝则为杂变之赋，而陈靖上书明确为"上真宗论江南二税外沿征钱物"，可见上述杂税都属于沿征，即杂变之赋范畴。故笔者认为附加税与杂变赋本身就"几无区别"。

其次，支移、折变能否作为田税附加税？漆侠、汪圣铎和黄纯艳等学者都没有将支移、折变列入田税附加税。漆侠认为折变是政府玩弄的手段，支移亦然，宋徽宗时不再支移，改为征收地里脚钱。[1]汪圣铎也将折变看作宋朝官府变通性的办法，是增加税额的手段。支移派生出各种名目的脚钱，有些脚钱重又归入田赋，从而增加田赋附加税性质的杂税种类和数额。[2]黄纯艳认为支移和折变是宋代两税征收中的两项措施。[3]可见上述学者都未将其看作独立附加税，而是一种征收手段、方法和措施。笔者认为，它更准确的定义应是一种财政手段、方法或措施，与税收有明显差别。仅以支移为例，《宋史·食货志》称："其输有常处，而以有余补不足，则移此输彼，移近输远，谓之'支移'。"[4]《庆元条法事类》亦云："其支移非急切及军期，而人户愿纳支移物价、脚钱者，听。"[5]此处需注意支移与支移物价、脚钱的区别，支移属于财政方式，若亲身任役则可以不用纳钱，不支移者可用脚钱或其他形式代替。王曾瑜虽然认为支移属于田税附加税，但也论述脚钱、三七耗属于支移转变后形成的附加税。[6]田晓忠虽然将支移列入间接附加税，但也认为其本身并不是二税田赋附加税，具体征税过程中官府上下其手，事

1　漆侠：《宋代经济史》，第406、419页。

2　汪圣铎：《两宋财政史》，第203页。

3　黄纯艳：《宋代财政史》，第403页。

4　《宋史》卷174《食货上二·赋税》，第4203页。

5　谢深甫监修《庆元条法事类》卷48《支移折变》，北京：燕京大学图书馆，1948年影印本，第21页。

6　王曾瑜：《宋朝的两税》，《文史》第14辑。

实上起到增征效果，它转化为脚钱就变成了直接附加税。[1] 这里需强调的是，起到田赋增征效果并不一定是税。只有税名、税额恒定才可称为税。中唐以后，两税法财政三分，中央制税权削弱，只能通过增加税额、改变征税物品种类、调整物估来增加财政收入，但都不是增加新税种来增加财政收入。支移、折变都属于此类形式，直到转化敛财方式，形成固定的脚钱或折帛钱，才最终确立新税种。故笔者认为，宋代田税附加税还是以"沿征钱物""杂钱"为主，有些财政性措施虽然增加了田赋税额，但它并非属于田税附加税。正鉴于此，下面对宋代田税附加税的细节梳理依然遵循唐五代田税附加税的主体脉络，讨论宋代"杂变之赋"以及"杂钱"。

三　宋代"杂变之赋"的形成

所谓"杂变之赋"，又称"沿纳""沿征"，亦称杂钱。《续资治通鉴长编》云："自唐以来，民计田输赋外，增取他物，复折为赋，所谓杂变之赋者也，亦谓之沿纳。而名品烦细，其类不一，官司岁附帐籍，并缘侵扰，民以为患。"[2] 可见，"杂变之赋"属于随田增赋的杂税，也是本书意义上的田税附加税，它在唐代就已经出现。前面已探讨唐宋之际田税附加税的累加过程，宋代"杂变之赋"正是在此基础上形成的。不过，"杂变之赋"形成的内在逻辑绝非如此简单，税制运行与财政需求的双重拉动才是其形成的深层原因。

（一）杂随正纳的结果

就其性质来说，田税附加税是一种特殊的杂税。杂税产生有诸多途径。如果按照其征税对象与主体税种征税对象的关联来划分，

1　田晓忠：《宋代田赋制度研究》，第78~80页。
2　《续资治通鉴长编》卷113，明道二年十月壬戌，第2642页。

可以将杂税分成与主体税种征税对象趋同的附着型杂税和独立于主体税种之外的独立型杂税。像来自税物运输和储藏环节的杂税、部分主体税种细化产生的杂税以及由税率环节产生的杂税，都具有附着型特征。因此，与主体税种征税对象趋同，附着于主体税种之后进行征收是杂税固有属性之一。从宋代杂变之赋的内容来看，有些税种本身就来自附着型杂税。如前述陈靖所列十四种杂税："曰盐博䌷绢、加耗丝绵、户口盐钱、耗脚、斗面、盐博斛斗、酝酒曲钱、率分纸笔钱、析生望户钱、甲料丝、盐博绵、公用钱米、铺衬芦簟、米面脚钱等，凡一十四件，悉与诸路不同。"[1] 加耗丝绵、耗脚、斗面、率分纸笔钱、铺衬芦簟、米面脚钱等六项都来自附着于主税税物的运输和储藏环节，具体性质为脚钱、加耗、仓窖税以及后来形成的仓司办公费。[2] 张方平《论免役钱札子》中也指出："自古田税，谷帛而已。今二税之外，诸色沿纳，其目曰陪钱、地钱、食盐钱、牛皮钱、蒿钱、鞋钱，如此杂料之类，大约出于五代之季，急征横敛，因而着籍，遂以为常。"[3] 文中地钱和蒿钱原来也是附着于田税上的杂税税种。故一些杂税本身就具有"计田输赋"的特征，这是田税附加税存在的根源，亦为"杂变之赋"形成的基础。

以上从静态角度观察，能够窥见那些与田税征税对象趋同的杂税在生成之际就带有"杂变之赋"的属性。然而，与田税征税对象相异的杂税又是如何进入"杂变之赋"行列的呢？这恐怕需要从杂税的动态发展来寻找原因。

由于杂税在中国古代社会一直被视为"仁政"的对立因素，所

1　《宋朝诸臣奏议》卷104《财赋门·税赋上》，第1111页。

2　前文提及后唐天成元年，"人户送纳之时，如有使官布袋者，每一布袋，使百姓纳钱八文，内五文与擎布袋人，余三文，即与仓司充吃食、铺衬、纸笔、盘缠，若是人户出布袋，只令纳三文与仓司"（《五代会要》卷27《仓》）。这也属于附着性杂税。

3　张方平：《乐全集》卷25《论免役钱札子》，《景印文渊阁四库全书》第1104册，第262页。

以不论中央朝廷明加还是地方官府暗派，都试图使其以合理或合法的面目出现。即使一时因财政危机或军事急迫创征杂税，也会逐渐使其趋于合法和合理。这造成了杂税的发展趋势为凝集和被包容，即凝集和被包容在某一种或几种既具有合法性，又具有合理性的税种之中，即所谓的杂随正纳。"杂变之赋"由原来田赋的附着型杂税不断凝聚其他独立型杂税，即与上述情况相关。

唐前期杂税中，中央承认的杂税只有税物运输和储藏过程中的诸杂税、户税和个别商品税，其他都属于地方的私征杂税。对中央杂税而言，合法性自然具备，关键是否合理。唐前期国家正税是租庸调，它名税地实税丁，确切地说是人头税。在中国古代税收征管能力比较弱的情况下，人头税具有简便、易操控的优点。尽管人人平等，貌似公平，但它违背了能力平等原则，即让能力不同的人纳同样的税。因此，税丁形式的租庸调尽管自身附着众多杂税，但由于其缺乏内在的合理性，故无法凝聚其他杂税。相比之下，"据资产差率"[1]的户税和按土地数量征收的地税符合能力原则，并且无论王公还是平民百姓、不计主户和客户都必须纳税，具有普遍公平性。所以，户税和地税都存在吸引和包容其他杂税的合理性因素。然而，唐前期实际起凝聚其他杂税作用的为户税而非地税。[2]这是因为此时地税虽然履亩而征，体现出土地数量多少的差别，但一律亩税二升，土地本身质量的好坏没有进行区别。同时，国家掌握土地数量根据户籍，而地方实际征税则依据基层具体佃种的青苗簿，这种管理断层现象也使其公平性降低。另外若从税收学上分析，唐前期户税比地税更能凝聚诸多杂税，还有以下原因。其一，户税本身就是杂税，税率没有明确规定，它是在不断包容其他杂税的过程中发展而来；地税一开始就类似正税，各地税率固定，不能随便更改，

1　《唐会要》卷85《定户等第》，第1558页。

2　李锦绣在研究中揭示了户税凝聚众多杂税的特征。见氏著《唐代财政史稿》上卷，第469~476页。

只能使用其他名目加征。其二，户税由辅助税种向主体税种上升，存在税制整合的契机，进而实现了对众多杂税的包容。故户税实际担当起凝聚其他杂税的任务。正因为户税对其他杂税具有凝聚性，而且又是中央为满足地方馆驿、军队和官员俸料等财政需要授权地方征税的税种，故唐前期很多杂税都是以户税形式征收。如吐鲁番文书记载，庭州金满县对往来丝绸之路的胡商所带商品和财产就是通过户税征税。[1] 天宝十载（751），河南尹裴迥"请税本府户钱，自龙门东山抵天津桥东，造石堰以御水势"。[2] 大谷文书四九〇六号也记载了西州地方政府征收"户收草夫价钱并粮"的例子。[3] 可见地方征杂税多借用户税合法性的外衣，这也使唐前期户税凝聚了地方多种杂税。

安史之乱以后，版籍混乱，户税成为地方征税的主要方式，藩镇为供军需增加杂税更是以户税形式出现，户税凝聚各种杂税的功能更为凸显。两税法实行以后，杂税再起，中央政府希图重新用户税包容新生杂税的目的也比较明显。如文宗大和四年，对西川的茄子、姜芋之类的青苗杂税，就命令依照"省税名目，一切勒停，尽依诸处为两限，有青苗约立等第，颁给户帖"。[4] 此杂税被归入"约立等第"的户税中。榷酒钱也被要求随两税、青苗钱"据贯均率"。[5] 然而，唐后期户口流动加速，资产变化频繁，地方在分权体制下并未按中央要求三年一定立户等，这导致户税走向萎缩，其自身的合理性因素也不断降低。此时也出现了丁税。不过前已谈到，人头税缺乏税制的合理性成分，无法成为杂税凝聚的对象。因此，唐后期在户税失去活力，丁税又无法凝聚杂税的情况下，地税承担起这一职责。相比之下，土地属于不动产，尽管此时对土地质量划分还不

1　沙知：《跋开元十六年庭州金满县牒》，中国敦煌吐鲁番学会编《敦煌吐鲁番学研究论文集》，上海：汉语大词典出版社，1990，第 187~195 页。

2　《唐会要》卷 86《桥梁》，第 1578 页。

3　池田温：《中国古代籍帐研究》，录文与插图部分，第 297 页。

4　《册府元龟》卷 488《邦计部·赋税二》，第 5837 页。

5　《唐会要》卷 88《榷酤》，第 1607 页。

明确，但地方能够掌控土地，并根据土地亩数征税，因而地税实际成为两税法实行以后杂税凝结的税种。如榷酒钱虽要求随两税、青苗钱"据贯均率"，但具体则是随土地征收，如同州榷酒钱与地头钱每亩 21 文。[1]户税与地税在凝聚杂税上的角色转化导致唐后期随田杂税的扩大。五代十国以降，田税成为正税主要税种。杂税若想取得合法地位，与正税趋同，田税是唯一可附加的对象，因此，出现了田税附加税的不断累加，最终形成名品烦细、其类不一的杂变之赋。宋初基本沿袭了唐五代田税的制度模式，对附着杂税也继承已有形式。

（二）满足财政平衡的要求

税收是国家财政收入的主要形式，而主体税种又是国家收入的大宗。不过，主体税种在发展过程中存在相对收益递减的问题。这一方面是由于纳税人对主体税种的规避造成了税收流失。虽然辅助税种也存在税收规避现象，但因其税额较小，规避成本大，得不偿失，所以并不普遍。对主体税种的规避主要有偷税、避税、逃税和欠税，其结果都会造成主体税种征税收益的相对递减。另一方面也与中央政府为维持政权的合法性而不断推出的减负政策相关。由于主体税种是国家法律明文规定的正税，税率一旦确定，便无法随意更改，而在薄赋敛原则下，国家为减轻农民负担必然会逐步推行对农民的减负政策，这也造成了主体税种收入锐减的局面。相比而言，辅助税种由于税额较小，规避也少，而税制规定缺乏刚性，也便于加税，因而在国家财政中的地位不断上升。当辅助税种达到一定程度时，便成为国家财政不可或缺的部分，甚至取代主体税种的地位。纵观唐宋时期杂变之赋的发展演变，上述财政方面的此消彼长亦是重要推动因素。

---

1 《元稹集》卷 38《同州奏均田状》，第 436 页。

　　两税法实行以后，随着户税和地税成为主体税种，对其规避的现象也随之加剧。由于税法中有"其鳏寡茕独不支济者，准制放免"[1]的规定，因此，一些纳税户冒充不支济者避税。如李方玄在池州，"复定户税，得与豪猾沉浮者，凡七千户，衷入贫弱，不加其赋"。[2]偷税现象也十分普遍，《新唐书》揭示："时豪民侵噬产业不移户，州县不敢徭役，而征税皆出下贫。"[3]元稹在同州也发现，"豪富兼并，广占阡陌，十分田地才税二三"。[4]此外，逃往他乡躲避赋税，致使本地税收虚挂的现象也很突出。吕温在元和六年正月任衡州刺史时："当州旧额户一万八千四百七，除贫穷死绝老幼单孤不支济等外，堪差科户八千二百五十七。臣到后，团定户税，次检责出所由隐藏不输税户一万六千七。"[5]同州由于夏阳、韩城两县残破，遂将逃户欠税"钱六百七十九贯九百二十一文，斛斗三千一百五十二硕一斗三升三合，草九千九束"[6]，摊配到朝邑、澄城、郃阳三县。对纳税户的偷逃税，地方或者按百姓原税额，"虚额征率"，[7]或者在百姓和各县之间摊派，但这都会导致新的逃税。故在主体税种收入递减的情况下，各地纷纷增加杂税。传统脚钱虽并入两税，但被重新加征，仓窖税、加耗也不断突破法定税额。不仅如此，还创征了新的杂税。如四川地区的茄子、姜芋之类的青苗杂税，每亩达到七八百文。韦处厚指出："臣曾为外州刺史，备谙此事。自兵兴以来，垂二十载。百姓粗能支济，免至流离者，实赖所存浮户相倚，两税得充，纵遇水旱虫霜，亦得相全相补，若搜索悉尽，立至流亡。"[8]文中反映出对客户存在征税现象，虽然具体征税方式不详，但肯定属

1 《唐会要》卷 83《租税上》，第 1535 页。
2 《樊川文集》卷 8《唐故处州刺史李君墓志铭》，第 131 页。
3 《新唐书》卷 52《食货二》，第 1361 页。
4 《元稹集》卷 38《同州奏均田状》，第 435 页。
5 《唐会要》卷 85《定户等第》，第 1558 页。
6 《元稹集》卷 39《论当州朝邑等三县代纳夏阳韩城两县率钱状》，第 438 页。
7 《元稹集》卷 38《同州奏均田状》，第 435 页。
8 《册府元龟》卷 493《邦计部·山泽一》，第 5901 页。

于法外增科，它是地方财政得以维持的保证。至宋代，杂变之赋在国家和地方财政中的地位更加重要。张方平举应天府的例子："畿内七县，共主客六万七千有余户，夏秋米麦十五万二千有零石，绢四万七百有零匹，此乃田亩桑功之自出，是谓正税，外有沿纳诸色名目杂钱十一万三千有零贯。"[1]《嘉定镇江志》中保留了北宋《祥符图经》的赋税记录，仅以夏税中的正税和杂钱进行比较，镇江四县夏税绢二千六百四十二匹，罗一千匹，丝二千七十九两，绸一千四百三十九匹，绵六万三千三百五十六两，钱一千六百一十贯，大小麦各七千一百二十二石。而杂钱盐钱八千一百一贯，盐绢三千五百五十四匹，盐脚钱一十七贯七百。[2]可以看出，杂税绢是正税绢的1.35倍，杂税钱为正税钱的5倍。尽管正税中还有其他项目，但也能窥见杂税数额之不菲。

在征税额度上，杂税和正税肯定悬殊，但需注意的是，杂税不受中央减负政策影响。唐后期在分权体制下中央对地方税制的规制相当有限，主要是对省估和钱货兼行制度的维护，这大大降低了实际正税税额。但此制度并没有适用于杂税，通常杂税实行现钱、实物或另一种估法，这在宋代杂变之赋中体现得更为明显。如徽州地税："自为唐陶雅将歙县、积溪、休宁、祁门、黟县田园分作三等，增起税额，上等每亩至税钱二百文，苗米二斗二升。"但在实际输纳过程中，"却将䌷绢绵布虚增高价，纽折税钱，谓之元估八折"。[3]笔者估计，绢每匹能高估到二贯五百文左右，这样上等田税钱二百文却仅"为夏税䌷四寸，绢一尺三寸，布一尺，绵三钱"，[4]而杂税上等田虽七十九文，却执行了"绢折钱七百七十，䌷折钱七百三十一，布折钱三百五十，绵每两正耗折钱六十二文五分"的

1　《乐全集》卷26《论率钱募役事》，《景印文渊阁四库全书》第1104册，第276~277页。
2　卢宪纂、史弥坚修《嘉定镇江志》卷5《夏税》，《宋元方志丛刊》，第2350页。
3　《宋会要辑稿》食货七〇之三五《赋役杂录》，第6388页。
4　《新安志》卷2《税则》，《宋元方志丛刊》，第7624页。

估价，所以折变为"绢四尺三寸，绵四钱五分，麦一升二合"，[1] 折变后，七十九文折变物大约是二百文折变物的 2~3 倍，足见杂变之赋在国家税收中的地位。正因为杂变之赋已经成为宋代国家财政收入不可或缺的重要组成部分，故尽管朝代鼎革，杂税也带有苛政性质，但它还是被保留下来。

四　宋代"杂变之赋"的演变

在中国古代农业社会里，田税以及与之相关的丁税、户税一直是国家主体税种，故又被称为正税。杂税是相对于正税而言的，它不像正税那样税种单一，税率固定。作为正税的补充，杂税被不断累积推出，故它经常笼统地指向多个独立税种。宋初曾对五代十国时期所留下的杂税进行整顿，并将其以"杂变之赋"的名称确定下来。

（一）多税种联合体形态下的杂变之赋

宋初杂税之所以被称为"杂变之赋"，是因为各项杂税的征税对象都转向田亩，变成了事实上的田税附加税。正如前述《续资治通鉴长编》所言："自唐以来，民计田输赋外，增取他物，复折为赋，所谓杂变之赋者也，亦谓之沿纳。"[2]《宋史·食货志》中也进行了解释："曰杂变之赋，牛革、蚕盐之类，随其所出，变而输之是也。"[3] 此处"变而输之"，就是把其他征税对象的杂税都改为通过田亩征收。这里不妨以文中的牛革、蚕盐为例说明这个问题。因为牛革可以用于制造军器，所以五代时期官府禁止民间买卖，实行垄断收购，并规定了严厉的处罚措施，随后开始规定各地区缴纳牛皮的

---

1 《新安志》卷 2《税则》，《宋元方志丛刊》，第 7626、7624 页。
2 《续资治通鉴长编》卷 113，明道二年十月壬戌，第 2642 页。
3 《宋史》卷 174《食货上二·赋税》，第 4202 页。

数量。垄断收购本身并不是杂税，然而规定各地区纳牛皮的数量便有了杂税性质，但征税对象还笼统为各州县。至后周广顺二年，牛皮转向田亩摊征。[1] 宋初沿袭了在田亩上征纳牛革的形式，并进一步形成牛皮钱。如《渑水燕谈录》载："国初令民田七顷纳牛皮一张、角一对、筋四两，建隆中，令供纳价钱一贯五百文，税额中牛皮钱是也。"[2] 与牛革情况类似，蚕盐钱也源自五代。农户养蚕时，为了使蚕茧增加抗病能力，通常用盐腌蚕茧。这部分盐官府每年二月先赊给农民，然后在交夏税时通过上交蚕盐钱一并偿还。由于蚕盐为每年固定需要的物资，于是官府将各户所需蚕盐确定下来。初始时官府还只是按户征收，后来便改为强制在各户田亩上征收。蚕盐钱具有官民交易性质，从这一层面上说不是税，但若官府不向农户派发蚕盐，农户仍要缴纳全部或部分蚕盐钱，那蚕盐钱就具有杂税性质。至宋代立国，蚕盐钱随田亩征收的形式也被保存下来。由此可见，宋代杂变之赋的征税对象已经趋同，都转到田亩上来，变成了随田杂税，或者说是田税附加税。

尽管宋初"杂变之赋"以田税附加税形式出现，但其本质上仍未形成单一性质杂税，无论是税种、税额，还是税率、税物形态都各自独立，整体上仍然处于多税种联合体状态。"名品烦细，其类不一"是其突出特征，表现在以下两方面。

首先，宋初杂变之赋的税种丛杂。陈靖给宋真宗关于江南杂变之赋的上书中称："且江南伪命日，于夏税、正税外，有沿征钱物，曰盐博䌷绢、加耗丝绵、户口盐钱、耗脚、斗面、盐博斛斗、酝酒曲钱、率分纸笔钱、析生望户钱、甲料丝、盐博绵、公用钱米、铺衬芦簟、米面脚钱等，凡一十四件，悉与诸路不同……因仍旧贯，以至于今。"[3] 文中所列十四种附加税都是南唐所留，通过不同渠道累

---

1 《旧五代史》卷112《周书三・太祖纪三》，第1468页。
2 王辟之：《渑水燕谈录》卷5《官制》，吕友仁点校，北京：中华书局，1981，第60页。
3 《宋朝诸臣奏议》卷104《财赋门・税赋上》，第1111页。

加而成。从其来源上看，大致可以分为三类。第一类是征税物运输和储存环节派生出的附加税，像铺衬芦簾、米面脚钱、耗脚、斗面、加耗丝绵、率分纸笔钱等。第二类由强制交换的博征转变而来，如盐博䌷绢、盐博斛斗、户口盐钱、盐博绵、酝酒曲钱等。第三类来自析户、军需、公用等行政性收费。如析生望户钱、甲料丝、公用钱米等。除此之外，张方平在《论免役钱札子》中也指出北方杂变之赋的繁杂名目："自古田税，谷帛而已。今二税之外，诸色沿纳，其目曰陪钱、地钱、食盐钱、牛皮钱、蒿钱、鞋钱，如此杂料之类，大约出于五代之季，急征横敛，因而着籍，遂以为常。"[1] 可见，尽管上述杂税随田沿纳，变成了田税附加税形式的杂变之赋，但它们仍然保留着原有税种名目，而且具有相对独立性。

其次，宋初杂变之赋中各税种都有单独的税额、税物形态和税率。如北宋《祥符图经》关于润州田赋的记载："夏税绢二千六百四十二匹，罗一千匹，丝二千七十九两，绸一千四百三十九匹，绵六万三千三百五十六两，钱一千六百一十贯，大小麦各七千一百二十二石，盐钱八千一百一贯，盐绢三千五百五十四匹，盐脚钱一十七贯七百。秋税粳米五万二千二百七十三石，糯米五千九百九十二石，大豆五千八百五十三石，盐米二万四百九十六石，芦簾五万一千六百六十领，税布六千三十八匹，折科布一千一百一十三匹。"[2] 上述盐钱、盐绢、盐脚钱、盐米和芦簾都有自己单独的税额。至少在宋真宗时期它们都被分别计税，独立征收，且征税物品形态各异，如钱、绢、布、米，甚至还有竹席。此外，杂变之赋中各税种也有单独税率。润州丹阳县："下等之田则夏无绵，秋有米四升五合，地则夏无丝绵、大小麦也。不及等者田则夏税无几，秋米一升，地则夏税绢一分，盐钱一文。"[3] 不及等者田秋税

---

1 《乐全集》卷 25《论免役钱札子》，《景印文渊阁四库全书》第 1104 册，第 262 页。

2 《嘉定镇江志》卷 5《夏税秋税》，《宋元方志丛刊》，第 2350~2351 页。

3 《至顺镇江志》卷 6《赋税》，《宋元方志丛刊》，第 2698 页。

保留盐钱一文税率，可知润州丹阳田赋附加税曾经有单独的税率。而与其相隔较近的徽州，也留下了杂变之赋具体税率的记载："（上田园每亩）见钱五十五，盐钱十二，脚钱十二。"[1]

宋初，曾尝试对五代北方部分田税附加税进行整顿。前述《渑水燕谈录》中透露出，牛皮税在建隆中期由随田实物转向纳钱。[2] 对于公用钱，北宋政府也想加以厘革，李心传称："盖祖宗时，以前代牧伯皆敛于民，以佐厨传，是以制公使钱以给其费，惧及民也。然正赐钱不多，而着令许收遗利，以此州郡得以自恣。"[3] 可知受财政能力限制，北宋初并未消弭公用钱。与其类似，析生望户钱也被保留着。宋仁宗天圣七年（1029），贝州"民之析居者，例皆加税，谓之罚税，惟其家长得免。清河、清阳、历亭三县，户罚丝五分、盐五升、钱五十，武城县复增钱五十，漳南县又增蜀黍八升，而他州悉无此例，请除之"。[4]

从上述内容来看，北宋仁宗初年以前诸田税附加税尽管多数依据土地沿征，但还未形成统一的杂变之赋。梁太济曾肯定周藤吉之"宋朝五赋"来自仁宗、英宗《两朝国史·食货志》之说，但批评其将之与太祖、太宗、真宗《三朝国史·食货志》关联起来的观点。[5] 如果从"杂变之赋"的情况来看，这种认识无疑正确。仁宗朝以前杂税还是"名品烦细，其类不一"，[6]确切地说，它还处于多税种联合体阶段。不过，杂变之赋与通常意义上杂税的区别在于，它是田税附加税性质的杂税，也就是说，杂变之赋各税种在征税对象上都已统一到田亩上，这为它向单一税种演变准备了条件。

1　《新安志》卷2《税则》，《宋元方志丛刊》，第7624页。

2　《渑水燕谈录》卷5《官制》，第60页。

3　李心传：《建炎以来朝野杂记》甲集卷17《公使库》，徐规点校，北京：中华书局，2000，第394页。

4　《续资治通鉴长编》卷107，天圣七年四月乙酉，第2507页。

5　梁太濟「宋代兩稅及其與唐代兩稅的異同」『中国史学』第1巻、中国史学会、1991年10月。

6　《续资治通鉴长编》卷113，明道二年冬十月壬戌，第2642页。

（二）由"杂变之赋"到"杂钱"：杂变之赋向单一税种演变

宋初杂变之赋的多税种联合状态，使其在实际运行中暴露出许多弊端。税种众多必然导致帐籍繁杂，增加管理难度；同时，税种过多也让基层官吏得以出入为奸，增加百姓负担。鉴于此，宋仁宗和宋神宗时期先后对杂变之赋进行了改革。

宋仁宗对杂变之赋的改革发生在明道二年（1033）。史称："自唐以来，民计田输赋外，增取他物，复折为赋，所谓杂变之赋者也，亦谓之沿纳。而名品烦细，其类不一，官司岁附帐籍，并缘侵扰，民以为患。帝躬耕籍田，因诏三司沿纳物以类并合。于是，三司请悉除诸名品，并为一物，夏秋岁入，第分粗细二色。百姓便之。"[1]仁宗改革的目的是想简化杂变之赋名目繁杂状态，把其中征税物品相同的税种统一起来。对此，时任三司使的程琳解释得更为清晰：

> 先是，三司并合田赋沿纳诸名品为一物，琳谓："借使牛皮、食盐、地钱合为一，谷、麦、黍、豆合为一，易于勾校可也。然后世有兴利之臣，复用旧名增之，是重困民无已时也。"[2]

按程琳的说法，仁宗改革的内容是将纳钱的杂变之赋合并为一类，纳谷物的另外合为一类，其结果是使原有税种繁杂的杂变之赋按征税物品形态合并为几大类。虽然此项措施尚未使杂变之赋中的各税种合并为一物，但其内容已被大大简化。但需指明的是，尽管杂变之赋的种类得到削减，但将田税和杂变之赋综合起来考察会发现，税制中依然存在征税物品重合的问题。如杂变之赋中的钱合为

---

1 《续资治通鉴长编》卷113，明道二年十月壬戌，第2642页。
2 《续资治通鉴长编》卷114，景祐二年五月乙丑，第2675页。

一类，但田税中也有纳钱这一色，绢类和米类也存在同样的问题。因此，要简化税制，就必须使相同税物完全合并。宋神宗时期的王安石变法即解决了这一问题。

王安石在熙宁五年（1072）重修方田均税法，"夏税并作三色：绢、小麦、杂钱；秋税并作两色，白米、杂钱"。[1]这次改革是将田税和杂变之赋，按夏秋税税物类别进行完全合并。其操作过程，可以从真宗大中祥符时期和南宋嘉定时期润州（嘉定时为镇江府）夏税对比中窥见端倪。尽管北宋大中祥符与南宋嘉定时期相隔近200年，但税额变化并不大，故可以对其进行大致比较。以润州的丹徒县为例，具体情况见表2-1。

表2-1 润州丹徒县北宋和南宋二税情况

润州丹徒二税情况	北宋大中祥符时期	南宋嘉定时期
夏税绢	859 匹	2180 匹（现 1350）
罗	387 匹	436 匹
丝		5249 两
绸	214 匹	
绵	18217 两	22653 两
钱	503 贯	
大麦	1779 石	3434 石
小麦	1779 石	3243 石
盐钱	1589 贯	
盐绢	951 匹	
盐脚钱	4.7 贯	
盐见脚钱		2598 贯

资料来源：卢宪纂，史弥坚修《嘉定镇江志》卷5《常赋》，《宋元方志丛刊》，第2350~2352页。

---

1 《宋会要辑稿》食货四之七，第4849页。

从表 2-1 内税收类别来看，北宋大中祥符时期为 10 项，南宋嘉定时期为 7 项，特别是夏税钱、盐钱和盐脚钱被盐见脚钱代替。可以推知，这与熙宁五年的改革不无关系。就税额来说，夏税绢与盐绢之和 1810 匹接近南宋嘉定时 2180 匹的数量，夏税钱、盐钱和盐脚钱之和 2096.7 贯与盐见脚钱 2598 贯趋近。由此可见，神宗熙宁时期将夏税并作三色，即绢、小麦、杂钱。其具体做法是，将杂变之赋中的绢并入正税，因正税钱额早以折变为绢，尚存钱额也是后来加入的，故将正税中零星钱数与杂变之赋中钱额并为杂钱。同样，秋税也是将杂变之赋中的米与正税米合并。熙宁五年税物合并改革的印迹也可以在徽州被看到。南宋徽州《新安志》中记有三色杂钱："杂钱凡三色，皆起于五代割据时……每税钱一贯者辄存此三色，为钱三贯九百五十，总名曰杂钱。别而言之，则曰盐钱、曲钱、脚钱，亦曰盐钱、脚钱、见钱，凡为钱五万缗有奇。"[1]徽州属于江南地区，此时相较于陈靖谈到十四种江南杂变之赋的宋真宗朝，许多像盐博䌷绢、加耗丝绵、盐博绵、甲料丝等杂变之赋名目在徽州都不存在了。其具体去向，除国家蠲免以外，笔者推测当与润州杂变之赋合并路径相同。

杂变之赋经过仁宗和神宗两朝改革，其税制结构和税种组成发生了重大变化。首先，原来杂变之赋不仅税钱，亦税绢、税米，正所谓"名品烦细，其类不一"。然而熙宁改革后，杂变之赋经常被直呼为杂钱。如哲宗元祐时韩琦上疏就称："更有农具、牛皮、盐曲、鞋钱之类，凡十余目，谓之杂钱。"[2]苏辙也认为："故自熙宁以前，民间两税皆用米麦布帛，虽有沿纳诸色杂钱，然皆以谷帛折纳，盖未尝纳钱也。"[3]李复在《上户部范侍郎书》中亦云："今之役钱，乃向之差役。旧税沿纳钱内有盐、鞋、麻、布、牛皮等钱十余

---

1 《新安志》卷 2《杂钱》，《宋元方志丛刊》，第 7626 页。

2 《宋史》卷 176《食货上四·常平》，第 4284 页。

3 《续资治通鉴长编》卷 377，元祐元年五月乙丑，第 9165 页。

色，昨因方田，尽隐其名，并只称杂钱。"[1]杂钱称谓的出现透露出以往多税种联合性质的杂税已经剔除掉非税钱类杂税，余下的杂税在征税物品形态上走向了统一。

杂钱不仅仅使以往诸类杂变之赋有了一个统一的称谓，隐去那些繁杂的税种名目，更重要的是还促使它们向单一税种转化。多税种联合体和单一税种的区别在于征税对象、征税额度、征税物品和税率的差异。从宋初杂变之赋到王安石变法后的杂钱这一演进过程中能够看到，上述差异在逐渐弥合。前文曾谈到，宋初杂变之赋已经在征税对象上获得了统一，宋仁宗明道二年改革让杂变之赋按征税物品形成类别，使征税额度和征税物品的差异缩小；王安石熙宁五年改革则使杂变之赋形成了单一的征税物品和征税额度。如果王安石变法后的杂钱在具体征收中能够进一步脱离原来多重税率，化为单一税率，那么，杂钱就无疑成为单一税种了。在这方面，徽州的三色杂钱给予了佐证。在徽州税则中，"上田园每亩税钱二百，为夏税绸四寸，绢一尺三寸，布一尺，绵三钱；见钱五十五，盐钱十二，脚钱十二，此三色杂钱者，又折变为绢四尺三寸，绵四钱五分，麦一升二合"。[2]从上文来看，徽州杂钱虽然还有见钱、盐钱、脚钱的痕迹，但统称三色杂钱说明税钱已经合并。更值得注意的是，三色杂钱作为整体统一折变后，形成了新税率，即绢四尺三寸，绵四钱五分，麦一升二合。这样，杂钱中的原有诸税种征税对象一致、征税物品形态趋同、税额折变后又形成单一固定税率，种种迹象都说明杂钱事实上已经成为一个新的税种。

（三）宋代新附加税的衍生及其与杂变之赋的关联

在中国古代社会，杂税是作为正税补充而存在的。由于正税

1　李复：《潏水集》卷3《上户部范侍郎书》，《景印文渊阁四库全书》第1121册，第21页。

2　《新安志》卷2《税则》，《宋元方志丛刊》，第7624页。

被法制化和规范化，因而其增税空间受到限制。相反杂税则比较灵活，可以实行多税种和多税率。所以，若想在正税之外增加税额，杂税便成为经常的手段。但也正因为如此，杂税经常游离于法律控制之外。非法杂税的增多会导致百姓心目中政权的不合理性和非法性观感加深，这反过来促使古代政府对杂税进行整顿和规范。宋代杂税由多税种联合型的杂变之赋演变为单一税种杂钱，正是这一路径的反映。但宋代杂税被规范进而形成单一税种杂钱后，它的增税空间也受到了限制。当宋代中央或地方财政困窘，需要在正税之外增加税额时，原有杂税显然难以发挥作用，因而新杂税的衍生成为必然。

北宋晚期以及南宋出现的新杂税有些沿用了旧名。南宋孝宗时，江西转运判官赵汝愚上奏言："独有诸县措置月桩钱物，其间名色类多违法，最为一方细民之害。臣试举其大者，则有曰曲引钱、白纳醋钱、卖纸钱、户长甲帖钱、保正牌限钱、折纳牛皮筋角钱，两讼不胜则有罚钱，既胜则令纳欢喜钱，殊名异目，在处非一。"[1]这里需注意的是曲引钱和折纳牛皮筋角钱。宋初杂变之赋曾包括"牛革、蚕盐之类"，陈靖列举江南所留十四种杂变之赋中也有酝酒曲钱，另外，徽州三色杂钱中除脚钱、盐钱外就是曲钱。所以，曲引钱和折纳牛皮筋角钱就是旧名税钱被杂钱统一后，再次出现的新杂税。实际上，宋代一些有识之士已经预感会出现这种情况。如仁宗明道二年改革时，三司使程琳就不无担忧地认为："借使牛皮、食盐、地钱合为一，谷、麦、黍、豆合为一，易于勾校可也。然后世有兴利之臣，复用旧名增之，是重困民无已时也。"[2]沈括在《梦溪笔谈》中夸赞程琳"此亦善虑事也"。[3]

由于杂钱之中毕竟包含了原有杂变之赋的诸多税种和税额，所

1　黄淮、杨士奇编《历代名臣奏议》卷108《仁民》，上海：上海古籍出版社，1989年影印本，第1456页。

2　《续资治通鉴长编》卷114，景祐元年五月乙丑，第2675页。

3　沈括撰，胡道静校注《新校正梦溪笔谈》卷11《官政一》，北京：中华书局，1957，第123页。

以，北宋晚期和南宋新衍生的杂税大都还是以新面目出现，如经总制钱、月桩钱、无额上供钱、版帐钱、籴本钱、和买与折帛绢、淮福衣等。关于经总制钱、月桩钱的来源，《文献通考》中有详细记载：

> 盖自中兴以来，朝廷之经费日夥，则不免于上供之外，别立名色，以取之州郡，如经总制、月桩钱之类是也。州郡之事力有限，则不免于常赋之外，别立名色，以取之百姓，如斛面米、头子钱之类是也。盖其所以倚办，责成于州郡者，以其元有桩留之赋，然有限之桩留不足以给无艺之征取，又其法立于倥偬之时，州郡利源之厚薄，事力之优劣，不能审订斟酌，而一概取之。[1]

从上文可以看出，经总制钱、月桩钱是针对国家财政封留在州县的财赋设计的，包伟民从财政角度分析认为，它们应属于中央与地方之间的财政调拨，与税制无关，[2]实窥见其本质。不过，这里面有一个中央与地方政府的博弈过程。由于中央索取已经远远超出了其预留在地方财赋的数量，所以，这些税额最终还是由州郡取之百姓，从而不可避免地衍化成新的杂税。

以月桩钱为例，宋高宗绍兴二十六年（1156），国子司业王大宝称："窃见江南诸州有月桩钱，而县吏因仍为奸……月桩钱者，科拨不均，名目无定，胥吏缘此以科曲引、催积欠、抑卖官纸、私行赏罚四事为名，刻剥良民，追呼旁午，其弊为甚。"[3]孝宗时，江西转运判官赵汝愚上奏言："独有诸县措置月桩钱物，其间名色类多违法，最为一方细民之害。臣试举其大者，则有曰曲引钱、白纳醋

1　《文献通考》卷24《国用二》，第238页。

2　包伟民：《宋代地方财政史研究》，第141页。

3　李心传：《建炎以来系年要录》卷171，《景印文渊阁四库全书》第327册，第412页。

钱、卖纸钱、户长甲帖钱、保正牌限钱、折纳牛皮筋角钱，两讼不
胜则有罚钱，既胜则令纳欢喜钱，殊名异目，在处非一。"[1] 从上文可
以看出，为转嫁新的科拨，地方政府别立税名。这些税收项目中，
有行政性收费，如抑卖官纸、私行赏罚、户长甲帖钱、保正牌限钱
等；有军需和禁榷形成的税收，如曲引钱、白纳醋钱、折纳牛皮筋
角钱等。故北宋晚期和南宋所增加的财政调度钱额催生地方杂税的
重新兴起，其中已经合并到田税中的附加税又开始复活。前述陈靖
所言江南杂税中有耗脚、斗面。斗面，也称斛面，是指用斛斗量取
税粮时，将斛面的税粮堆高，用以取盈。《文献通考》在谈到地方
转嫁中央税额时就列举了斛面米，这种做法在南宋时已经成为地方
法外科敛的主要手段，并且成为常赋。[2] 耗脚在宋前期是被蠲除还是
并入正税不得而知，但在北宋晚期有明显增加的迹象，如徽宗宣和
三年（1121），江东路已经"输苗米一石者，率皆纳一石八斗"。[3] 这
些都进一步说明，宋代新杂税和附加税与已经并入正额且被固化的
杂变之赋有着天然的联系。

　　尽管有些新杂税使用了新的名目，但产生机理却与原杂变之
赋中的附加税相似。籴本钱、和买与折帛绢、准福衣等即是这类杂
税。如和买绢，始于太宗太平兴国七年（982），原为官府以库钱贷
给民户，至夏秋冬以绢入官充抵，这具有"共利"性质。正如大中
祥符时期河北转运使李士衡所言："请预给帛钱，俾及时输送，则
民获利而官亦足用。"[4] 然而，最初"共利"交换性质逐渐转化为租
税。《文献通考》载："折帛、和买非古也，国初二税输钱米而已，
咸平三年始令州军以税钱物力科折帛绢，而于夏科输之，此夏税折
帛之所从始也。大中祥符九年，内帑发下三司，预市䌷绢，时青齐

1　《历代名臣奏议》卷108《仁民》，第1456页。

2　包伟民：《宋代地方财政史研究》，第171~174页。

3　《宋会要辑稿》食货七〇之二六，第6383页。

4　《宋史》卷175《食货上三·布帛》，第4232页。

间绢匹直八百，绅六百，官给钱率增二百，民甚便之，自后稍行之四方。宝元后，改给盐七分，钱三分。崇宁三年钞法既变，盐不复支，三分本钱亦无。"[1] 和买绢在大中祥符时官府以增价二百的方式和买，故"民甚便之"，但到徽宗崇宁以后，和买不付价值，变成了抑配，进而形成了新杂税。和买绢的转变历程并非特例，它与晚唐、五代时期的博征如出一辙。北宋薛季宣言："唐晚有博征之科，以盐与民易帛，今盐绢故在也。县官以复催盐、万户之酤，安知异时不类是也。"[2]《资治通鉴》载："唐人以茶盐强民而征其粟帛，谓之博征。"[3] 博征虽谈不上"共利"，但最初也有交换的性质。后来不给茶盐，转为杂税，如户口盐钱、盐博绅绢、盐博绵及盐博斛斗等。像徽州的盐钱，原为"官据口给食盐而敛其直"，然而，"至广陵及南唐之末，淮南产盐之郡为周世宗所下，无以给民，因以旧所得之数纽为正税，但输之"。[4] 由此可以看出，这类杂税的再生与某类旧附加税有相同的制度路径。

　　北宋晚期以及南宋衍生的新杂税在现有文献中直接指向民户的记载很少，这一方面是因为中央以财政调拨税额的方式使这些杂税处于悬浮状态，另一方面，地方以非法手段征收一些新杂税，实际处于隐蔽状态，故很难发现最终演变趋势。但从和买绢分户等按地亩征收还是能发现其具体征税方式。如"句容县上等人户，每田一亩起纳和买绢一尺六寸二分六厘三毫，和买绵五分五厘五丝；上元县上等人户，每田一亩只起纳和买绢三寸一分，买绵二分二厘，则上元之村民何其幸，而句容之村民何其重，不幸耶！均是属邑也，均是赤子也，其税赋大不侔如此。其他诸县如江宁，每亩止科和买

1　《文献通考》卷 20《市籴一》，第 198 页。

2　薛季宣撰，薛旦编《浪语集》卷 21《与王公明》，《景印文渊阁四库全书》第 1159 册，第 345 页。

3　《资治通鉴》卷 293，后周显德三年，第 9558 页。

4　《新安志》卷 2《杂钱》，《宋元方志丛刊》，第 7626 页。

绢六寸，如溧阳溧水虽等则，细算不同"。[1] 从上述史料来看，因和买绢是以总额摊向各地，所以各地税额畸轻畸重。前已谈到，杂税发展方向是走向合理与合法，因而杂税必然向主体征税对象靠拢，最终形成新的田税附加税，和买绢分户等按地亩出税即是这一取向。

总之，宋初杂税由多税种联合型杂变之赋经过并合与制度更张，最终形成单一税种性质的杂税，以及新杂税再次从原有的制度土壤中萌生，这一过程在杂税发展史上具有一定规律性。实际上，宋代杂税的历史演进过程体现了国家对杂税法制化和规范化的努力，其目的是促使杂税税种简化、税率固定，并最终实现杂税依法管理。然而，杂税存在的前提是能够通过法外增科形式来补充正税税额不足。当已有杂税被国家法律限定以后，其功能遂开始消失，于是新杂税再次衍生。由此也能发现，中国古代社会杂税去而复返、屡禁不绝，不能单纯地归咎于王朝政治腐败，杂税本身的内在机制亦发挥着重要支配作用。此外，宋代杂税演进及新杂税衍生也关涉到中央与地方政府的博弈。中央对杂变之赋的整顿与合并直接目的是规范地方政府，使其对杂税依法征收，即便南宋时期中央增加了新杂税也是以财政调拨名义。但地方政府往往借助杂税自赡，因而积极寻找中央政府的制度漏洞。当南宋政府对地方财赋的索取额大大超出实际封桩存留份额时，地方政府征收新杂税便顺理成章了。

1　周应合纂，马光祖修《景定建康志》卷 41《蠲赋杂录》,《宋元方志丛刊》，第 2003 页。

第三章　田税的地域差异

　　古代中国是一个由若干相对封闭的小面积空间组成的相对分散的大面积空间。以黄河、长江为中心，可以将其划分为两大基本区域。两大区域及其所包含的各小区域之间，不仅在地形地貌、气候土壤、植被物产等方面千差万别，而且山川纵横、关津阻隔、交通不便。故从空间范畴考察能够发现，地域差异始终是中国古代社会的突出特征。

　　本章旨在揭示地域差异引发的田税地域分野，尝试在对田税纵向制度流变考察的基础上，进一步做横向探究，不仅揭示唐宋之际田税动态的空间税制差异，也努力剖析其内在变化规律。总体认为：中国古代根据地域差异定税的思想和唐宋之际税权下移是田税地域差异形成的原因。唐宋之际不仅有两税税额、税率的"轻重相悬"，亦有中央与地方规制田税中形成的地域特色。五代时期天下瓜裂，田税地域差异更剧。宋代曾试图努力统一税率，但只能局限在个别领域。唐宋之际田税地域差异固然与该时期政治、军事背景相关，但从它与田税地位上升同步来看，更应该归诸田税自身的内在特征。

一　田税地域差异形成的原因

根据地域差异制定田税早在三代时期就已经存在，但在唐以前，地域差异对田税制度的影响并不明显。这一方面由于国家授田制下的田税，或转化成丁税、户税，或保留很少的税额，丁户差别往往掩盖了田亩的地域差别；另一方面，中央集权下的赋税理念常表现为统一的征税对象和税率，尽管这与实际征管技术能力存在差距。然而，唐宋之际随着田税地位上升和制税权的部分下移，田税地域差异被逐步凸显。

（一）根据地域差异制定田税的思想与实践

中国区域地理环境千差万别，致使各地土壤条件各异；即使在同一地区，土地也会自然形成肥瘠不均。所以，以土地为征税对象的田税很早就存在根据地域差异制定税则的思想与实践。如在《尚书·禹贡》中，田赋就根据各州土地质量和经济发展状况确定田赋等级。如冀州"厥土惟白壤，厥赋惟上上错，厥田惟中中"，即土地属"白壤"，田为第五等，赋则为一等和二等；扬州"厥土惟涂泥，厥田惟下下，厥赋下上错"，即土地为涂泥，田为第九等，赋则为七等或六等。[1]《周礼》中也有很多根据不同土地类别征税的记载。《周礼·大司徒》称：

---

1 《尚书正义》卷5《夏书·禹贡》，阮元校刻《十三经注疏（附校勘记）》，第146、148页。

　　大司徒之职，掌建邦之土地之图，与其人民之数，以佐
王安扰邦国。以天下土地之图，周知九州之地域广轮之数，辨
其山、林、川、泽、丘、陵、坟、衍、原、隰之名物……以任
土事，辨十有二壤之物，而知其种，以教稼穑树蓺。以土均之
法，辨五物九等，制天下之地征。以作民职，以令地贡，以敛
财赋，以均齐天下之政。[1]

又《周礼·载师》亦云：

　　凡任地，国宅无征，园廛二十而一，近郊十一，远郊二十
而三。甸、稍、县、都皆无过十二，唯其漆林之征，二十而
五。[2]

　　尽管《禹贡》和《周礼》中出现按土地不同分等征赋的思想，
但它们都是按州来划分土地和赋税等级，也就是说，一州之内土地
和赋税都处于同一个等级，这反映出原始贡赋阶段的田赋差别。然
而各地土地实际千差万别，一州甚至一乡的土地也有肥瘠之分，这
种情况在开始履亩而税实践的春秋时期得到反映。《国语·齐语》
中管仲对齐桓公云："相地而衰征，则民不移。"[3] "衰"的意思是等
差。就是说，按土地好坏分成等级，按不同等级征税，这样农民就
不迁移，否则，住在贫瘠土地上的农民就会向富饶区域迁移，故
"相地而衰征，则民不移"。《管子》书中还记载了税率："二岁而税
一。上年什取三，中年什取二，下年什取一。岁饥不税，岁饥弛而

1　《周礼注疏》卷 10《大司徒》，阮元校刻《十三经注疏（附校勘记）》，第 702~704 页。
2　《周礼注疏》卷 13《载师》，阮元校刻《十三经注疏（附校勘记）》，第 726 页。
3　《国语》卷 6《齐语》，第 236 页。

税。"[1] 即每两年收一次税，丰年税率为十分之三，平年十分之二，歉年收十分之一。荒年不收税，等到灾情缓和时再恢复。但春秋时期履亩而税出现不久，即被授田制瓦解。直到东汉度田以后，才部分恢复履亩而税，田地分等纳税再次被关注。如东汉时期山阳太守秦彭，"每于农月，亲度顷亩，分别肥瘠，差为三品，各立文簿，藏之乡县。于是奸吏局踏，无所容诈"。[2] 章帝建初元年，"彭乃上言，宜令天下齐同其制，诏书以其所立条式，班令三府，并下州郡"，[3] 但这也仅是昙花一现。

从上述情况可知，尽管唐以前田赋区域差异并不明显，但根据土地肥瘠制定田赋的思想在中国古代渊源有自，且有实践基础，这是唐宋之际田税区域差异出现的深层原因。

（二）唐宋之际制税权的下移

在中国古代社会，皇权高于一切。政治上的绝对权力表现在赋役征收方面则是课税主体权力的绝对性，这使中国古代税收制度有别于西方国王与纳税人协商制税的机制，政府具有绝对的制税权。地方机构和官员主要执行皇帝的命令，正如韩愈所言："故君者，出令者也；臣者，行君之令而致之民者也；民者出粟米麻丝，作器皿，通财货，以事其上者也。"[4] 但是，来自中央的赋税法令在实施过程中并非能够涵盖所有方面，很多时候需要细节的把握。因此，中央制税权亦存在相对性。若地方在赋税征管中操作余地变大，则意味着中央向地方让渡制税权的程度在加深，从而出现制税权的下移现象。

唐宋之际制税权的下移呈现出逐步递进状态。唐前期地税和户

1　黎翔凤撰，梁运华整理《管子校注》卷7《大匡第十八》，北京：中华书局，2004，第368页。

2　《后汉书》卷76《秦彭传》，第2467页。

3　《后汉书》卷76《秦彭传》，第2467页。

4　《文苑英华》卷363《原道》，第1862页。

税在地方征管中已经具有制税的松动性，安史之乱以后，方镇"应须兵马甲仗器械粮赐等，并于本路自供"，[1]再加之延续了地税和户税的地方制税状态，最终促成两税法正式分割部分制税权与地方。五代十国，天下纷争，割据政权获得了完全制税权。宋代立国，统一诸藩，制其钱谷，但地方制税权仍然很大。制税权下移和地方对制税细节的把握不可避免地造成赋税的区域差异。故唐宋之际田税地位逐步上升，制税权不断下移，最终导致田税地域差异日趋凸显。

唐前期义仓地税虽然依据青苗簿征收，但州县依据户青苗簿，而地方基层乡里则依据青苗案，这是地方征税细节把握的表现。因中央对义仓地税的规定极为详细，故地方制税空间有限。然而作为地税附加税的税草需要以支定收，故地方需要均定税额和税率。如唐太宗诏敕称："东都今年别税草，今既不去，并停。常税草彼处应无用处，且宜减纳。即早处分，勿迟。敕，九日。"[2]唐玄宗时期，韩休出为虢州刺史，"时虢州以地在两京之间，驾在京及东都，并为近州，常被支税草以纳闲厩。休奏请均配余州"。[3]像吐鲁番所在西州地区，军镇设置较多，草税额相对也较高。学者根据"唐西州高昌县出草帐"统计，每亩地能达到三束半，高于其他地区。[4]可见，唐前期义仓地税也存在地域差异。

相较于地税，户税在唐前期的地方制税权更大。户税是针对中央具体财政支出项目制定并由地方无条件完成的税种。尽管户税制税权在中央，但具体税目和税率确定权在地方。由于各地军国馆驿和邮递具体情况不同，户税具体税目存在区别。如吐鲁番地区存在户税柴，[5]武后时期陈子昂在四川，"请为九等税钱以市骡马"。[6]天

1 《唐大诏令集》卷36《命三王制》，第155页。
2 顾从义：《法帖释文考异》卷1《唐太宗书》，《景印文渊阁四库全书》第683册，第363页。
3 《旧唐书》卷98《韩休传》，第3078页。
4 李锦绣：《唐前期的附加税》，《中国唐史学会论文集》，第114页。
5 小田義久『大谷文書集成』第三巻、法藏館、2003年、釈文第61页。
6 陈子昂：《陈拾遗集》卷8《上蜀中军事》，《景印文渊阁四库全书》第1065册，第618页。

宝十载，河南尹裴迥"请税本府户钱，自龙门东山抵天津桥东，造石堰以御水势"，[1] 这些都属于各地户税不同税目的表现形式。同时，地方对户税具体税率具有规制权。具体而言，中央仅是规定各地户税总税额，具体户税税率则由地方根据本地户口及户等情况制定，所以各地具体户税税率也存在地域差别。如吐鲁番地区，大谷五八二三号文书中记载名叫周通生的税户纳户税钱情况："周通生纳天□（宝）叁载后限钱壹佰壹拾陆文，其载七月二日，典魏立抄。"[2] 这里周通生纳后限税钱 116 文。王仲荦先生以此推测，前后限税钱相等，共 232 文。正接近于《通典》里杜佑天宝计帐中九等户 222 文的税钱标准。[3] 日本学者周藤吉之与王先生解释相同，并认为大谷五八一一号文书中八等户周祝子纳第一限税钱 151 文，两限相加共 302 文，也接近于《通典》里杜佑天宝计帐中八等户 452 文的税钱标准。[4] 对此，李锦绣已从别税的角度进行了订正。[5] 如果能认识到户税个体税率的地方性特征，相信也能得出这一结论。

唐前期户税和地税在地方制税权上出现一些松动，这在两税法中得到继承和发展。多数学者的研究已确认这一点。张国刚在《唐代藩镇研究》中指出，两税三分制"不仅没有改变安史之乱以来军费开支地方化的状态，而且把这种权宜之计固定化制度化了。……更加强了地方财政独立地位"。[6] 陈明光虽然主张"过于强调两税三分制下地方财政的独立化倾向，是不妥当的"，但也认为唐中央对两税制税权的掌握不彻底。因为"中央的制税权只体现在控制各州

---

1 《唐会要》卷 86《桥梁》，第 1578 页。

2 池田温：《中国古代籍帐研究》，录文与插图部分，第 296 页。

3 王仲荦：《唐代两税法研究》，《历史研究》1963 年第 6 期。

4 周藤吉之「唐代中期における戸税の研究—吐魯番出土文書を中心として—」『唐宋社会経済史研究』東京大学出版会、1965 年、549 頁。另见《敦煌学译文集》，兰州：甘肃人民出版社，1985，第 771 页。

5 李锦绣：《唐代财政史稿》上卷，第 480 页。

6 张国刚：《唐代藩镇研究》，长沙：湖南教育出版社，1987，第 115 页。

的两税名目和州定额上，不能直接制约到两税户，两税法与两税户之间增加了一个有制定各户税额的权利的中间层次。唐中央既把定两税户的户等以及计资定税的权利交给地方，就等于正式分割了一部分制税权给地方"。[1]两税法把一部分制税权让渡给地方，造成地方局部制税局面，这必然形成田税的地域差异。至黄巢起义以后，军阀混战，割据政权各自为政，"时中朝多事，南北道绝，诸将分守郡府，虽尊奉盟主，而政令征伐，多以便宜从事"。[2]为筹集军费，各地私自征税现象十分严重，田税地域差异进一步扩大。到五代十国时期，中央与地方财政分权的体制被打破，由藩镇演变而成的各政权获得独立的制税权。在军需财政下，各政权都竭力丰财自赡，致使田税附加税丛生，田税地域差异再次凸显。北宋初期，中央意欲收回地方财政权，且试图通过均税改变田税地域差异现象，如沈括在《梦溪笔谈》中称："五代方镇割据，多于旧赋之外，重取于民。国初悉皆蠲正，税额一定。其间有或重轻未均处，随事均之。福、歙州税太重，福州则令以钱二贯五百折纳绢一匹，歙州输官之绢止重数两，太原府输赋全除，乃以减价籴粜补之。后人往往疑福、歙折绢太贵，太原折米太贱，盖不见当时均赋之意也。"[3]可知北宋政府尽管实现中央制税，但也仅是调整税额和绢估，对地方制税形成田税地域差异也无法从根本上改变。

二 唐宋之际田税地域差异的动态表现

关于唐宋之际田税的区域差异，学界基于财政和区域经济角度梳理较多，但从税制演进视域观察、分析的成果殊鲜。本部分将重点放在中晚唐和五代十国时期，不仅尝试探讨两税制度本身存在的

---

1 陈明光：《唐代财政史新编》，第 235、242 页。
2 路振：《九国志》卷 3《徐温传》，宛委别藏本，南京：江苏古籍出版社，1988，第 94 页。
3 《新校正梦溪笔谈》卷 11《官政一》，第 122 页。

区域差异，而且分析中央和地方税制实施层面对田税区域差异的影响，最后以徽州重税问题为个案，具体分析地方税收差异的原因和路径。

（一）中晚唐时期田税的地域差别

随着两税法的确立，履亩而税的田税成为主体税种。土地肥瘠差异必然导致出现不同的田税税率，这是由田税本身特征所决定的。两税法在实施中，没有规定全国统一的田税税率，而且还将田税制税权交给地方州县，这造成中晚唐时期田税颇为严重的地域差别。

1. 各州两税斛斗"轻重相悬"

"两税斛斗"指各州被确立的两税斛斗总税额。但在税制演变中，其内涵也在不断扩大，不仅涉及据土地肥瘠被均入顷亩的亩税额，亦包括田税附加税的钱绢以及后来户税融入的钱额。《唐会要》载：

> 至二月十一日起请条请，令黜陟观察使及州县长官，据旧征税数，及人户土客定等第钱数多少，为夏秋两税。其鳏寡茕独不支济者，准制放免。其丁租庸调，并入两税。州县常存丁额，准式申报。其应科斛斗，请据大历十四年见佃青苗地额均税。夏税六月内纳毕，秋税十一月内纳毕。其黜陟使每道定税讫，具当州府应税都数，及征纳期限，并支留合送等钱物斛斗，分析闻奏，并报度支、金部、仓部、比部。[1]

从起请条内容能够看出，两税法中田亩之税是根据各州旧征税数和部分丁租先定出应税总数，然后再按大历十四年见佃青苗地额

---

1 《唐会要》卷 83《租税上》，第 1535 页。

均税。这里的田亩之税又被称为两税斛斗，应税总数则为"元额"或"定额"。如会昌元年（841）正月制：

> 租敛有常，王制斯在；征率无艺，齐民何依。内外诸州府百姓所种田苗，率税斛斗，素有定额。如闻近年长吏，不遵条法，分外征求，致使力农之夫转加困弊，亦有每岁差官巡简，劳扰颇深。自今已后，州县每年所征斛斗，一切依元额为定，不得随年简责。数外如有陂泽山原，百姓或力能垦辟耕种，州县不得辄问，所收苗子，五年不在收税限，五年之外依例收税。于一乡之中先填贫户欠阙，如无欠阙，即均减众户合征斛斗，但令不失元额，不得随田地顷亩加税。仍委本道观察使，每年秋成之时，具管内垦辟田地顷亩及合征上供留州使斛斗数分析闻奏，数外有剩纳人户斛斗，刺史以下并节级重加惩贬。[1]

州县确定田税所税斛斗后，再根据土地亩数和土地肥瘠定出具体的亩税额。元稹在同州的均田之举就能清楚反映这一过程。

> 当州自于七县田地数内，均配两税元额顷亩，便请分给诸色职田、州使田、官田与百姓。其草粟脚钱等，便请于万户上均率。又均摊左神策邠阳镇军田粟，及特放百姓税麻，及除去斛斗钱草零数等利宜，分析如后：
>
> 当州两税地
>
> 右件地，并是贞元四年检责，至今已是三十六年。其间人户逃移，田地荒废。又近河诸县，每年河路吞侵，沙苑侧近，日有沙砾填掩，百姓税额已定，皆是虚额征率。其间亦有豪富兼并，广占阡陌，十分田地，才税二三，致使穷独逋亡，赋税

---

1 《册府元龟》卷488《邦计部·赋税二》，第5838页。

不办，州县转破，实在于斯。臣自到州，便欲差官检量，又虑疲人烦扰。昨因农务稍暇，臣遂设法各令百姓自通手实状，又令里正书手等傍为稳审，并不遣官吏擅到村乡。百姓等皆知臣欲一例均平，所通田地，略无欺隐。臣便据所通，悉与除去逃户荒地及河侵沙掩等地，其余见定顷亩。然取两税元额地数，通计七县沃瘠，一例作分抽税。[1]

文中出现了"两税元额顷亩"，这是贞元四年检责后纳两税斛斗的土地。经过元稹重新调查土地，再根据土地肥瘠，"作分抽税"，最后形成了亩定额，即"每亩只税粟九升五合，草四分，地头、榷酒钱共出二十一文已下"。然而，安史之乱以后，各地为应付战争自行加税，致使各州税额悬殊。对此，德宗时期大臣陆贽进行了深刻的揭示：

乃搜摘郡邑，劾验簿书，每州各取大历中一年科率钱谷数最多者，便为两税定额。此乃采非法之权，令以为经制；总无名之暴赋，以立恒规……

复以创制之首，不务齐平，但令本道本州，各依旧额征税。军兴已久，事例不常，供应有烦简之殊，牧守有能否之异，所在徭赋，轻重相悬。既成新规，须惩积弊，化之所在，足使无偏，减重分轻，是将均济。而乃急于聚敛，惧或蠲除，不量物力所堪，唯以旧额为准。[2]

从上文能够看出，两税法推行以后，以州为单位已经出现了田

---

1 《元稹集》卷 38《同州奏均田状》，第 435 页。文中"手实状"，原为"乎实状"，但四库全书本为"手实状"（《景印文渊阁四库全书》第 1079 册，第 545 页），忖手实更可信，故据四库全书本改为"手实状"。

2 《翰苑集》卷 22《均节赋税恤百姓第一条》，《景印文渊阁四库全书》第 1072 册，第 781~782 页。

亩税额的地域差异，而且这种"轻重相悬"的状况因牧守急于征敛或惧怕蠲除受责一度僵化。

各州两税斛斗的元额各地悬殊，致使落实到顷亩时也各不相同。关于具体亩税率，因地方制税而缺乏翔实记载。除了前述同州亩税额为"每亩只税粟九升五合，草四分，地头、榷酒钱共出二十一文已下"外，陆贽谈道："今京畿之内，每田一亩，官税五升，而私家收租，殆有亩至一石者，是二十倍于官税也。"[1] 从文中记载来看，虽然同州与京兆府毗邻，但田税的亩税额却几乎相差一半。由此观之，"轻重相悬"并非州两税元额是这种情况，具体亩税额亦是如此。

但也有学者从夏秋税角度试图弥合上述差距，得出税率统一性的结论。因为京畿地区在大历五年三月制定的税率是"定京兆府百姓税，夏税上田亩税六升，下田亩税四升，秋税上田亩税五升，下田亩税三升，荒田开佃者亩率二升"。[2] 能否看成秋税五升之外还有夏税呢？这从京兆府田税中的夏税地和秋税地能够加以解释。元稹在同州均田时称："其余所欠职田、斛斗、钱草等只于夏税地上每亩加一合，秋税地上，每亩各加六合，草一分。"[3] 可见，田地被分成了夏税地和秋税地。从复种情况考证，夏税地指麦地，当冬小麦至夏季收获以后，不能再种粟，只能播种杂粮，而种粟的秋税地在收获粟以后，再种麦以期来年收获。故同一块土地不可能既要夏税收麦，又要秋税收粟。唐德宗贞元六年（790）诏也说明了这一问题，"京兆府诸县田合征夏税者，除水利地外一切放免，其回种秋苗者，亦不在收税限"。[4] 因此，大历五年的夏税和秋税是分别计税，陆贽所言"官税五升"指京畿平均税率。由此观之，地域亩税额差异事

1　《资治通鉴》卷234，德宗贞元十年，第7559页。

2　《册府元龟》卷487《邦计部·赋税一》，第5832页。

3　《元稹集》卷38《同州奏均田状》，第436页。

4　《册府元龟》卷491《邦计部·蠲复三》，第5870页。

实存在。

与地域两税斛斗元额走向僵化不同，亩税额却不断变化，这主要是百姓流亡造成的。李渤在元和时期充吊祭使路过陕西时看到"渭南县长源乡本有四百户，今才一百余户；阌乡县本有三千户，今才有一千户，其他州县大约相似。访寻积弊，始自均摊逃户。凡十家之内，大半逃亡，亦须五家摊税。似投石井中，非到底不止。摊逃之弊，苛虐如斯"。[1]陆贽也披露："旧重之处流亡益多，旧轻之乡归附益众；有流亡则已重者摊征转重，有归附则已轻者散出转轻，高下相倾，势何能止。"[2]重者摊征转重，轻者散出转轻，亩定税额差异必然更剧。

2. 地方田税实践中形成的地域差异

作为国家制度规范，两税法对地方的约束性必然存在，关键是具体执行状况。在中国古代社会，国家制度的约束力在执行过程中实际呈逐步递减状态。而在定额体制下，国家更关注两税上供额能否顺利足额完成，对地方节度使、州刺史和县令如何具体执行税制并不严密控制。因而两税法诸项原则越推向基层，越背离制度本意。就两税田亩之税的实际运行来看，其地域特征和地域差异特别突出。

元稹谈到同州税麻，"当州税麻，右，当州从前税麻地七十五顷六十七亩四垄，每年计麻一万一千八百七十四两，充州司诸色公用。臣昨因均配地税，寻检三数十年两税文案，只见逐年配率麻地，并不言两税数内为复数外，既无条敕可凭，臣今一切放免不税"。[3]麻原为租庸调时期调的种类，规定："其调，随乡土所产绫绢絁各二丈，布加五分之一。输绫绢絁者，绵三两。输布者，麻三斤。"[4]此时征税对象是授田百亩的丁口。然而两税法实行以后，以资

---

1 《旧唐书》卷 171《李渤传》，第 4438 页。

2 《翰苑集》卷 22《均节赋税恤百姓第一条》，《景印文渊阁四库全书》第 1072 册，第 782 页。

3 《元稹集》卷 39《论当州朝邑等三县代纳夏阳韩城两县率钱状》，第 438 页。

4 《旧唐书》卷 43《职官二》，第 1826 页。

产为宗，不以丁身为本，"比来新旧征科色目，一切停罢"，[1] 故作为丁调的布被取消，而麻作为税布的附加物也应取消。但从元稹所述来看，同州并没有取消税麻，相反却将它摊向种麻的土地。租调时期每丁出麻三斤，以每丁实有土地 20~30 亩计算，亩税麻 1~1.5 两，而两税法推行后同州税麻 11874 两，来自 7567 亩土地，每亩大约 1.6 两。由此能够发现，两税法实行以后，同州将原来的丁税麻变成了地税麻，大体保持了原来的税率。这不仅说明同州在两税运行中与其他州的税制差别，也透露出唐宋之际税制的连续性。

青苗钱为安史之乱后中央明令增加的田税附加税，但具体执行中也出现了地域差别。贞元十二年虢州刺史崔衍奏："虢居华陕之间而税重数倍，青苗钱华陕之郊亩出十有八，而虢之人亩征七十，衍乃上其事。"[2] 可见，虢州青苗钱近乎正常税率的四倍。唐文宗大和四年，崔戎称："西川税科，旧有苗青如茄子、姜芋之类，每亩或至七八百文，征敛不时，烦扰颇甚。今令并省税名目，一切勒停，尽依诸处为两限，有青苗约立等第，颁给户帖，两税之外余名一切勒停。"[3] 西川则是对有经济价值作物如茄子、姜芋之类征收特殊的青苗钱，其税率也接近普通青苗钱的四倍。以上仅是可见史书记载的情况，实际可能更是千差万别。

税物种类受地理环境和各地物产状况影响较大。租庸调时期，税物折纳已经出现了地域差异。如《新唐书·食货志》云："先是扬州租、调以钱，岭南以米，安南以丝，益州以罗、绸、绫、绢供春彩。因诏江南亦以布代租。"[4] 但这是中央在统一税制下对地方特殊税物折纳的安排。两税法实行以后，地方制税权力增大，税物折纳形成的地域差异也更加明显。如江南歙州（即后来徽州）的米折钱，

---

1 《唐会要》卷 78《黜陟使》，第 1419 页。

2 《册府元龟》卷 488《邦计部·赋税二》，第 5834 页。

3 《册府元龟》卷 488《邦计部·赋税二》，第 5837 页。

4 《新唐书》卷 51《食货一》，第 1345 页。

"先是歙民居山险而输税米者，担负跋涉，勤苦不支。公许其计斛纳缗，贱入贵出，官且获利，人皆忘劳，农人便之，归如流水"。[1]还有两川租米折钱和绢，如《会昌五年正月三日南郊赦文》中指出："如闻两川税租，尽纳见钱。盖缘人多伎巧，物皆纤丽，凡所织作，不任军资，所以人转困穷。"因此，"劝课有机杼之家，依果、阆州且织重绢，仍与作三等估。上估一贯一百，下估九百。待此法行后，每年两税一半与折纳重绢，即异人稍苏息，军用不亏"。[2]

3. 中央规制田税中形成的地域特色

两税法征管实行中央对收支定额管理和地方定额包干的制度。以州为单位，将两税收入划分为留州、送使和上供。在定额管理体制下，中央对两税的制度管理和平衡机制非常有限，主要确保中央上供税额的实现以及对地方留州、送使税额的监督。不过，中央也对田税的附加税和上供钱米做了有利于财政调拨的折变处理，由此亦加重了田税的地域差异。

在唐后期中央直接附加税中，青苗钱无疑具有重要地位。前述青苗钱在地方运行中存在税率差异，若从中央两税规制来看，笔者认为，两税法前后青苗钱的地域分布并不相同。两税法前青苗钱属于全国性税收，而两税法后北方青苗钱还沿袭了原来的税制模式，但南方青苗钱却并入两税的户税中，从而形成青苗钱仅在北方征收的局面。

青苗钱始于代宗广德二年正月，"税天下地亩青苗钱给百官俸料，起七月给"。[3]起初派御史大夫充税地钱物使，首任者为裴冕，《册府元龟》载："代宗广德二年九月戊戌，诸道税地钱物使、左仆射裴冕请进百官俸禄二万贯助朔军粮，许之。"[4]除此之外，还有王

1　《全唐文》卷 679《崔公墓志铭》，第 6947 页。

2　《文苑英华》卷 429《会昌五年正月三日南郊赦文》，第 2175 页。

3　《册府元龟》卷 506《邦计部·俸禄二》，第 6073 页。

4　《册府元龟》卷 484《邦计部·经费》，第 5785 页。

翊和崔涣，分别称"诸道税钱使"[1]和"税地青苗钱物使"[2]。以上是征收青苗钱的中央最高使职，他们不可能走遍诸道，故还有一些出使诸道的专使，如永泰二年（766）五月，"诸道税地钱使、殿中侍御史韦光裔等自诸道使还，得钱四百九十万贯。乾元以来，属天下用兵，京师百僚俸钱减耗。上即位，推恩庶僚，下议公卿。或以税亩有苗者，公私咸济。乃分遣宪官，税天下地青苗钱，以充百司课料。至是，仍以御史大夫为税地钱物使，岁以为常，均给百官"。[3]这里韦光裔为殿中侍御史，而前面的诸道税地钱使都是由御史大夫担任，那么，诸道税地钱使和韦光裔是何关系呢？包和曾写过《送韦侍御奉使江岭诸道催青苗钱》，[4]由此可见，韦光裔担任的是负责江岭诸道青苗钱的分使。这一性质的青苗钱专使还见于其他地方。刘长卿有《送青苗郑判官归江西》[5]和《送河南元判官赴河南勾当苗税充百官俸钱》[6]，到江西、河南的青苗判官都是这类专使。从派专使到各地征缴青苗钱来看，两税法确立以前青苗钱在全国范围内征收。

　　两税法确立后，扫租庸之陈规，明确规定："其比来征科色目，一切停罢。"[7]故青苗钱也应包括在停罢之列。然而唐后期史籍中仍然存在大量青苗钱、地头钱的记载。以京兆府最多，如贞元十二年十月诏："京兆府所奏奉先等八县旱损秋苗一万顷，计米三万六千二百石，青苗钱一万八千二百贯。"[8]又"其富平县今年夏税除折诸色价，及已征纳青苗钱除捐外，并宜放免"。[9]除京兆府外，处于淮河以北的其他区域也能发现征收青苗钱的记录。唐武宗时期敕云："其太原

1　《资治通鉴》卷223，代宗永泰元年，第7174页。

2　《新唐书》卷120《崔玄暐传》，第4319页。

3　《旧唐书》卷48《食货上》，第2091页。

4　《全唐诗》卷208，第2172页。

5　《刘随州集》卷3，《景印文渊阁四库全书》第1072册，第24页。

6　《刘随州集》卷2，《景印文渊阁四库全书》第1072册，第15页。

7　《唐会要》卷83《租税上》，第1535页。

8　《册府元龟》卷491《邦计部·蠲复三》，第5870页。

9　《唐大诏令集》卷77《庄宪皇太后山陵优劳德音》，第435页。

管内忻、云、汾、代、蔚、朔六州，振武、天德及河中晋、绛、陕沿路州县，今年秋税及地头钱宜放免。河南府亦是供顿，往来道路，比晋、绛、太原，即免编并，其沿路畿县及河阳、汜水县秋税地头钱量放上供一色。"[1]

淮河以南地区明确有青苗钱记载的仅见一条，出自《册府元龟》。唐文宗大和八年（834）九月诏："淮、江、浙西等道仍岁水潦，遣殿中侍御史任畹驰往慰劳。以比年赈贷多为奸吏所欺，徒有其名，惠不及下，宜委所在长吏以军州自贮官仓米减一半价出粜，务及贫弱。如无贮蓄处，即以常平义仓米粜。田苗全损处，全放其年青苗钱，余亦量议蠲减。"[2]但仅凭此记载就肯定唐后期青苗钱在南方普遍征收似嫌武断。因为此例为孤证，而同书卷106记载侍御史任畹此次赈贷时云："八年九月诏，淮、江、浙西等道仍岁水潦，遣殿中侍御史任畹驰往慰劳。以比年赈贷多为奸吏所欺，徒有其名，惠不及下，宜委所在长吏以军州自贮官仓米减一半价出粜，各给贫弱。如无贮蓄处，即以常平义仓米出粜。又诏，诸道有饥疫处，军粮积蓄之外，其属度支户部杂谷并令减价，以出粜济贫人。"[3]可见，同书记载已经不一致，后者未出现青苗钱。而有关该事件的其他史书记载中却也不存在"田苗全损处，全放其年青苗钱，余亦量议蠲减"这段话。故笔者推测此例似为讹误。《文苑英华》亦载：

其京畿诸县今年秋税户青苗及秋冬季榷酒钱，每贯量收四百文。从元和五年已前，诸县百姓欠负钱物草斛斗等共一十三万五千一百一十三贯石，速委京兆府疏理，具可放数闻奏。天宝已后，戎事方殷；两河宿兵，户赋不入；军国费用，取资江淮；茧丝所收，宁免加厚；物力有限，水旱相因；岁月

---

1 《文苑英华》卷434《减放太原及沿边州郡税钱德音》，第2201页。
2 《册府元龟》卷502《邦计部·常平》，第6023页。
3 《册府元龟》卷106《帝王部·惠民二》，第1268~1269页。

既深，凋瘵亦甚；眷言及此，悯叹良多。今上天垂休，氛沴清
息，师旅之后，又兹丰穰，省事恤人，庶乎惠养，其淮南、浙
江东西、宣歙、江南、湖南、福建、山南、山东、荆南等九道
今年秋税钱合上供者，每贯量放三百文。度支其今年秋税留州
留使钱，并鄂岳共十道，每贯量放一百文。[1]

在同一诏书内，京畿地区蠲免的赋税中出现了青苗钱，而南方
的淮南、浙江东西、宣歙、江南、湖南、福建、山南、山东、荆南
等九道，并鄂岳共十道蠲免秋税钱，而不见青苗钱。青苗钱作为中
央田税附加税，理应首先成为蠲免对象，这从京兆府大量蠲免记录
能够发现这一点。由此推之，上述地区可能本来就没有青苗钱。

与其类似，剑南、西川也存在这种情况。元和二年四月制云：
"以剑南西川所管新罹兵革，蠲放去年两税榷酒上供钱五十六万余
贯，今年者免其半。七月辛卯，蠲剑南西川常赋钱米贯石七十余
万，以经刘辟乱故也。"[2] 此处上供钱谈到榷酒，但不见青苗钱，说明
起码中央在该地区没有青苗钱的上供额。不过，西川出现过对特殊
苗青田地的税钱征收，即唐文宗大和时期，西川税科中"旧有苗青
如茄子、姜芋之类，每亩或至七八百文，征敛不时，烦扰颇甚。今
令并省税名目，一切勒停，尽依诸处为两限，有青苗约立等第，颁
给户帖，两税之外余名一切勒停"。[3] 虽然青苗钱也是苗青时征收，
但西川对茄子、姜芋之类所征税钱，从"征敛不时，烦扰颇甚"来
看，属于私征杂税，与中央规制的青苗钱存在区别。而且若该税收
属于青苗税，那只需减轻税额，使之与中央亩税 18 文的标准一致
即可，没必要取消此税。从这一层面上观察，西川在两税法推行以
后已经没有普遍意义上的青苗钱。事实上，西川与青苗相关的特殊

1 《文苑英华》卷 422《元和十四年七月二十三日上尊号赦》，第 2139 页。
2 《册府元龟》卷 491《邦计部·蠲复三》，第 5872 页。
3 《册府元龟》卷 488《邦计部·赋税二》，第 5837 页。

税钱被并入了户税中，符合两税定税的规定，即"自艰辛以来，征赋名目繁杂，委黜陟使与诸道观察使刺史，计资产作两税法，比来新旧征科色目，一切停罢，两税外辄别配率，以枉法论"。[1]南方青苗钱被并入户税应遵循该路径，对此，还有一条史料能提供佐证。德宗时期，郑甫"罢授尚书祠部员外郎兼侍御史，充宣歙青苗税户使"，[2]这次出使是因为"税法既行，民力未及宽，而朱滔、王武俊、田悦合从而叛，用益不给"，[3]但与两税法以前"税地钱物使""税地青苗钱物使"不同，称"青苗税户使"，由税地改税户，也能够发现青苗钱并入户税的端倪。而这次郑甫属于临时出使，额外加征，那么南方正常税制中，应该没有青苗钱这一项。

　　从唐后期青苗钱南北分布差异能够发现，不仅地方私征容易出现地域差别，中央对田税的直接规制也会造成这一局面。像前面所谈到的南方旨支米也具有地域特征。由于江淮路途遥远，转运艰难，且耗费人力物力巨大，故早在唐前期就对江南上供米采取变通措施，如武后开始的江南租折布，玄宗时期被普遍推广。唐后期国家财政倚重江南八道，故需要一部分上供米，按诏旨数量转入京城，这就是旨支米，而没有被要求上供的税米则转化成旨支米价，如元和十四年皇甫镈以宰相判度支，奏称："诸道州府监院每年送上都两税、榷酒、盐利、度支米价等匹段加估定数。"[4]旨支米价或纳钱，或纳绢，也有的被折变为其他轻货入京。张署任虔州刺史，度支符州，将旨支米价改为岁征绵六千屯。[5]与南方田税物品折钱绢不同，北方特别是京畿地区，因属政治中心且集中了大量的军队，故对粮食需求极大，所以不仅田税征集的粮食不改折他色，就是田税

---

1 《唐会要》卷 78《黜陟使》，第 1419 页。
2 《文苑英华》卷 953《舒州刺史郑公墓志铭》，第 5011 页。
3 《新唐书》卷 52《食货二》，第 1352 页。
4 《册府元龟》卷 469《台省部·封驳》，第 5590 页。
5 《韩昌黎全集》卷 30《唐故河南令张君墓志铭》，第 384 页。

附加税上的税钱，也经常用来折籴粮食。关于这一点，前已揭示，此不赘述。

（二）五代十国时期田税的地域差别

前已谈到，唐后期田税地域差异已经非常大，不仅各地税额、税率"轻重相悬"，而且在推行田税时，无论中央还是地方都不同程度地加以制度变通，更增加了田税的地域特征。这种情况发展至五代十国时期，中央政权解体，原来各割据势力由藩镇上升为国家，为丰财自赡，皆在各区域内厘革田税，从而进一步加剧了田税地域差异。

1. 北方"本色输纳"与南方"计亩征钱"

两税法在唐宋之际发生变迁，户税融入田税之中，故晚唐和五代十国时期田税的正额税除斛斗外，还增加了钱或绢。钱、绢是户税纳税传统，户税"定税之数，皆计缗钱，纳税之时，多配绫绢"。[1]但由于"约法之时，不定物估，粟帛转贱，赋税自加，人力不堪，国用斯切"，[2]永贞元年（805）恢复建中定税时的"省估"政策。但囿于税收分权管理模式，地方并不遵守。对上供税额，"皆以实估敛于人，虚估闻于上"。[3]留州、送使的税额，所在长吏，多降省估使就实估。为此，唐中央政府在元和四年裴垍为相时进行改革，史称：

> 诸州府应供上都两税匹段，及留使留州钱物等，自元和四年已后，据州县官正料钱，数内一半，任依省估例征纳见钱支给。仍先以都下两税户合纳见钱充，如不足，即于当州两税钱内，据贯均配支给。其余留使留州杂给用钱，即合委本州府并依送省轻货中估折纳匹段充。如本户税钱校少，不成端匹者，

---

1 《翰苑集》卷22《均节赋税恤百姓第一条》，《景印文渊阁四库全书》第1072册，第783页。

2 《唐大诏令集》卷111《制置诸道两税使敕》，第579页。

3 《唐会要》卷83《租税上》，第1538页。

任折纳丝绵充数。如旧例征纳杂物斛斗支用者，即任准旧例处
分……自今已后，送省及留使匹段，不得剥征折估钱。其供军
酱菜等价直，合以留州使钱充者，亦令见钱匹段均纳。仍具
每州每使合纳见钱数，及州县官俸料内一半见钱数，同分析闻
奏，仍使编入今年旨条，以为常制。[1]

可见，其具体内容是按新的估法把户税钱具体固定为钱额、绢
额。除了官员料钱和供军酱菜钱可以征缴一些实钱外，其余的都折
成省估匹段，这是两税定额管理的一个变化。不过这次改革并没
有取消两税中的钱额，随着钱重物轻现象的加剧，穆宗继位以后试
图彻底解决这一矛盾：

> 元和十五年八月，中书门下奏："伏准今年闰正月十七日
> 敕，令百僚议钱货轻重者。今据群官杨于陵等议，'伏请天下
> 两税榷盐酒利等，悉以布帛丝绵，任土所产物充税，并不征见
> 钱，则物渐重，钱渐轻，农人见免贱卖匹帛'者。伏以群臣所
> 议，事皆至当，深利公私。请商量付度支，据诸州府应征两
> 税，供上都及留州留使旧额，起元和十六年已后，并改配端匹
> 斤两之物为税额，如大历已前租庸课调，不计钱，令其折纳。
> 使人知定制，供办有常。仍约元和十五年征纳布帛等估价。其
> 旧纳虚估物，与依虚估物回计，如旧纳实估物并见钱，即于端
> 匹斤两上量加估价回计。变法在长其物价，价长则永利公私，
> 初虽微有加饶，法行即当就实，比旧给用，固利而不害。仍作
> 条件处置，编入旨符。其盐利酒利，本以榷率计钱，有殊两税
> 之名，不可除去钱额。中有令纳见钱者，亦请令折纳时估匹
> 段。上既不专以钱为税，人得以所产输官，钱货必均其重轻，

---

1 《唐会要》卷83《租税上》，第1537~1538页。

陇亩自广于蚕织，便时惠下，庶得其宜。其土乏丝麻，或地连边塞，风俗更异，赋入不同，亦请商量委所司裁酌，随便宜处置。"诏从之。[1]

这次改革关键是废除钱额，而以"端匹斤两之物为税额"。虽然改革旨在通过高估绢额解决钱重物轻和百姓负担过重问题，但两税法推行以后实物财政体制已经被打破，货币财政运行模式无法更改，故这一建议在具体推行中并没有彻底贯彻。《长庆元年正月南郊改元赦》称："州县应征科两税、榷酒钱内旧额，须纳见钱者，并任百姓随所有匹段及斛斗，依当处时价送纳，不得邀索见钱。度支、盐铁、户部应纳茶税，兼籴盐价中须纳见钱者，亦与时估匹段及斛斗，如情愿纳见钱，亦任稳便，永为常式。"[2]可见，实际推行中将所有税钱都折纳成"端匹斤两之物"，至于以"端匹斤两之物为税额"并没有实施。

这种情况至五代十国时期发生变化。在户税钱转向地亩征收过程中，南方地区重点是如何把户税钱额变成地亩税钱，而北方地区则进一步完成以"端匹斤两之物为税额"，实现了"本色输纳"。这种南北地域差异实际与地方征税传统有关。

北方田税法定"本色输纳"开始于后唐庄宗时期。同光三年闰十二月，吏部尚书李琪上言赋税："则但以折纳为事，一切以本色输官。又不以纽括为名，止以正税加纳。"敕曰："本朝征科，唯配有两税。至于折纳，所不施为。宜依李琪所论，应逐税合纳钱物斛斗盐钱等，宜令租庸使指挥并准元征本色输纳，不得改更，若有移改，即须具事由闻奏。"[3]不过此前被固定的田税绢额已经比较普遍。如后梁开平元年（907），河南尹张全义"进开平元年以前羡余

1 《旧唐书》卷48《食货上》，第2093~2094页。
2 《唐大诏令集》卷70《长庆元年正月南郊改元赦》，第392页。
3 《五代会要》卷25《租税》，第305页。

钱十万贯、绸六千匹、绵三十万两，仍请每年上供定额，每岁贡绢三万匹，以为常式"。[1] 开平四年（910）十月，以新修天骥院开宴落成，内外并献马，而魏博进绢四万匹为苴价。[2] 可见，绢作为上供物品在后梁已经普遍，且上供绢额"以为常式"，说明已经固定化。李琪主张"本色输官"以后，各地也在执行着这项规定。同光四年（926）三月，明宗李嗣源"乃趋白皋渡，驻军于河上，会山东上供纲载绢数船适至，乃取以赏军，军士以之增气"。[3] 后唐明宗长兴元年制中谈到天下州府征秋夏苗税，称："四十七处，节候常早，大小麦、曲麦、豌豆，取五月十五日起征，至八月一日纳足，正税匹段、钱、鞋、地头、榷曲、蚕盐及诸色折科，取六月五日起征，至八月二十日纳足。"[4] 文中的正税匹段足以说明以绢立额得到贯彻。长兴四年（933）十月，冯赟奏曰："金、商州每年上供绢不过六百匹，臣给马价每日约支五千余匹，臣等思惟无益之甚，乞陛下深悟其理。"[5] 不过长兴三年（932）三月，"三司使奏诸道上供税物，充兵士衣赐不足，其天下两税所纳斛斗及钱，除支赡外，请依时估折纳绫、罗、绵、绢"。[6] 但此处钱额指的是杂钱，并非正税绢化身。三司奏上供税物充兵士衣赐不足，充衣赐的就是绢，正因为不足，才将另外的斛斗和杂钱也折变为绫、罗、绵、绢。

　　"本色输纳"制度源于唐后期钱重物轻现象，五代各朝推行该制度也与此有关，这一点已有学者进行了剖析。[7] 除此之外，笔者认为也与北方税制传统有关。北方实物税制色彩一直十分浓重，陈寅恪根据江南租折布提出"南朝化"问题时指出，北朝经济较南朝落

1　《旧五代史》卷 3《梁书三·太祖纪三》，第 52 页。

2　《旧五代史》卷 6《梁书六·太祖纪六》，第 91 页。

3　《旧五代史》卷 35《唐书十一·明宗纪一》，第 489 页。

4　《册府元龟》卷 488《邦计部·赋税二》，第 5840 页。

5　《册府元龟》卷 621《卿监部·监牧》，第 7482 页。

6　《册府元龟》卷 488《邦计部·赋税二》，第 5841 页。

7　郑学檬：《五代两税述论》，《中国社会经济史研究》1983 年第 4 期。

后，这里面包括税收的实物色彩。[1]两税法中"以钱计税"体现南朝制度因素较多，但在钱重物轻、税钱折纳实物过程中，北方明显比南方更为适应。如长庆二年（822），兖海节度使曹华奏，"兖州莱芜县，在当道边界，去县山路三百余里，人户绝少，年税绢一千"。[2]可见早在穆宗改革后，北方个别地区就已经出现了"本色输纳"的现象，故五代时期北方实现了唐后期以"端匹斤两之物为税额"并非偶然。

南方户税钱转入地亩后，保持了以钱为税额、"计钱而输绫绢"的传统。这一点与北方形成较大差异。由于南方诸国林立，户税钱转入地亩的过程不一，但以钱为额却极为明显，这里仅以吴、南唐为例说明。南宋人曾敏行在其《独醒杂志》中记载："予里中有僧寺曰南华，藏杨、李二氏税帖，今尚无恙。予观杨行密时所征产钱，较之李氏轻数倍。"[3]文中提到了"产钱"，曾敏行是南宋人，南宋习惯上称土地为产。说明杨行密在军事争霸时期就已经在田税中确立了钱额。杨行密手下的将领陶雅在景福二年进入歙州以后，整顿税收，也实行了按亩征钱制度。"（绍兴三年十月）七日，江南东西路宣谕刘大中言，徽州山多地瘠，所产微薄。自为唐陶雅将歙县、积溪、休宁、祁门、黟县田园分作三等，增起税额，上等每亩至税钱二百文，苗米二斗二升。为输纳不前，却将䌷、绢、绵、布虚增高价，纽折税钱，谓之元估八折。惟婺源一县不曾增添，每亩不过四十文。"[4]杨行密死后，杨吴政权实际由大将徐温及其养子徐知诰把持。在顺义二年，"差官兴版簿，定租税。厥田上上者，每一顷税钱二贯一百文，中田一顷税钱一贯八百，下田一顷千五百，皆足陌见

1　陈寅恪：《隋唐制度渊源略论稿》，第 144~145 页。

2　《唐会要》卷 70《州县改置上》，第 1254 页。

3　《独醒杂志》卷 1《杨行密税轻》，第 3 页。

4　《宋会要辑稿》食货七〇之三五，第 6388 页。

钱。如见钱不足，许依市价折以金银"。[1] 这次税制改革很明显也是计亩征钱。同时，在宋齐丘的建议下还完善了折纳制度。洪迈《容斋续笔》引《吴唐拾遗录》对此谈得比较详细："（宋齐丘）上策乞虚抬时价，而折䌷、绵、绢本色，曰：'江淮之地，唐季已来，战争之所。今兵革乍息，黎氓始安，而必率以见钱，折以金银，此非民耕凿可得也，无兴贩以求之，是为教民弃本逐末耳'。是时绢每匹市卖五百文，䌷六百文，绵每两十五文，齐丘请绢每匹抬为一贯七百，䌷为二贯四百，绵为四十文，皆足钱，丁口课调亦请蠲除。"[2] 吴唐禅代后，李昇在升元五年对田税进行了再次整顿。史载："升元中，限民田物畜高下为三等，科其均输，以为定制。"[3] 对此，《资治通鉴》这样评价："分遣使者按行民田，以肥瘠定其税，民间称其平允。自是江淮调兵兴役以及他赋敛，皆以税钱为率，至今用之。"[4] 可见这次改革，也是对田税钱额的整顿。

南方田税保持了唐后期户税"计钱而输绫绢"的传统，除斛斗外，以钱立额，这也与南方税制传统有关。南方商品经济较为发达，赋税中征收现钱一直存在。即使在唐前期租庸调实物征纳体制下，"扬州租调以钱"也说明该地区征钱的传统。南唐自宋齐丘将税钱全部折变䌷、绢、绵本色征收后，仍然有些地区直接税钱，如吉州，"先是，夏赋准贡见缯，民苦之。元清奏请纳帛一匹，折钱一千，以为定制"。[5] 可见，以钱立额，甚至直接税钱在南方有着深厚基础。除此之外，南方以钱立额也与该地区的桑绢生产有关。尽管南方生产蚕桑与纺织丝绸的记载很早，但相对北方而言，生产水平一直比较低下。根据张剑光的研究，唐前期南方桑绢生产主要

1　《容斋续笔》卷 16《宋齐丘》，《容斋随笔》，第 418 页。

2　《容斋续笔》卷 16《宋齐丘》，《容斋随笔》，第 418 页。

3　马令：《南唐书》卷 14《汪台符》，《丛书集成新编》第 115 册，第 268 页。

4　《资治通鉴》卷 282，后晋高祖天福六年，第 9203 页。

5　马令：《南唐书》卷 22《李元清》，《丛书集成新编》第 115 册，第 281 页。

分布在靠北部的平原地区，尤其以浙西太湖周围地区的总体水平较高，而南部和西部山区则发展较慢。晚唐五代时期，南方桑绢生产继续向前发展，但发展较快的仍然是传统桑绢产区，而原来发展缓慢的地区依然发展较慢，两极分化现象越来越突出。[1] 从十国时期的一些记载也能发现这一点。如"又湖南不事桑蚕，郁劝王令输税者以帛代钱，由是机杼大盛"。[2] 歙州处于山区，像黟县大多是山地，"莫能树以桑，不茧不丝，赋入惟邻郡是赖"。[3] 这种自然条件限制了当地桑绢的发展，故无法以钱折绢，而直接税钱。

2. 南方各政权特殊的田税种类和征税方式

吴、南唐存在军衫布和盐米，这两项田税附加税来自博征。《资治通鉴》称："初，唐人以茶盐强民而征其粟帛，谓之博征。"胡三省注曰："博，博易也，言以茶盐博易而征其粟帛。"[4] 博征最初具有贸易交换色彩。但南唐在后周显德四年（957）的战争中陷失淮南大部分土地。淮南是南唐的产盐地，至是无盐可给而税不减，从而使一些博征项目变成单纯税收。

所谓军衫布，就是用茶、盐等交换百姓布帛，以供军需。唐昭宗景福元年（892）八月，杨行密因用度不足，就想实行该制度，但被掌书记高勖劝阻。他认为："兵火之余，十室九空，又渔利以困之，将复离叛。不若悉我所有，易邻道所无，足以给军。"[5] 杨行密采纳了他的建议。《新安志》却记载："又有军衫布三千一百五十匹，亦杨氏时，岁于民间以盐博之，每匹给盐七斤半，其后亦以无盐，直令输纳。"[6] 从徽州田税存在军衫布来看，杨行密后来还是推行了该

---

1 张剑光：《唐五代江南工商业布局研究》，南京：江苏古籍出版社，2003，第52、66页。

2 《十国春秋》卷67《武穆王世家》，第943页。

3 彭泽、汪舜民纂修《弘治徽州府志》卷12《徽州路李总管德政记》，《天一阁藏明代方志选刊》，上海：上海书店，2014，第15页。

4 《资治通鉴》卷293，后周显德三年，第9558页。

5 《资治通鉴》卷259，唐昭宗景福元年，第8434页。

6 《新安志》卷2《夏税物帛》，《宋元方志丛刊》，第7627页。

制度。

盐米制度是歙州人汪台符提出的。马氏《南唐书》云："又使民入米请盐，货鬻有征税，舟行有力胜，皆用台符之言。"[1]南唐时期盐米制度具体内容为："升元初，括定民赋，每正苗一斛，别输三斗于官廪，授盐二斤，谓之盐米。"[2]这项制度在宋代被保留下来，《文献通考》称：

> 吴徐知诰用歙人汪台符之策，括定田赋，每正苗一斛，别输三斗，官授盐一斤，谓之盐米；入仓则有籭米。吴氏《能改斋谩录》曰："今所在输秋苗一斛之外则别纳盐米三斗，亦始于五代史南唐耳。"《江南野史》：李先主世括定田产，自正斛上别输三斗，于官廪受盐二斤，谓之盐米，百姓便之。及周世宗克淮南，盐货遂艰，官无可支，至今输之，犹有定制。[3]

闽则有产盐钱和白配钱。闽的产盐法有随产钱博征性质。史载："异时建州尝计民产赋钱买盐，而民惮求有司，徒出钱或不得盐。"又云"福州缘王氏之旧，每产钱一当余州之十，其科纳以此为率，余随均定，盐额亦当五倍，而实减半焉"，[4]这里的产钱为据亩而税的夏税钱。像福州，"夏税产钱十二县总八千一百四十八贯三百二十六文"。[5]从百姓"徒出钱或不得盐"能够看出它已经是一种税了。闽还存在白配钱，如《淳熙三山志》称："初伪闽时垦田一万四千一百四十三顷一十六亩有奇，白配钱二万三百八十四贯四百有奇，斛斗九万二千七百余石。"[6]除此之外，闽地田税征收时

1　马令：《南唐书》卷14《汪台符》，《丛书集成新编》第115册，第268页。

2　马令：《南唐书》卷4《嗣主第四》，《丛书集成新编》第115册，第250页。

3　《文献通考》卷4《田赋四》，第53页。

4　《宋史》卷183《食货下五·盐下》，第4461~4462页。

5　《淳熙三山志》卷17《二税盐役》，《宋元方志丛刊》，第7924页。

6　《淳熙三山志》卷10《垦田》，《宋元方志丛刊》，第7878页。

还存在地方特征。南宋时期的朱熹说:"盖闽郡多山,田素无亩角可计,乡例率计种子,或斗,或升,每一斗种大率系产钱十余文。"[1]这种乡例当是推行计亩征税的唐、五代所留。

南汉出现率米输钱和以田亩等第出布。北宋开宝六年(973)七月诏称:"广南州县岁输税米,每石加率钱一百六十,自今每硕止纳十文,余并除放。"[2]南汉在开宝四年(971)被灭亡,这次除放是对南汉旧税制的厘革。南汉加率钱属于白配性质,不过它不是计亩白配,而是每石米加率。此外,宋代在广南东路连州,"独以田亩等第纽夏布为准","且以负郭言之,家有田一亩,上之上等,管布六尺,每降一等,则减布六寸。每管布一胥(尺),折纳钱四百文足,通头子、勘合、畸零、索陌钱共四百八十文足。又纳苗米四斗正,通耗米、义仓、加耗、斛面共六斗,头子、勘合、畸零、索陌共钱七十三文省"。[3]宋代田税征收方式基本上为五代十国的继承,连州以田亩的肥瘠折合夏布丈尺,笔者认为这应该是南汉时期税外加征所致。

前已谈到,吴越有进际税。《宋会要辑稿》记载了南宋乾道时期临安府新城县吴越留下的进际税,"每田十亩,虚增六亩,计每亩纳绢三尺四寸,米一斗五升二合;桑地十亩虚增八亩,计每亩纳绢四尺八寸二分"。[4]可见,这项田税附加税是以虚增顷亩的形式附加上的。直到南宋乾道三年(1167)六月,才"减临安府新城县进际税赋之半,以知县耿秉言,曩钱氏以进际为名,虚额太重故也"。[5]此外,吴越田赋税额比较高,沈括《梦溪笔谈》记载:"两浙田税,亩三斗。"[6]南唐歙州田税已经比较高,但亩税最高也就达到二斗二升,[7]尚

---

1 朱熹:《晦庵集》卷21《经界申诸司状》,《景印文渊阁四库全书》第1143册,第432页。

2 《宋会要辑稿》食货一七之一一,第5089页。

3 《永乐大典》卷11907《广州府三·田赋》引《湟川志》,北京:中华书局,1986年影印本,第8414页。

4 《宋会要辑稿》食货七〇之五八,第6399页。

5 《宋史》卷174《食货上二·赋税》,第4218页。

6 《新校正梦溪笔谈》卷9《人事一》,第107页。

7 《宋会要辑稿》食货七〇之三五,第6388页。

未达到三斗。

前蜀时期田亩税中斛斗一项有据可查。前蜀武成元年（908）赦文中称："太仓及诸州县受纳斛斗，并仰太府寺准旧例校勘，逐年给付所司，除本分耗剩外，不得加一升一合。"[1] 这里的斛斗征税应是田税所纳物。前蜀田亩税中是否存在税钱呢？前引赦文中也有记载："畿内诸州及诸州府应征今年夏税，每贯量放二百文；今年正月九日已前应在府及州县镇军人百姓，先因侵欠官中钱物，或保累填赔官中收没屋舍庄田，除已有指挥及有人经管收买外，余无人射买者，有本主及妻儿见在无处营生者，并宜给还却，据元额输纳本户税赋。"[2] 这件赦文中提到了夏税钱，但明确"据元额输纳本户税赋"，而且夏税据贯量放是户税传统，由此推知，王建称帝时期四川地区税钱还是按户征收。如此观之，田税应是保留了两税田亩之税的纳斛斗特征，说明该地区田税变化比较迟缓。不过后蜀田税征收中出现了钱粮并征的记载。张公铎在保宁军节度使任上，"先是属邑连岁多逋租，公铎诘其由，乃豪民猾胥干没赋税。时令佐已有授代者，公铎悉勒止之，令尽征其租而后解，由是不数日，征钱粮数万贯斛"。[3] 这里租应是田税，可见田税征收物品是钱米两色。此外，广政十九年（956），"大赦，免今年夏租，以周师出境也"。[4] 租所对应的是土地，由此可见，这里夏租应是夏税钱部分。

3. 五代十国时期的地域重税

因各割据政权的税制更革以及私征、滥加，五代十国时期出现了一些重税地域，如前述吴越新城县，其进际税之高，至南宋时期人们还感叹"曩钱氏以进际为名，虚额太重故也"。[5] 而且前已谈到，

---

1 《十国春秋》卷36《前蜀二·高祖本纪下》，第508页。
2 《十国春秋》卷36《前蜀二·高祖本纪下》，第506页。
3 《九国志》卷7《张公铎传》，第169页。
4 《十国春秋》卷49《后蜀二·后主本纪》，第726页。
5 《宋史》卷174《食货上二·赋税》，第4218页。

吴越亩税三斗的高田税率无疑也使该地成为重税区。南唐池州青阳县也属于田税重县。南宋绍兴二十三年（1153），知池州黄子游言："青阳县苗税七八倍于诸县，因南唐尝以县为宋齐丘食邑，亩输三斗，后遂为额。"[1]对此，《建炎以来系年要录》有详细记述，并剖析不同记载的出入情况，故录之：

> 初，朝请大夫黄子游知池州代还，论青阳县苗税多于诸县，有至十倍或七八倍者。如青阳县每亩上等田三斗，贵池县四升，建德县四升七合，东流县六升之类是也。一州之内而轻重不同如此，地土肥瘠高下，不能相远。臣询访其故，因南唐李氏尝以青阳县为宋齐丘食邑，人户每亩纳三斗为食邑之数，后来因为税额。望下转运司究实，比附邻县所纳，酌中裁定。诏户部看详取旨，至是有诏减苗税二分半，课米二分，岁为钱千八百缗，米万七千石。然议者犹谓所减乃经略虚增之数，而齐丘重额未尝损云。子游奏下，日历系之绍兴二十一年十一月戊午，自后不见如何施行。胡兆《秋浦志》载此事，云绍兴二十二年申获指挥，故附此年末。熊克《小历》称，江东转运常平司为之请，盖误。《秋浦志》中所载乾道六年陈升卿建明取会事，为子游所请，而不详考之也。克又称，青阳县上田每亩一斗九升，亦与子游元奏不合。按，乾道六年二司所奏有云，上田青阳县每亩纳一斗九升八合，此乃减苗税二分半，课米二分之后数目，非子游元奏之时，克实甚误，余具乾道六年五月。[2]

可见，青阳田税与邻近各县相比太悬殊，即使减二分半以后，亩税额为一斗九升八合，仍比邻县高出 3~5 倍。

1 《宋史》卷 174《食货上二·赋税》，第 4215 页。

2 《建炎以来系年要录》卷 165，《景印文渊阁四库全书》第 327 册，第 327~328 页。

以上五代重税地域的形成固然与割据政权私征、滥加相关，但仅诉诸此，未免过于简单化。如吴越田税亩税三斗，与其他地区横向相比肯定非常高，但该地区处于太湖流域，可能粮食单产也比较高，由此可以消弭税重的程度。故地理环境与税额高低有关联。除此之外，唐宋之际是田税的重要变迁时期，在由原来两税向田亩税转变过程中，不但是户税和田税的税种融合，也包括户税钱额向地亩的转移，在这一过程中，税额出现参差也是必然。因此，五代十国时期重税地域的形成非常复杂。故下文以这一时期典型的徽州重税为个案，展示唐宋之际重税地域形成的复杂性。

（1）徽州重税的表现

唐朝末年，杨行密麾下将领陶雅在徽州[1]整顿税制，增加税额，自此以后，徽州税收额"比邻境诸县之税独重数倍"，[2]这是唐宋之际田税地域差异的突出表现。南宋人对此记载较多，"（绍兴三年十月）七日，江南东西路宣谕刘大中言，徽州山多地瘠，所产微薄。自为唐陶雅将歙县、积溪、休宁、祁门、黟县田园分作三等，增起税额，上等每亩至税钱二百文，苗米二斗二升。为输纳不前，却将绅、绢、绵、布虚增高价，纽折税钱，谓之元估八折。惟婺源一县不曾增添，每亩不过四十文"。[3]程大昌《演繁露续集》中也有记载："予曰：'徽，吾桑梓也。税额之重，居田收十之六，自五代杨行密时已如此。'"[4]罗愿《新安志》中也谈道："（徽州）而租挈又重，盖特起于唐末伪刺史陶雅之所增。"[5]并在同卷的《税则》中展示了与其他地区的悬殊。其中，歙、休宁、祁门、绩溪、黟五县，上等田园每亩税钱二百文，秋苗则米二斗二升；中等田园每亩税钱百五十，

1　前文已谈及，唐宋之际徽州实际上称为歙州，直到北宋宣和三年才改名为徽州。但由于本书
　　所引述史料多称徽州，再则徽州历来被人们所熟知，故本书统一以徽州为名。

2　《宋史》卷175《食货上三·布帛》，第4238页。

3　《宋会要辑稿》食货七〇之三五，第6388页。

4　《演繁露续集》卷2《徽州苗绢》，《景印文渊阁四库全书》第852册，第219页。

5　《新安志》卷2《叙贡赋》，《宋元方志丛刊》，第7624页。

秋苗则米一斗七升七合；下等田园每亩税钱百文，秋苗则米一斗三升三合。而相邻的"太平之接于歙县者，其田亦三等税钱，自十二至九文，苗米自一斗三升九合至一斗有半；浮梁之接祁门者，税钱自二十四至十四，苗米自五升五合至三升三合；旌德之接绩溪者，税钱自六十至四十，米自一斗八升八合至一斗四升；开化之接休宁者，税钱自七文至四文八分，米自四升四合至三升；石埭之接黟者，税钱自十二至八文，米自一斗一升七合至六升五合"。[1]徽州田税亩税钱在100~200文，而相邻地区最少是4.8~7文，相差25倍左右，最高是40~60文，相差3倍左右。徽州秋苗亩税米13.3~22升，而相邻地区最少每亩3~4.4升，相差4倍左右，最高亩税14~18.8升，大致与徽州持平。婺源田税略低于其他五县，上田税钱每亩四十二，苗米四升二合；中田四十，米四升；下田三十八，米三升八合。但"较之邻境乐平、鄱阳之属，乐平建节乡税钱自十三至九文，米自三升八合至二升八合；鄱阳税钱自十文至七文，米自四升至二升，其轻于婺源亦数倍"。[2]

（2）徽州重税的成因

陶雅为什么把税额定得如此之高呢？宋代人有两种说法。一种说法是故老所传，认为是陶雅为脱罪和取宠杨行密而一时聚敛。史载："及田頵以宣州背行密，行密破頵，并收其家。頵母辞曰：'门外之事，妾未尝与知也。但闻歙州陶四常有私书往来，今置不问而戮一老妇人，何益？'頵与雅皆行密里人，以群盗起合肥，同功一体之人也。行密召雅至扬州，久留不遣，雅惧，求归郡，敛羡余以献，会左右亦为之请……行密亦悟，雅始得还，且欲实前言以固宠，固增税以取之，于是此州之赋遂重天下矣。此见于故老所传。"[3]但从陶雅以往政绩和当时徽州（歙州）政治状况来看，他不可能为

---

1 《新安志》卷2《税则》，《宋元方志丛刊》，第7625页。
2 《新安志》卷2《税则》，《宋元方志丛刊》，第7626页。
3 《新安志》卷2《税则》，《宋元方志丛刊》，第7625页。

取宠而增税聚敛。《九国志·陶雅传》记载："田頵攻歙州，时给事中裴枢守新安，将归款于行密，以宣州副使鲁郜往代之。是时诸将授郡，鲜不以虐敛为事，惟雅宽厚，人多便之。枢因遣问政山人聂师道往说頵曰：'苟得池阳陶牧为守，州人孰不承命。'頵驿报行密，因令雅治新安。入见枢，尽州郡礼，枢奇之。及枢至京师，奏雅为歙州刺史。"[1]陶雅就任歙州（徽州）刺史，是因为他在池州的惠政，不以虐敛为事，希望他把惠政带到徽州。陶雅治理徽州好像颇有政绩，徽州人很爱戴他，"非公宴不举音乐，疏财重士，人以此归之。典黔川二十余年，民感其化，生男女或以'陶'为字焉"。[2]由此观之，陶雅为取宠杨行密而增税之说不足为信。

对故老之说，北宋时俞师觉就产生怀疑，并提出了另一种看法，即"军需说"：

> 与崇宁中，乡贡进士俞师觉上宰相之书。以唐五代诸书考之，雅以景福二年来守，时钱镠以杭、睦扼其南，钟传以饶州当其西，汪武割婺源为顺义军，鲠其侧。雅，杨氏宿将，独以一州之力之为外蔽，四封有警，辄提其兵以出。盖尝西伐钟传，执汪武；南救睦州，虏钱镒；攻婺州，执刺史沈夏；又因陈询不能守睦州，取之，已而诸州皆复为镠所有；既又袭饶、信，信州刺史危仔倡请降，饶州刺史唐宝弃城走。在郡二十余年，兵革数动，旧赋之入不足以充军，此其势必至于增赋，不特为羡余而已。[3]

在唐末长期割据战争中，地方财政的确以服务军需为目的，但军事费用高也不能解释陶雅重税徽州。汪武被陶雅所杀时间是田頵

---

1 《九国志》卷1《陶雅传》，第7页。
2 《九国志》卷1《陶雅传》，第9页。
3 《新安志》卷2《税则》，《宋元方志丛刊》，第7625页。

之乱被平的天复三年（903），从陶雅定税时没有包括婺源来看，定税时间一定是在天复三年以前，即景福二年陶雅进入徽州到天复三年这十年间。然而这期间陶雅恰恰没有一次单独的军事行动，也未见在其他战争中有徽州兵出现。俞师觉所说的几次军事活动，执汪武是天复三年；南救睦州，虏钱镒，攻虔州在天祐二年（905）和天祐三年（906），由于王茂章在宣州叛杨渥，陶雅害怕归路被断，引兵回到徽州。至于袭饶、信二州是在天祐六年（909），陶雅遣其子陶敬昭所为。这几次军事活动都在天复三年以后，也就是说是陶雅定税以后之事。由此可见，陶雅定税之重与多次军事活动没有必然联系。

　　笔者认为，徽州形成重税应是受到税制变迁和地理环境双重影响。其税制变迁因素来自外部，在其影响下，陶雅改变徽州地税的征税方式，即将徽州原有户税钱摊入地亩，其实质是唐宋之际两税法税制变迁在地方的一次制度化过程。

　　关于该时期徽州税制的具体情况，南宋人程大昌在其《演繁露续集》中有专门记载："自杨炎立两税法，农田一年岁输官两色，夏蚕熟则输䌷绵绢丝，亦有输麦者，秋稻熟则专输米，皆及时而取所有也。唐行两税不久（只三四年），遂令当输者皆折价输钱。陆贽奏议具在可见也。"[1] 程大昌所记述的徽州两税与杨炎两税法规定明显不同，杨炎两税法分夏秋两季征税，主要包括户税和地税，地税按亩征实物，户税则按户等征钱。由于政府对绢帛的需要，往往计钱而折绫绢。程大昌是南宋人，可能是受宋代既定田税制度认知影响，但䌷绢丝绵税额存在说明徽州两税确立时存在户税之征，由陶雅定税也可推知当时以钱立额。陶雅整顿徽州税制正是将户税钱额转向地税，也就是两税法税制变迁在徽州地方的制度化。

　　税制变迁之所以能够影响徽州，首先取决于税制变迁的整体

---

[1] 《演繁露续集》卷2《徽州苗绢》，《景印文渊阁四库全书》第852册，第219页。

趋势。唐宋之际，两税法征收方式开始发生变化，其趋向是户税钱额转向土地征收。变化初期是定户等变成仅仅依据土地，而排除杂产，后来发展成直接将户税钱额摊向地亩，据亩税钱。这一趋势也会影响到江淮地区，到杨行密统治时期，各地开始征收"产钱"，南宋人曾敏行在《独醒杂志》中记载："予里中有僧寺，曰南华，藏杨、李二氏税帖，今尚无恙。予观杨行密时所征产钱，较李氏轻数倍。"[1] 文中提到了"产钱"，曾敏行是南宋人，南宋习惯上称土地为产，这在另一南宋人袁甫《蒙斋集》中也能看到，"下户贫民畏追呼而重纳产税"，"但开塘费重，难以责民，莫若刷在官之田，或买民家之产"。[2] 杨行密时所纳"产钱"应是计亩所纳之钱。由此观之，户税钱额转向地亩的趋势在杨行密统治时期已开始在各州制度化。由于此时地方尚属藩镇体制，各自为政，因而户税变迁制度化属于地方行为。故陶雅所在徽州作为杨吴政权下的属州，其整顿税收举措仅是其中个案而已。

其次，税制变迁趋势能够具体影响徽州，亦是因为顺应了徽州地方税制的特殊性。徽州税米历来有折钱传统。早在唐元和时期，崔玄亮任歙州（徽州）刺史，就允许百姓计斛纳缗。吴、南唐时期，在继续保持税米折钱传统的同时，还把这部分税钱再折成绢，这就是以后沿袭下来的徽州苗绢，程大昌谈道："徽州，唐歙州也。有水可通浙江，而港洪狭小，阅两旬无雨，则舟胶不行，以此人之于秋苗额中，量州用米数，许于本色外，余尽计米价，准绢价，令输以代纳苗，以便起发也。""赵曰：予略知其似矣！徽之苗米，本州全得用，不起一粒，已自优如他州矣，而不知起发苗绢即是计米输绢也。"[3] 徽州地区米折钱除交通不便外，也与其土地较少，粮食

1　《独醒杂志》卷1《杨行密税轻》，第3页。

2　袁甫：《蒙斋集》卷2《知徽州奏便民五事状》，《景印文渊阁四库全书》第1175册，第354、359页。

3　《演繁露续集》卷2《徽州苗绢》，《景印文渊阁四库全书》第852册，第219页。

不能自给有关。唐宪宗元和三年（808），卢坦为宣歙观察使，"坦到官，值旱饥，谷价日增，或请抑其价，坦曰：'宣歙土狭，谷少，所仰四方之来者，若价贱，则商船不复来，民益困矣。'既而米斗二百，商旅辐凑，民赖以生"。[1] 从卢坦提高米价来看，徽州百姓食粮一直靠外来接济。袁甫《蒙斋集》亦载："及夷考其故，乃知本州秋苗岁入止盈五万，正苗既已甚少，义仓自应不多。"[2] 由于谷物不能自给，故百姓更愿意折钱。因为徽州据地出钱已有成例，陶雅将户税钱转向地亩，按亩税钱，这本身就是对徽州地方税制的顺应。正源于此，陶雅整顿税收在徽州并没有引起社会动乱。

　　最后，徽州有实施税制改革稳定的社会条件。陶雅入主徽州时，杨行密已据有淮南，正大力向江南发展。此时由于军阀混战，地方政权都是以军事将领为主的藩镇体制，往往各自为政，"时中朝多事，南北道绝，诸将分守郡府，虽尊奉盟主，而政令征伐，多以便宜从事"。[3] 具体到税收上，各州更是自行其是，陶雅入主徽州是从袁枢手中以和平方式接管的，户籍、税额应该保存得较为完整。同时，徽州地处万山之中，地势险要，历来都是百姓逃亡和避难之所，所以不会出现战争中人口逃亡、土地荒芜现象，税收基础没有被破坏。所以，徽州地区有条件保持税收的连续性。陶雅在徽州要稳固自己的统治，要完备战时体制，加强徽州军事力量，并支撑争霸战争，都需要稳定的税收支持。而徽州税制中，户税钱额征收，如前所述，存在大量弊端，也难以足额征缴，必须进行税制改革。陶雅是同杨行密一起从庐州起家的将领，庐州在元和时期李翱就曾以田占租，说明这个地区税制变化较为激进，至陶雅时期，一些地区应该早已率先计亩征税。陶雅整顿税制，属于吸取先进地区税制模式，并结合徽州当地税收状况进行的税制调整。

1　《新安志》卷 10《叙杂说》，《宋元方志丛刊》，第 7751 页。

2　《蒙斋集》卷 2《知徽州奏便民五事状》，《景印文渊阁四库全书》第 1175 册，第 357 页。

3　《九国志》卷 3《徐温传》，第 94 页。

来自外部的税制变迁因素促使陶雅在徽州整顿税制，将户税钱摊入地亩，但仅此并不能解释徽州重税。因为其他地区也进行了同样改革，却并没有出现如此高的税钱额。因此，徽州重税还有更重要的内部原因，这就是徽州地区特殊的地理环境。事实上，徽州高户税钱额在转向地亩时与田亩颇少的现状形成反差，这是最终导致徽州重税的根本原因。

根据《新安志》的记载，能对南宋淳熙时期徽州的亩税钱总额进行推算。从正税额计算，六县总税额 111708 贯 239 文，婺源 18472 贯 419 文，五县税额 93235 贯 820 文（因婺源租赋中盐钱 1133 贯 955 文，因此，这里足陌计算）。从杂税来看，"而郡以郑侯初指为歙、休宁等五县请，故杂钱只三万七千余缗，然合婺源计之，实五万四千余缗"。[1] 由此可知，五县杂钱为 3.7 万余缗。杂钱摊入地亩其成例都是据贯均率，唐穆宗时将榷酒钱摊入地亩，就曾据贯配额，"今请天下州府榷酒钱，一切据贯配入两税"。[2] 淳熙时期，徽州杂钱也是按钱额配定的，具体的每亩税钱为上等田 200 文，杂钱 79 文；中等田 150 文，杂钱 60.75 文；下等田 100 文，杂钱 39.75 文，其比率为 39.5、40.5、39.75，数值基本相同。按此比率，3.7 万余缗杂钱，所对应的正税钱数为 9.367 万贯、9.136 万贯、9.308 万贯，平均 9.3 万贯左右。由于 3.7 万余缗本身就是虚数，五县田地又上中下参差不一，所以从杂税中所求得的税钱额与正税记载基本符合。故徽州五县正税钱额为 9.3 万贯左右，这个数字还是可信的。

徽州地亩数经界前五县祖额 83 万亩，这样 9.3 万贯钱摊向 83 万亩土地，平均亩税钱 110 多文，如果与徽州 200 文、150 文和 100 文三等税额符合，只能有一种情况，那就是徽州下田居多。另外，如果徽州五县田亩数是 83 万亩，那也只有一种情况，即该地耕地

1　《新安志》卷 2《杂钱》，《宋元方志丛刊》，第 7627 页。
2　《全唐文》卷 651《中书省议赋税及铸钱等状》，第 6610 页。

少，因为《元和郡县图志》中记载了润州当时田亩数是 67 万多顷，润州面积尚不及五县面积的 1/2。事实上，徽州地区的确山多田少，并且多是簿田、山坡梯田。唐咸通三年（862）秋，歙州司马张途描述了祁门地理情况："邑之编籍，民五千四百余户，其疆境亦不为小，山多而田少。"[1] 罗愿《新安志》也记载："新安为郡在万山间，其地险狭而不夷。……大山之所落，深谷之所穷，民之田其间者。层累而上，指十数级，不能为一亩，快牛刬耜，不得旋其间。力耕而火种之，十日不雨，则仰天而呼，一遇雨泽，山水暴出，则粪壤与禾荡然一空，盖地之勤民力者如此。宣饶之田，弥望数百亩，民相与秔稑之。"[2] 徽州土地尽管贫瘠，宣饶的上田少，刀耕火种的下田多，但这些田地多被开辟成茶园和用来种植经济作物，而经济作物的土地收益率高，因此，才有能力缴纳高额重税。如祁门县，百姓多以种茶为业，"山且植茗，高下无遗土。千里之内，业于茶者七八矣，由是给衣食，供赋役，悉恃此"。[3] 这里谈到百分之七八十的人以种茶为业，茶户用茶的收入来缴纳租税。除茶以外，一些土地还种植林木，"休宁山中宜杉，土人稀作田，多以种杉为业。杉又易生之物，故取之难穷"。[4] "松槠已见竹木下，大抵新安山多田少，故民勤于栽植。"[5] 正因为这种特殊的地理环境，才导致了徽州高税额，并且使之一直能存在下去。

（3）徽州重税的实质

徽州重税历来受到人们的关注，它不仅屡屡见于宋人的笔端，而且今天学者也常引以为据。但人们对徽州重税的理解基本上是感叹于它正税的高钱额，殊不知这仅是徽州重税表面现象。笔者认为

---

1 《全唐文》卷 802《祁门县新修阊门溪记》，第 8430 页。

2 《新安志》卷 2《叙贡赋》，《宋元方志丛刊》，第 7624 页。

3 《全唐文》卷 802《祁门县新修阊门溪记》，第 8430~8431 页。

4 范成大：《骖鸾录》，《景印文渊阁四库全书》第 460 册，第 837 页。

5 《弘治徽州府志》卷 2《食货一》，第 51 页。

徽州重税真正沉重之处并不在正税，而是在杂税上。

徽州税则中，正税上等田亩税 200 文，中等田 150 文，下等田 100 文，这相对于徽州邻近州县亩税钱 4.8~7 文到 40~60 文来看，简直是天文数字。但冷静分析后会发现，徽州五县 83 万亩田地中上等田毕竟是少数，多数是下等田，也就是说 80% 以上亩税钱是 100 文，能达到亩税钱 200 文的只有 10% 左右，所占份额极少。另外陶雅定税时并非直接税钱，而是高估绢价，纽折税钱，这一物估保存在淳熙时税则中，上等田税钱 200 文"为夏税绸四寸，绢一尺三寸，布一尺，绵三钱"，[1] 这一物估极高，绢每匹能高估到二贯五百文左右，而其他地区的物估却远远不及。南唐时期，李元清在吉州称绢价被定在每匹 1000 文，[2] 北宋咸平时期绢每匹仅折为 770 文，[3] 徽州正税物估是它们的 2.5~3.2 倍。如果徽州下等田 100 文扣除物估差来算，相当于 30~40 文，这个数字虽说不低，但并非极重。

徽州重税的症结在杂钱。徽州杂钱凡三色，一般称作盐钱、曲钱和脚钱，也叫盐钱、脚钱和现钱。两税法实行以后，杂钱通常都是根据正税钱额按率均配，徽州杂钱也是如此。《新安志》中记载："每税钱一贯者，辄存此三色，为钱三贯九百五十，总名曰杂钱。"[4] 因杂钱不可能超过正税钱额，所以这条史料说法有误。实际上，徽州正税钱与杂税钱的比为：正税 200 文相对杂钱 79 文，150 文相对杂钱 60.75 文，100 文相对杂钱 39.5 文，其比率基本是 39.5。因此，前面史料中杂钱数并非"三贯九百五十"，而是"三百九十五文"。这个比率是否全国杂钱比率，不得而知。但就徽州而言，由于税钱额相对极高，因此按该比率所征纳杂钱也相对较重。这么重的杂钱在十国时期，并未如正税那样交纳时用绢

1 《新安志》卷 2《税则》，《宋元方志丛刊》，第 7624 页。
2 马令：《南唐书》卷 22《李元清》，《丛书集成新编》第 115 册，第 281 页。
3 《新安志》卷 2《杂钱》，《宋元方志丛刊》，第 7626 页。
4 《新安志》卷 2《杂钱》，《宋元方志丛刊》，第 7626 页。

来折，而是征收实钱。直到宋初，才开始折䌷绢绵布来交纳，但折估物价很低，"绢折钱七百七十，䌷折钱七百三十一，布折钱三百五十，绵每两正耗折钱六十二文五分"。[1] 按此折价，徽州上等田 79 文杂钱折变为"绢四尺三寸，绵四钱五分，麦一升二合"，而 200 文正税反折变为"䌷四寸，绢一尺三寸，布一尺，绵三钱"，[2] 折变后，79 文折变物大约是 200 文折变物的 2~3 倍，轻重不言自明。

因此，徽州赋税中正税额虽高，但其实是虚数。在高物估下，并非如人们所想象的那么重，实际上杂钱才是徽州赋税沉重之源。正鉴于此，两宋时期对徽州重税优惠措施主要为：其一，保持徽州的高物估；其二，对徽州输官之绢的重量给予特殊关照；其三，减免杂钱。前两项实行于北宋初年，沈括谈道："福、歙州税额太重，福州则令以钱二贯五百折纳绢一匹，歙州输官之绢止重数两，太原府输赋全除，乃以减价籴粜补之。后人往往疑福、歙折绢太贵，太原折米太贱，盖不见当时均赋之意也。"[3] 这里歙州就是后来的徽州，不仅明令徽州输官之绢只需重数两，而且指出维持"歙折绢太贵"意在"均赋"。对杂钱蠲免一直到南宋时期才实行，《新安志》载："而郡以郏侯初指为歙、休宁等五县请，故杂钱只三万七千余缗，然合婺源计之，实五万四千余缗。今一切蠲免，则郡计所失多，乃审于户部，而漕司又以折斛钱三万缗，通杂钱五万缗合为八万缗，数目不同，乃继委部使者核实，于是以盐、脚钱一万二千一百八十余缗为杂钱，其见钱四万缗非也，诏如其数，免一万二千一百八十余缗。"[4] 文中郏侯应是南宋乾道时期徽州知州郏升卿，这说明直到南宋孝宗时，也仅仅蠲免杂税中仅有一万多缗的盐钱和脚钱，其余四万缗仍然照征，可见徽州重税终宋之世都没能根除。

1　《新安志》卷 2《杂钱》，《宋元方志丛刊》，第 7626 页。

2　《新安志》卷 2《税则》，《宋元方志丛刊》，第 7624 页。

3　《新校正梦溪笔谈》卷 11《官政一》，第 122 页。

4　《新安志》卷 2《杂钱》，《宋元方志丛刊》，第 7626 页。

三　北宋对田税区域差异的规制及限度

《宋史·食货志》记载宋初赋税的一些基本情况：

> 宋制岁赋，其类有五。曰公田之赋，凡田之在官，赋民耕而收其租者是也。曰民田之赋，百姓各得专之者是也。曰城郭之赋，宅税、地税之类是也。曰丁口之赋，百姓岁输身丁钱米是也。曰杂变之赋，牛革、蚕盐之类，随其所出，变而输之是也。岁赋之物，其类有四：曰谷，曰帛，曰金、铁，曰物产是也……其输有常处，而以有余补不足，则移此输彼，移近输远，谓之"支移"。其入有常物，而一时所须则变而取之，使其直轻重相当，谓之"折变"。其输之迟速，视收成早暮而宽为之期，所以纾民力。诸州岁奏户帐，具载其丁口，男夫二十为丁，六十为老。两税折科物，非土地所宜而抑配者，禁之……
>
> 开封府等七十州夏税，旧以五月十五日起纳，七月三十日毕。河北、河东诸州气候差晚，五月十五日起纳，八月五日毕。颍州等一十三州及淮南、江南、两浙、福建、广南、荆湖、川峡五月一日起纳，七月十五日毕。秋税自九月一日起纳，十二月十五日毕，后又并加一月。或值闰月，其田蚕亦有早晚不同，有司临时奏裁。继而以河北、河东诸州秋税多输边郡，常限外更加一月。江南、两浙、荆湖、广南、福建土多粳稻，须霜降成实，自十月一日始收租。掌纳官吏以限外欠数差定其罚，限前毕，减选、升资。民逋租逾限，取保归办，毋得禁系。中国租二十石输牛革一，准钱千。川蜀尚循旧制，牛驴死，革尽入官。乃诏蠲之。定民租二百石输牛革一，准钱千五百。[1]

1　《宋史》卷174《食货上二·赋税》，第4202~4204页。

从上述记载来看，宋初中央赋税分为公田之赋、民田之赋、城郭之赋、丁口之赋和杂变之赋；规定了岁赋的物品种类，即谷、帛、金、铁和地方物产；并按照各地气候环境规定各地税物的起征时限。由此能够看到，宋初基本沿袭五代十国赋税制度模式，对引起田税地域差异的税额、税率根本未加以厘革。正如南宋朱熹所言："国家承五季之弊，祖宗创业之初，日不暇给，未及大为经制。"[1]《宋史·食货志》对宋初赋税记载有些属于财政整体收入范畴。若从财政角度来看，宋代地方州县两税额仍然沿袭了唐后期两税定额管理制度。斯波义信将东南六路上供祖额长期维持不变现象概括为"原额主义"；[2] 包伟民也依据苏州、严州、绍兴府和福州等地两税税额变化，称其为"凝固化"[3]现象。上述成果学界足可参鉴，此不赘述。本节研究重心是宋初对个别地区田税征税方式、税率以及税钱折纳等进行的规制。尽管试图改变田税"轻重相悬"的局面，但总体上看效果极为有限。当然，宋代田税在具体运行中，因土地买卖、土地兼并以及诡名寄产等田赋不均问题，[4] 确实存在，而且日趋严重，但它属于无序状态，超出了笔者讨论的制度范畴。

（一）田税具体税率的均定

自两税法实行以后，田税就打破了全国统一税率模式，各地区税额和税率轻重多寡不一，这种情况经五代割据，更加大了地区差异。宋代立国，未对田税做彻底整顿，故多沿袭五代十国旧的税额和税率，这一点从前引诸多史料中都能够看到，然而北宋对南方割据政权的田税税率也有过调整，但仅见于吴越统治地区。

沈括在《梦溪笔谈》中云：

---

1 《晦庵集》卷12《己酉拟上封事》，《景印文渊阁四库全书》第1143册，第206页。
2 斯波义信：《宋代江南经济史研究》，第248~256页。
3 包伟民：《宋代地方财政史研究》，第246~250页。
4 李金水：《王安石经济变法研究》，第465~479页。

两浙田税，亩三斗。钱氏国除，朝廷遣王方赞均两浙杂
税，方赞悉令亩出一斗。使还，责擅减税额，方赞以谓："亩税
一斗者，天下之通法，两浙既已为王民，岂当复循伪国之法？"
上从其说。至今亩税一斗者，自方赞始。唯江南、福建犹循旧
额，盖当时无人论列，遂为永式。[1]

王方赞均两浙杂税，亩税一斗，该内容在《菽园杂记》卷 10
和《会稽志》卷 19 中也有记载。关于宋代"亩税一斗"的税率，北
宋李昌龄谈及，宋初立税，"亩税一斗，天下之通法"，[2] 张方平也认
为北宋前期"大率中田亩收一石，输官一斗"。[3] 由此观之，沈括所
言令亩出一斗应是平均税率。事实也的确如此，关于详细税率，《琴
川志》卷 6 记载：

国初，尽削钱氏白配之目，遣右补阙王永、高象先各乘
递马均定税数，只作中下二等。中田一亩夏税钱四文四分，秋
米八升；下田一亩钱三文三分，米七升四合，取于民者不过如
此。[4]

除此之外，《淳熙三山志》中也有这次均税的详细介绍：

皇朝太平兴国五年，有言两浙大户租赋反轻，贫下之家输
纳则重。（是时本州隶两浙）乃诏朝臣王永、高象先赴州相度，
于是官私田产概命弓量，以伪闽时沿征白配钱米滚为租额，均
定总夏税钱二万三百八十四贯有奇，苗米十七万三千九百四十

1　《新校正梦溪笔谈》卷 9《人事一》，第 107 页。

2　陶宗仪编《说郛》卷 98 引《乐善录》，北京：中国书店，1986，卷内第 16 页。

3　《乐全集》卷 14《赋税》，《景印文渊阁四库全书》第 1104 册，第 116 页。

4　《琴川志》卷 6《税》，《宋元方志丛刊》，第 1207 页。

余石。（咸平初始分折科）未几，复诏著作佐郎李妥再至，始
蠲异时诸杂沿征物色，更以官私田产均为中下两等定税，中田
亩产钱四文四分，米八升；下田亩三文七分，米七升四勺；园
亩一十文，丁人输钱百，总为夏税钱一万五千六十三贯二百六
文，米一十万二千五百二十八石四斗六升八合。（沈存中笔谈
载，两浙钱氏时田亩米三斗，太平兴国六年，遣王方赟定税，
悉令亩出一斗，谓不可循伪国法，惟福建犹循旧额，盖当时无
人论列，遂为永式，岂存中未之考乎。）[1]

以上两则均税史料存在矛盾之处，其一，前者认为"中田一亩
夏税钱四文四分，秋米八升；下田一亩钱三文三分，米七升四合"
为王永、高象先所定，而后者称，福州这一税率为著作佐郎李妥再
次均定。其二，两税法实行以后，特别是后周世宗均田以后，各地
税率是根据各州税收总额和田亩数具体均定，福州虽为两浙统辖，
但它离两浙统治中心较远，地理环境也差异巨大，如果出现统一税
率，则与事实难以相符。同时，南宋时期两浙开化县，"税钱自七文
至四文八分，米自四升四合至三升"，[2]新城县税米一斗五升二合，[3]说
明二者中有一个是附会了这次均税和税率。

笔者认为，上述均税记载都在钱氏国除，钱俶纳土在太平兴
国三年（978），《淳熙三山志》中太平兴国五年（980）议此事，说
明沈括所言王方赟均两浙税和两方志中王永、高象先均税是同一事
件，王方赟和王永或记载有误，或根本就是一个人。从福州中田
一亩秋米八升，下田一亩米七升四合，开化县米自四升四合至三
升，新城县税米一斗五升二合来看，沈括所言"王方赟均两浙杂
税"，"亩税一斗"是笼统数字。另外，苏州常熟与福州不可能统一

1　《淳熙三山志》卷 10《垦田》，《宋元方志丛刊》，第 7878~7879 页。
2　《新安志》卷 2《税则》，《宋元方志丛刊》，第 7625 页。
3　《宋会要辑稿》食货七〇之五八，第 6399 页。

税率，疑附会者为后出的《琴川志》。从《淳熙三山志》记载之详来看，"中田一亩夏税钱四文四分，秋米八升；下田一亩钱三文三分，米七升四合"的税率为著作佐郎李妥再至均定之说法比较可信，王永、高象先"以伪闽时沿征白配钱米滚为租额，均定总夏税钱二万三百八十四贯有奇，苗米十七万三千九百四十余石"，这次均定的可能是田税祖额。

那么，为什么宋初仅对吴越一隅赋税进行均定呢？宋人认为这是江景防将税籍沉河所致。《十国春秋·江景防传》云：

> 当五代时，吴越以一隅捍四方，费用无艺，其田赋市租山林川泽之税，悉加故额数倍。宋既平诸国，赋税恒仍旧籍以为断。忠懿王入朝，景防以侍从，当上图籍，叹曰："民苦苛敛久矣，使有司仍其籍，民困无已时也。吾宁以身任之！"遂沉图籍于河。诣阙，自劾所以亡失状。宋太宗大怒，欲诛之，已而谪沁水尉，遂屏居田里以卒。[1]

明人王直《抑庵文集》亦记载此事，并与王方赟均两浙税联系起来，只是将江景防称为汪景房：

> 当钱氏纳土时，为其臣者孰无去就利害之思，得早入朝以自托幸矣，况奉图籍纳土之臣，其阶于荣显可必也。景房独存爱人之心，不忍其复困于重赋，遂去其籍，宁自弃于贫贱，而使十二州之人得轻税之利，其心之仁如此，岂非天之所佑哉，宜子孙之久而盛也。……钱氏赋重民困，有亡之道，虽不纳土，势亦不长。其自归于宋也，乃天哀其人，不使重困于兵革，而钱氏因以成归德之名，盖幸也！浙之轻税，虽成于王

---

1 《十国春秋》卷 87《江景防传》，第 1265 页。

方赟，然使其故籍尚存，方赟亦莫如之何。自是以来，民享其乐利百三四十年，高宗立国，于此民心戴之，又百五十年而后亡。盖由祖宗德泽在人，而此乃其大者也。推本而论之，景房之功，岂细哉？[1]

从上述史料来看，王方赟均税，与吴越故籍不存有关。虽因果相连，言之凿凿，但从福州均税"总为夏税钱一万五千六十三贯二百六文，米一十万二千五百二十八石四斗六升八合"来看，能具体到"文"与"合"，说明还是有籍可依。同时，税籍不可能仅此一份，不仅吴越国会有存档备份，地方州县也有实际税籍，故此说难以成立。

笔者认为，北宋政府对吴越均税率，一方面可能是个案处理。《淳熙三山志》中云："皇朝太平兴国五年，有言两浙大户租赋反轻，贫下之家输纳则重。"[2]由此可以看出，这次均税前有人指出了两浙地区赋税不均问题，为此，中央政府派专人处理，所以说这可能是个案问题。另一方面也可能是笼络吴越民心的举措。宋太宗在太平兴国三年颁布《钱俶纳土曲赦两浙德音》称："固于抚御之间，良轸寐兴之念。彼中官吏，差去使臣，更施存恤之方，广示怀柔之道，令其富庶，慰朕焦劳。"[3]由于在南方割据政权中，吴越不是通过军事攻伐获得的，钱氏在吴越还受人拥戴，故北宋政府若要稳定对该地的统治，必须更加努力争取民心。正如太宗诏敕中所言，以怀柔、存恤之道，令其富庶。如何富庶呢？无非是中国古代政府惯常的轻徭薄赋，蠲赋息役。而文中"差去使臣"是否从王方赟开始，不得而知，但此次存恤百姓，肯定有笼络人心的目的。在此之后，北宋政

1　王直：《抑庵文集》卷12《题汪景房沈籍事后》，《景印文渊阁四库全书》第1241册，第280~281页。

2　《淳熙三山志》卷10《垦田》，《宋元方志丛刊》，第7878页。

3　《宋大诏令集》卷227《钱俶纳土曲赦两浙德音》，第878页。

府对两浙也多次给予优惠。太平兴国七年十二月，时两浙转运使高
冕上陈旧政不便者百余事，太宗于是下诏："两浙诸州，自太平兴
国六年逋租及钱俶日无名掊敛，吏至今犹征督者悉除之。"[1]淳化元
年（990），宋太宗又针对两浙颁布均租诏："两浙诸州，先是钱俶封
国之日民多流亡，弃其地为旷土，宜令所在，籍其垄亩之数，均其
租。每岁十分减其三，以为定制。仍给复五年，召游民劝其耕种，
厚慰抚之，以称吾务农厚本之意。"[2]

　　尽管如此，通过前面分析能够发现，对引起田税地域差异的
税率均定极其有限。除税率外，北宋政府还意欲在税额不均问题上
采取措施。针对"时州县之吏多非其人，土地之利不尽出，租税减
耗，赋役不均，上下相蒙，积习成弊"，太宗在淳化四年（993）下
诏曰："诸知州、通判具如何均平赋税，招辑流亡，惠恤孤贫，室塞
奸幸，凡民间未便事，限一月附疾置以闻。"[3]但要均平赋税，必须弄
清田亩情况，清查隐田，这方面执行起来困难重重。对此将在下一
章"田税征收管理的调整"中加以探讨。

（二）田税税钱的折纳

　　五代十国时期，北方以"本色输纳"，南方则以钱立额，然后
"计亩折绫绢"，但北方绢额与唐后期"依送省轻货中估折纳匹段"
有关，故实际上都涉及税钱折纳问题。绢帛估价不同进而引起田税
地域差异也极其明显。北宋时期，在利用税钱折纳调节赋税上做了
很多努力。如沈括谈道："五代方镇割据，多于旧赋之外，重取于
民。国初悉皆蠲正，税额一定。其间有或重轻未均处，随事均之。
福、歙州税额太重，福州则令以钱二贯五百折纳绢一匹，歙州输官

1　潜说友纂修《咸淳临安志》卷 40《曲赦两浙德音》，《宋元方志丛刊》，第 3719~3720 页。
2　稽曾筠等监修，沈翼机等编纂《浙江通志》卷 259《宋太宗均租诏》，《景印文渊阁四库全书》
　　第 526 册，第 2 页。
3　《宋史》卷 173《食货上一·农田》，第 4159 页。

之绢止重数两，太原府输赋全除，乃以减价籴粜补之。后人往往疑福、歙折绢太贵，太原折米太贱，盖不见当时均赋之意也。"[1] 冯康国也称："四川税色，祖宗以来，正税重者科折轻，正税轻者科折重，科折权衡与税平准，故无偏重。"[2] 关于北宋税钱科折和均平田税的贡献问题，汪圣铎有过详尽、深刻的论述，为后来研究者奠定了基础。[3] 但汪先生着眼于北宋，认为五代时期多以钱米立额，以绢立额从北宋开始。对此，笔者从唐宋之际变迁角度尝试做长时段演进探析。[4] 实际上，唐后期中央政府也一直努力使绢估固定化，改变按时价科折的方式，省估、虚估和省中估都是其表现。这些努力在具体税制运行中也取得了一定成效，部分地区税钱额被固定为绢额，五代时期北方能够以"本色输纳"固然与当时钱荒有关，但唐后期税钱折科的基础不容忽视。即使南方政权以钱立额，但唐后期估价对其也并非丝毫没有影响，具体运行和细节把握则是另外的问题。故北宋税钱折科不是另起炉灶，而是在唐五代折纳基础上进行的，如北宋四川地区绢估价的制定是因其在唐五代就是绢估特殊区域，宋初制度运作则是对税钱科折制的完善。下面就此分别论述。

1. 唐后期税钱折纳中的绢估

两税法在定税之际以钱为额，但纳税之时却多征绢帛，这使钱绢估价成为唐后期税收的重要问题。对此，很多学者从不同角度进

---

1 《新校正梦溪笔谈》卷 11《官政一》，第 122 页。

2 《宋史》卷 375《冯康国传》，第 11620 页。

3 汪圣铎：《北宋两税税钱的折科》，《许昌师专学报》1989 年第 2 期。

4 关于唐宋折变制涉及问题较多，相关研究亦非常丰富，但多为立足财政视角的解析。如张熙惟《宋代折变制探析》，《中国史研究》1992 年第 1 期；李晓《宋代工商业经济与政府干预研究》，第 292~294 页；田晓忠《宋代田赋制度研究》，第 76 页；张亦冰《唐宋时估制度的相关令文与制度实践——兼论〈天圣令·关市令〉宋 10 条的复原》，《中国经济史研究》2017 年第 1 期；陈明光等《试论唐朝的赋役折纳免与政府购买及地方治理》，《中国经济史研究》2019 年第 2 期。本书对折变制分析主旨为唐宋之际税钱折变导致具体户税或田亩税税率的变化。

行了深入探讨，并取得丰硕成果。[1] 总体来看，学术界对省估以及相关虚、实估有以下观点：一种认为虚、实估来自虚、实钱，以实钱估价物品为实估，以虚钱估价物品为虚估；另一种认为虚、实估及省估与虚、实钱无关，是政府财政价格政策；吴丽娱则进一步认为省估是"半实半虚"的税价标准，落实到绢帛折价上便是"省中估"。上述研究为该问题进一步深入奠定了基础。但唐后期税收中的虚、实估，特别是省估实际上与有唐一代"钱帛兼行"的货币政策关涉颇大。鉴于此，下文尝试在前人研究基础上，从"钱帛兼行"的货币政策角度对唐后期江南税收中的"省估"问题做进一步解析，希望能有助于对两税法实行以后钱绢估价问题的进一步理解。

（1）军装需求与建中四年省估向实估的转变

建中定税之时，对绢的估价有具体的规定。但需指出的是，主要针对军需绢所倚重的江淮地区。贞元时期大臣陆贽称："往者纳绢一匹，当钱三千二三百文。今者纳绢一匹，当钱一千五六百文。"[2] 这一估价韩愈也曾提及"初定两税时，绢一匹直钱三千，今绢一匹，直钱八百"。[3] 但《权载之文集》称："大历中，绢一匹价近四千，今止八百、九百。"[4] 李翱在《疏改税法》里也记载："臣以为，自建中元年初定两税至今四十年矣。当时绢一匹为钱四千。"[5] 这样，建中时有两个估价，匹绢 3200 文和 4000 文。根据有关学者的研究，这两

1 参见王永兴《中晚唐的估法和钱帛问题》,《社会科学》1949 年第 2 期；吴丽娱《浅谈大历高物价与虚实估起源》，韩金科主编《'98 法门寺唐文化国际学术讨论会论文集》，第 523~531 页；吴丽娱《试析唐后期物价中的"省估"》,《中国经济史研究》2000 年第 3 期；魏道明《略论唐朝的虚钱和实钱》,《青海师范大学学报》1992 年第 2 期；魏道明《论唐代的虚估与实估》,《中国经济史研究》2002 年第 4 期；李锦绣《唐后期的虚钱、实钱问题》,《北京大学学报》1989年第 2 期；李锦绣《唐代财政史稿》下卷，第 1217~1249 页；日野開三郎『日野開三郎東洋史学論集』第四卷『唐代両税法の研究 本篇』271~281 頁。

2 《翰苑集》卷 22《均节赋税恤百姓第一条》,《景印文渊阁四库全书》第 1072 册，第 783 页。

3 《韩昌黎全集》卷 40《论变盐法事宜状》，第 476 页。

4 权德舆：《权载之文集》卷 47《论灾旱表》,《四部丛刊》本。

5 《李文公集》卷 9《疏改税法》,《景印文渊阁四库全书》第 1078 册，第 145 页。

个估价都不是实估绢价，当时的绢价在 2000 文左右，虚估盐利绢到 4000 文，刘晏每缗加饶 200 文，形成匹绢实际 3200 文的估价。[1] 由此可知，建中初定两税时绢折钱的虚估价为匹绢 3200 文。

那么，建中绢估价执行情况如何呢？实际上它有一个从省估到实估再恢复省估的过程。

前面曾谈到贞元时期的大臣陆贽说当时纳绢一匹当钱一千五六百文，这个价格已经不是虚估而是实估价了。因为建中时实际绢价在 2000 文左右，[2]此时看来下降了四五百文。陆贽奏议也反映了这种情况，他说："自定两税以来，恒使计钱纳物，物价渐贱，所纳渐多。"[3]陆贽上表提出修改两税在贞元十年（794），此时距两税法施行的建中元年有 14 年时间，说明建中时期 3200 文的虚估绢价实行不久就改为实估了。其具体时间应在建中四年（783）前后。因为此时朱滔、田悦、王武俊和李希烈等藩镇相继反叛，朝廷调兵镇压。后朱泚又叛乱，德宗北走奉天。唐政府财政困窘，为筹措军费，开始税间架钱和行除陌法。将折绢的虚估变为实估也应行于该时期，对此，南宋人程大昌对徽州税制的变化也有专门记载："自杨炎立两税法，农田一年岁输官两色，夏蚕熟则输绌绵绢丝，亦有输麦者，秋稻熟则专输米，皆及时而取所有也。唐行两税不久（只三四年），遂令当输者皆折价输钱。陆贽奏议具在可见也。"[4]程大昌所记述的徽州两税变动时间在两税法推行以后三四年，与建中四年国家内乱，天子播迁吻合。但与杨炎在两税法中的规定明显不同，徽州夏税开始并未输钱，而是直接输绌绵绢丝，三四年以后才输钱。为何如此矛盾呢？程大昌说"陆贽奏议具在可见也"，因此解

---

1 吴丽娱：《浅谈大历高物价与虚实估起源》，韩金科主编《'98 法门寺唐文化国际学术讨论会论文集》，第 523~531 页。

2 元结在永泰二年通州《问进士》文中说："今者帛一匹估钱二千尚贱。"（《元次山文集》卷 9）李翱在《进士策问第一道》中说："初定两税时……帛一匹价盈二千。"（《李文公集》卷 3）

3 《翰苑集》卷 22《均节赋税恤百姓第二条》，《景印文渊阁四库全书》第 1072 册，第 787 页。

4 《演繁露续集》卷 2《徽州苗绢》，《景印文渊阁四库全书》第 852 册，第 219 页。

析该问题需借助陆贽的奏议。"初定两税，万钱为绢三匹，价贵而
数不多。及给军装，计数不计价，此税少国用不充也。"[1] 这里谈到
由于初定两税时绢价贵，政府通过税收征集的绢不多，这说明当时
执行了 3200 文的估价，并将税钱全部折绢，由此推之，徽州地区
直接税绢是税钱全部折绢的表现。但随着战事出现，军装需求绢帛
增加，如兴元元年（784）四月，在奉天的德宗政权"军士未授春
衣，盛夏犹衣裘褐"。[2] 所以，政府不得不废虚估就实估，按陆贽的
话为"税少国用不充"，只能"计数不计价"，这里计数是实际税钱
数，价则指虚估价。落实到徽州就是"折价输钱"，即实估折绢代
钱。另外，从国家财政收支情况也能发现其中端倪。陆贽在《论裴
延龄奸蠹书》中说："诸州输送布帛，度支不务准平，抑制市人，贱
通估价……及其支送边州，用充和籴，则于本价之外，例增一倍有
余。布帛不殊，贵贱有异。"[3] 文中度支对诸州的税绢按贱价实估计
算，而和籴支出时，则增价配人。此时实际绢价是 1600 文左右，增
加一倍，则是 3200 文左右，这正说明国家收税已经把虚估改为实
估，但同样布帛却仍按虚估支出。

（2）"钱帛兼行"与宪宗永贞元年省估的恢复

绢帛由虚估变为实估导致的是百姓负担增加，且随着绢估价
持续走低，百姓负担日益加剧。贞元十年，绢时估价为 1600 文左
右，建中时期，纳绢一匹，此时需纳两匹。贞元十五年（799）至
元和初，绢时估价跌至 800~900 文，[4] 是建中虚估的 1/4，这意味着
百姓负担增加三倍。对此，一些大臣像陆贽、权德舆、李翱和韩
愈等人纷纷上书主张减轻百姓负担。所以，唐政府重新整顿估法。

---

1 《新唐书》卷 52《食货二》，第 1355 页。

2 《资治通鉴》卷 230，唐德宗兴元元年，第 7422 页。

3 《翰苑集》卷 21《论裴延龄奸蠹书一首》，《景印文渊阁四库全书》第 1072 册，第 767 页。

4 据李锦绣考证，《权载之文集》中称："大历中，绢一匹价近四千，今止八百。"此时为贞元
十五年。另外，绢价骤降与盐榷价上升有关。参见氏著《唐代财政史稿》下卷，第 1223、
1227 页。

对此，有学者认为开始实行"半实半虚"的省估制度。[1]笔者认为，它是重新恢复了建中时期的 3200 文省估价，同时，执行了钱帛兼行的货币制度。

这里需要区分"虚估"和"省估"的含义。"虚估"严格意义上是指刘晏在大历时期确立的盐利匹绢 4000 文的估价，元稹在《为河南府百姓诉车状》中提及"共给盐利虚估匹段。绢一匹，约估四千已上"就是很好的例证。[2]但由于脱离实际绢估价的政府定价都属虚估性质，所以广义上的"虚估"包括"省估"。对"省估"，吴丽娱先生认为是"虚实各一半、半实半虚的估价"，实际上已经将其上升为一种折纳方法。但笔者认为事实并非如此。《唐会要》称裴垍在元和四年改革估法前："所在长吏又降省估使就实估。"[3]胡三省在《资治通鉴》中注有："省估者，都省所立价也。"[4]可见，省估是相对实估的官府所立绢价。"省估"与"虚估"有密切关联。刘晏在盐铁转运使任上确立盐利匹绢 4000 文的"虚估"，经过每缗加饶 200 文，实际匹绢成为 3200 文。这一估价在盐铁转运使方面是一种计算方法。但它影响了国家绢估，经过尚书省支度国用的度支部门统一规定，遂成为"省估"，因此，唐后期出现的省估应是相对于匹绢 3200 文的估价而言。

既然省估是一个政府估价，那么，吴丽娱所称"半实半虚"的折纳方法是什么呢？事实上，它是当时国家钱帛兼行的货币制度。唐代绢帛作为货币被广泛使用，与铜钱一起流通，时人称之为"钱帛兼行"。[5]但唐中叶以后，铜钱流通日益扩大，绢帛受到排挤。为此，政府力保绢帛的货币地位，多次下诏规定绢帛等实物与铜钱兼

1　吴丽娱：《试析唐后期物价中的"省估"》，《中国经济史研究》2000 年第 3 期。
2　《元稹集》卷 38《为河南府百姓诉车状》，第 433 页。
3　《唐会要》卷 83《租税上》，第 1539 页。
4　《资治通鉴》卷 237，唐宪宗元和三年，第 7655 页。
5　李埏：《略论唐代的"钱帛兼行"》，《历史研究》1964 年第 1 期。

作货币，一起使用。如开元二十年（732）九月，玄宗颁《令钱货兼用制》称："绫罗绢布杂货等，交易皆合通用。如闻市肆必须见钱，深非道理。自今已后，与钱货兼用，违法者准法罪之。"[1] 开元二十二年（734）十月又颁布《命钱物兼用敕》："货物兼通，将以利用，而布帛为本，钱刀是末，贱本贵末，为弊则深，法教之间，宜有变革。自今已后，所有庄宅，以［及］马交易，并先用绢布绫罗丝绵等，其余市价至一千以上，亦令钱物兼用，违者科罪。"[2] 由此可见，国家通过严刑峻法来推行钱帛兼行的货币制度。然而，这项制度在安史之乱及以后的一段时间内被打断。这固然与战争时期制度松弛相关联，但更主要的是由此时大钱的制造和恶钱泛滥造成的。肃宗乾元元年（758）为筹措军费，第五琦主持铸造乾元重宝钱，一枚重宝钱当十枚开元通宝钱用，之后又铸造以一当五十的重轮乾元钱。虚额大钱的出现造成了通货膨胀，物价飞涨，铜钱的流通信誉下降。同时，巨额利润也使盗铸风起，恶钱泛滥加剧了人们对铜钱的不信任，导致了绢帛货币地位的提升。因此，旨在维护绢帛货币地位的钱帛兼行制度也就失去了意义。这一时期，绢帛代替钱币流通。前文已经指出，此时绢帛被确定了高于实估的"虚估"和"省估"价。由于建中三年朱滔、田悦、王武俊和李希烈等藩镇反叛，军费日增，唐政府被迫将地方上供绢由"省估"变为实估，以增加财政收入。但并不意味着"虚估"和"省估"在国家财政中消失，因为盐利所收绢帛还维持着上述估价。那么，盐利绢为何没有和两税绢一样变"省估"为实估呢？这是因为唐政府在榷盐上采取了另外增加盐价的敛财方式。贞元四年后，海盐价增加 200 文，达到 310 文，河中两池盐每斗高达 370 文。[3] 盐价增加背后是"省估"绢价的维持，但随着绢帛实际价格走低，国家财政收入严重名实不

1 《全唐文》卷 25《令钱货兼用制》，第 293 页。
2 《唐会要》卷 89《泉货》，第 1267 页。
3 《新唐书》卷 54《食货四》，第 1378 页。

符。贞元末，"榷盐法大坏，多为虚估，率千钱不满百三十而已"。[1]
由此可见，安史之乱以后绢帛代替铜钱出现的估价问题负面影响颇
大。一方面，百姓纳钱以实估计折造成了百姓负担加重；另一方
面，盐利绢虚估的存在亦使国家财政收入名不副实，形成事实上的
坏账。所以，绢帛估价问题亟待解决。然而，若将百姓的实估绢价
恢复为建中时期的"省估"绢价，国家财政将难以维持，这是因为
此时绢价已经下降到每匹 800 文，与建中省估匹绢 3200 文相比，两
税钱收入将减少 3/4，这对财政而言损失不可想象。同样，把盐利
绢由"省估"变为实估也不可行，因为政府榷盐价在 310~370 文，
而市场盐价却在 200 文左右，这样商人将无利可图，政府榷盐制度
也将崩溃。所以，在现有体制内寻求适当的绢估价至为关键。在这
个问题上，唐政府在保持已有"省估"和实估制度的基础上，巧妙
地通过重申钱帛兼行制度达到了目的。

　　这项政策在德宗贞元二十年（804）被提出，"命市井交易，以
绫、罗、绢、布、杂货与钱兼用"。[2]虽然它仅声称针对市井交易，
但在国家财政收入方面可能也一并实施。因为在颁布这条法令后的
次年初，即永贞元年正月，唐德宗病逝。顺宗享国仅数月，至八
月，宪宗即位。"辛酉，遣度支盐铁转运副使潘孟阳宣慰江、淮，
行视租赋、榷税利害。"[3]《册府元龟》详细记载了此次整顿榷价："宪
宗以永贞元年八月乙巳即位。九月癸酉，度支使奏江淮盐每斗减钱
乙［一］百二十，榷二百五十；其河中两池盐，请斗减钱二十六，
榷三百。"[4]而元和四年三月，宪宗下令放免监院欠税称："永贞元年
变法后新盐利轻货折估钱。"[5]将诸事实综合考察能够发现，永贞元

1　《新唐书》卷 54《食货四》，第 1379 页。
2　《新唐书》卷 54《食货四》，第 1388 页。
3　《资治通鉴》卷 236，唐顺宗永贞元年，第 7621 页。
4　《册府元龟》卷 493《邦计部·山泽一》，第 5898 页。
5　《文苑英华》卷 435《亢旱抚恤百姓德音》，第 2204 页。

年，在宪宗即位后对榷盐制度进行了整顿，除降低盐价外还实行了
新的绢（轻货）估方法。其具体方法在元和七年（812）盐铁转运
使王播的上奏中能够发现："元和六年籴盐，除峡内盐井外，计收盐
价钱六百八十五万九千二百贯。比量未改法已前旧盐利，总约时价
四倍加抬，计成虚钱一千七百一十二万七千一百贯。改法实估也。"[1]
这里盐价钱与虚钱比是 1:2.5，据李锦绣推算，它是由一半实钱和
一半四倍于实估的虚钱得来的。此说是正确的。但李锦绣和吴丽娱
两位学者都坚持认为，这标志着"省估"的恢复，文中所说"实
估"并非真正的实估。[2] 笔者认为，其实质是推行了一半铜钱、一半
绢帛兼行制度。一半铜钱由实估绢折纳，另一半绢继续执行
原来"省估"绢的办法。改法的主要内容是将一半税钱的"省估"
绢变为实估绢。因此，文中"改法实估也"并非虚言，而是道出了
问题的关键所在。钱帛兼行制度不仅推行于榷盐制度，也应该涉及
了两税。前述盐铁转运副使潘孟阳宣慰江、淮，是租赋和榷一并考
察的。另外，《唐会要》称裴垍在元和四年改革估法前："所在长吏
又降省估使就实估。"[3] 说明在这之前对税钱已经要求按"省估"折纳
了。同时，奏议还称"州县官正料钱，数内一半，任依省估例征纳
现钱支给"。又"其供军酱菜等价直，合以留州使钱充者，亦令见
钱匹段均纳"。[4] 这都说明钱帛兼行制度已经在两税收纳中实施。其
具体推行时间，估计与榷盐改革同步，也应在永贞元年宪宗即位以
后。公家交易的钱帛兼行制度在元和六年见诸法令，"公私交易，十

---

1 《册府元龟》卷493《邦计部·山泽一》，第5899页。
2 李锦绣：《唐代财政史稿》下卷，第1228~1229页；吴丽娱：《从张平叔的官销之议试论唐五代盐专卖方式的变迁》，《中国史研究》1996年第1期。
3 《唐会要》卷83《租税上》，第1539页。
4 以上亦见于《唐会要》卷83《租税上》；另吴丽娱以"州县官正料钱，数内一半，任依省估例征纳现钱支给"为据，认为省估例是一半实钱、一半虚估匹段，是省估。笔者认为，此处省估例对应的是州县，应理解为尚书省的行估方法，强调现钱说明是钱帛兼行制度的要求，"省估"是一估价，而不是方法。后文"省中估"更能说明这一点。

贯钱已上，即须兼用匹段。委度支盐铁使及京兆尹即具作分数，条流闻奏"。[1]从贞元二十年"市井交易"到元和六年"公私交易"的变化足以说明，这期间国家财政收纳中钱帛兼行制度被推行。

（3）"省中估"："钱帛兼行"下省估的嬗变

钱帛兼行制度的推行，不仅让"省估"得以恢复，同时还促使"省估"进一步向"省中估"嬗变。

一匹绢的"省估"价3200文非常高，经过钱帛兼行制度变通，绢的实际估价大大下降，从而形成新的估价，这一估价便是"省中估"，也称"中估"。如果以实估价匹绢800文计算，同样3200文税钱，用省估是1匹绢，实估为4匹，半实半虚则为2.5匹，这样省中估为1280文。此估价对两税绢来说，上浮估价0.6倍，国家对财政收入的减少还能够承受；对盐利绢来说，估价下调2.5倍，尽管降低了盐价，实际收入还是增加了。所以，它是一个比较适中的估价。对两税来说，省中估是在原来实估折纳中加入省估而来的，故在改法初期的诏令中，往往"省中估"和"省估"混同使用。如《旧唐书·裴垍传》载，裴垍元和四年为相，奏请："天下留州、送使物，一切令依省估。"[2]这里省估是针对原来实估来说的，实际执行一半的省估，最终落实为"省中估"。《册府元龟》也明确称："敕，所纳匹段，并依中估。明知加价纳物，务在利及疲人。"[3]宪宗元和五年（810）正月，度支奏请中也说："如于敕额见钱外，辄擅配一钱，及纳物不依送省中估，刺史县令录事参军，请与节级科贬。"[4]随着两税绢数量的固定，"省中估"脱胎半实半虚货币制度的意识越来越淡化。

"省估"、"虚估"和"元估"在绢帛征收时掺杂在钱帛兼行的货币制度中，但是绢帛进入左藏以后不会被具体区分是"省估"、"虚

1　《旧唐书》卷48《食货上》，第2102页。

2　《旧唐书》卷148《裴垍传》，第3992页。

3　《册府元龟》卷488《邦计部·赋税二》，第5834页。

4　《唐会要》卷83《租税上》，第1538页。

估"还是"元估"，而是"省中估"，当其作为俸禄发放时也是以"省中估"出现的。

《册府元龟》卷507《邦计部·俸禄三》：

> （太和）三年七月诏：沧、德二州州县官吏等，刺史每月料钱八十贯，录事参军三十五贯，判司各置二人，各二十五贯，县令三十贯，尉二十贯，其令俸禄且以度支物充，仍半支省估匹段，半与实钱。[1]

《唐会要》卷91《内外官料钱上》：

> （元和）十二年四月敕：京百官俸料，从五月以后，并宜给见钱。其数内一半充给元估匹段者，即据时估实数，回给见钱。[2]

《册府元龟》卷508《邦计部·俸禄四》：

> （会昌）六年二月诏：以诸道铸钱已有次第，须令旧钱流布，绢价稍增。文武百寮俸料起三月一日，并给见钱，其一半先给虚匹段，对估时价支给。
>
> 三月，户部奏：百官俸料一半匹段给见钱则例，敕旨，其一半先给元估匹段者，宜令户部准元和十二年四月十三日敕例，每贯给见钱四百文，使起四月以后支给。[3]

唐后期绢作为财政支出时按元估、虚估，实际上是3200文，但

---

1 《册府元龟》卷507《邦计部·俸禄三》，第6089页。
2 《唐会要》卷91《内外官料钱上》，第1664页。
3 《册府元龟》卷508《邦计部·俸禄四》，第6094页。

绢帛在作为赋税上缴时，已经形成了省中估，也就是说，如果一个官员的俸禄是 6400 文，按照一半现钱，一半元估、虚估匹段发放的话，会得到 3200 文实钱和 1 匹虚估价 3200 文的绢，但这匹绢官府从百姓那里收的时候通过钱帛兼行，实际匹段既不是虚估的 3200 文，也不是实估的 800 文，而是省中估的 1280 文。而在给官员俸料的支出中，既然也需要钱帛兼行，那么，另一半则按虚估给予。但"对估时价支给"就出现了问题，当将另一半还原现钱时，因为国家税收时打了折扣，故不能再按 3200 文支付，否则国家就亏了，所以必然要恢复它的实际价值。经过半实半虚的钱帛兼行，实际估价是 1280 文，故 3200 文钱还原按 1280 文支付，换算后是 3200 文 /1280 文 = 1000 文 /400 文，即形成了"每贯给见钱四百文"的结果。若按绢的实估价 800 文给，则意味着官员承担了虚估的负担，这对官员则不公平。

通过对"虚估"、"省估"和"省中估"的分析，大致揭示了建中以后两税折估的发展脉络，总体上是一个从省估到实估再到恢复进而形成省中估的过程。

（4）省估政策在地方的逐步推行

户税钱折绢定额化的实质是建中以来两税省估、省中估的固化，它对稳定国家财政收入、减轻百姓负担都具有一定的意义。

不过需要指出的是，永贞元年恢复"省估"政策以后，囿于税收的分权管理模式，地方并不遵守。对上供税额，"皆以实估敛于人，虚估闻于上"。留州、送使的税额，所在长吏，多降省估使就实估。[1] 为此，唐中央政府在元和四年裴垍为相时进行了改革。[2] 具体内容是按新的估法和货币制度把户税钱具体固定为钱额、绢额。除了官员料钱和供军酱菜钱可以征缴一半实钱外，其余的都折成送省

---

1 《唐会要》卷 83《租税上》，第 1538 页。

2 《唐会要》卷 83《租税上》，第 1537~1538 页。

中估匹段，这是两税定额管理从钱额到绢额的进一步深化。裴垍将户税钱折纳匹段定额化，使其在江南地区成为常制，宣宗大中四年（850）敕文仍称："其诸道州府应所征两税匹段等物，并留使钱物纳匹段等虚实估价及见钱，从来皆有定额。如闻近日或有虚实于价数内征实估物，又其分数亦不尽依敕条，宜委长吏切加遵守，苟有违越，必议科绳，本判及专知官当重惩责。"[1]

上面所言绢估主要针对国家财政和军需绢都倚重的江淮地区，其他地区执行绢估或时间稍晚，或存在变通，这都与安史之乱以后地方藩镇拥有一定制税权相关。就唐后期中央与藩镇关系，张国刚将其分成河朔割据型、中原防遏型、边疆御边型和东南财源型。[2] 河朔割据型藩镇尽管也执行了两税法，但基本上是"户版不籍于天府，税赋不入于朝廷"。[3] 中原防遏型藩镇担负西面震慑河朔藩镇，南面保护江淮藩镇贡赋的重任，故保持了庞大军队。杜牧即曾云："六郡之师，厥数三亿，低首仰给，横拱不为，则沿淮已北，循河之南，东尽海，西叩洛，经数千里，赤地尽取，才能应费，是天下三支财去矣。"[4] "尽取才能应费"道出该类藩镇财政完全自赡的特征。边疆御边型指西北、西南藩镇，其中富庶的两川则"厚自奉养"，而西北边穷地区，"以编户倾家破产之资，兼有司榷盐税酒之利，总其所入，半以事边"，[5] 说明这些边疆藩镇多仰给于度支。因而只有东南财源型藩镇所在的江淮地区，才是国家财政供应中心，进而成为税收管理和变通的重点地区。

唐后期通常盐铁与度支二分财政区域，省估折纳方式亦属于盐铁改革，因此决定了这一政策的推行和变通。前述中央对两税税钱

1 《册府元龟》卷488《邦计部·赋税二》，第5839页。
2 张国刚：《唐代藩镇研究》，第81页。
3 《旧唐书》卷141《田承嗣传》，第3838页。
4 《樊川文集》卷5《战论》，第92页。
5 《翰苑集》卷19《论缘边守备事宜状》，《景印文渊阁四库全书》第1072册，第746页。

折纳和估法改革首推东南财源型藩镇，而对其他藩镇则逐步推广。
对河朔藩镇，唐穆宗初年，崔俊曾在淄青、兖海、郓曹等三道及
潋、蔡、申、光等州勘定两税钱物斛斗。[1] 从后来情况看，这次定税
比较粗糙，没有规定两税上供额，更谈不到确立固定钱额、绢额。
如长庆二年兖海节度使管辖的兖州莱芜县，年税仅绢一千匹。[2] 直到
唐文宗大和五年（831），才另派谏议大夫王彦威充勘定两税使，对
郓、曹、濮、淄、青、登、齐、莱、兖、海、沂、密等十二州"两
税榷酒及征物匹数、虚实估价并留州留使上供等钱物斛斗，此类诸
道，一一开项分析，平均摊配，立一定额，使人知常数"。[3] 西南御
边藩镇中，邕管有记载："其年（开成四年）十二月，邕管经略使唐
宏实，当管上供两税钱一千四百七十三贯文，其见钱每年附广州纲
送纳。敕，邕管两税钱八百余千，自令输纳，颇甚艰弊。宜委岭南
西道观察使，每年与受领过易轻货，附纲送省。其蹴运脚钱，仍令
于放数内抽折。"[4] 文中提到上供税钱是邕管各州总上供钱，按省估
例，上供钱一半纳省估匹段，一半纳现钱，说明开成时期也执行了
中央对东南藩镇的绢估政策。

　　然而，度支财政区域在执行这一政策时有所变通，即采用加
饶形式。关中和四川地区比较典型。关中地区历来寡蚕桑，开元年
间一度庸调变粟取米，因而这一地区两税法纳实钱而非折纳绫绢，
直到元和六年六月，才令京兆府两税"宜以粟麦丝绢等折纳"。由
于不盛产绢，因而到元和十一年六月，将京兆府折纳绫、绢、絁、
绌、丝、绵等限定在夏税。"并请依本县时价，只定上中二等，每
匹加饶二百文，绵每两加饶二十文。"[5] 四川地区在两税法颁行以后

---

1 《全唐文》卷 725《请令本州定税额奏》，第 7473 页。

2 《唐会要》卷 70《州县改置上》，第 1254 页。

3 《册府元龟》卷 488《邦计部·赋税二》，第 5837~5838 页。

4 《唐会要》卷 84《租税下》，第 1543 页。

5 《唐会要》卷 83《租税上》，第 1539 页。

也没有实行计钱折纳绫绢的政策，这并非该地不产绢帛，而是该地绢帛太上乘，如《会昌五年正月三日南郊赦文》指出："如闻两川税租，尽纳见钱。盖缘人多伎巧，物皆纤丽，凡所织作，不任军资，所以人转困穷。"因此，"劝课有机杼之家，依果、阆州且织重绢，仍与作三等估。上估一贯一百，下估九百。待此法行后，每年两税一半与折纳重绢，即异人稍苏息，军用不亏"。[1]可见此时，仅实行折纳丝织品，但未见加饶。但到唐文宗大和四年五月，剑南西川宣抚使崔戎制置剑南西川两税，按朝廷命令，"旧纳见钱，今令一半纳见钱，一半纳当土所在杂物，仍于时估之外，每贯加饶三百五文，依元估充送省及留州留使支用者"。而崔戎与郭钊商量的办法是："当道两税并纳见钱，军中支用及将士官吏俸依赐并以见钱给付，今若一半折纳，则将士请受折损较多，今请两税钱数内三分，二分纳见钱，一分纳匹段及杂物，准诏每贯加饶五百文，计优饶百姓一十三万四千二百四十三贯文。"[2]西川地区在加饶上改变了中央钱帛兼行的货币制度，中央也不得不与之妥协，说明中央在税钱折纳推行上的局限。

2. 五代十国和北宋的绢估

北方地区由于以绢立额，故尽管绢额背后有原税钱因子，却经常被忽视。最早可考的虚估发生在南部徽州（当时称歙州）。在唐昭宗景福二年，陶雅在徽州整顿税收，"上等每亩至税钱二百文，苗米二斗二升。为输纳不前，却将绅、绢、绵、布虚增高价，纽折税钱，谓之元估八折"。[3]这里的元估为何时估价，文中没有记载。但陶雅所定的虚估可以从南宋《新安志》中推断出来，"上田园每亩税钱二百，为夏税绅四寸，绢一尺三寸，布一尺，绵三钱"，[4]中下田园

---

1 《文苑英华》卷 429《会昌五年正月三日南郊赦文》，第 2175 页。

2 《册府元龟》卷 488《邦计部·赋税二》，第 5837 页。

3 《宋会要辑稿》食货七〇之三五，第 6388 页。

4 《新安志》卷 2《税则》，《宋元方志丛刊》，第 7624 页。

依次有差。而顺义二年宋齐丘主张实行钱折绅、绢、绵本色，当地的价格是"是时，绢每匹市卖五百文，绅六百文，绵每两十五文"。[1]如果布价与绢相同，则徽州上等田所税绅、绢、布、绵的实际总价为 40 文左右，而充当 200 文，是其 5 倍。那么，绢每匹实价 500 文，虚抬 4 倍，则为 2500 文左右，而这还被"谓之元估八折"，则元估是 3200 文。由此可见，陶雅因税钱无法输纳，遂将绅、绢、绵、布虚增高价，他所依据的不是后来省中估，而是最初元估，说明唐后期绢估在此时还有影响。至吴顺义时期，宋齐丘主张实行钱折绅、绢、绵本色，并提高物估，这是打破唐代绢估的重新估价，"是时，绢每匹市卖五百文，绅六百文，绵每两十五文，齐丘请绢每匹抬为一贯七百，绅为二贯四百，绵为四十文"，[2]估价比实价高出近四倍，这意味着政府减少四分之三的财政收入，难怪"朝廷喧然沮之，谓亏损官钱万数不少"。不过，顺义定税时高物估并未始终贯彻。南唐时，李元清在吉州时，当地还是夏赋准贡见缗，他奏请匹帛折钱一千，虽低于顺义时物估，但仍"民无怨望"。可见，吴、南唐田税钱折纳中存在打破唐代绢估制度重新确定物估的问题，但执行得不好，这也是宋代确定估价的原因。

其他割据政权中，只有前、后蜀有虚估记载。前已引述，前蜀王建武成元年敕文中记载："其有外州远县官吏等辄征估价，并许百姓诣阙论诉。"[3]由此可以发现，前蜀在执行中央统一的虚估政策，对外地州县官吏降低估价行为，严格处理。后蜀时两税用匹帛折纳，只有峡路诸州有虚估记载。史称："峡路诸州，承孟氏旧政，赋税轻重不均，阆州税钱千八百为一绢，果州六百为一绢。"[4]从这里能看出，后蜀时估价高低不一。

1　《容斋续笔》卷 16《宋齐丘》，《容斋随笔》，第 418 页。
2　《容斋续笔》卷 16《宋齐丘》，《容斋随笔》，第 418 页。
3　《十国春秋》卷 36《前蜀二·高祖本纪下》，第 508 页。
4　《宋史》卷 267《陈恕传》，第 9202 页。

关于宋代的绢估，《建炎以来朝野杂记》载：

> 祖宗时，民户夏秋输钱米而已，未以绢折也。咸平三年，度支计殿前诸军及府界诸色人春冬衣应用布帛数百万，始令诸路漕司于管下出产物帛诸州军，于夏秋税钱物力科折，辇运上京。自此始以夏秋钱米科折绵绢，而于夏科输之。闻诸父老，川、峡四路大抵以税钱三百文科折绢料一匹，此咸平间实直也。[1]

这是宋代绢估的重要记载。但南宋人对宋初情况未见得完全清楚，"民户夏秋输钱米而已"，显然不对，五代北方输绢为额是事实。"未以绢折也"更不对，南方一直存在折绢。故此处是指以固定的估价形成绢额，但这不是重新计算所需要绢，再向各地分配税额，而是延续了五代十国时期各地折绢的实际情况。如太平兴国二年（977）六月，江南西路转运司言："诸州蚕桑少而金价颇低，今折税，绢估小而伤民，金估高而伤官。金上等，旧估两十千，今请估八千。绢上等，旧匹一千，今请估一千三百。余以次增损。"[2]北宋时期江南西路为原南唐统治区域，南唐后主在975年被北宋军俘虏，而太平兴国二年为977年，故文中旧估属于南唐时期。转运使要改变原来估价必须上报中央，说明宋代对于原来估价的严格继承。

但是，文中有"川、峡四路大抵以税钱三百文科折绢料一匹，此咸平间实直也"，说明四川地区采取了当时的实价。之所以出现这种情况，笔者认为与四川地区绢折估历史有关。前已谈到，唐后期由于该地区丝织品太上乘，结果两川税租，尽纳见钱，"凡所织作，不任军资"，就是说没有作为税绢。直到唐文宗大和四年五

---

1 《建炎以来朝野杂记》甲集卷14《东南折帛钱》，第290~291页。
2 《续资治通鉴长编》卷18，太平兴国二年六月己未，第406~407页。

月，剑南西川宣抚使崔戎制置剑南西川两税，按朝廷的命令，"旧纳见钱，今令一半纳见钱，一半纳当土所在杂物，仍于时估之外，每贯加饶三百五文，依元估充送省及留州留使支用者"。但崔戎与郭钊商量的办法是："今请两税钱数内三分，二分纳见钱，一分纳匹段及杂物，准诏每贯加饶五百文。"[1] 可见唐后期四川并没有实行固定的绢估，而是加饶。固定绢估的发展方向是越来越脱离实际价格，而加饶则恰恰相反，时刻紧跟绢的实价。所以，四川地区的绢帛折科都是围绕实价进行的。不过，"劝课有机杼之家，依果、阆州且织重绢，仍与作三等估。上估一贯一百"。[2] 果、阆州属于特殊地区，重绢实行固定估价，这种情况在五代时期得到延续，即"峡路诸州，承孟氏旧政，赋税轻重不均，阆州税钱千八百为一绢，果州六百为一绢"。[3] 因此，四川地区没有固定绢估状况被北宋所沿袭。宋太祖开宝六年《西川两税折帛依时估诏》称："应西川管内州府军县，自今将两税钱折匹帛者，并与依逐州三旬时估折纳。"[4] 这种情况导致咸平三年（1000）确定绢估价时被确定下来。据汪圣铎考证，自此以后，宋代政府在四川执行了三百文科折绢一匹的标准。[5] 需要注意的是，这是一个由实估转化而来的绢估价，科折之重烈于其他地区，这也许正如冯康国所言："四川税色，祖宗以来，正税重者科折轻，正税轻者科折重，科折权衡与税平准，故无偏重。"[6]

通过以上分析可知，北宋政府试图努力消除唐五代遗留下来的田税地域差异现象。但从征税方式、税率以及税钱折纳的具体实施来看，只能局限在个别地区和个别领域，结果只能是田税"轻重相悬"的局面继续存在，其影响已经远远超出了两宋，对中国古代

1　《册府元龟》卷488《邦计部·赋税二》，第5837页。

2　《文苑英华》卷429《会昌五年正月三日南郊赦文》，第2175页。

3　《宋史》卷267《陈恕传》，第9202页。

4　《宋大诏令集》卷185《西川两税折帛依时估诏》，第675页。

5　汪圣铎：《北宋两税税钱的折科》，《许昌师专学报》1989年第2期。

6　《宋史》卷375《冯康国传》，第11620页。

社会后期田税的地域差异亦有直接关联。可见，唐宋之际田税地域差异在中国古代社会后期具有重要作用。这一特征的出现尽管与唐宋之际税权下移和天下瓜裂的社会背景不无关联，但也应看到，它实际与中国古代田税征收对象由人丁向土地转移同步。从这一点观察，唐宋之际田税地域差异更应该归诸田税自身演进的内在特征。

第四章 田税征收管理的调整

　　税收征管是税制的实施机制。一个完善的税制不仅需要税种设置合理、税种内部关系协调、税负适度，还必须具有相应的税收征管机制。当税制结构发生变化，税收征管机制也要随之调整。唐宋之际田税制度已由名税地实税丁的间接形式走向履亩而税的实际运作，因而对田税征收管理提出新的要求。

　　唐宋之际田税征管变迁涉及户口簿、户等版籍、税租簿、地籍、户帖和户钞等籍帐流变，也包括其运行机制和实践流程的更革。它承续了魏晋以降人头税簿籍系统的基础，并围绕履亩而税形成全面的制度革新，奠定了宋以降中国古代田赋征管的制度模式和演进方向，因而是一个重大课题。目前唐后期和五代田税征管研究较弱，这与基于敦煌吐鲁番文书对唐前期户口籍帐的细密化研究形成反差。这固然有史料记载疏阔的原因，然而唐宋之际田税变迁研究视野的相对缺乏可能更占主要地位。令人欣喜的是，近年来一批青年学者立足唐宋会通意识，对唐后期和五代田赋征管问题进行了开拓性研究，取得了众多新的成果。而宋代籍帐问题前辈学者一直多有探讨，当前研究亦走向细密化，新作迭出。

　　唐宋之际田税征管问题宏大，因个人精力有限，无法做全面系统研究。故本书只能或撮其大要，或个别深入，尝试对这一时期田税征管模式以及相关土地、户口问题进行初步探讨。基本观点认为：户帖出现和户钞完善反映出对纳税人田税征管的加强。逃田立租、任充永业和移产割税则是土地与税额紧密结合后田税征管的趋势。在土地管理上，统计手段逐步强化，对土地交易的控制转移到割税上。据地造籍、主户与客户之分以及形势户的出现则是户口制度调整的积极表现。这一切都形成了中国古代社会后期田税乃至整体税收征管的新特征。

一　田税征管模式的变化

　　唐宋之际田税征管模式存在一个逐步完善的过程。相对于中央政府的制度设定，地方基层州县在田税征管实践上更为灵活。下文着眼基层税制运行，从户帖、税钞、逃田立租和移产割税等方面，揭示这一时期田税征管模式的变化。

（一）户帖的出现

　　近年来，随着明清户帖文书被陆续发现，中国古代的户帖越来越引起学术界和社会的关注。不过，明清阶段已是中国古代户帖制度流变的晚期了。若溯其渊源，李唐王朝才是户帖最早孕育产生的时代。而且，唐代户帖是发给百姓用于征税派役的文书，这与明清户帖仅是登记每户人口的籍册明显不同。那么，户帖为什么产生在唐代？最初实施的目的是什么？户帖在唐代社会经济生活中有哪些功能？这些都是值得探讨的问题。

目前，有关唐代户帖最早的记载见于唐文宗大和四年，当时的剑南西川宣抚使崔戎称："西川税科，旧有苗青如茄子、姜芋之类，每亩或至七八百文，征敛不时，烦扰颇甚。今令并省税名目，一切勒停，尽依诸处为两限，有青苗约立等第，颁给户帖，两税之外余名一切勒停。"[1]崔戎是将一些按亩征收的杂税并入国家两税，然后"颁给户帖"。稍后的开成元年，唐中央政府计划以后把每年的两税钱折成粟麦征收，也命令造户帖。《册府元龟》载：

> （开成元年）二月，度支奏："每年供诸司并畿内诸镇军粮等，计粟麦一百六十余万石，约以钱九十六万六千余贯籴之；畿内百姓每年纳两税见钱五十万贯，约以粟麦二百余万贯籴之。是度支籴以六十而百姓籴以二十五，农人贱籴利归商徒，度支贵籴贿行黔吏。今请以度支贵籴钱五十万贯送京兆府，充百姓一年两税，勒二十三县代缗输粟八十万石，小麦二十万石，充度支诸色军粮，则开成三年以后似每岁放百姓一半税钱，又省度支钱一十万贯……"诏付京兆府，夏季以前先造户帖，务使平允。[2]

上述户帖属于征税文书。此外，征役中也能看到类似户帖的文书。杜牧在唐文宗年间曾经路过襄邑县，看见县令李式征牵船夫，《樊川文集》对此记载翔实，兹录之：

1 《册府元龟》卷 488《邦计部·赋税二》，第 5837 页。
2 《册府元龟》卷 484《邦计部·经费》，第 5790~5791 页。

汴州境内，最弊最苦，是牵船夫，大寒虐暑，穷人奔走，毙踣不少。某数年前赴官入京，至襄邑县，见县令李式，甚年少，有吏才，条疏牵夫，甚有道理，云：某当县万户已来，都置一板簿，每年输检自差，欲有使来，先行文帖，克期令至，不拣贫富，职掌一切均同。计一年之中，一县人户，不着两度夫役，如有远户不能来者，即任纳钱，与于近河雇人，对面分付价直，不令所由欺隐。一县之内，稍似苏息。盖以承前但有使来，即出帖差夫，所由得帖，富豪者终年闲坐，贫下者终日牵船。今即自以板簿在手，轮转差遣，虽有黠吏，不能用情。

某每任刺史，应是役夫及竹木瓦砖工巧之类，并自置板簿，若要使役，即自检自差，不下文帖付县。若下县后，县令付案，案司出帖，分付里正，一乡只要两夫，事在一乡遍着，赤帖怀中藏却，巡门掠敛一遍，贫者即被差来。若籍在手中，巡次差遣，不由里胥典正，无因更能用情。以此知襄邑李式之能，可以惠及夫役，更有良术，即不敢知。

以某愚见，且可救急，因襄邑李生之绩效，知先辈思报幕府之深诚，不觉亦及拙政，以为证明，岂敢自述。今为治患于差役不平，《诗》云："或栖迟偃仰，或王事鞅掌。"此盖不平之故，长史不置簿籍，一一自检，即奸胥贪冒求取，此最为甚。某恐惧再拜。[1]

文中多次出现帖，而"先行文帖，克期令至"，由于文帖直接派发给差役户，因而也具有户帖特征。可见，户帖不仅用于征税，还用来派役。

作为征税派役文书，户帖实际来自唐代的公文帖。唐前期在正式公文中实际并没有帖，《唐六典·尚书都省》称：

---

1 《樊川文集》卷13《与汴州从事书》，第197~198 页。

> 凡都省掌举诸司之纲纪与其百僚之程式，以正邦理，以
> 宣邦教。凡上之所以逮下，其制有六，曰：制、敕、册、令、
> 教、符。（天子曰制，曰敕，曰册。皇太子曰令。亲王、公主
> 曰教。尚书省下于州，州下于县，县下于乡，皆曰符。）[1]

可见，六种下行公文中，尚书省下于州、州下于县、县下于乡都称为符，并没有帖。但武周时期折冲府已经出现军帖，[2] 说明帖作为一种公文形式存在于唐代实际政治生活中。至中唐以降，公文帖渐多，像中书门下省的堂帖、州县和县乡之间的"州帖"和"县帖"。从公文程式上看，帖与符的职能有相通之处，都是下于州县乡的基层公文。如吐鲁番出土文书中高昌县下太平等乡的文书称符，[3] 而圆仁《入唐求法巡礼行记》中则有"县帖青宁乡"[4] 的文书。北宋任广的《书叙指南》中提到宋人习惯称"民户帖曰户符"，[5] 南宋《庆元条法事类》谈及帖时也称："州下属县不行符者，皆用此式。"[6] 从宋人对帖的认识中也能够发现帖与符的关联。帖之所以能部分取代符，是因为帖的形式比较灵活、简便，不需要像符那样有烦琐的撰拟格式和签署规定，公文传递时间可能也没有严格限制，这也应是帖后来能够直接下发至百姓阶层的原因。唐代官府公文一般是在尚书省、州县或基层领域吏员之间传达，并不下达到百姓。帖的形式虽然灵活，但按程式也应如此。白居易长庆四年的《钱塘湖石记》中云：

---

1 《唐六典》卷1《尚书都省》，第10～11页。

2 《吐鲁番出土文书》第9册，第4～10页。

3 《吐鲁番出土文书》第7册，第392页。

4 圆仁：《入唐求法巡礼行记》，顾承甫、何泉达点校，上海：上海古籍出版社，1986，第65页。

5 任广：《书叙指南》卷6《簿书文案》，《景印文渊阁四库全书》第920册，第493页。

6 《庆元条法事类》卷16《文书门一·文书》，本卷第19页。

钱塘湖一名上湖，周回三十里，北有石函，南有笕。凡放水溉田，每减一寸，可溉十五余顷，每一复时可溉五十余顷。先须别选公勤军吏二人，立于田次，与本所由田户，据顷亩，定日时，量尺寸节限而放之。若岁旱百姓请水，须令经州陈状，刺史自便押帖所由即日与水。若待状入司，符下县，县帖乡，乡差所由，动经旬日，虽得水，而旱田苗无所及也。[1]

文中谈及"符下县，县帖乡，乡差所由"，说明公文仅到乡一级。唐代的公文帖最终能冲破程式，直接下达到百姓层面，并形成户帖，这与中唐以后的政治、经济变革有关。

唐前期制税权完全在中央，按丁征税派役，而租庸调、地税、资课等赋役全国有统一的标准，故百姓都熟知自己的基本赋役负担。这种情况下，国家每年下达的赋役符或帖即使内容有所调整，也相对简单。这些信息要传达给百姓，唐前期的做法是采取榜示，像《新唐书·食货志》中所言："凡税敛之数，书于县门、村坊，与众知之。"[2] 同时也可通过里正通知百姓，因为他们负有"催督赋役"之责。就目前资料来看，唐前期还没有直接把赋役公文下发给百姓的例子。但中唐以后，仅靠榜示和里正传达赋役内容很难实现国家和百姓之间的信息通畅。这是因为安史之乱以后国家的制税和派役权向基层下移，税制和役法趋向繁杂。在税制方面，租庸调被两税法取代，征税对象由人丁变为资产性的地和户，地有类别、肥瘠之分，户有主客、等级之差；同时全国没有一个统一的标准，具体税率由基层制定。另外，中央把两税收入三分为上供、送使、留州，实行定额统治。在人口和土地流转频繁的情况下，基层州县为完成税额不得不对百姓实行摊征，这导致税率经常变化。因此，基层百

---

1 《全唐文》卷 676《钱塘湖石记》，第 6911 页。
2 《新唐书》卷 51《食货一》，第 1343 页。

姓很难搞清楚确切的征收标准。在役法方面，唐前期力役、杂徭和色役都有国家统一的服役期限，且不役纳资，超限补偿。两税法实行后，名义上原来的派役都纳入两税，用役严格"以两税钱自备"，但地方实际还是无偿派役，并且有役即差。原来的时限标准已经消失，百姓役的负担更趋加重。以上赋役变化的结果是基层征税派役的无序化，虽然国家有关赋役方面的榜示还存在，但多为赋役蠲免、虚实估比例等宏观内容，不涉及具体税率和役期。所以，百姓要了解具体赋役信息只能靠基层胥吏。唐前期由于赋役标准固定统一，胥吏权力不大，只能在脱口、冒籍或灾情通报上做点手脚。但中唐以后，征税派役的无制化使这一阶层有更多机会上下其手，中饱私囊。唐文宗时的襄邑县令李式谈到了征牵船夫中的黠吏用情。若分付里正派役，虽然一乡只要两夫，实际则是"赤帖怀中藏却，巡门掠敛一遍"，结果"富豪者终年闲坐，贫下者终日牵船"。[1]因此，基层百姓迫切需要保持自己赋役负担的稳定，获得具有法律约束力的文书。而中央政府对州县无序征收也试图寻求解决的办法，即使基层州县，对胥吏征税派役的舞弊行为也试图加以限制。在这种情况下，由基层百姓持有、具有法律约束力的户帖便应运而生了。

　　就现有史料观之，唐代户帖的派发主体有中央、道、州、县各个级别，说明户帖已经走向制度化，同时，户帖已经冲破公文的固有程式，作为具体征税派役文书直接下达给了百姓。前述唐文宗开成元年，京兆府因折籴所造户帖是唐中央政府计划实施的。之前的大和四年，崔戎在四川将杂税并入国家两税所颁户帖发生在道一级。刘禹锡在这一年写的《郑州刺史东厅壁记》中谈到刺史杨归厚罢去七县税吏数百人，"用户符而输入益办"。[2]由于符有严格收签程序，故此处户符实为户帖。上述户帖都是直接下到具体户的层面，

1　《樊川文集》卷 13《与汴州从事书》，第 198 页。
2　《全唐文》卷 606《郑州刺史东厅壁记》，第 6121 页。

另唐昭宗乾宁二年（895），杭州衣锦北乡的程仁绍"蒙太祖武肃王给帖，巡看大邱陵，并及四面山林"，[1]户帖也是直接发给专职陵户程仁绍家的。尽管户帖是以公文形式下达给百姓，但公文有签发、收执程序，然后主者施行。而百姓获得户帖后主要是照帖纳税服役，与吏人处理公文性质有别，更不会有签发和收执程序，故户帖的公文性质在实际社会生活中逐步弱化，渐渐演变为一种赋役通知。临时差役的户帖因每次役的内容和期限有别，可能是一次性的。但与土地相关的征税户帖和役中的色役户帖较为稳定，在相当长的时间内都在发挥法律效力，从而走向固化。像程仁绍的户帖颁于钱镠主政时期，钱镠932年去世，这种色役户帖至少在37年以后仍然具有法律约束力。《独醒杂志》中记载了征税类户帖："予里中有僧寺曰南华，藏杨、李二氏税帖，今尚无恙。予观杨行密时所征产钱，较之李氏轻数倍。"[2]杨行密是唐末淮南节度使，用他颁行的户帖与后来李氏南唐户帖进行比较，说明户帖的长期稳定。

　　唐代户帖在唐宋社会变迁期间赋役征收无序化背景下出现，是赋役征管方式的新尝试，对稳定赋役征收秩序和保护百姓利益发挥了重要作用。唐宋之际田税征收对象由易于统计的丁和户转向自然差别较大的土地，定额管理和差别税率代替了原来的统一税率，无疑增加了税收管理的难度。国家主体役种由力役转向差役，征役期限由定期役向有役即差转化，这使基层胥吏违法差科更为容易。户帖的出现恰恰弥补了这方面的不足，它以一种法制化的形式稳定了个体百姓的负担，使他们能够依据户帖维护自己的利益，拒绝额外赋役征派；同时也使国家对百姓征税派役有据可依，部分化解了国家在征税派役方面对乡里人员的依赖。

　　唐后期户籍制度名存实亡，户帖的出现重新将土地、户口及

1　《全唐文》卷898《请蠲免夫役状》，第9379页。
2　《独醒杂志》卷1《杨行密税轻》，第3页。

赋役纽接起来，从而保证了国家财政收入，也有利于唐王朝政治稳定。唐前期属于人头税时期，国家征税派役依靠户籍。户籍通过百姓手实和乡里人员计帐制成，不仅登载人口、土地，还记有赋税额。但安史之乱以后，由于人口大规模迁移和土地买卖频繁，原有户籍制度解体。新的赋役征派中，征役指向现存户口，征税对象转向实际佃种的土地，这就要求对户口重新认定分等，对土地进行检责统计，但到基层实际都流于形式。如元和六年吕温在衡州发现当地二十多年都不定户等，元稹长庆三年在同州称当州土地还是三十六年前进行的检责。这样的结果导致"差役不时"和"虚额征税"，赋役与土地、户籍处于脱节状态。如何达到"地既属人，税合随去"，这是唐后期各级政府面临的最大问题。户帖恰恰解决了这一问题，它的核心内容是地税合一，以地税凝户，地税随户而动，从而把土地、赋税和户口牢固结合为一体，最终实现国家的财政收入。

作为国家公文性质的文书，唐代户帖也具有绝对的法律权威，这使它在社会实际生活中不仅被用来作为法律武器抵制非法赋敛，同时也经常被异化为土地的产权证明。唐前期，土地名义上为国有授田，占田有户籍做证明，土地若交易需要申牒，以便勘验土地买卖是否合法，然后发给公验。土地产权的证明主要是户籍和公验。中唐以后，土地买卖的限制取消，土地交易频繁。靠户籍明确土地产权已难以行通，尽管公验作为土地证明的形式还存在，但官府关心的不是土地交易的认定，而是其后面的税赋问题。在地契还没有被批凿税收的情况下，户帖成为土地依法纳税标志，也是土地交易合法性和具备占有权的强有力标志。

可见，唐代户帖的出现是唐宋社会变革在经济领域的反映，它适应了土地与人口等经济要素自发流动的经济秩序，为唐政府与基层农民之间的赋役征收开辟了信息渠道和制度路径，从而保证了国家财政收入，稳定了社会秩序。唐代户帖的经济功能也使其在宋代得以充分发展。如宋太祖乾德元年（963）诏："诸州版簿、户帖、户钞，委本州判官、录事掌之，旧无者创造。"[1]

关于宋代户帖，葛金芳较早发覆，认为宋代户帖为征税而设，基本功能是通知民户应纳税收数额。因税额与田产紧密相关，故户帖会详细登记田产。这也衍生了户帖确认产权与用于田事诉讼等其他功能。户帖属于籍帐系统，与户籍无关。[2]尚平认为户帖主要集中使用于政府大规模检点户口、调查田产以整顿税收的措施和宋代的官田私田化过程中，因而户帖作为一种产税凭证，主要用于对税户进行立税定税，在官田出售中兼作产权凭证，除此以外，在以土地买卖管理为主的日常性据产定税过程中实际上很少使用。户帖与户籍、田契既有相似处又有区别。[3]刘云等认为宋代户帖是产税文书，也是宋代赋役推排的主要依据之一，而不是纳税通知书，其使用范围较广，涵盖了民田、官田、寺观产业以及房屋与宅地等。宋代户帖是从五代承袭而来，一般官员、民户、寺观都有户帖。但是，有些民户存在一个户头有多个户帖的现象，这成为户帖的最大缺陷，再加上各地官府没有一个统一实施标准，因而在南宋绍兴十二年（1142）以后，户帖逐渐被砧基簿所取代。[4]冯剑辉依托新发现的南宋宝庆元年（1225）开化县户帖抄件，进一步确认户帖是宋代土地产权登记和征税的凭证，而不涉及人口和户籍管理，也不是收税通知单。户帖最主要的功能是官府依之征税、民间确认产权，其他功能是在此基础上派生出来的。从运作实态看，户帖制度在南宋晚期并未废止，而是持续存在。[5]

上述研究基本上勾勒出宋代户帖的复杂面相。若从唐宋之际户帖演进趋势观察，笔者认为宋代户帖最根本的性质首先是税帖。因

---

1 《续资治通鉴长编》卷4，乾德元年冬十月庚辰，第106页。

2 葛金芳：《宋代户帖考释》，《中国社会经济史研究》1989年第1期。

3 尚平：《宋代户帖的性质及其使用》，《广西社会科学》2007年第5期。

4 刘云：《税役文书与社会控制：宋代户帖制度新探》，《保定学院学报》2010年第2期；刘云、刁培俊：《宋代户帖制度的变迁》，《江西师范大学学报》2009年第6期。

5 冯剑辉：《宋代户帖的个案研究》，《安徽史学》2018年第3期。

为它渊源于公文帖，属于赋税通知。至于户帖的土地登记特征以及产权证明、田地争讼、推排税收等职能都是由此派生而来。正因为户帖仅是税帖，故它既不能代替地契，也不能充当户籍，就像砧基簿，属于田簿册，也无法完全取代税帖。其次，户帖作为官府征税文书，帖及百姓，并被百姓持有，这意味着户帖属于下行文书。故从官府税制运行角度看，户帖相较官府保存的税租簿、户籍和田簿册，其地位要弱。若从这一角度分析，或可理解宋代平时土地流转中户帖记载较少问题。因为政府第一要务是确立地契的法律效力，然后根据地契在官府税租簿上割税，这是保证税收原额不失的关键步骤，至于通知百姓税额的户帖，并非急务，可暂缓或过后补充。关于宋代户帖实际衍生功能，前述学者都有讨论，笔者认为随着宋代田税不断细化，税收征管逐步完善，户帖衍生功能也会不断盈缩，并决定着宋代户帖的走向。

（二）户钞的完善

宋太祖在乾德元年诏中不仅谈到户帖，也涉及了户钞。户钞是纳税后收纳者所给的收据，唐宋之际是户钞制度逐步完善的时期。[1]

唐前期户钞制度在正史中缺乏记载，不过吐鲁番文书内容可补这方面的不足。在吐鲁番文书中，有里正给钞和县尉给钞两种。如大谷文书五八二九号云："周通生纳天宝三年户税，莿柴贰拾束，其年五月五日里正李德抄。"[2] 又大谷文书四九〇六号载："天宝四载第二限税钱壹佰，口载七月四日典张大抄，尉道口。"[3] 据有关学者研究，唐前期分两次给钞，里正收到税钱或税物以后给临时的钞，里

1　关于宋代户钞，汪圣铎《税钞、粮草钞和盐钞》(《文史》第15辑) 和王曾瑜《宋朝的两税》(《文史》第14辑) 都对户钞进行了分析。
2　池田温：《中国古代籍帐研究》，录文与插图部分，第296页。
3　池田温：《中国古代籍帐研究》，录文与插图部分，第296页。

正将上述钱物输送到县以后，县尉再颁给正式的钞。[1]唐前期两次给钞实际上反映出此时户钞制度尚不健全。里正所给钞完全是税收凭据，或者是纳税惯例，由于不能钤印，故很难说具有完全的法律效力，只有县尉所发的钤印钞才具有法律效力，后代称这种户税钞为"朱钞"。由此可见，当时户钞制度还处于初级阶段。

关于两税法实行后的户钞，五代后周时期有所记载：

> （显德）四年二月六日敕节文，诸道州府所管属县，每年秋夏征科了毕后，多是却追县典，上州会末文钞，因兹科配敛掠。宜令今后秋夏征科了足日，仰本州府但取仓场库务纳欠文钞，如无异同，不在更追官典。[2]

从文中内容来看，征课完毕以后存在州追县典上会钞，从而形成勒索，但出现仓、场、库、务纳欠文钞，说明户钞制度走向复杂化。如果联系宋代的"四钞"法，对该史料可能会理解得更透彻一些。《文献通考》载：

> 绍兴十三年，臣僚言："赋税之输，止凭钞旁为信，谷以升，帛以尺，钱自一文以往，必具四钞受纳，亲用团印：曰户钞，则付人户收执；曰县钞，则关县司销籍；曰监钞，则纳官掌之；曰住钞，则仓库藏之，所以防伪冒备毁失也。今所在监、住二钞废不复用，而县司亦不即据钞销簿，方且藏匿以要略。望申严法令戒，监司、郡守检察受纳官司，凡户、县、监、住四钞皆存留，以备互照。"从之。[3]

1　李锦绣：《唐代财政史稿》上卷，第 112 页。
2　《五代会要》卷 25《杂录》，第 309 页。
3　《文献通考》卷 5《田赋五》，第 63 页。

　　从南宋户钞制度来看，已经形成了户钞、县钞、监钞和住钞的复杂户钞制度，后周时期可能还看不到监钞痕迹，但户钞、县钞和住钞已经存在，这与唐前期相比，可见户钞制度在不断完善。宋代"四钞"法，是州县令佐备同样格式的县钞、户钞、监钞、住钞，即赋税"四钞"，作为正式的纳税凭证分送县司、税户、监司及仓库。户钞，"付人户收执"，类似纳税收据单，税务官吏在税户上交赋税后，在该户户钞上加盖印信，并付给税户收执，故又称为"朱钞"。县钞，"关县司销簿"，需要送给县府的催理单位，从而使官府得以在税租钞帐上注册批销。监钞，"纳官掌之"，乃呈送上级监司，供作稽核存查之用。住钞，"仓库藏之"，就是前文的仓、场、库、务文钞，记载收纳情况。《宋会要辑稿》称："依法：输纳官物用四钞。县钞付县，户钞给人户，监钞付监官，住钞留本司，及税租钞仓库封送县，令佐即日监勒分授乡司、书手，各置历当官收上，日别为号计数，以五日通转。每受钞，即时注入，当职官对簿押讫封印，置柜收掌。"[1] 从这里能够看到，仓场是四钞的中心环节，也就是说，当税户将应纳钱物输官入仓后，仓场需要在该户户钞上加盖印信，形成"朱钞"，并交付税户收执，作为该税户已完税的凭证。同时，还要将登载该户已完税的县钞封送县令佐，县令佐当天分授给对应各乡的乡司、书手。乡司每收到县令佐分授的县钞后，在本地税租簿中将该户注册批销，表明该税户已完成纳税。由此可见，户钞制度在宋代极其完备。另外，宋代百姓送纳税物直接到仓场，唐前期由乡里人员代收税物给予手写凭据的情况已经不存在了，而且户钞由州县统一印制而成，这些方面也反映出户钞制度的逐步成熟。

　　以上户帖和户钞并不是仅仅用于田税，但在唐宋之际国家税制结构中，田税逐渐占据主体税种地位，故户帖和户钞制度的逐步完善也是田税制度征收管理的完善过程。

---

1 《宋会要辑稿》食货七○之一四二至一四三，第6441~6442页。

（三）逃田立租和任充永业

在中国古代农本经济的社会里，土地是赋税的主要指向，而土地只有与劳动力结合才能进行再生产以至完纳赋税。然而，由于天灾、战争以及人为重敛等原因，百姓往往逃亡。逃户遗留除耕种的土地外，还有税额。如何处理逃田和逃户逋税，一直是税收征管的重要问题。[1] 唐前期义仓地税以见佃为原则，故地税亩税二升对逃田不构成问题。租庸调以人丁为本，按规定，地方每年计帐送尚书省时，应将见死、见逃的人丁列清，度支则根据应支配丁租庸调数制定支度国用计划，故理论上地方对此征管也比较简单。一旦逃户逃脱，追查不获，就可以除籍，该户租庸调负担自然消失，而土地可以重新分配。不过，唐前期存在对州县和里正脱户的处罚。《唐律疏议·户婚律》称：

> 里正之任，掌案比户口，收手实，造籍书。不觉脱漏户口者，脱谓脱户，漏谓漏口，及增减年状，一口笞四十，三口加一等；过杖一百，十口加一等，罪止徒三年。里正不觉脱户者，听从漏口法，不限户内口之多少，皆计口科之。州县脱户，亦准此计口科罪，不依脱户为法。若知脱漏增减之情者，总计里内脱漏增减之口，同家长罪法。州县计口，罪亦准此。其脱、漏户口之中，若有知情、不知情者，亦依并满之法为罪。[2]

州县和里正惧怕问责，因此对逃户往往"耻言减耗"，隐瞒不上

1　对此，已有学者论述。代表性成果有陈明光《论唐五代逃田产权制度变迁》（《厦门大学学报》2004 年第 4 期）和《宋朝逃田产权制度与地方政府管理职能变迁》（《文史哲》2005 年第 1 期），以及戴建国《从佃户到田面主：宋代土地产权形态的演变》（《中国社会科学》2017 年第 3 期）。

2　长孙无忌等：《唐律疏议》卷 12 "诸里正不觉脱漏增减者"条，刘俊文点校，北京：中华书局，1983，第 233 页。

报，从而造成"籍帐之间，虚存户口"。[1]逃户不除籍，自然租庸调税额就不能消除，故州县常问责于乡里，如前引敦煌出土伯二九七九号"唐开元二四年（736）九月岐州郿县尉□勋牒判集"中的记载：

　　14. 请裁垂下。不伏输勾征地税及草后申第廿六

　　15. 廿三年地税及草等，被柳使剥由，已具前解，不蒙听察，但责名

　　16. 品。若此税合征，官吏岂能逃责？只缘有据，下僚所以薄言，今

　　17. 不信里正据簿之由，惟凭柳使按籍之勾……[2]

　　在判集前部分有"里正则见逃见死，以此不征。使司则执未削未除，由是却览"字样，可见里正以"见逃见死"为由，认为无法征集，而柳使（地税使）从"未削未除"出发，坚持征缴。在这种情况下，乡里人员必须想办法完纳赋税。一种办法是"摊逃"，即将逃户欠税摊在健在户上，最直接的是亲邻代输，如唐玄宗天宝八载（749）诏书中称："盖为牧宰等，授任亲民，职在安辑，稍有逃逸，耻言减耗，籍帐之间，虚存户口，调赋之际，旁及亲邻，此弊因循，其事自久……其承前所有虚挂丁户，应赋租庸课税，令近亲、邻保代输者，宜一切并停，应令除削。各委本道采访使，与外州相知审细检覆，申牒所由处分。其有逃还复业者，务令优恤，使得安存，纵先为代输租庸，不在酬还之限。"[3]另一种是通过逃户遗留下的土地来完纳租税。如唐睿宗《诫励风俗敕》称："诸州百姓，多有逃亡。良由州县长官，抚字失所，或住居侧近，虚作逃在他州，横征邻保，逃人田宅，因被贼卖。宜令州县招携复业，其逃人田宅，不

1　《全唐文》卷 36《停亲邻代输租庸敕》，第 397 页。
2　池田温：《中国古代籍帐研究》，录文与插图部分，第 230 页。
3　《唐会要》卷 85《逃户》，第 1564 页。

得辄容卖买。其地任依乡原例租纳州县仓，不得令租地人代出租课。"[1] 文中出现贱卖土地，虽然事实上就是出卖性质，但官方正常情况下不允许出卖土地，故交易时可能以典或质的形式完成。除此之外，基层乡里也经常出租土地来完纳赋税，吐鲁番文书中有《唐垂拱三年（687）西州高昌县杨大智租田契》，记载了里正出租逃田完纳税收的情况：

1. 垂拱三年九月六日，宁戎乡杨大智，交□
2. 小麦肆斛，于前里正史玄政边租取逃
3. 走卫士和隆子新兴张寺潢口分田贰亩
4. 半。其租价用充隆子兄弟二人庸绁直，
5. 如到种田之时，不得田佃者，所取租价麦
6. 壹罚贰入杨，有人客护者仰史玄应当。
7. 两和立契，画指为记。
8. 　　　租佃人　　　杨
9. 　　　田主　　　史玄政（画押）
10. 　　　知见人　　　侯典仓（画押）[2]

　　此处杨大智所租土地就是逃田，且是从前里正史玄政处租取。在前引敕文中，唐中央严厉禁止地方乡里人员通过摊逃或出卖土地的方式来补充逃户税额。至于以出租土地来补税，睿宗《诫励风俗敕》里有"其地任依乡原例租纳"字样，它透露出官府原则上允许该办法。但唐前期仅仅处于逃田立租的萌芽阶段，中央还是希望逃户归业来承担赋税。逃田立租仅是临时办法，若逃户几年不归，官府会收回田地另行分配，像唐后期租佃逃户土地，一段时间后便为

---

1 《唐大诏令集》卷110《诫励风俗敕》，第571页。
2 《吐鲁番出土文书》第7册，第406页。

永业的现象尚未见到。

唐后期除天灾、战争和重敛等因素外，由于田税税额和税率的地区差异加剧，逃户脱离土地现象更为严重。由于土地与税额关联更趋紧密，唐后期对逃田倾向于让见佃人充为永业，以便承担田税。然而税额属于刚性任务，逃田变成永业需要给逃户归业留有一定时间，也需要给承佃者一定优惠，故地方执行过程中摊逃和直接典质土地事例还是屡见不鲜。

《唐会要·逃户》中比较集中地记载了摊逃和出卖土地情况，兹录之如下：

> 至德二载二月敕："诸州百姓，多有流亡。或官吏侵渔，或盗贼驱逼，或赋敛不一，或征发过多。俾其怨咨，何以辑睦。自今已后，所有科役，须使均平。本户逃亡，不得辄征近亲，其邻保务从减省，要在安存。"
>
> 乾元三年四月敕："逃户租庸，据帐征纳，或货卖田宅，或摊出邻人，展转诛求，为弊亦甚。自今已后，应有逃户田宅，并须官为租赁，取其价直，以充课税。"
>
> 其年（宝应元年）五月十九日敕："逃户不归者，当户租赋停征，不得率摊邻亲高户。"
>
> 会昌元年正月制："……诸道频遭灾沴，州县不为申奏，百姓输纳不办，多有逃亡。长吏惧在官之时，破失人户，或恐务免正税，减克料钱，只于见在户中，分外摊配，亦有破除逃户桑地，以充税钱。逃户产业已无，归还不得，见在户每年加配。流亡转多。"[1]

此外，前述元和时期李渤充吊祭使路过陕西，也揭示了摊逃之

---

1 《唐会要》卷85《逃户》，第1565~1566页。

弊："臣出使经行，历求利病。窃知渭南县长源乡本有四百户，今才一百余户；阌乡县本有三千户，今才有一千户，其他州县大约相似。访寻积弊，始自均摊逃户。凡十家之内，大半逃亡，亦须五家摊税。似投石井中，非到底不止。摊逃之弊，苛虐如斯。"[1] 上述情况不仅反映出地方在实际税收征管中摊逃和直接出卖土地的普遍性，也透露出中央对此严厉禁止的态度。

在这种情况下，中央政府更趋明令逃田立租完税以及在一定条件下任充永业，从而实现土地与劳动力的再次结合。如果说唐睿宗在《诫励风俗敕》里的"其地任依乡原例租纳"还带有对逃田模糊承认色彩，那么，唐后期在处理逃田立租问题上则是明令倡导。如乾元三年四月敕中称："自今已后，应有逃户田宅，并须官为租赁，取其价直，以充课税。逃人归复，宜并却还。"[2] 会昌元年正月制中也称："自今已后，应州县开成五年已前逃户，并委观察使、刺史差强明官，就村乡诣实，简勘桑田、屋宇等，仍勒长令切加简校，租佃与人，勿令荒废。据所得与纳户内征税，有余即官为收贮，待归还给付，如欠少，即与收贮，至归还日，不须征理。自今年已后，二年不归复者，即仰县司，召人给付承佃，仍给公验，任为永业。"[3] 对逃户土地的租佃，并非临时取租以便代纳租税如此简单，其后面还有任充永业长久纳税问题，这是租佃者和官府都希望的事，所以唐后期对逃田租佃都有一定时期本主不还即充永业的规定。上述会昌元年正月制中规定二年不归复者，承佃者就可以得到公验，任为永业。这一规定可能在安史之乱以后就已开始。如广德二年四月敕中云："如有浮客，情愿编附，请射逃人物业者，便准式据丁口给授。如二年以上，种植家业成者。虽本主到，不在却还限。"[4] 但会昌

---

1 《旧唐书》卷 171《李渤传》，第 4438 页。
2 《唐会要》卷 85《逃户》，第 1565 页。
3 《册府元龟》卷 495《邦计部·田制》，第 5932 页。
4 《唐会要》卷 85《逃户》，第 1565 页。

五年以后，承佃逃田输租二年后为永业的规定有所改变，唐武宗会昌五年（845）南郊赦文称："从今已后，应诸州县逃户经二百日不归复者，其桑产居业便招收承佃户输纳，其逃户纵归复者，不在论理之限。"[1]可见，时限由两年改为两百天，大大缩短了。然而唐宣宗大中以后又将时限扩大到五年，大中二年正月制规定："从今已后，如有此色，勒乡村老人与所由并邻近等同点检分明，分析作状，送县入案。任邻人及无田产人，且为佃事，与纳税钱。如五年内不来复业者，任便租佃人为主，逃户不在论理之限。"[2]咸通十一年（870）七月十九日赦也称："诸道州府百姓，承佃逃亡田地，如已经五年，须准承前赦文，便为佃主，不在论理之限。仍令所司，准此处分。"[3]并非所有承佃逃田者都受时限约束，特殊情况下地方政府也可直接把逃田分配充永业。长庆元年正月赦文称："应诸道管内百姓，或因水旱兵荒，流离死绝，见在业产，如无近亲承佃，委本道观察使于官健中取无庄园有人丁者，据多少给付，便与公验，任充永业。"[4]

　　唐后期逃田被充永业后，会完全承担原来土地和户等上的钱物，但承租期间的纳租方式却比较含混。一般笼统地称"以充课税"，也有的明确是"且为佃事，与纳税钱"。[5]之所以出现这种情况，是因为唐后期正处于户税和地税的融合时期，逃田承租者纳租所代之税各地不尽相同。但随着晚唐、五代时期田税主体税种地位的确立，承佃者缴纳的应该是单独田税。在承租期限上，五代沿袭了唐后期五年期限的规定，但也有所变通。后周显德二年（955）五月二十五日敕称："应自前及今后有逃户庄田，许人请射承佃，供纳

1 《文苑英华》卷 429《会昌五年正月三日南郊赦文》，第 2175 页。
2 《文苑英华》卷 422《大中二年正月三日册尊号赦书》，第 2137 页。
3 《唐会要》卷 85《逃户》，第 1567 页。
4 《唐大诏令集》卷 70《长庆元年正月南郊改元赦》，第 392 页。
5 《文苑英华》卷 422《大中二年正月三日册尊号赦书》，第 2137 页。

租税。如三周年内，本户来归业者，其桑土不以荒熟并庄田交还一半；五周年内归业者，三分交还一分。应已上承佃户如是自出力别盖造到屋舍，及栽种到树木园圃，并不在交还之限，如五周年外归田者，庄田除本户坟茔外，不在交付。"¹ 可见，对五年内逃户归业有了更详细的规定。这里"请射承佃，供纳租税"比唐后期语气肯定，说明承佃者与原田主一样承担了土地税额。

北宋初年，承佃逃田变成永业的时限缩短为半年。如太宗淳化四年（993）三月诏称："前令淮南、江南、两浙民请射逃田，许五年满日止纳七分。如闻不体优恩，益生奸弊，将临输纳，复即逃移，励此顽嚣，宜行条约。自前逃移户，限半年归业，免当年二税。今后逃户亦限半年，免一料科纳。限外不归，许人请射，除坟茔外，充为永业。其新旧逃户，却来归业，并曾经一度免税后，依前抱税逃走者，永不在归业之限。"² 同年十一月，开封府因水灾人户逃亡，故再次重申："今年三月辛亥诏书：'应流民限半年复业，限满不复，即许乡里承佃，充为永业。'又念民之常性，安土重迁，离去旧国，盖非获已。自今年十一月已前，因水潦流移人户，任其归业。如至明年夏不归业者，即以辛亥诏书从事。"³ 仁宗明道二年（1033），知安州刘楚言："本州旱歉三年，流亡者八千八百余户。检详绍圣编敕，应因灾伤逃户，限半年许令归业，免一料催科……虑富室强户肆为兼并，贫弱者归业无期，必恐州县户口咸［减］耗，欲望申限半年，优免徭赋。"⁴ 仁宗皇祐五年（1053）闰七月下诏，广南经蛮寇所践而民逃未复者，限一年复业。因为"先是民避贼，多弃田里远去，吏以常法满半岁不还者，听他人占佃"。⁵ 可见，满半岁不还充永业在北宋成为常法。

1 《五代会要》卷25《逃户》，第310页。
2 《宋会要辑稿》食货六九之三六、三七，第6347~6348页。
3 《宋会要辑稿》食货六九之三七，第6348页。
4 《宋会要辑稿》食货六九之四〇，第6349页。
5 《续资治通鉴长编》卷175，皇祐五年闰七月戊辰，第4222页。

纵观唐宋之际对逃田和逃户税的处理能够发现，逃田立租越来越成为政府应对税额流失的主要手段，同时逃田充永业的承租时间越来越短，这固然与打击部分百姓利用逃户归业政策避税有关，但唐宋之际税制变化应是主因。由于田税逐渐成为单纯的主体税种，土地与税额联系趋向紧密，土地与税额经常一并流转，且土地成为稀缺性资源，容易与劳动力结合，这一切都促使处理逃田和逃户税变得简单和高效。

（四）移产割税

土地流动始终是中国古代社会的常态。唐代前期尽管实行授田性质的均田制，但土地买卖一直存在。随着均田制瓦解，土地流动更加频繁。土地流动尽管对租庸调体系也有冲击，但由于征税对象实际指向丁口，尚不构成决定性影响。两税法实行以后，以资产为宗，不以丁身为本。资产主要是土地，故土地流动成为两税能否足额征纳的关键。前面谈到逃田和逃户税，它是人的逃亡带动土地和税额流动，属于土地流动特殊形式。下文着眼于土地正常流动，探究其税收征管的调整。

唐宋之际，中央和地方官府在面对土地流转和税额重新分配上，始终贯彻移产割税原则。这一原则首先来自唐后期地方官员的税制实践，唐宣宗大中时期被中央认可和倡导，五代时期，"交割"与"出除"开始制度化，宋代"割税"制度则趋于成熟。

唐中后期，土地兼并剧烈，正如唐代宗在宝应元年（762）敕中所言："百姓田地，比者多被殷富之家、官吏吞并，所以逃散，莫不由兹。"[1]这些豪强、官吏掠夺土地后，并不按实有亩数交税。《新唐书·食货志》揭示道："豪民侵噬产业不移户，州县不敢徭役，而征税皆出下贫。"[2]这种情况在元稹同州均田中被反映出来。同州两

---

1 《唐会要》卷85《逃户》，第1565页。

2 《新唐书》卷52《食货二》，第1361页。

税地，"并是贞元四年检责，至今已是三十六年。其间人户逃移，田地荒废。又近河诸县每年河路吞侵，沙苑侧近，日有沙砾填掩，百姓税额已定，皆是虚额征率。其间亦有豪富兼并，广占阡陌，十分田地，才税二三，致使穷独逋亡，赋税不办，州县转破，实在于斯"。[1] 两税法实行定额体制，豪强不出税，只能税及贫人，贫者若无法承担重税，就只能逃亡，从而形成恶性循环。对此，一些地方官员采取以田派税的变通措施，进而发展为移产割税的制度实践。如元和中期，李翱为庐州刺史，"时州旱，遂疫，逋捐系路，亡籍口四万，权豪贱市田屋牟厚利，而窭户仍输赋，翱下教使以田占租，无得隐，收豪室税万二千缗，贫弱以安"。[2] 李翱以田占租，从而实现了土地转移过程中税额的一并转移。唐敬宗时，湖州刺史庾威均税没有成功，但其亦有移产割税思想。史载：

> 庾威均税之法，情实扰人。顾其施为必有工拙，工者何也？富户业广，以资自庇，产多税薄，归于羸弱。威能尽简，并包者加籍取均，困穷者蠲减取济，税既顿异，法亦稍严，事归平一，人无冤诉，此所以威之工也。其拙何也？五县土广人奸，征簿书即隐占居多，简田苗即惊扰为虑。散乱村野，胥徒千人，虽成功于己事之时，而受弊于作法之始，岂无他术用以周知，竟此纷纭，斯所以威之拙也。大凡为郡止于四过，一者私加公税，二者逃失黎甿，三者虐害平人，四者富润私室。庾威改张税额，赋不加征，联绵歉灾，人悉安业，刑甚峻而下无屈，禄不厚而赏无滥，顾兹四者威无一焉。[3]

庾威所在湖州，富户业广，以资自庇，产多税薄，归于羸弱，

---

1 《元稹集》卷38《同州奏均田状》，第435页。

2 《新唐书》卷177《李翱传》，第5282页。

3 《册府元龟》卷474《台省部·奏议五》，第5660~5661页。

说明占田不出税现象非常严重。庾威能够征簿书，简田苗，挖隐占，对兼并者加籍取均，困穷者蠲减取济，体现了据产出税原则。

地方移产割税实践也影响了唐后期的中央政策。早在元和八年十二月，宪宗下敕称："应赐王公、公主、百官等庄宅、碾硙、店铺、车坊、园林等，一任贴典货卖，其所缘税役，便令府县收管。"[1]从这一法令来看，国家已经认同地方府县对赐田贴典货卖随产征税。大中四年正月正式下诏称："又青苗两税，本系田土；地既属人，税合随去。从前赦令，累有申明。豪富之家，尚不恭守，皆是承其急切，私勒契书。自今已后，勒州县切加觉察。如有此色，须议痛惩。"[2]"地既属人，税合随去"，这是对移产割税原则的精确阐释。这一原则在唐后期被中央和地方努力遵行。大中六年，宣宗赐其舅舅郑光鄠县及云阳县庄各一所，并免除府县所有两税，结果引起大臣们的反对。《唐会要·租税下》记载：

> 三月敕，先赐郑光鄠县及云阳县庄各一所，府县所有两税及差科色役，并特宜放者，中书门下奏："伏以郑光是陛下元舅，宠待固合异等，然而据地出税，天下皆同；随户杂徭，久已成例，将务致治，实为本根。近日陛下屡发德音，欲使中外画一，凡在士庶，无不仰戴圣慈。今独忽免郑光庄田，则似稍乖前意，况征赋所入，经费有常；差使不均，怨嗟斯起，事虽至微，系体则大。臣等备位台司，每承诚励，苟有管见，合具启陈，谨录奏闻。"[3]

唐宣宗的做法最终被大臣们以"据地出税，天下皆同"为由制止，说明移产割税原则已经被认同。这也反映在地方官员的实践

---

1 《旧唐书》卷15《宪宗下》，第448页。
2 《唐会要》卷84《租税下》，第1544页。
3 《唐会要》卷84《租税下》，第1544~1545页。

中，《元氏长庆集》载："唐刺史愿得君为婿。君不愿为刺史婿，刺史怒，暴租其田。君乃大集里中诸老曰：'刺史谓田足以累我耶。'由是火其居，出契书投火中，尽畀诸老田，弃去汝上，读书赋诗，厚自期待。"[1] 刘颜烧契散田，刺史加税之举遂告落空，可见田去税亦去，从一个侧面也体现了移产割税原则。但也有移产不割税的例子，《北梦琐言》记载："葆光子同寮尝买一庄，喜其无税，乃谓曰：'天下庄产，未有不征。'同寮以私券见拒，尔后子孙为县宰定税，求祈不暇。"[2] 此处用"天下庄产，未有不征"告诫同寮不会长久，也反映出移产割税已经成为社会共识。唐后期形成的移产割税原则在五代得到推行。后唐长兴二年敕称："其所置田地，如是本主种田苗，及见菜园，候收刈及冬藏毕，方许交割。据交割日限后修盖，其已定田地内所有苗税等，宜令据亩数出除。"[3] 这里出现"已定田地内所有苗税等，宜令据亩数出除"，非常明确地要求移产割税。

宋代将移产割税称为"推割"。宋仁宗庆历三年（1043）冬十月，"诏天下税籍有伪书逃徙，或因推割，用幸走移，若请占公田而不输税，如此之类，县令佐能究其弊以增赋入者议赏"。[4] 此处推割即是移产割税。对于推割过程，《宋会要辑稿》记载："诸典卖田宅，应推收税租，乡书手于人户契书、户帖及税租簿内，并亲书推收税租数目，并乡书手姓名。税租簿以朱书，令佐书押。"[5] 王安石曾将江宁府上元县的荒熟田捐赠给太平兴国寺，由于涉及免税问题，不是一般推割，故向皇帝上了一道《乞将田割入蒋山常住札子》：

1　《元氏长庆集》卷 56《刘君墓志铭》，第 597~598 页。

2　《北梦琐言》卷 1《郑光免税》，第 19 页。

3　《五代会要》卷 26《街巷》，第 316~317 页。

4　《续资治通鉴长编》卷 144，庆历三年十月丁未，第 3482 页。

5　《宋会要辑稿》食货一一之一八，第 5001 页。

臣父子遭值圣恩，所谓千载一时。臣荣禄既不及于养亲，雯又不幸嗣息未立，奄先朝露。臣相次用所得禄赐及蒙恩赐雯银置到江宁府上元县荒熟田，元契共纳苗三百四十二石七斗七升八合，簻一万七千七百七十二领，小麦三十三石五斗二升，柴三百二十束，钞二十四贯一百六十二文省，见托蒋山太平兴国寺收岁课，为臣父母及雯营办功德。欲望圣慈特许施充本寺常住，令永远追荐。昧冒天威，无任祈恩屏营之至。取进止。[1]

札子中将田地税物苗米、簻、小麦、柴、钞一一详细列出，这道程序在移产割税时应该是必需程序。不仅田地中正税、附加税在移产时被交割，其他名目随田缴纳项目有时也被一并推割。如吕惠卿上奏云："而又以一时科籴之数立为定法，遇有典卖推割，一如正税；而夏秋灾伤，乃执和籴之虚名，不得与正税检放，于是民始病之。"[2]可见遇有典卖推割时，和籴数额也随正税推移。

二　土地管理的加强

在中国古代社会前期，土地、户籍和赋役制度始终是三位一体。注重土地分配和实行国家授田是唐以前土地制度的核心。随着唐宋之际租庸调制瓦解，与之相应的均田制也逐步废弛，征税对象亦由人丁转向土地。两税法实行后个人占有土地进一步得到法理认可，贫富悬殊，人口流徙，这一切都要求统治者必须充分掌握土地信息，对土地进行有效管理和征收赋税，而以往均田制下松散的土地管理方式无法适应现实的需要，故代表中国古代社会后期土地管理新特征的土地制度初见端倪。宋朝开国后，绝大多数制度都是沿

---

1 《临川先生文集》卷43《乞将田割入蒋山常住札子》，第461页。
2 《续资治通鉴长编》卷400，元祐二年五月乙卯，第9746页。

袭唐、五代之制，土地管理制度也不例外。宋代田制不立和不抑兼并一直被人所诟病。南宋叶适指出："盖至于今，授田之制亡矣。民自以私相卖易，而官反为之司契券，而取其直；而民又有于法不得占田者，谓之户绝而没官；其出以与民者，谓之官自卖田，其价与私买等，或反贵之。"[1] 尽管叶适持批评态度，但可以看到，宋代田制不立主要是以往的授田之制不复存在，而控制土地交易、户绝田占有、官田出售等土地管理制度反而加强。

（一）从手实到检田：土地统计手段的强化

土地管理最主要的任务就是掌握土地确切数量以及民户实际占有情况，进而征收赋税。唐宋之际加强土地统计主要表现为从仅依靠百姓自报土地的手实转向增加地方官吏不断实施的检田。

"手实"最早见于《管子》："夫管仲之匡天下也，其施七尺，渎田悉徙，五种无不宜，其立后而手实。"原文的解释是："谓立君以主之手，常握此地之实数也。"[2] 此处手实含义与后来民户申报土地、户口的手实内容差距很大。不过，秦始皇三十一年（公元前216年），使黔首自实田，已经出现了后来手实的含义。汉代出现"自占"，如汉宣帝时，"流民自占八万余口"，[3] 此处不仅指落籍，还应包括土地申报。唐前期手实指民户自报户口和土地的文书。所谓"手实"，意为民户亲自书写，它是征收赋役的基础。《新唐书·食货志》称："凡里有手实，岁终具民之年与地之阔狭，为乡帐。乡成于县，县成于州，州成于户部。又有计帐，具来岁课役以报度支。"[4]《唐律疏议》也称："里正之任，掌案比户口，收手实，造籍书。"[5]

1 《历代名臣奏议》卷54《治道》，第749页。

2 《管子校注》卷19《地员第五十八》，第1072页。

3 《汉书》卷8《宣宗纪第八》，第248页。

4 《新唐书》卷51《食货一》，第1343页。

5 《唐律疏议》卷12"诸里正不觉脱漏增减者"条，第233页。

从"民之年与地之阔狭"能够看出，手实是唐前期统计土地的主要方式。

唐后期，手实法在土地统计中仍然发挥着重要作用。[1] 元稹在同州的均田能清楚反映这一点：

> 右件地，并是贞元四年检责，至今已是三十六年。其间人户逃移，田地荒废。又近河诸县，每年河路吞侵，沙苑侧近，日有沙砾填掩，百姓税额已定，皆是虚额征率。其间亦有豪富兼并，广占阡陌，十分田地，才税二三，致使穷独逃亡，赋税不办，州县转破，实在于斯。臣自到州，便欲差官检量，又虑疲人烦扰。昨因农务稍暇，臣遂设法各令百姓自通手实状，又令里正书手等傍为稳审，并不遣官吏擅到村乡。百姓等皆知臣欲一例均平，所通田地，略无欺隐。臣便据所通，悉与除去逃户荒地及河侵沙掩等地，其余见定顷亩。然取两税元额地数，通计七县沃瘠，一例作分抽税。[2]

文中出现了"百姓自通手实状"，实际上也是自报，再由里正、书手等乡里人员进行监督，从而达到所通田地，略无欺隐。元稹在这里亦比较了自通手实和差官检量的利弊。如果通过手实能实现田地情况略无欺隐应该最理想，而差官检量则需遣官吏到村乡，难免疲人烦扰。

从元稹在同州均田的情况能够看出，在周知土地的方式上唐后期也出现了差官检量。如前引唐敬宗时，湖州刺史庾威均税就是采

---

1 关于唐宋之际的手实，孙继民根据敦煌归义军时期的六种户状文书认为，唐代申报文书已经由手实转向户状，而户状内容也经历了唐代户籍到宋代地籍的演变（《唐宋之际归义军户状文书演变的历史考察》，《中国史研究》2012 年第 1 期）。该说颇具启发意义，但囿于归义军之外尚缺乏户状文书的记载，而元稹同州均田时还称让百姓自通手实，故本书选择继续使用"手实"概念。

2 《元稹集》卷 38《同州奏均田状》，第 435 页。

用了差官检量的方式。这种做法被称为"拙"，具体地说："其拙何也？五县土广人奸，征簿书即隐占居多，简田苗即惊扰为虑。散乱村野，胥徒千人，虽成功于己事之时，而受弊于作法之始，岂无他术用以周知，竟此纷纭，斯所以威之拙也。"[1] 庾威差官检量田苗，致使胥徒千人，散乱村野，百姓惊扰，这是庾威被处罚的原因。但这里面肯定不乏豪强大户抵制的因素。像庾威这样差官检量的现象在唐后期很普遍，武宗时期开始下诏禁止，会昌元年正月制中称：

> 租敛有常，王制斯具；征率无艺，齐民何依。内外诸州府百姓，所种田苗，率税斛斗，素有定额。如闻近年长吏，不守法制，分外征求，致使力农之夫，转加困弊。亦有每年差官巡检，劳扰颇深。自今已后，州县每县所征科斛斗，一切依额为定，不得随年检责。数外如有荒闲陂泽山原，百姓有人力，能垦辟耕种，州县不得辄问所收苗子。五年不在税限，五年之外，依例收税。于一乡之中，先填贫户欠阙。如无欠阙，即均减众户合征斛斗，但令不失元额，不得随田加税。[2]

文中"每年差官巡检，劳扰颇深"反映出该现象非常严重。当然，除了检田均税的借口外，实际原因颇为复杂。首先，籍外荒田是必须检查项目。文中谈道："数外如有荒闲陂泽山原，百姓有人力能垦辟耕种，州县不得辄问所收苗子。五年不在税限，五年之外，依例收税。"不问所收苗子不等于不需要周知荒田的实际情况，否则五年后如何征税？正因为如此，地方长吏可能打着均检责荒田幌子检田。其次，地方官检田有利益动因，主要目的在于增税。由于两税定额体制，税额外收入自然由地方官中饱私囊，因而检税现象

---

1 《册府元龟》卷474《台省部·奏议五》，第5660~5661页。

2 《唐会要》卷84《租税下》，第1543~1544页。

才愈演愈烈。最后，唐宋之际履亩而税以后，官僚豪强占有大量土地，成为纳税对象，这些人依仗政治权势和经济优势，隐匿田产，走移赋税，以往手实法已经难以发挥功效。因此，差官检量土地成为必然的趋势。但唐后期采用两税定额体制，中央在经济上关心上供钱物能否足额完成，政治上要求地方稳定，故对地方有可能危害社会稳定的差官检量土地行为加以禁止。

五代时期，地方藩镇上升为中央政权。在土地统计问题上，既有地方检田的制度惯性，又有维护社会稳定、避免矛盾的整体考虑，故出现了手实与检田两种手段交替使用的现象。[1]

后梁"两税之法，咸因唐制"，[2]但土地如何概量，不得而知。后唐庄宗同光二年（924），"仰所司速简勘天下州府户口正额、垦田实数，待凭条理，以息烦苛"，[3]说明有过垦田实数的统计。从租庸使孔谦"更制括田竿尺"[4]来看，当时实施了检田。由于"天下皆怨苦之"，到后唐明宗天成三年，下敕称"诸道秋夏苗，只取天成二年旧额征理"，[5]实际从税额方面遏制了检田增税。天成元年开始采用"人户自供通顷亩"定税："今年夏苗，委人户自供通顷亩，五家为保，本州具帐送省，州县不得差人检括。如人户隐欺，许人陈告，其田倍征。"[6]但税额固定，长久不检田也会出现问题。后唐末帝清泰元年（934）六月，三司使刘昫就上言："天下州郡，于天成二年括定税率，迄今八年。近有民于本道及诣阙诉田不均，乞简视，累行蠲放，渐失赋租，请朝臣中选清强巡行简视。"[7]后晋程逊等上书亦

1　关于五代检田问题，陈明光《"检田定税"与"税输办集"：五代时期中央与地方的财权关系论稿之一》（《中国社会经济史研究》2009 年第 3 期）指出五代时期中央对地方检田干预加强，也显示了五代财政中央集权的加强。
2　《册府元龟》卷 488《邦计部·赋税二》，第 5839 页。
3　《册府元龟》卷 488《邦计部·赋税二》，第 5839 页。
4　《新五代史》卷 26《孔谦传》，第 281 页。
5　《册府元龟》卷 488《邦计部·赋税二》，第 5840 页。
6　《旧五代史》卷 35《唐书十一·明宗纪一》，第 492 页。
7　《册府元龟》卷 181《帝王部·无断》，第 2184 页。

云："天成已来，久不括田，自水旱累年，民户疾苦不均。"[1]

后晋注重手实之法。晋初，刘审交为三司使，"议者请检天下民田，宜得益租，（刘）审交曰：'租有定额，而天下比年无闲田，民之苦乐，不可等也。'遂止不检"。[2] 后来仍采用"委人户自量自概"的手实方式：

> （天福四年二月）诏曰：朕自临区夏，每念蒸黎，常夜思而昼行，冀时康而俗阜，其如干戈乍息，疮痍犹多，由是疚怀，不能安寝，复又车徒甚众，廪藏方虚，虽赋租未暇于矜蠲，而烦扰当行于禁止。俾除暴敛，式洽群心，应郡守藩侯，不得擅加赋役及县邑别立监征，所纳田租，委人户自量自概。[3]

后汉再次出现检田，但均税企图明显。如后汉隐帝乾祐三年（950），左补阙淳于希颜上言："窃以久不简田，且仍旧额。无妨耕稼，虽知有劝于农民，复恐不均于众，望三五年中，时一通括，兼以州县遭水旱处，比有诉论差使，封量不宜，便有出剩，请今后差官能敷元额已不亏官，凡出剩求功，请不收附，所以知朝廷爱民之意，昭物之仁。"[4] 另乾祐元年（948），右羽林将军张播停任，坐检田受请托也。[5] 从检田中出现请托能够发现，后汉检田属于差官检量。

后周世宗均定田租，检括田地亦为定税关键。《五代会要》载：

> （显德）五年七月诏曰：朕以寰宇虽安，烝民未泰。当乙夜观书之际，校前贤阜俗之方。近览元稹《长庆集》，见在同

1　《册府元龟》卷 553《词臣部·献替二》，第 6635 页。

2　《新五代史》卷 48《刘审交传》，第 545 页。

3　《册府元龟》卷 488《邦计部·赋税二》，第 5841 页。

4　《册府元龟》卷 495《邦计部·田制》，第 5933 页。

5　《旧五代史》卷 101《汉书三·隐帝纪上》，第 1351 页。

州时所上《均田表》，较当时之利病，曲尽其情。俾一境之生灵，咸受其赐。传于方册，可得披寻。因令制素成图，直书其事。庶公王亲览，触目惊心。利国便民，无乱条制。背经合道，尽系变通。但要适宜，所冀济务。繄乃勋旧，共庇黎元。今赐元稹所奏均田图一面，至可领也。

其年十月，赐诸道均田。诏曰：朕以干戈既弭，寰海渐宁。言念地征，罕臻艺极。须议并行均定，所冀永适重轻。卿受任方隅，深穷治本。必能副寡昧平分之意，察乡闾致弊之源。明示条章，用分寄任。佇令集事，允属推公。今差使臣，往彼检括，余从别敕。[1]

从以上记载可知，周世宗检定民田是借鉴并推行元稹所上《均田表》办法。从显德五年（958）十月至六年春，"诸道使臣回，总计简到户二百三十万九千八百一十二，定垦田一百八万五千八百三十四顷，淮南郡县不在此数"，[2]说明是对土地进行的一次比较彻底的统计。元稹同州均田令"百姓自通手实状"，世宗这次检定民田是否也采用此法呢？李万超在登州刺史任上，"属有诏重均田租，前牟平令马陶，籍隶文登县，隐苗不通，命系之，将斩而后闻。陶惧遁去，由是境内肃然"。[3]马陶隐苗不通，说明他应该自通苗亩，可见世宗这次检定民田与元稹一样采用的都是"百姓自通手实状"之法。

南方十国差官检田记载不多。南唐李昪升元五年对田税进行整顿。史称："自登位之后，遣官大定检校，民田高下肥硗皆获允当，人绝怨恣，输赋不稽。"[4]看来这次检田不可能像百姓自通手实那么

---

1 《五代会要》卷25《租税》，第307页。

2 《册府元龟》卷488《邦计部·赋税二》，第5844页。

3 《宋史》卷261《李万超传》，第9035页。

4 《江南野史》卷1《先主》，《丛书集成新编》第115册，第219页。

简单，应该属于差官检量。楚文昭王时，"王每遣使者行田，以增顷亩为功，民不胜租赋而逃。王曰：但令田在，何忧无谷"，[1]这是明显的差官检田。

北宋初年，土地统计方式受后周影响较大。《宋史·食货志》记载："自五代以兵战为务，条章多阙，周世宗始遣使均括诸州民田。太祖即位，循用其法，建隆以来，命官分诣诸道均田，苟暴失实者辄谴黜。"[2]《续资治通鉴长编》对五代依据见垦田亩数征租的做法提出了批评："五代以来，常检视见垦田以定岁租，吏缘为奸，税不均适。由是百姓失业，田多荒莱。"[3]但是，"时州县之吏多非其人，土地之利不尽出，租税减耗，赋役不均，上下相蒙，积习成敝"。[4]连宋真宗都认识到，"天下税赋不均，豪富、形势者田多而税少，贫弱地薄而税重，由是富者益富，贫者益贫"。[5]在这种情况下，再依靠民户自报手实制度实现廓清土地、均平赋税肯定行不通。于是，差官检田方式被北宋政府重新采用。

北宋政府大规模清丈土地从仁宗时期开始。《续资治通鉴长编》载：

初，洺州肥乡县田赋不平，久莫能治，转运使杨偕患之。大理寺丞郭谘曰："是无难者，得一往，可立决也。"偕即以谘摄令，并遣秘书丞孙琳与共事。谘等用千步方田法四出量括，得其数，除无地之租者四百家，正无租之地者百家，收遗赋八十万，流民乃复。及王素为谏官，建议均天下田赋，欧阳修即言谘与琳方田法，简而易行，愿召二人者。三司亦以为然，

---

1 《十国春秋》卷68《楚文昭王世家》，第956页。
2 《宋史》卷173《食货上一·农田》，第4157页。
3 《续资治通鉴长编》卷7，乾德四年闰八月乙亥，第177页。
4 《宋史》卷173《食货上一·农田》，第4159页。
5 《宋会要辑稿》食货一之一八，第4810页。

且请于亳、寿、汝、蔡四州择尤不均者均之。于是遣谔与琳先往蔡州,首括上蔡一县,得田二万六千九百三十余顷,均其赋于民。既而谔言州县多逃田,未可尽括,朝廷亦重劳人,遂罢。[1]

从上文可知,北宋开始用郭谔的千步方田法检田均税,千步方田法是按照"四出量括,得其数",应该是在千步之内方田取数。但由于大规模丈量土地需要众多的人力、物力,故实行不久即停止。以后虽也零星均田,但基本上都在小范围内进行。直到宋神宗即位,起用王安石开展变法,才在郭谔千步方田法基础上重新检田均税。王安石方田法为:

> 方田之法,以东西南北各千步,当四十一顷六十六亩一百六十步为一方。岁以九月,县委令、佐分地计量,据其方庄帐籍验地土色号,别其陂原、平泽、赤淤、黑垆之类凡几色。方量毕,计其肥瘠,定其色号,分为五等,以地之等均定税数。至明年三月毕,揭以示民,仍再期一季以尽其词,乃书户帖,连庄帐付之,以为地符。[2]

此法以东西南北各千步,当四十一顷六十六亩一百六十步为一方,而且,验地土色号并计其肥瘠,可见检田方法愈加周密。方田法伴随着王安石改革推行了十几年,北方除京西路外都有实施。到宋徽宗当政阶段,个别地区也恢复过方田法。与方田法检田相比,南宋经界法成就更大。其法:"令民以所有田各置坫基簿,图田之形状,及其亩目四至,土地所宜,永为照应。即田不入簿者,虽有

---

1 《续资治通鉴长编》卷 144,庆历三年冬十月丁未,第 3842~3843 页。

2 《续资治通鉴长编》卷 237,熙宁五年八月甲辰,第 5783 页。

契据可执，并拘入官。诸县各为坫基簿三：一留县，一送漕，一送州。"[1]经界法的最大特点是将田的情况用图形方式画下来，制成坫基簿，这标志着检田和土地统计走向成熟。

纵观唐宋之际土地统计方式，唐前期主要采取手实形式，到唐后期，地方差官检田已经出现，但手实仍占有重要地位；五代时期检田与手实交互参用，宋代则以检田为主，并且检田方法越来越细密化。这说明随着唐宋之际田税地位的上升，对其征税对象土地的管理也在逐步加强。

（二）从"申牒"到"割税"：土地交易控制重心的转变

在中国古代社会，土地被视为财富的主要标志。因此，尽管存在国家法权和授田制限制，但追逐土地、占有土地以及买卖土地一直是社会常态。土地交易与国家赋税征收息息相关。授田制下赋税多按丁和户征收，似乎土地交易与之关联不大，但土地是直接税源，土地与丁、户脱离必然带来百姓承税能力的下降。而对履亩征税的田税而言，土地数量及归属直接关联税额多少和纳税人定位。故控制土地交易对赋税良性运转意义重大，对田税来说更为关键。

唐宋之际，朝廷对土地交易控制的重心存在变化。唐前期土地交易分为立契、申牒、公验等环节，其中勘验土地买卖是否合法的申牒是控制的重心；中唐以后，取消土地买卖限制，买卖双方当事人契约运作趋于简化，但与官府之间涉及土地税收的交割成为重心。特别是到宋代，土地交易在税簿上被批凿成为其合法性和最终完成的重要标志。

关于唐前期土地买卖，《唐律》中有明确规定："诸卖口分田者，一亩笞十，二十亩加一等，罪止杖一百；地还本主，财没不追。即

---

1 《建炎以来朝野杂记》甲集卷 5《经界法》，第 123 页。

应合卖者，不用此律。"对此，疏议解释说：

> "口分田"，谓计口受之，非永业及居住园宅。辄卖者，礼
> 云"田里不鬻"，谓受之于公，不得私自鬻卖，违者一亩笞十，
> 二十亩加一等，罪止杖一百，卖一顷八十一亩即为罪止。地还
> 本主，财没不追。"即应合卖者"，谓永业田家贫卖供葬，及口
> 分田卖充宅及碾硙、邸店之类，狭乡乐迁就宽者，准令并许卖
> 之。其赐田欲卖者，亦不在禁限。其五品以上若勋官，永业地
> 亦并听卖。故云"不用此律"。[1]

从律文中能够看到，虽然有禁止买卖田土规定，但还是允许在
特殊条件和身份下出卖口分和永业田。随着社会发展，这些限制性
条件日趋放宽，如开元二十五年（737）令中规定，"诸庶人有身死
家贫无以供葬者，听卖永业田，即流移者亦如之。乐迁就宽乡者，
并听卖口分（卖充住宅、邸店、碾硙者，虽非乐迁，亦听私卖）"。[2]
因此，在一定程度上助长了唐前期的土地买卖。到开元、天宝之
时，土地买卖已经难以遏制，政府不得不频发诏敕。如开元二十三
年诏称："天下百姓口分永业田，频有处分，不许买卖典贴。如闻尚
未能断，贫人失业，豪富兼并，宜更申明处分，切令禁止。"[3]天宝
十一载（752），再次下诏云："自今已后，更不得违法买卖口分永业
田及诸射、兼借公私荒废地、无马妄请牧田，并潜停客户、有官者
私营农。如辄有违犯，无官者决杖四十，有官者录奏取处分。"[4]

按照唐前期法律规定，土地买卖要遵循一定程序。首先买卖
双方要订立契约。从吐鲁番文书中能够发现，契约要写明时间、买

---

1 《唐律疏议》卷12"诸卖口分田者"条，第242页。
2 《通典》卷2《食货二》，第31页。
3 《全唐文》卷30《禁买卖口分永业田诏》，第343页。
4 《全唐文》卷33《禁官夺百姓口分永业田诏》，第366页。

卖双方姓名、田地情况、担保人和见证人。不过买卖双方订立的契约属于私契，因为一则土地不是在官方规定的市场上交易；再则政府认定土地是否具有合法性依据的不是契约，而是接下来要谈的申牒。因此，契约主要约束买卖双方的责任义务，政府对其没有法令保护性条款。如市场上买卖奴婢、马牛驼骡驴等，依令并立市券。不立券则有时间限制，但称"令无私契之文，不准私券之限"。[1]

　　双方订立契约以后，要向政府申请，也就是要上交文牒。《通典》称："凡卖买，皆须经所部官司申牒，年终彼此除附。若无文牒辄卖买，财没不追，地还本主。"[2]《唐律疏议》中更明确称依令："田无文牒，辄卖买者，财没不追，苗子及买地之财，并入地主。"[3]官府审查文牒主要看土地是否合法买卖，如属于"即应合卖者"，即是贫卖供葬，狭乡迁宽乡，或是五品以上若勋官卖永业地，只有符合规定才能批准文牒。关于具体申牒人，赵晶依据唐代和高昌时期的文书认为土地卖家和买家都有申牒义务，而买方的申请义务是最终的，具有决定性。[4]关于卖家申请文牒，还可补充一条史料。唐开元二十五年规定："诸家长在（谓三百里内，非隔阂者），而子孙弟侄等，不得辄以奴婢、六畜、田宅及余财物私自质举及卖田宅（无质而举者，亦准此）。其有质举、卖者，皆得本司文牒，然后听之。若不相本问，违而与及买者，物即还主，钱没不追。"[5]这里即是质者、卖者申请文牒，应该只有取得文牒，才获得土地出卖资格。土地买卖后还要"年终彼此除附"。此处"除附"类似五代时期的出除，就是土地的户口变更。选在年终，可能是出于统计需要。由于唐前期税制简单，税率统一，所以只要土地转让后，税负自然就得以转

1　《唐律疏议》卷 26 "诸买卖奴婢、马牛、驼骡驴" 条，第 501 页。

2　《通典》卷 2《食货二》，第 31 页。

3　《唐律疏议》卷 13 "诸妄认公私田" 条，第 246 页。

4　赵晶：《〈天圣令〉与唐宋法制考论》，上海：上海古籍出版社，2014，第 130~131 页。

5　仁井田陞：《唐令拾遗·杂令》第三十三，长春：长春出版社，1989，第 788~789 页。

移。与申牒同样具有法律效力的还有公验。唐前期尚未发现土地买卖的具体文书，但唐后期出现与土地相关的公验。如长庆元年正月赦文记载："应诸道管内百姓，或因水旱兵荒，流离死绝，见在业产，如无近亲承佃，委本道观察使于官健中取无庄园有人丁者，据多少给付，便与公验，任充永业。"[1] 又会昌元年正月制称："自今已后，应州县开成五年已前逃户，并委观察使刺史差强明官就村乡，诣实简勘桑田屋宇等，仍勒长令切加简校，租佃与人，勿令荒废。据所得与纳户内征税，有余即官为收贮，待归还给付，如欠少，即与收贮，至归还日，不须征理。自今年已后，二年不归复者，即仰县司，召人给付承佃，仍给公验，任为永业。"[2] 关于公验，目前所见皆是行旅公验，胡三省在《资治通鉴》中对公验作注云："公验者，自本州给公文，所至以为照验。"[3] 唐后期与土地相关的公验也都是由观察使和刺史颁给，这能否佐证公验都由州派发，不得而知。[4] 但这两次给公验都是针对逃田，官府通过公验确立土地产权，属于特殊情况。

由于唐前期整体上限制土地买卖，故申牒最为重要，它是土地能否正常交易的关键，这也是《唐律疏议》和《通典》中着意记载申牒的原因。但唐后期土地买卖的禁制被取消，申牒是否还存在，或者被公验所代替，因史料所限，无法下结论。然而唐宋之际田税地位上升，据地出税促使税收与田亩结合更加紧密，地方基层组织对土地管理只会加强，在这样的情况下，土地转移不可能听之任之。当然，地主买地不割税肯定存在。如《北梦琐言》载："葆光子同寮尝买一庄，喜其无税，乃谓曰：'天下庄产，未有

1　《唐大诏令集》卷70《长庆元年正月南郊改元赦》，第392页。

2　《册府元龟》卷495《邦计部·田制》，第5932页。

3　《资治通鉴》卷249，宣宗大中六年至七年，第8052页。

4　程喜霖认为公验都由州派发（《唐代过所研究》，北京：中华书局，2000，第61页）。张飘在《出土文书所见唐代公验制度》（《史学月刊》2017年第7期）中认为县也能派发公验。

不征.'同寮以私券见拒，尔后子孙为县宰定税，求祈不暇。"[1]这里同寮拿出的地契被称为"私券"，笔者估计此券与唐前期地契相同，本身就是私契。无税说明是私自交易，未在官府登记割税。但这种现象存在并不能说明唐后期土地交易没有法律规定。敦煌归义军史料中出现了户状文书，刘进宝认为户状是土地过户的法律标志。[2]由于户状属于户籍类文书，这一认识启示研究者要关注土地流动过程中涉及的户籍、税租簿和其他相关文书。户状在唐后期土地买卖中所具有的法律意义不容置疑，但户状毕竟是在核定户籍之时民户自报土地占有状况的文书，而且户籍核定也不是每年进行，由此带来的问题是土地买卖后税收如何征纳。可见，在户状变更之前，应该还有申牒、公验甚至与户帖相关的法律文书。因唐后期具体史料欠缺，相关手续与文书待考，但过渡性的法律文书应该存在。

　　宋代对土地买卖的规定开始完备。《袁氏世范》卷下称："官中条令，惟交易一事最为详备，盖欲以杜争端也。而人户不悉，乃至违法交易，及不印契，不离业，不割税，以致重迭交易，词讼连年不决者，岂非人户自速其辜哉。"[3]尽管谈的是违法交易之事，但却肯定宋代土地交易制度最为详备，印契、离业、割税属一连贯程序。[4]宋仁宗时期敕称："应典卖物业，限两月批印契，送纳税赋钱。限外不来，许人陈告，依漏税条例科罚。"[5]宋徽宗政和六年（1116）六月诏亦云："合依淮南体例，收纳人户典卖田宅赴官收买定帖钱。淮南体例，人户典卖田宅，议定价直，限三日先次请买定帖，出外书填，本县上簿拘催，限三日买正契。"[6]上述诏敕呈现出宋代土

1　《北梦琐言》卷1《郑光免税》，第19页。
2　刘进宝：《唐宋之际归义军经济史研究》，第31~40页。
3　《袁氏世范》卷下《治家》，《景印文渊阁四库全书》第698册，第637页。
4　魏天安：《宋代的契税》，《中州学刊》2009年第3期。
5　《宋会要辑稿》食货六一之五九，第5903页。
6　《宋会要辑稿》食货六一之六二、六三，第5904~5905页。

地交易的具体程序，大体由买卖双方议定价格，填写"定帖"。宋代定帖契纸都由官府雕版印造，百姓要典卖田土必须输钱购买官版契纸。定帖草契填好后，需要到官府用印，并缴纳契税。用印后的田契为"红契"，具有法律效力。最后形成的田契为正契，上面写明号数、亩步、田色、四邻界至、典卖原因、原业税钱、色役、回赎期限、交易钱数、买卖双方姓名等。交易的双方各执一份，又称"合同契"。合同契原来只有两本，分给买卖双方。宋真宗乾兴元年（1022），开封府下令："今请晓示人户，应典卖倚当庄宅田土，并立合同契四本，一付钱主，一付业主，一纳商税院，一留本县。"[1]自此以后，合同契变为四本。契书完成后，交易并未结束，宋徽宗政和元年（1111）户部规定："诸以田宅契投税者，即时当官注籍，给凭由付钱主。限三日勘会业主、邻人、牙保、写契人书字圆备无交加，以所典卖顷亩、田色、间架勘验元业税租、免役钱，纽定应割税租分数，令均平取推，收状入案，当日于部内对注开收。"[2]可见，契书完成后，还必须由买卖双方持契书同赴官府，由乡书手代表官府在税租簿帐上办理推割手续，将卖方出售田产所附带的赋税数额转入买户名下，才算完备手续，官府才予以认可，契约才发生法定效力。

从上述过程可以看出，宋代土地交易控制已经将唐后期契书和公验统一起来，通过预填定帖，把原来民间私契仪式改在官府进行，契书统一印制，从而形成公契。它既是双方交易的标志，也是官府产权归属的认可，正因为它集各种功能于一身，所以才便于国家对土地交易进行控制。而且，契书最重要的功能是把割税作为其发挥效力的标志，这也反映出宋政府控制契书除了征收契税外，最终目的是解决土地交易后的税收转移问题，这才是政策关键。因

---

[1] 《宋会要辑稿》食货六一之五七，第5902页。
[2] 《宋会要辑稿》食货六一之六二，第5904页。

此，唐宋之际国家对土地交易的控制从注重申牒到着眼于割税，反映出逐步加强的趋势，也标志着土地管理制度的逐步成熟。

三 户口管理的调整

在税收制度中，纳税人即征税客体是重要因素之一。无论征税对象如何变化，税负最终要落实到具体人户上，对户口的统计、管理则通过户籍制度实现。在中国古代社会，户籍制度不仅发挥人口管理的作用，在土地管理和赋役征发中也不可或缺。秦汉时期，丁口税为主体税种，故户籍在赋税征纳中占据主导地位。魏晋以降，尽管是据田出税，但在授田制下实际还是向户、丁征税，户籍地位不降反升，并且户籍内容还包括了田地和税额，从而使户籍、地簿和税册三位一体。

这种情况在唐宋之际发生变化。随着赋税的征税对象由人丁向土地转变，户籍地位开始削弱，户籍本身也不得不相应地进行调整，在户籍编制和户种类别设计上都体现土地的中心地位。本书着眼于税制变迁与唐宋之际户口的调整，认为其主要表现为据地造籍、主户与客户之分以及形势户籍的出现。户籍本身作为一种社会管理工具存在，故根据土地占有情况确定户籍，使原来社会管理中的身份性让位于财产性，从而使中国古代社会后期的社会管理也出现了新特征。

（一）着眼于税收的"据地造籍"

唐前期户口统计是以见在户为根据。只要户内有丁口，即使是单丁也必须立户。如果户内没有男口，家长也可以由女性充当，谓之女口。这种以丁口造籍的原则为中国古代社会前期户籍编造的制度惯性，也与唐前期租庸调税制相适应。然而，租庸调制只问人丁，不问资产，致使无地和少地民众负担沉重，再加之土地兼并日趋强烈，因而一些民户为逃避赋役，便脱离户籍，成为浮户。至开元时期，浮户数量剧增，以致"天下户版刓隐，人多去本籍，浮食闾里，诡脱徭赋，豪弱相并，州县莫能制"。[1] 针对这种情况，唐中央政府也采取了一些措施。如武后证圣元年（695），李峤曾提出奖励逃户还乡，若不愿归乡，原则上可以就地落户，重新编造户籍。[2] 玄宗开元九年（721）颁布《科禁诸州逃亡制》："诸州背军逃亡人，限制到日百日内，各容自首。准令式合所在编户情愿住者，即附入簿籍。差科赋敛于附入令式，仍与本贯计会停征。若情愿归贯，及据令式不合附者，首讫明立案记，不须差遣。先牒本贯知，容至秋收后递还。情愿即还者，听待本乡讫免今年赋租课役……过限不首，并即括取，递边远附为百姓，家口随逃者，亦便同送。"[3] 这次括户，使八十万脱籍浮户就地附籍，但并没有遏制民户脱籍逃亡的势头。天宝之际，"籍帐之间，虚存户口"，[4] 许多户籍上的户口实际并不存在。

　　唐前期户籍的混乱经过安史之乱变得更加严重。战争和人口的逃亡，直接造成了基层户籍制度的崩溃，出现了"海内波摇，兆庶云扰，版图隳于避地"的局面。[5] 肃宗乾元三年，国家掌握的户口已由天宝时的 891 多万户下降到 193 万户。[6] 大量人口成为浮户，在各地流动，正所谓"版籍斯坏，所在游寄，莫知从来"。[7] 如何使浮户归籍，成为朝廷燃眉之急。然而此时赋税制度已经发生了变化，以见居和见佃为主的户税和地税越来越成为中央和地方依赖的对象。户税和地税以现有的土地和户为主，当然，见在户基本是有土地

1　《新唐书》卷 134《宇文融传》，第 4557 页。

2　《全唐文》卷 246《请令御史检校户口表》，第 2488 页。

3　《全唐文》卷 22《科禁诸州逃亡制》，第 256 页。

4　《唐会要》卷 85《逃户》，第 1564 页。

5　陆贽：《翰苑集》卷 22《均节赋税恤百姓第一条》，《景印文渊阁四库全书》第 1072 册，第 781 页。

6　《唐会要》卷 84《户口数》，第 1551 页。

7　《全唐文》卷 685《对贤良方正直言极谏策》，第 7018 页。

户，无土地户在征缴户税时也会逃亡。因此，土地成为吸引浮寄户落户和承担国家赋役的条件。事实上，这种着眼于税收的据地落籍政策在安史之乱以后很快被确立。唐代宗宝应元年九月敕："客户若住经一年已上，自贴买得田地有农桑者，无问于庄荫家住及自造屋舍，勒一切编附为百姓，差科比居人例，量减一半，庶填逃散。"[1] 宝应元年是 762 年，安史之乱刚刚结束。从此诏令能看出，客户在外地买进土地，并种植了农桑，国家就要"编附为百姓"，足见属于"据地落籍"。

然而，唐代宗宝应元年敕文仅是具体情况下的据地落籍政策。真正整顿安史之乱后户籍混乱局面的是两税法。两税法中提出了"以见居为簿"的原则，其着眼点还是税收。《旧唐书·杨炎传》称：

初定令式，国家有租赋庸调之法。开元中，玄宗修道德，以宽仁为理本，故不为版籍之书，人户浸溢，堤防不禁。丁口转死，非旧名矣；田亩移换，非旧额矣；贫富升降，非旧第矣。户部徒以空文总其故书，盖得非当时之实。旧制，人丁戍边者，蠲其租庸，六岁免归。玄宗方事夷狄，戍者多死不返，边将怙宠而讳，不以死申，故其贯籍之名不除。至天宝中，王𫓧为户口使，方务聚敛，以丁籍且存，则丁身焉往，是隐课而不出耳。遂案旧籍，计除六年之外，积征其家三十年租庸。天下之人苦而无告，则租庸之法弊久矣。迨至德之后，天下兵起，始以兵役，因之饥疠，征求运输，百役并作，人户凋耗，版图空虚。军国之用，仰给于度支、转运二使……故科敛之名凡数百，废者不削，重者不去，新旧仍积，不知其涯。百姓受命而供之，沥膏血，鬻亲爱，旬输月送无休息。吏因其苛，蚕食于人。凡富人多丁者，率为官为僧，以色役免；贫人无所入

则丁存。故课免于上，而赋增于下。是以天下残瘁，荡为浮人，乡居地著者百不四五，如是者殆三十年。[1]

　　杨炎在上疏中多次提到"版籍"、"丁籍"、"旧籍"和"版图"，说明户籍混乱与租庸调制解体有直接关系，而"以见居为簿"正是两税法在新税制中确立的再造户籍原则。不过，"以见居为簿"与宝应元年敕文中"据地落籍"是否矛盾呢？《通典·职官典》记载："自圣上御极，分命使臣，按比收敛，土户与客户共计得三百余万。比天宝才三分之一，就中浮寄仍五分有二。出租赋者减耗若此。"[2]此处有"按比收敛"，杜佑作《通典》去两税法颁布不远，应该可信。文中三百余万户，五分之二浮寄户是"按比收敛"得来，说明是将那些有土地的客户在当地落户造籍。所以，两税法中"以见居为簿"应该再进一步概括为"以有土地的见居者为簿"。

　　两税法实行以后，浮寄户仍然大量存在。如唐德宗贞元十二年，越州刺史皇甫政奏云："贞元十年，（进）绫縠一千七百匹，至汴州，值兵溃叛，物皆散失。请率新来客户续补前数。帝谓宰臣曰，百姓有业则怀土为居户，失业则去乡为客户……岂可重伤，可罢其率。"[3]唐穆宗时期，户部侍郎判度支张平叔以"今所在户口，都不申明实数"，建议实施食盐官粜。中书舍人韦处厚称："臣曾为外州刺史，备谙此事。自兵兴以来，垂二十载。百姓粗能支济，免至流离者，实赖所存浮户相倚，两税得充，纵遇水旱虫霜，亦得相全相补，若搜索悉尽，立至流亡。宇文融当开元全盛之时，搜丁出户，犹以残人敛怨，瘁国害身，此策若行，则甚于彼。"[4]说明浮寄户对各地完成两税额至关重要。不过，虽然客户实际已经纳税，但各

1　《旧唐书》卷118《杨炎传》，第3420~3421页。

2　《通典》卷40《职官二十二》，第1108页。

3　《册府元龟》卷147《帝王部·恤下二》，第1782页。

4　《册府元龟》卷493《邦计部·山泽一》，第5901~5902页。

地对浮寄户的落籍政策始终还是以土地为准。[1] 如元和六年衡州刺史吕温奏称："当州旧额户一万八千四百七，除贫穷死绝老幼单孤不支济等外，堪差科户八千二百五十七，臣到后，团定户税，次简责出所由隐藏不输税户一万六千七……臣昨寻旧案，询问闾里，承前征税，并无等第，又二十余年，都不定户，存亡孰察，贫富不均。"[2] 虽然这次检责出不输税户 16700 户，但成书于元和八年的《元和郡县图志》却仍称："元和户一万八千四十七。"[3] 显然这些不输税户没有登入户籍，看来他们属于没有土地的客户。唐文宗开成四年（839），牛僧孺在襄州，"公至，据地造籍，免贫弱四千万，均入豪强"。[4] 这是两税法按地收税的改革，浮户没有土地，不缴税，当然也不能纳入正式户籍。不过，对浮户或客户，地方并非不知晓，如衡州的保簿就记载了客户情况。

　　五代十国时期社会动乱，但出于统治，特别是赋税征收需要，各政权非常重视户籍编造。如后唐同光二年，"仰有司速检勘天下户口、正额垦田实数，待凭条理，以息烦苛"。[5] 至于编造原则，后晋天福八年（943）敕云："自灾沴以来，户口流散，如归业者，切在抚安，其浮寄人户有桑土者，仍收为正户。"[6] 说明五代沿袭了唐后期据地造籍的原则。正因为土地为落户入籍的根据，所以每招纳户口都提及增加赋税。如后唐同光二年中书门下奏称："刺史县令，有政绩尤异，为众所知，或招复户口，能增加赋税者。"[7] 后晋天福八年三月初八日敕："诸道州府令佐，在任招携户口，比初到任交领数目外，如出得百户以上，量添得租税者，县令加一阶，主簿减一选；

1　翁俊雄：《唐后期民户大迁徙与两税法》，《历史研究》1994 年第 3 期。

2　《册府元龟》卷 486《邦计部·户籍》，第 5813 页。

3　李吉甫：《元和郡县图志》卷 29《江南道五》，贺次君点校，北京：中华书局，1983，第 704 页。

4　《文苑英华》卷 938《牛公墓志铭》，第 4931 页。

5　《旧五代史》卷 31《唐书七·庄宗纪五》，第 428 页。

6　《五代会要》卷 20《县令下》，第 250 页。

7　《五代会要》卷 19《刺史》，第 243 页。

出二百户以上，及添得租税者，县令加二阶，主簿减两选。"[1]

　　然而，据地造籍原则在宋代有所变化。宋太祖乾德元年诏称："诸州版簿、户帖、户钞，委本州判官、录事掌之，旧无者创造。始令诸州岁所奏户帐，其丁口男夫二十为丁，六十为老，女口不须通勘。"[2] 文中版簿和户帖、户钞并重，前面已经谈到，户帖、户钞都是户内土地与税赋的记录。由此推知，原来着眼于税收的据地造簿因户帖与户钞的出现势必功能减轻。事实也的确如此，宋代版簿与前代户籍不同，它主要由五等丁产簿、丁帐和甲册等组成。由于涉及田税的簿籍有租税簿、桑功帐、户帖、户钞、典卖田产的割税簿，所以上述五等丁产簿、丁帐和甲册的功能主要转向派役。职役据户，但夫役据丁，故宋代户籍簿的编制原则有回归丁口的趋向。但这不能掩盖随着赋税征收对象的转移，唐宋之际户口管理曾随之调整的事实。据地造籍实际上是田税从依赖户籍征收到独立地籍出现之间的过渡形式。

（二）以田产划分的主户和客户

　　以田产划分主户和客户始于宋代，但客户一词大量出现却开始于唐代。中唐时期柳芳作《食货论》称："人逃役者多浮寄于闾里，县收其名，谓之客户。"[3]《宋会要辑稿》载："税户者，有常产之人也；客户，则无产儿侨寓者。"[4] 从上述提法来看，客户特征是流动性，始终处于浮寄或侨寓状态；主户特征则体现在"税户"和"常产"上，即有常产且提供赋税的户。关于唐宋主户和客户问题，学术界已有相关讨论，但或专注于唐，或指向宋。本书尝试以唐宋之际户口管理调整为视角，将唐宋综合起来加以考察，认为主客户出

1 《五代会要》卷20《县令下》，第249页。
2 《续资治通鉴长编》卷4，乾德元年冬十月庚辰，第106~107页。
3 《文苑英华》卷747《食货论》，第3907页。
4 《宋会要辑稿》食货一二之一九至二〇，第5017页。

现表面上是由于户口管理方式的变动，但实际上是唐宋之际土地和税制变化综合因素导致的。

唐前期客户最基本的特征是外来性、非土著。如武后时期，陈子昂提到川蜀逃户时说："今诸州逃走户有三万余，在蓬、渠、果、合、遂等州山林之中，不属州县。土豪大族，阿隐相容，征敛驱役，皆［不］入国用。其中游手惰业亡命之徒，结为光火大贼，依凭林险，巢穴其中。"[1] 开元时期《置劝农使安抚户口诏》亦称："且违亲越乡，盖非获已；暂因规避，旋被兼并。既冒刑网，复捐产业，客且常惧，归又无依，积此艰危，遂成流转。"[2] 以上这些人都是流亡的浮客、浮户，此外还有寄庄户和寄住户。凡是在本籍以外别的地区买置的田产都称为寄庄，这类外乡户称为寄庄户。如唐初，前泽州刺史张长贵、赵士达并占境内膏腴之田数十顷。[3] 张长贵、赵士达就成为寄庄户。除置庄田以外原因暂住此地的则为寄住户，大历四年整顿户税时称："其诸色浮客及权时寄住户等，无问有官无官。"[4] 看来这些人多数是官僚地主。以上这些人除了外来性以外，还有一个特征就是避税。浮户本身就是避税引起的。关于寄庄户和寄住户的避税现象，张泽咸有过揭示。[5] 唐前期复除法规定：

> 自王公以下，皆有永业田。太皇太后、皇太后、皇后缌麻以上亲，内命妇一品以上亲，郡王及五品以上祖父兄弟，职事、勋官三品以上有封者若县男父子，国子、太学、四门学生、俊士，孝子、顺孙、义夫、节妇同籍者，皆免课役。凡主户内有课口者为课户。若老及男废疾、笃疾、寡妻妾、部曲、

1　《陈拾遗集》卷8《上蜀川安危事》，《景印文渊阁四库全书》第1065册，第617页。

2　《唐大诏令集》卷111《置劝农使安抚户口诏》，第576页。

3　《旧唐书》卷58《长孙顺德传》，第2309页。

4　《唐会要》卷83《租税上》，第1534~1535页。

5　张泽咸：《唐代的寄庄户》，《文史》第5辑，北京：中华书局，1979。

客女、奴婢及视九品以上官，不课。[1]

　　寄庄户和寄住户一般是官员，在任期间依法蠲免课役，卸任以后难免承担赋税。如果不回原籍，寄居外地，就会规避租庸调负担。唐前期赋税还有户税和地税，地税由承租人承担，但户税无法逃避，武后长安元年（701）十月诏："天下诸州，王公以下，宜准往例税户。"[2]但若寄住外地，也可在一定程度躲避户税负担。大历四年正月十八日敕称：

　　　　天下及王公已下，自今已后宜准度支长行旨条。每年税钱，上上户四千文，上中户三千五百文，上下户三千文；中上户二千五百文，中中户二千文，中下户一千五百文；下上户一千文，下中户七百文，下下户五百文。其现任官一品，准上上户税，九品准下下户税，余品并准依此户等税。若一户数处任官，亦每处依品纳税。其内外官，仍据正员及占额内阙者税，其试及同正员文武官不在税限。其百姓有邸店行铺及炉冶，应准式合加本户二等税者，依此税数勘责征纳。其寄庄户，准旧例从八等户税，寄住户从九等户税，比类百姓，事恐不均，宜各递加一等。其诸色浮客及权时寄住户等，无问有官无官，亦所在为两等收税。稍殷有者，准八等户税，余准九等户税。如数处有庄田，亦每处纳税。[3]

　　文中寄庄户和寄住户以前分别按八、九等纳税，"比类百姓，事恐不均"，说明税比较轻，这次加了一等，而对权时寄住户，还是维护在八、九等之间。而杜佑曾谈道："大历四年正月制，一例加

<hr>

1 《新唐书》卷51《食货一》，第1343页。
2 《通典》卷6《食货六》，第107页。
3 《唐会要》卷83《租税上》，第1534~1535页。

税……并寄田寄庄及前资勋荫寄住家，一切并税。盖近如晋宋土断之类也。"[1] 这透露出有些寄庄户和寄住户在此之前并不交税。

通过前述分析能够发现，唐前期出现的客户以其外来性区别于土著，并有避税特征。其中流亡浮客属于无产避税，而寄庄户和寄住户属于有产避税。这种情况在两税法实行以后被改变。两税法以"见居"和"有产"为原则，以前寄庄户和寄住户因为有产自然在"按比收敛"中被括为正户，被括出浮寄户占五分之二，可见数字之多。当然，被括出的也不排除有买田的流亡浮客。这样，上述客户即与原来土户身份一致。两税法实行以后，客户则主要是流亡在外地且无产的浮客，他们因无产而不交税。

两税法中亦规定："其鳏寡茕独不支济者，准制放免。"[2] 这里"不支济者"，指没有能力承担两税之人。两税以资产为宗，资产主要是土地。由此推之，两税法实行后，在土户之中也有一些人因无产而不交税。这样，在原客户中的寄庄户和寄住户因有产纳税与土户趋同之余，客户中的其他浮客也和土户中的无产者因无产不交税而趋同，故通过土地和税收条件将土户和客户中的两类人重新归类，土地和税收差异逐步模糊了地域差异，到宋代终于确立了以田产划分的主户和客户。但这一过程持续时间很长，有时地域差异仍旧会模糊客户概念。如唐武宗《会昌五年正月三日南郊赦文》中云：

> 或因官游，遂轻土著，户籍既减，征徭难均。江淮客户及逃移规避户税等人，比来虽系两税，并无差役。或本州百姓，子弟才沾一官，及官满后，移住邻州；兼于诸军诸使假职，便称衣冠户，广置资产，输税全轻，便免诸色差役。其本乡家业，渐自典卖，以破户籍。所以正税百姓日减，州县色役渐

---

1 《通典》卷6《食货六》，第107页。
2 《唐会要》卷83《租税上》，第1535页。

少。从今已后，江淮百姓非前进士及登科有名闻者，纵因官罢职，居别州寄住，亦不称为衣冠。其差科色役，并同当处百姓流例处分。[1]

对于其中的"客户"，学术界有不同的解释。笔者认为，此时"客户"正处于变化的模糊期。从表面上看，此客户称呼来自地域区别，指其他地方来到江淮或江淮内部州县之间流动的户口。但其土地和税收情况如何呢？首先，"虽系两税"，说明属于纳税户，而且应该有土地。其次，"便称衣冠户"和"居别州寄住"，透露出他们属于原来的寄庄户或寄住户，此时两税已经无法规避，但开始规避差役，这也是敕文申饬的原因。故只有抓住土地和税收差异才能分辨在户口管理调整时期的户口情况。

实际上，以田产划分主户和客户的趋势在两税法实行以后就已经出现，但历经中、晚唐及五代十国，直到宋代才确立。之所以经历如此长时间，与两税法的定额税制有关。由于采取定额财政体制，国家将税额硬性分配到州，州再分配到县，县则责之乡里。如果没有完成税额，两税法规定"有户增而税减轻，及人散而失均者，进退长吏"。[2]因此，依赖浮户补充失散税额和避免多上报户口增加税额等因素都促使各地保留浮客存量。如前面提到韦处厚称："臣曾为外州刺史，备谙此事。自兵兴以来，垂二十载。百姓粗能支济，免至流离者，实赖所存浮户相倚，两税得充，纵遇水旱虫霜，亦得相全相补，若搜索悉尽，立至流亡。"[3]唐后期一些地方官还以对浮户"不书于籍"为美谈。如徐申为韶州刺史，"其始来也，韶之户仅七千，凡六年迁合州，其去也，倍其初之数"。[4]《文苑英华》

---

1 《文苑英华》卷429《会昌五年正月三日南郊敕文》，第2175页。
2 《唐会要》卷83《租税上》，第1536页。
3 《册府元龟》卷493《邦计部·山泽一》，第5901~5902页。
4 《全唐文》卷639《徐公行状》，第6458页。

亦载此事，称"罢去之日，夫家名数倍差于始至，而不书于籍"。[1]
正因为如此，直到宋代立国，才得以制度更张，以田产划分主户和
客户的户口调整才得以完成。

（三）旨在督促田税的形势户籍

　　宋代户籍中出现了"形势户"，并且为了督促二税，还专门创
立了"形势版籍"。这是在赋税征收对象向土地集中而土地越来越
向少数人集聚的情况下，对拥有政治特权的土地占有者征收赋税采
取的制度建设。它的出现是唐宋之际税制变化过程中户口管理的新
动向。

　　关于形势户范围，马端临在《文献通考》中概括为"见任文武
职官及州县势要人户"。[2]此说似嫌模糊。现代学者尹敬坊将其概括
为品官之家、州县按察官司吏人以及书手、保正、耆长等乡役户。[3]
对上述人员，唐代可能称谓存在差异，但在服务于官府、拥有不同
政治特权这一点上相同。

　　形势豪强的出现源于中晚唐和五代时期。随着均田制的破坏，
土地兼并更加剧烈，一些拥有政治特权的人户占有大片土地。如大
将郭子仪"自黄蜂岭洎河池关，中间百余里，皆故汾阳王私田，尝
用息马，多至万蹄，今为飞龙租入地耳"。[4]宰相韦宙在江淮亦有别
业，《北梦琐言》记载：

　　　　唐相国韦公宙，善治生。江陵府东有别业，良田美产，最
　　　号膏腴，而积稻如坻，皆为滞穗。咸通初，除广州节度使，懿
　　　宗以番禺珠翠之地，垂贪泉之戒。京兆从容奏对曰："江陵庄积

1　《文苑英华》卷 939《徐公墓志铭》，第 4937 页。
2　《文献通考》卷 4《田赋四》，第 55 页。
3　尹敬坊：《关于宋代的形势户问题》，《北京师院学报》1980 年第 6 期。
4　《全唐文》卷 794《兴元新路记》，第 8327 页。

谷尚有七千堆，固无所贪。"懿皇曰："此可谓之'足谷翁'也"。[1]

　　对这些官僚占据的田产，在租庸调时期被免除正税，他们被称为不课户。但随着两税法推行，占田数量成为缴纳租赋多少的依据，无论什么人，只要拥有土地，就必须缴纳田税，从而出现"青苗两税，本系田土，地既属人，税合随去"，[2]以及"据地出税，天下皆同；随户杂徭，久已成例"。[3]但向这些有权势之家征收租税还是拥有很大阻力。前面谈到大中六年，宣宗赐其舅舅郑光鄠县及云阳县庄各一所，并免除府县所有两税，引起大臣们的反对没有实行，这说明皇帝对这类人有所顾忌。而基层人员在执行征税过程中受权势威慑就更大，有些乡吏甚至因此不敢督征田税。杜甫在《东西两川说》中揭示道："富家办而贫家创痍已深矣。今富儿非不缘子弟职掌，尽在节度衙府州县官长手下哉。村正虽见面，不敢示文书取索，非不知其家处，独知贫儿家处。"[4]有时，形势户根本就不许官家征税，如后唐时期，"形势庄田，不伏县司征督"。[5]在这种情况下，乡吏只能将税额转嫁给贫下户，《新唐书·食货志》云："豪民侵噬产业不移户，州县不敢徭役，而征税皆出下贫。"[6]前述庾威所在的湖州，富户业广，以资自庇，产多税薄，归于赢弱，说明占田不出税的现象非常严重，这里的富户应该也包括形势户。[7]为此，基层乡里人员有时不得不为这些人代缴赋税。如五代时期武平节度使周行逢的妻子，"一旦，自帅僮仆来输税。行逢就见之，曰：'吾为节度使，夫人何自苦如此？'邓氏曰：'税，官物也。公为节度使，不先

1　《北梦琐言》卷3《韦宙相足谷翁》，第54页。
2　《唐会要》卷84《租税下》，第1544页。
3　《唐会要》卷84《租税下》，第1545页。
4　《全唐文》卷360《东西川说》，第3656页。
5　《五代会要》卷19《县令上》，第245页。
6　《新唐书》卷52《食货二》，第1361页。
7　《册府元龟》卷474《台省部·奏议五》，第5660页。

输税，何以率下？且独不记为里正代人输税以免楚挞时邪！"[1]

除了不输税外，形势户还影占田地。后唐庄宗下诏称："访闻富户田畴，多投权势影占，州县不敢科役，贫下者更代征徭，转致凋残，最为蠹弊。"[2] 周太祖颁敕指出："京兆府耀州庄宅三百渠，使所管庄宅并属州县，其本务职员节级一切停废，除见管水碨及州县镇郭下店宅外，应有系官桑土、屋宇、园林、车牛、动用并赐见佃人充永业，如已有庄田自来被本务或形势影占，令出课利者，并勒见佃人为主，依例纳租。"[3]

宋代对这种情况采取限制措施，最初是建立专门税帐，后来发展到设立专门户籍。税帐开始于宋太祖建隆四年（963），太祖当时下诏各县都要造"形势门内户"的夏税帐目。[4] 设立专门户籍可能是借鉴了四川做法。太祖开宝四年，通判阆州、殿中侍御史平棘路冲言："本州职役户负恃形势，输租违期，已别立版簿于通判厅，依限督责。欲望颁为条制。"太祖采纳了这条建议，"诏诸州府并置形势版簿，令通判专掌其租税"。[5] 设立形势户籍，目的是催督赋税，在实际执行中，主要也是与租税连在一起。如宋徽宗宣和六年（1124）诏称："输纳税租，递年违欠，及形势人户，令诸县置簿，专一拘催科校，仍前期榜示。"[6] 值得注意的是，形势户也分层次。那些品官之家倚仗权势，不输租课，是国家设置形势版簿的催征对象，而那些吏人以及乡官、里正、书手是赋税征收的经办者，将这些人纳入形势版籍更多的是出于监督的考虑。

1 《资治通鉴》卷 293，后周世宗显德三年，第 9556~9557 页。

2 《册府元龟》卷 92《帝王部·赦宥一一》，第 1103 页。

3 《册府元龟》卷 495《邦计部·田制》，第 5933 页。

4 《宋会要辑稿》食货七〇之二，第 6371 页。

5 《续资治通鉴长编》卷 12，开宝四年正月辛亥，第 258 页。

6 《宋会要辑稿》食货七〇之二七，第 6384 页。

第五章 田税变迁的影响

在中国古代农本经济社会中，田税与国家财政、农业经济和农民生活息息相关。早在战国时期，孟子就提出了"桀貉"理论，《孟子·告子下》云："欲轻之于尧舜之道者，大貉小貉也；欲重之于尧舜之道者，大桀小桀也。"[1]这说明孟子实际上已经注意到上述关联。但一定时期内，具体田税制度对国家财政收入、农业经济运行以及百姓生活水平的影响也存在差别。在唐宋之际，田税由名税田实税丁的租庸调制走向两税法，最终形成宋代二税，征税对象变化很大，影响也较为深远。主要表现为：定额田税使中央农业税收益走向停滞和萎

---

1 《孟子注疏》卷 12 下《告子·章句下》，阮元校刻《十三经注疏（附校勘记）》，第 2761 页。

缩，导致主体税种越来越趋向单一的田税，国家财政收入结构也日益多元化；履亩而税的加强，使国家惠农政策与农业生产的联系日益紧密，从而推动了农业发展，同时，征税物品货币化亦促使农业生产的商业性增强。不过，田税变迁从整体上并未对农民的税负和生活状态产生巨大影响，说明田税征收额度与经济发展水平之间的界限不会随意超越。

一　国家财政的调整

唐宋之际国家正税以农业为税源构建，经历了丁税、户税与田税三个不同税制阶段。从整体上看，征税对象由人丁逐步走向土地。这一变化对国家财政影响很大。在以人丁税为主构建的农业税财政体系中，人口的可控性和自然增长规律性使国家财政形成了量入为出的运行机制。然而，当国家主体税种转向田税以后，量入为出的财政原则难以推行。因为与人口自然增减相比，土地数量增加十分有限，实际呈现凝固化状态，这促使国家财政必须进行调整，以适应这种变化。唐宋之际国家财政调整具体表现为财政管理定额化和财政收入结构进一步多元化。

（一）财政管理定额化

国家财政定额化管理在中国古代社会后期非常普遍，这与赋税征收对象从人丁向土地转移不无关系。关于唐宋之际国家财政的定额管理体制问题，许多学者进行过深入细致的研究。[1] 笔者尝试从更广阔的视野来探究唐宋之际田税变迁下的财政定额化管理问题。大致认为：唐宋之际财政定额化经历了从两税三分到税物

1　参见陈明光《唐代财政史新编》，李锦绣《唐代财政史稿》下卷，汪圣铎《两宋财政史》，包伟民《宋代地方财政史研究》。

折纳固定化，再到基层税率定额化的过程，定额化在这一过程中逐步加深。

对中国古代王朝而言，如果将财政、税收、土地、人口等诸因素排比起来进行选择，首选肯定是财政，正如班固在《汉书》中所言："财者，帝王之所以聚人守位，奉天顺德，治国安民本也。"[1]财政是王朝存在的经济基础，统治者必须保证充足的财政收入。作为获取财政收入方式的税收，相对退居次要地位。但税收是实现财政收入的主渠道，因而不可或缺。税收要依据税源，而在中国传统农业社会中，土地和劳动力结合是税收根本。故确立土地分配和管理制度以及编户齐民都是固本措施。但对财政和税收来说，固本相对柔性，获得财政和税收收入则极具刚性色彩。

在两税法实行以前，国家财政收入非定额化，而是量入而出，这是由其获取路径决定的。实际上，在财政、税收、土地、人口四项要素中，两税法推行以前税基偏向人口，税收形式亦重于财政手段。具体分析财政收入路径能够发现，均田制、户籍制度和租庸调制紧密相连，沿袭了三代以来的财税精神，所以陆贽称租庸调，"参考历代之利害，其取法也远，其立意也深，其敛财也均，其域人也固"。[2]不过，均田制并不能做到人均百亩，百姓实际拥有田地各异，负担也轻重不一，吕祖谦因此评价说："至唐高祖立租庸调之法，承袭三代汉魏南北之制，虽或重或轻，要之规摹，尚不失旧。"[3]因此，唐以前王朝都将民数作为立国之本，汉代徐幹《中论》云："民数为国之本也……以分田里，以令贡赋，以造器用，以制禄食，以起田役，以作军旅。国以建典，家以立度，五礼用脩，九刑用措，其惟审民数乎？"[4]杜佑也称："古之为理也，在于周知人数，乃均其事役，

1　《汉书》卷 24《食货第四上》，第 1117 页。

2　《翰苑集》卷 22《均节赋税恤百姓第一条》，《景印文渊阁四库全书》第 1072 册，第 781 页。

3　《文献通考》卷 3《田赋三》，第 48 页。

4　丘濬：《大学衍义补》卷 31《制国用》，《景印文渊阁四库全书》第 712 册，第 401 页。

则庶功以兴，国富家足。"[1] 只要户口、人丁信息完备，在"物有头数，输有期限"[2] 下，财政收入自然形成，度支据此支度国用，杜佑天宝计帐足以揭示此现象。故唐前期财政收入会随着人口数量增减而变化，进而出现税额波动，中央财政只能按照税额情况量入而出。

　　然而开元、天宝之际，这种财政收入路径已经出现问题。均田制一开始就没有落到实处，此时因土地兼并剧烈更加剧百姓负担，导致租庸调赖以征税的户籍制度出现"籍帐之间，虚存户口"[3] 现象，这侵蚀了原来户口与人丁捆绑的财政收入模式。在浮动额度性质财政出现弊端之际，原有在地方上处于边缘地位的定额体制财政手段得以抬头，这就是租庸调外户税和地税的征收。户税本身就是供应地方军国支出的定额征收，学界讨论尤多，此不赘述。义仓地税以青苗簿征收，如果土地数额正常登记，地税收入会随着土地增减而出现数额变化。但事实并非如此，杜佑在《通典》中对历代户口和垦田数都详细记载，对唐代垦田数却称："天宝中应受田一千四百三十万三千八百六十二顷十三亩。按十四年有户八百九十万余，计定垦之数，每户合一顷六十余亩。至建中初，分遣黜陟使按比垦田田数，都得百十余万顷。"[4] 而对地税则云："其地税约得千二百四十余万石（两汉每户所垦田不过七十亩，今亦准此约计数）。"[5] 杜佑应该知道唐代的土地数量与西汉不同，再联系天宝中应受田数，说明他并不掌握全国的垦田数。由此可见，地税形成的财政收入也并不是随着土地增减而出现数额变化。由于地税按理属于地方赈灾之粮，中央需要时通常按定额调拨，故中央也是定额管理。以上是开元、天宝之际国家财政的定额趋向。

1　《通典》卷 7《食货七》，第 158 页。

2　《唐律疏议》卷 13 "诸部内输课税之物"条，第 252 页。

3　《全唐文》卷 36《停亲邻代输租庸敕》，第 397 页。

4　《通典》卷 2《食货二》，第 32 页。

5　《通典》卷 6《食货六》，第 110 页。

安史之乱以后，原来均田制下虚拟的土地分配名存实亡，人口无序流动，国家掌控困难。以见居定簿和据地造籍为特征的户税和地税渐渐代替租庸调。中央政府对原来的地税和户税基本上属于定额管理，新形势下也无法改变，这是因为战时方镇"应须兵马甲仗器械粮赐等，并于本路自供"，[1]使藩镇获得财政自主权，而中央财政收入途径，改为直接要求地方供输财政所需，就是直接向下征收钱物，至于具体税收实践，中央无法管控。特别是土地，中央难以掌握其数量波动，又无法制定全国统一的税率。因此，定额制度成为中央财政的主要管理形式。这种情况在建中元年颁布两税法之际被延续下来。《唐会要》载：

> 建中元年正月五日敕文，宜委黜陟使与观察使及刺史、转运所由，计百姓及客户，约丁产，定等第，均率作，年支两税。如当处土风不便，更立一限。其比来征科色目，一切停罢。至二月十一日起请条请，令黜陟观察使及州县长官，据旧征税数，及人户土客定等第钱数多少，为夏秋两税……其应科斛斗，请据大历十四年见佃青苗地额均税。夏税六月内纳毕，秋税十一月内纳毕。其黜陟使每道定税讫，具当州府应税都数，及征纳期限，并支留合送等钱物斛斗，分析闻奏。[2]

文中三次涉及黜陟使，最后谈到黜陟使每道定税完成以后，总计各州府应税总数及征纳期限，并支留合送等钱物斛斗，分析闻奏。这里州府应税都数就是制定出各州总税额，作为财政管理的法定税额。而支留合送等钱物斛斗，就是两税三分，即"天下百姓输赋于府，一曰上供，二曰送使，三曰留州"。[3]可见黜陟使的主要任

1 《唐大诏令集》卷36《命三王制》，第155页。
2 《唐会要》卷83《租税上》，第1535页。
3 《唐会要》卷83《租税上》，第1539页。

务是确定各州总额和财政三分后的分税额。

两税法确立了中央和地方州的定额管理形式，这与租庸调人丁税制消失有关，但户口与人丁相似，理论上也具有积极变动因素。因此，唐中央对户税额和具体税率，还抱有恢复浮动制的期望。故杨炎在两税"起请条"中云："有户增而税减轻，及人散而失均者，进退长吏。"户增为何税反而减呢？说明各地总税额是一个恒定数，户增以后税率自然减轻。当然这里没有涉及田税，估计在两税斛斗定额下，田税也应如此。最初定额化管理目标仅是在中央、节度使和州三级税额上。然而两税法实行以后户口和两税额变相固化，并没有出现中央期待的两税原额改变。户口增减的确会影响税率、税额，但仅仅是各州内税额摊征或均济。如唐宪宗时李渤揭示："长源乡本有四百户，今才一百余户；阌乡县本有三千户，今才有一千户，其他州县大约相似。访寻积弊，始自均摊逃户。凡十家之内，大半逃亡，亦须五家摊税。似投石井中，非到底不止。"[1]摊逃促使百姓税负增加，进而引发连锁逃亡。而人口大量移入州并不会把多余户口申报中央，如唐穆宗时期中书舍人韦处厚指出："臣曾为外州刺史，备谙此事。自兵兴以来，垂二十载。百姓粗能支济，免至流离者，实赖所存浮户相倚，两税得充，纵遇水旱虫霜，亦得相全相补，若搜索悉尽，立至流亡。"[2]可见，两税法后始终保持财政定额管理体制。

唐宋之际是田税对户税的消解阶段，田税地位逐步上升。田税税率统一具有制度惯性，故税率一直存在定额化趋势。理论上，土地数量增加，财政收入自然增长。但土地数量相较户口、人丁增长相对缓慢，同时频繁检查土地不仅扰民，还会增加地方官吏对百姓的勒索，国家财政最终也未必就能实现收入增加，因此唐后期以及五代都采取田税定额制。这种定额不仅是两税斛斗定额，还包括土

---

1 《旧唐书》卷 171《李渤传》，第 4438 页。
2 《册府元龟》卷 493《邦计部·山泽一》，第 5901~5902 页。

地数量的定额，荒田不加税，结果促成田税税率最终定额化。这一现象的意义在于田税定额化管理已经由中央层面延伸到基层，表明田税定额管理程度的加深。宋代田税管理定额化进一步增强，不仅将唐、五代留下的田税税额、税率加以固化，而且全面推行税钱折变的实物税定额，使影响税率变动的折纳问题也得到解决，从而全面完善了田税定额化。

田税定额化有利于中央财政收支稳定和税制的有序管理，但它也一定程度上限制了中央的财政活力。若出现特殊因素，财政回旋的空间也相对有限。如水、旱、蝗、雹、风等灾害在唐宋历史上频繁出现，倘若遭遇自然灾害，政府必然开展救荒，田税蠲免是灾荒时的经常举措，其结果是财政收入的锐减。此外，战争时突然的军需投入、大规模土木修建的用度，可能都属于财政计划外支出。财政收入的锐减和计划外支出，使得政府在田税定额化管理下经常出现财政缺口。另外，土地兼并、田亩不实，也会导致田税税额流失或形成积年逋赋，最终造成田税收入的停滞和萎缩状态。对此，研究清代赋税制度的何平将其形象地称为"不完全财政"。[1]这种财政的出路只能是向外谋求其他财政收入方式，唐宋之际田税定额化下财政收入结构也的确进一步多元化。

（二）财政收入结构多元化的加强

中国古代赋役制度根植于小农经济基础之上，在经济发展水平尚未达到可以单纯根据土地收益来安排国家用度的情况下，国家保持了多渠道的征收方式和多元的财政结构。在多元财政收入中，围绕土地及人口所形成的正税保持了主体地位，也成为国家财政收入的主要渠道。故国家财政对正税具有依赖性，这也使国家政策主要

1　何平：《清代赋税政策研究：1644~1840 年》，北京：中国社会科学出版社，1998，第108~141 页。

向正税倾斜，希冀它能提供稳定的财源。杂税作为正税补充，在历代税制结构和财政收入中都占有一定的地位，始终无法消弭。由于杂税不像正税在税种设置、税率安排上具有固定性，因此在形成国家财政收入上比较灵活，可以实行多税种、多税目和多税率。但也正因为如此，杂税是否具有合法性成为问题。所以，在征税额度和经济发展水平承受能力允许之下，如何将杂税控制在合法区间内成为关键。非法杂税增多会导致政权非法性和存在不合理性增强，使其趋向非正统性。故在中国古代社会，杂税一直处于被削减的范围。换句话说，杂税作为多元财政中的一环，主要是在保证合法性和承受能力下如何把握分寸的问题。商税作为国家财政的征收渠道早已经存在，但商业具有相互冲突的二元作用。一方面，商业兴盛会对农本经济产生负面影响；另一方面，商业发展又是恢复农本经济的必需条件。由此观之，征商作为国家财政收入渠道便常处于一种矛盾状态，即征与不征的困惑。当国家农业经济处于由疮痍走向复苏阶段，朝廷往往采取关市无征和泽梁无禁的放任政策；一旦感觉商业和商人阶层对农本经济产生了威胁，或者财政出现危机，便立刻改弦更张，变为攫取商业和商人利益的重税政策，对重要商品实行禁榷。所以，征商在财政多元化结构中处于矛盾状态，徘徊在征与不征之间，既希望获得财政收入，又要避免对农本经济产生负面影响。役本来是政府征集的活劳动，不能形成财政收入，但通过代役金的形式转换，它却成为国家财政的重要收入渠道。役使活劳动在国家机构运行和社会生活中不可或缺，国家一方面通过代役金形式获取了役的财政收入，另一方面又要在雇役中支出这部分财政收入，故存在补偿性。但国家征收代役金的前提是全部用役的假设，而实际仅是部分用役支出，因而国家在征役渠道获得的财政收入实际上是一个剩余差，剩余多少取决于社会实际的用役量，存在不稳定性。由此可见，征役在国家财政中属于额外收入，处于不稳定状态，国家财政处理这部分财政收入的关键是平衡，也就是说，既要实现财政收入最大化，又要保证政府的用役支配。在上述四类国家财政收入中，正税是轴心。正税形成国家财政收入的特征和能力决定着杂税增减、征榷是否开征和征收力度以及征役形成额外收入的平衡尺度。

1. 唐前期农业税与役相结合的财政收入结构

唐前期的国家财政收入结构也是呈现一种多元化状态。但杂税和商品税所占份额一直有限，玄宗以前，庸尚未普遍，故此时来源于农业的租调正税在多元财政中实际上是一枝独秀。开、天之际，随着纳庸的普遍化，征役在财政收入中份额开始增加。

关于唐前期杂税，在第二章有所介绍。《唐律疏议》中称"输课税之物"为"谓租、调及庸、地租、杂税之类"，[1]说明杂税被控制在法律许可的范围内。这一时期杂税首先来自征税物运输和储存环节。脚钱是用于征税物运输的杂税，唐前期脚钱明确记载由缴纳税物者负责。如《通典》中称："诸庸调物，每年八月上旬起输，三十日内毕。九月上旬各发本州……其运脚出庸调之家，任和雇送达。"[2]脚钱标准中央有统一规定，《唐六典》载："凡天下舟车水陆载运皆具为脚直，轻重、贵贱、平易、险涩，而为之制。"[3]像河南、河北、河东、关内等四道诸州运租、庸、杂物等脚钱，每驮一百斤，一百里需要一百文，山阪需要一百二十文，用车载一千斤需九百文。虽然以钱计值，但实际征收中多折成绢布。吐鲁番就曾出土许多唐代纳庸调的脚布，脚值达到两人共一端，[4]可见负担很重。裹束又被称为"裹头"，是所征绢帛的包装费。唐虔州参军崔进思曾云："恃郎中孙尚容之力，充纲入都，送五千贯，每贯取三百文裹头，百姓怨

---

1 《唐律疏议》卷13 "诸部内输课税之物"条，第252页。

2 《通典》卷6《食货六》，第109页。

3 《唐六典》卷3《尚书户部》，第80页。

4 王炳华：《吐鲁番出土唐代庸调布研究》，《唐史研究会论文集》，西安：陕西人民出版社，1983，第11页。

叹，号天哭地。"[1] 仓窖税前已介绍，开元二十一年，裴耀卿改革漕运，增加了类似仓窖的"营窖"税，每丁50文。[2] 此外，对所征收粟米在运输和储存时的损耗则征收加耗。《唐六典》载："凡粟支九年，米及杂种三年（贮经三年，斛听耗一升；五年已上，二升）。"[3] 上述杂税都来源于征税物运输和储存环节，具有税物运输和管理附带费用性质，且控制在法律范围之内，因而尚无盈余形成中央财政收入。

唐前期还有一项重要杂税就是户税。唐代户等制起于武德，完善于贞观，估计此时户税已相应出现，如吐鲁番文书中记有永徽元年的户税柴。[4] 虽然户税后来演变为税钱，地位上升，但户税在唐前期一直为杂税。这一点，李锦绣在《唐代财政史稿》中给予了清晰定位，诚是精当。如《唐律疏议》中没有户税记载，但"输课税之物"中却包括租、调及庸、地租、杂税之类。[5] 对开元十八年（730）增加的户税，《通典》将其列入杂税门，[6] 亦说明这一点。吐鲁番地区出土文书具体呈现了户税的杂税状态。据学者统计，在吐鲁番文书中以户为征收对象的税目除了大税钱、第一限税钱、第二限（后限）税钱和户税柴以外，还有"户收草夫价钱并粮"、"闰月后加税"、"修军营錩鉴"、"修赤亭镇夫价钱"以及"付科户绁价钱"。[7] 这些都是户税不同税目的表现形式。文书中还记载了冗杂的户税税额，有"大税钱壹伯陆拾伍文""税钱壹伯壹拾柒文"（大谷四九八〇号），"后限税钱壹伯壹拾陆文"（大谷五八二三号），"第壹

1　李昉等编《太平广记》卷126《崔进思》，北京：中华书局，1961，第891页。

2　《通典》卷10《食货十》，第222页。

3　《唐六典》卷19《司农寺》，第527页。

4　国家文物局古文献研究室、新疆维吾尔自治区博物馆、武汉大学历史系编《吐鲁番出土文书》第5册，北京：文物出版社，1983，第114页。

5　《唐律疏议》卷13"诸部内输课税之物"条，第252页。

6　《通典》卷11《食货十一》，第250页。

7　李锦绣：《唐代财政史稿》上卷，第495页。

限税钱壹伯伍拾壹文"（大谷八一一号），"勾征麸价钱壹伯文"（周氏一族文书五八二二号），"科户絁价钱壹阡壹伯文"（周氏一族文书五七九二号）。[1]虽然上述史料仅限于唐代西州，但其他地区也有户税征纳记载。武后时期陈子昂在四川上书，"请为九等税钱以市骠马"，[2]天宝十载，河南尹裴迥"请税本府户钱，自龙门东山抵天津桥东，造石堰以御水势"，[3]这些法外增税都属于户税，足见户税作为杂税在全国各地都有衍生。但户税在国家财政中所占份额比较小，史称："凡天下诸州税钱各有准常，三年一大税，其率一百五十万贯；每年一小税，其率四十万贯，以供军国传驿及邮递之用。每年又别税八十万贯，以供外官之月料及公廨之用。"[4]到天宝中期，户税钱额有所变化，"百四十万诸道州官课料及市驿马，六十余万添充诸军州和籴军粮"。[5]

唐前期商税在形成国家财政收入上的作用更是微乎其微。关津奉行政策为"所以限中外，隔华夷，设险作固，闲邪正暴者也。凡关呵而不征，司货贿之出入"，[6]可见并不征税。市肆征税与否没有明确记载。但武周长安二年（702）正月，"有司表请税关市"。[7]由此推断，唐朝至少在武周长安年间不征关市之税。然而武则天统治后期，由于边境多事，军费增加，再加上冗官耗禄和佞佛靡费，国库空虚，开始出现"关市之赋"的动议。武周初年，张知泰"奏置东都诸关十七所，讥敛出入。百姓惊骇，樵米踊贵，卒罢不用，议者羞薄之"。[8]到长安二年正月，有关部门上表，欲全面恢复"关市

1　王永兴：《隋唐五代经济史料汇编校注》，第 523~529 页。

2　《陈拾遗集》卷 8《上蜀中军事》，《景印文渊阁四库全书》第 1065 册，第 618 页。

3　《唐会要》卷 86《桥梁》，第 1578 页。

4　《唐六典》卷 3《尚书户部》，第 77 页。

5　《通典》卷 6《食货六》，第 111 页。

6　《唐六典》卷 6《尚书刑部》，第 196 页。

7　《唐会要》卷 86《关市》，第 1578 页。

8　《新唐书》卷 100《张知謇传》，第 3947 页。

之赋"，遭到凤阁（即中书）舍人崔融的反对。《旧唐书·崔融传》记载，崔融提出了六条反对意见。其一，"有司税关市事条，不限工商，但是行人尽税者"违反了"夫关市之税者，谓市及国门、关门者也，唯敛出入之商贾，不税来往之行人"这一重本抑末的本意。其二，征收关市之赋不利于商品经济的发展，恐出现"税市则人散，税关则暴兴"的局面，而"一朝失利，则万商废业，万商废业，则人不聊生"。其三，征收关市之赋不利于社会的稳定。他认为："加之以重税，因之以威胁，一旦兽穷则搏，鸟穷则攫，执事者复何以安之哉？"而"卒有变法，必多生怨，生怨则惊扰，惊扰则不安，中既不安，外何能御？"总体上看，崔融反驳征商税的理由除针对有司议定制度本身缺陷外，主要认为，征收"关市之赋"出发点应是重本抑末。在当时社会尚不稳定的情况下，一旦"关市之赋"发展成苛税，不但无助于劝农固本，反会侵蚀农本，从而造成社会混乱。最终，武则天"纳之，乃寝其事"。[1] 尽管中央未全面确立和推行"关市之赋"，但个别地方却不乏类似赋敛。如开元二十六年（738），润州刺史齐澣奏请开伊娄河以利漕运，"又立伊娄埭，皆官收其课，迄今用之"。[2] 埭堰是在河流水浅处修筑的土坝，堤堰两端有转轴，船经过时，需要人力或牛推动转轴。此处对过往船只收费，实际带有行政性服务费用色彩，与纯粹"关市之赋"有区别。另外，天宝九载（750）二月十四日敕称："自今以后，面皆以三斤四两为斗，盐并勒斗量，其车轴长七尺二寸，除陌钱每贯二十文，余面等同。"此处除陌钱类似交易税，但它属于货币制度，与关市之税亦不同。不过，《新唐书·西域上》称："（开元中）诏焉者、龟兹、疏勒、于阗征西域贾，各食其征，由北道者轮台征之。"[3] 这是军队为自赡而征商贾关市税。

1　《旧唐书》卷94《崔融传》，第2996~3000页。

2　《唐会要》卷87《漕运》，第1597页。

3　《新唐书》卷221上《西域上》，第6230页。

　　"山泽之赋"与"关市之赋"不同，唐代通山泽之利，与民共享，然而官府要征税。《唐六典》"士曹、司士参军"条载："凡州界内有出铜、铁处，官未采者，听百姓私采。若铸得铜及白镴，官为市取；如欲折充课役，亦听之。其四边，无问公私，不得置铁冶及采铜。自余山川薮泽之利，公私共之。"[1] 在谈到少府职掌时却称："凡天下诸州出铜铁之所，听人私采，官收其税。若白镴，则官为市之。其西边、北边诸州禁人无置铁冶及采矿。"[2] 这两处记载有矛盾之处，前者似乎免税而后者明确收税。问题的关键是管辖机关不同，对官未开采矿藏，地方州县的士曹或司士参军负责管理，法律规定不征税。而对已开发地区，中央官府设监管理，百姓仍可私采，但须征税。上述史料不仅针对矿藏，对设监管理的盐区也应如此。不过有学者认为，唐初盐监主要管理官府的公产公业，负责供应京司百官以及朝廷用盐。[3] 但笔者推测，可能征收实物，然而国家所需实物量毕竟是少数，随着盐监设置的增加必然要转向盐业税，这有一个发展的过程。如贞观十年（636），侍御史权万纪上言："宣、饶二州诸山大有银坑，采之极是利益，每岁可得钱数百万贯。"[4] 但唐太宗以其非善事、无益于百姓而罢黜权万纪，这并非表明太宗时不设矿监。贞观元年恢复少府监，就有掌冶方，[5] 此时应以征收实物为主。至唐高宗总章二年（669），对饶州德兴的银山已经征税，史称："邓远上列取银之利，上元二年，因置场监，令百姓任便采取，官司什二税之。"[6] 至于税盐，在武则天时期，陵州盐井已经"置灶煮盐，一分入官，二分入百姓家……万岁通天二年，右补

1　《唐六典》卷30《三府督护州县官吏》，第749页。
2　《唐六典》卷22《少府军器监》，第577页。
3　郭正忠主编《中国盐业史·古代编》，北京：人民出版社，1997，第123~124页。
4　吴兢：《贞观政要》卷6《贪鄙第二十六》，上海：上海古籍出版社，1978，第212页。
5　《唐会要》卷66《少府监》，第1155页。原文为"掌治方"，但《唐六典》卷22《少府监》有诸冶监，故笔者认为，此处应为"掌冶方"。
6　乐史：《宋本太平寰宇记》卷107《土产·银》，北京：中华书局，2000年影印本，本卷第9页。

阙郭文简奏卖水，一日一夜，得四十五万贯"。[1] 说明矿产及盐业征税都有从征实物充公用到征税钱形成国家财政收入的转变。至于具体转变时间，笔者认为从高宗开始，武后柄权时犹炙。尽管矿监或盐监等外州诸监机构与中央寺、监在事务性上有隶属关系，但行政上独立于中央机构。由于设在地方，中央往往以地方官兼领某监事务，或明令隶属州县，结果国家不仅与百姓分享山泽之利，而且还要和地方州县均分利益，这影响了中央财政收入。故在杜佑天宝计帐中，看不到这方面收入。

役在唐前期多元化财政收入中地位相对重要，这不仅缘于征役对象与租调一致皆为丁，亦有不役纳庸的制度规定。唐制规定："凡丁岁役二旬，有闰之年加二日。无事则收其庸，每日三尺，布加五分之一。有事而加役者，旬有五日免其调，三旬则租、调俱免。通正役并不得过五十日。"[2] 这为庸形成国家财政收入准备了条件。唐玄宗以前，庸和雇役尚未普遍化，征役形成财政收入还是以部分余额形式。如在日本学者大津透等复原的"仪凤三年度支奏抄"中，就出现了"应支配丁租庸调数"，[3] 直到开元后期，才开始普遍征庸。与庸类似，色役有资课收入。色役种类繁多，所纳资课额度各异。如仗身，"其仗身十五日一时，收资六百四十（文）"，[4] 而防阁、庶仆、白直、士力纳课，"每年不过二千五百，执衣元不过一千文"。[5]《新唐书·百官志》有散官纳资："自四品，皆番上于吏部，不上者，岁输资钱，三品以上六百，六品以下一千，水、旱、虫、霜减半资。"[6]

---

1 《太平广记》卷 399《盐井》，第 3206 页。
2 《唐六典》卷 3《尚书户部》，第 76 页。
3 大津透：《唐律令国家的预算——仪凤三年度支奏抄·四年全金部旨符试释》，苏哲译，《敦煌研究》1997 年第 2 期。原文"丁"字未释读，今据李锦绣引文增补，见氏著《唐代财政史稿》上卷，第 23 页。
4 《通典》卷 35《职官十七》，第 966 页。
5 《通典》卷 35《职官十七》，第 966 页。
6 《新唐书》卷 46《百官一》，第 1187 页。

同书《食货志》中还谈道："文武职事三品以上给亲事、帐内。以六品、七品子为亲事，以八品、九品子为帐内，岁纳钱千五百，谓之'品子课钱'。"[1]

关于唐前期国家财政收入情况，杜佑天宝计帐中有清晰体现：

天宝中天下计帐，户约有八百九十余万，其税钱约得二百余万贯。（大约高等少，下等多，今一例为八等以下户计之。其八等户所税四百五十二，九等户则二百二十二。今通以二百五十为率。自七载至十四载六七年间，与此大数，或多少加减不同，所以言约，他皆类此。）其地税约得千二百四十余万石。（两汉每户所垦田不过七十亩，今亦准此约计数。）课丁八百二十余万，其庸调租等约出丝绵郡县计三百七十余万丁，庸调输绢约七百四十余万匹（每丁计两匹），绵则百八十五万余屯（每丁三两，六两为屯，则两丁合成一屯），租粟则七百四十余万石（每丁两石）。约出布郡县计四百五十余万丁，庸调输布约千三十五万余端（每丁两端一丈五尺，十丁则二十三端也）。其租：约百九十余万丁江南郡县，折纳布约五百七十余万端。（大约八等以下户计之，八等折租每丁三端一丈，九等则二端二丈，今通以三端为率。）二百六十余万丁江北郡县，纳粟约五百二十余万石。大凡都计租税庸调，每岁钱粟绢绵布约得五千二百三十余万端匹屯贯石，诸色资课及句剥所获不在其中。（据天宝中度支每岁所入端屯匹贯石都五千七百余万，计税钱地税庸调折租得五千三百四十余万端匹屯，其资课及句剥等当合得四百七十余万。）[2]

1　《新唐书》卷55《食货五》，第1397页。

2　《通典》卷6《食货六》，第110~111页。

由于天宝计帐中涉及钱、米、绢等不同物品，故需要进行换算。这里取开元十三年（725）封泰山时期的价格，"米斗至十三文，青、齐谷斗至五文。自后天下无贵物，两京米斗不至二十文，面三十二文，绢一匹二百一十二文"。[1] 若以两京米价斗 20 文计算，则一石米为 200 文；而绢一匹 210 文，姑且取整数，以一石米等于一匹绢为 200 文计算。户税钱为 200 余万贯，如果折米则为 1000 万石，说明作为杂税的户税在财政收入中比重上升。若将地税算作农业税收入，则户税相比农业税还不算高。文中没有商税收入额，估计份额太小，被忽略不计。这里主要分析由役所形成的财政收入。在课丁的庸调输绢后有"每丁计两匹"，其形成是每丁调 2 丈，庸 20 日，不服役则每日纳绢 3 尺，统一征收则为 6 丈，加在一起为 2 匹，可见庸是调的 3 倍。同时，文后还称"其资课及句剥等当合得四百七十余万"，资课是色役收入，李锦绣根据各种色役所需人数及纳资课标准综合计算后估计，"经保守计算的资课总数约 163 万贯，加上不能计算出的资课额，开天时资课收入不会少于 200 万贯"。[2] 前面提到 200 万贯折米为 1000 万石，由此推知，在唐前期财政收入结构中，农业税性质的租调地税还占据主导地位，但正役收入已经逐步接近农业税水平。故到开、天之际，国家财政收入结构是农业税与役紧密结合的状态。

2. 两税法实行以后农业税和商品税的二元财政收入结构

唐前期国家财政收入结构是以人丁税为基础建立起来的，随着安史之乱以后人丁税的瓦解，田税履亩而税的推行，这种财政收入结构不得不加以调整，从而出现农业税和商品税并行的二元财政收入结构。关于这一点，陈明光有过阐释。[3] 本书想进一步说明的是，农业税和商品税的二元结构固然与军兴以后扩大财源有联系，但也

1　《通典》卷 7《食货七》，第 152 页。
2　李锦绣：《唐代财政史稿》上卷，第 562 页。
3　陈明光：《论唐朝两税预算的定额管理体制》，《中国史研究》1989 年第 1 期。

与田税本身税额僵化、失去上升空间有关。同时，这种二元结构本身也比较复杂。在中央权力削弱和地方势力上升的情况下，实际表现为中央财政中两税与禁榷的二元结构，而地方财政则是两税与商税的二元结构。

前面曾谈到义仓地税的征收方式，地方征税以见佃为主，依据青苗簿，以地找人，以人派税，而国家和州则是依据户青苗簿或户籍，以户找地，按地核税，由下向上和由上到下的契合点是税额。可见，义仓地税就带有定额管理的特点。另外，地税上升为主体税种后，便承担起国家财政收入的重任。地税走出亩税二升的义仓税率以后，税率也千差万别，无法统一。在这种情况下，中央采取总额控制，将其变成中央与地方的共享税成为必要措施。但定额以后，势必造成财政捉襟见肘，中央政府必须具有财政回旋空间。事实上，两税法确立是伴随着商品税兴起而出现的。前已谈到，在安史之乱时期，为筹措战时经费，第五琦推行榷盐法，《资治通鉴》称："琦作榷盐法，用以饶。"[1] 但广德二年前后，江淮盐利每年不过四十万至六十万贯，河东盐利仅为八十万贯。[2] 至代宗时期刘晏掌盐铁，通过建立商运商销的就场专卖制度使盐利收入大增，到大历末年，即两税法改革前夕，已经达到六百万贯，"天下之赋，盐利居半，宫闱服御、军饷、百官禄俸皆仰给焉"。[3] 也正是有此财政收入基础，唐中央政府才能减少对正税的依赖，并建立中央与地方共享的正税体制。

然而，两税法确立以后国家财政税收走向分权，不仅正税中央与地方分享，实际上商品税领域也形成了中央禁榷与地方商税并行的格局。

第五琦最初确立盐法时，"收榷其盐，立监院官吏。其旧业户

1　《资治通鉴》卷 219，肃宗至德元载，第 7002 页。

2　陈明光：《唐代财政史新编》，第 172 页。

3　《新唐书》卷 54《食货四》，第 1378 页。

洎浮人，欲以盐为业者，免其杂徭，隶盐铁使。盗煮私盐，罪有差。亭户自租庸以外，无得横赋"。[1] 其目的是从法律上禁止私盐销售。另设立中央直属的场监院，从组织上确保中央对盐利的独占。此次改革缘于抗击安史叛军，故目的在于解决军用匮乏问题，这是不争的事实。但从政策和制度角度看，它实际上是唐前期国家欲独享"山泽之赋"的实现。随着盐被政府独占和专卖，其他山泽之源也被纳入中央"独享其利"的视野。建中元年，韩洄称："天下铜铁之冶，是曰山泽之利，当归于王者，非诸侯方岳所有。今诸道节度都团练使皆占之，非宜也，请总隶盐铁使。"[2] 唐德宗采纳了矿冶隶盐铁使的建议，说明中央"山泽之利，当归于王"的政策重新在财政分权格局中得到实践。与盐、矿产相比，茶之有税较晚。贞元九年（793），依诸道盐铁使张滂奏请才开始税茶。《唐会要》称："郡国有茶山，及商贾以茶为利者，委院司分置诸场，立三等时估为价，为什一之税。"[3] 此时征收茶税的机关是中央盐铁使下设的院、场，而不是依赖州县，这保证了中央对茶利的独自攫取。由上述情况可以看出，两税法确立中央与地方财政分权体制后，为了增加中央财政收入，唐中央通过直属中央的巡院、场监机构垄断了山泽之赋。

　　与中央垄断山泽之赋不同，唐后期地方藩镇和州县征收关市之赋则比较普遍。关市之赋，可以分为关津之税和市肆之税。唐前期"凡关呵而不征"[4] 的政策使关市之赋始终没有发展起来。尽管内地出现埭程，边疆地区出现军队征商，但都属于个别现象。安史之乱后，因方镇"应须兵马甲仗器械粮赐等，并于本路自供"，[5] 关市之赋骤兴。唐中央政府开始默认地方政府染指关市之赋，因为战乱突

---

1 《唐会要》卷87《转运盐铁总叙》，第1588页。

2 《旧唐书》卷129《韩洄传》，第3606页。

3 《唐会要》卷87《转运盐铁总叙》，第1591页。

4 《唐六典》卷6《尚书刑部》，第196页。

5 《唐大诏令集》卷36《命三王制》，第155页。

起，朝廷需要军队抵抗安史叛军，然而又无财力接济军队给养，只能允许地方加征商税。然而，地方以赡军为名征收关市之赋不仅不上供中央财政，而且还触及中央对山泽的禁榷。如榷盐，中央政府制度设计的本意是寓税于价，高榷盐价已经一次性达到了对该商品利益索取的极限，商人购到食盐后，就可以自由销售。但地方"关市之征"不仅阻碍了国家禁榷商品的流通，而且增加了这些商品的销售价格，实际扰乱了禁榷制度的运行。因此，中央在动乱平息以后开始逐步削弱和禁止地方关市之征。如大历时期刘晏掌管榷盐，"诸道加榷盐钱，商人舟所过有税。晏奏罢州县率税，禁堰埭邀以利者"。[1] 这一禁令主要针对榷盐，真正全面整顿关市之征则是两税法的颁行。两税法确定了居人之税和田亩之税，并规定"今后除两税外，辄率一钱，以枉法论"[2] 和"其比来征科色目，一切停罢"，[3] 这实际上宣告了地方私征商税的违法。

两税法推行以后，国家一直不断地禁止各种"杂色榷率"。所谓"杂色榷率"，就是关津之征，属于商税中的过税。唐顺宗即位敕文中规定"仍并以两税元敕处分，仍永为恒式，不得擅有诸色榷税"。[4] 元和四年，御史中丞李夷简上奏："诸州使有两税外，杂榷率及违敕不法事，请诸道盐铁转运度支、巡院察访，状报台司，以凭闻奏。"[5] 元和十五年，穆宗即位时也称："诸道州县除正敕率税外，不得妄托进奉，擅有诸色榷率。"[6] 文中正敕率税包括有两税之名合法的住税和中央允许个别地区征收的过税。至文宗大和时期，禁断更加严厉。《唐会要·杂税》载：

1 《新唐书》卷 54《食货四》，第 1378 页。

2 《旧唐书》卷 12《德宗纪上》，第 324 页。

3 《唐会要》卷 83《租税上》，第 1535 页。

4 《唐大诏令集》卷 2《顺宗即位敕文》，第 10 页。

5 《唐会要》卷 88《盐铁》，第 1604 页。

6 《唐大诏令集》卷 2《穆宗即位敕》，第 11 页。

太和七年四月，御史台奏："伏准太和三年十二月十八日
赦文，天下除两税外，不得妄有科配，其擅加杂榷率，一切宜
停，令御史台严加察访者。臣伏以方今天下无事，圣政日修，
务去烦苛，与人苏息。臣昨因岭南道擅置竹练场，税法至重，
害人颇深。博访诸道，委知自太和三年准赦文两税外停废等
事，旬月之内，或以督察不严，或以长吏更改，依前即置，重
困齐民。伏望起今后，应诸道自太和三年准赦文所停税外，科
配杂榷率等，复已却置者，仰赦到十日内，具却置事由闻奏，
仍申报台司。每有出使郎官御史，令严加察访，苟有此色，本
判官重加惩责，长吏奏听进止"。敕旨。宜依。[1]

从上述中央禁令能够看出，地方私自征收过税性商税的现象
始终存在。因此，对农业税和商品税并行的二元财政收入结构必
须有清楚的认知。这种二元结构本身更为复杂，实际表现为中央
财政的两税与禁榷二元结构，而地方财政则是两税与商税的二元
结构。

3. 五代、宋初财政收入结构的进一步多元化

两税法实行以后，建立了农业税和商品税并行的二元财政收入
结构。那么，形成国家财政收入的征役和杂税情况如何呢？在唐前
期国家财政收入结构中，征役是稍逊于农业税的财政渠道，而代表
杂税的户税额达到二百万贯，也是不容忽视的收入部分。但至大历
十四年杨炎推行两税法以后，征役和杂税部分已经被包括在正税里
面。如《唐会要·租税上》云：

凡百役之费，一钱之敛，先度其数，而赋于人，量出以
制入。户无土客，以见居为簿，人无丁中，以贫富为差。不居

---

[1]《唐会要》卷84《杂税》，第1547页。

处而行商者，在所州县税三十之一，度所取与居者均，使无侥幸。居人之税，秋夏两征之，俗有不便者，正之。其租庸杂徭悉省，而丁额不废，申报出入如旧式。其田亩之税，率以大历十四年垦田之数为准，而均征之。夏税无过六月，秋税无过十一月。[1]

文中"居人之税"主体是以前的户税，此时已经成为正税。安史之乱以后，在原税额基础上出现的"非法赋敛，急备供军，折估、宣索、进奉"之类杂税也被并入正税，因此，陆贽称"总无名之暴赋，以立恒规"。[2] 但新杂税的衍生不可避免，前面在介绍两税法附加税时谈到这一时期的杂税情况，它尚处于开始阶段，在形成财政收入上份额较小。而此时中央禁止的杂税多为地方商税。如后唐庄宗诏书指出："历代以来，除桑田正税外，只有茶盐铜铁出山泽之利，有商税之名，其余诸司，并无税额。伪朝已来，通言杂税，有形之类，无税不加，为弊颇深，兴怨无已。今则军须尚重，国力未充，犹且权宜，未能全去，且检天下桑田正税，除三司上供，既能无漏，则四方杂税必可尽除。"[3] 故这一时期杂税在农业税和商品税并行的二元财政体系之中尚未占有一定地位。

另外，文中"租庸杂徭悉省"表明庸已经并入两税之中，而"凡百役之费，一钱之敛，先度其数，而赋于人"则透露出通过雇役形式派役。这在两税法实行以后的一系列诏敕中被体现出来。德宗在《贞元改元大赦制》中称："自诸道州府，除两税外应有权宜科率、差使，一切悉停。"[4] 顺宗在即位赦文中也谈道："天下诸州府，应须夫役、车牛、驴马、脚价之类，并以两税钱自备，不得别有科

1　《唐会要》卷 83《租税上》，第 1536 页。

2　《翰苑集》卷 22《均节赋税恤百姓第一条》，《景印文渊阁四库全书》第 1072 册，第 782 页。

3　《册府元龟》卷 92《帝王部·赦宥一一》，第 1103 页。

4　《翰苑集》卷 2《贞元改元大赦制》，《景印文渊阁四库全书》第 1072 册，第 585 页。

配，仍并以两税元敕处分，仍永为恒式。"[1] 此外在其他诏敕中，对中央和地方政府派役也屡次申明，"如要车牛、夫役、工匠之类，并宜和雇，优给价钱"。[2] 但中央越重申地方官府雇役，越说明两税法对力役全面雇役的设想在实际执行中很难实施。事实上，处于独立和半独立状态的强藩"不立徭役籍，随日赋敛于人"[3] 自不必说，那些普通地方官员任意征发力役的现象也很严重。如唐敬宗时舒元褒上策称："其外，则守土之臣或多自开户牖，征徭榷税，不本制条。"[4] 而中央官员在具体派役时也经常出现强制派役不给价钱。德宗时大臣陆贽就揭露户部侍郎裴延龄"遂乃搜求市廛，豪夺入献，追捕夫匠，迫胁就功。以敕索为名，而不酬其直；以和雇为称，而不偿其佣"。[5] 宪宗死后，朝廷任命宰相令狐楚为山陵使修陵，对所用民夫、工匠也"不给工徒价钱"，致使"怨诉盈路"。[6] 朝廷宰相派役尚且如此，足见两税法征役改革中一切力役采用雇役设想在具体实践中难以执行。尽管雇役执行中存在一些问题，但毕竟是现役征发，那种代役金形式的役的确很少能被发现。

由上述情况可知，在两税法实行以后的农业税和商品税二元财政结构中，征役和杂税的地位有所降低。这种情况经过五代十国到宋初开始有所改变。

五代十国是杂税出现的活跃期。除了两税附加税性质的杂税外，还衍生了其他的一些杂税。如前蜀王建创征杂税，"（乾宁）二年春三月，创征杂税，绫一匹一百文，绢一匹七十文，布一匹四十

---

1 《唐大诏令集》卷2《顺宗即位赦》，第10页。

2 《唐大诏令集》卷119《讨镇州王承宗德音》，第632页。

3 《新唐书》卷214《吴少阳传》，第6004页。

4 《文苑英华》卷490《贤良方正直言极谏策》，第2506页。

5 《全唐文》卷466《论裴延龄奸蠹书》，第4762页。

6 《旧唐书》卷172《令狐楚传》，第4461页。

文，猪每头一百文"。[1] 杨吴政权的张崇征"渠伊钱""抒髭钱"，[2] 吴越国"自镠世常重敛其民以事奢僭，下至鸡鱼卵鷇，必家至而日取"。[3] 在南唐，"民间鹅生双子，柳条结絮，皆税之"。[4]《文献通考·征榷考》则记载："先时，淮南、江、浙、荆湖、广南、福建，当僭伪之时，应江湖及池潭陂塘聚鱼之处，皆纳官钱，或令人户占卖输课，或官遣吏主持。帝闻其弊，诏除之。又有橘园、水硙、社酒、莲藕、鹅鸭、螺蚌、柴薪、地铺、枯牛骨、溉田水利等名，皆因伪国旧制而未除，前后累诏废省。"[5] 当然，上述极端形式的杂税有夸张的因素，但反映出五代十国时期杂税的横行。至宋代，杂税经过整合形成杂变之赋，在国家和地方财政中的地位更加重要。张方平称应天府，"畿内七县，共主客六万七千有余户，夏秋米麦十五万二千有零石，绢四万七百有零匹，此乃田亩桑功之自出，是谓正税，外有沿纳诸色名目杂钱十一万三千有零贯"。[6] 按北宋仁宗时期的绢价，最贵者也就是匹绢一贯。文中杂钱若换成绢，近为正税三倍。而前述徽州重税重在杂钱，都反映出杂税在国家财政中的地位。

宋代差役原则上是即用即差，但实际也采用雇役之法，导致役被再次税化，成为地方财政获取收入的途径。如庆历初，王逵为荆湖转运使，"率民输钱免役，得缗钱三十万，进为羡余，朝廷既降诏奖谕，由是诸路竞为掊克，欲以市恩"。[7] 苏辙在元祐元年（1086）上谏言："熙宁以前，诸路衙前多有长名人数，只如西川全系长名，

1　勾延庆:《锦里耆旧传》卷 5,《丛书集成新编》第 115 册，第 350 页。

2　《十国春秋》卷 9《张崇传》，第 130 页。

3　《新五代史》卷 67《吴越世家第七》，第 843 页。

4　《十国春秋》卷 17《南唐后主本纪》，第 256 页。文中称来自《邵氏闻见录》，考今存中华书
　　局版《邵氏闻见录》（1983 年），未见记载。

5　《文献通考》卷 19《征榷六》，第 186 页。

6　《乐全集》卷 26《论率钱募役事》,《景印文渊阁四库全书》第 1104 册，第 276~277 页。

7　《续资治通鉴长编》卷 172，皇祐四年六月丙戌，第 4152 页。

故衙前一役不及乡户。淮南、两浙长名大半以上，其余路分，长名亦不减半。"[1] 曾布也称："凡州县之役，无不可募人之理。今投名衙前半天下，未尝不典主仓库、场务、纲运；而承符、手力之类，旧法皆许雇人，行之久矣。"[2] 此情况出现是因北宋中期中央政府存在巨大财政压力。宋代承五代之余绪，对以往的赋敛之术兼收并包。但农业税由于税额固定，增长空间非常狭小。一贯充当弥补对象的杂税也因随地征敛，形成定额，遂失去此项功能。所以，增加收入只能靠禁榷收入。但增加禁榷收入也有"度"的限制，宋仁宗时就走向徘徊阶段。对此，许多大臣不禁发出赋敛无术的感叹。如王旦对即将赴江西上任的张士逊言："朝廷榷利至矣。"[3] 欧阳修在康定元年（1040）上书仁宗论述得更为深刻："臣闻昔之画财利者易为工，今之言财利者难为术。昔者之民赋税而已，故其不足，则铸山煮海，榷酒与茶，征关市而算舟车，尚有可为之法，以苟一时之用。自汉、魏迄今，其法日增，其取益细，今取民之法尽矣。昔者赋外之征，以备有事之用。今尽取民之法用于无事之时，悉以冗费而靡之矣。"[4] 皇祐元年（1049），包拯也称："臣以谓冗兵耗于上，冗吏耗于下，欲救其敝，当治其源。治其源者，在乎减冗杂而节用度。若冗杂不减，用度不节，虽善为计者，亦不能救也。方今山泽之利竭矣，征赋之入尽矣。"[5] 面对这种情况，"神宗嗣位，尤先理财"。[6] 这就是王安石变法中的役钱。中央政府借役生财不难理解，这是征役在财政中地位上升的原因。

总体观之，五代十国到宋初，征役和杂税重新确立了财政地位，这使唐后期的农业税和商品税二元财政结构演变为农业税、商品税、杂税和役钱的多元财政收入格局。

---

1 《续资治通鉴长编》卷 375，元祐元年四月庚子，第 9093 页。

2 《宋史》卷 177《食货上五·役法上》，第 4304 页。

3 《续资治通鉴长编》卷 68，大中祥符元年，第 1539 页。

4 《续资治通鉴长编》卷 129，康定元年，第 3067 页。

5 《续资治通鉴长编》卷 167，皇祐元年，第 4027 页。

6 《宋史》卷 179《食货下一·会计》，第 4354 页。

二　农业经济的发展

唐宋之际是人丁税向财产税和土地税转变的重要时期，税制改变对农业经济影响深远。对此，学界多有探讨。[1]笔者尝试从税制改革后国家惠农政策和农业生产的商业性两个层面对该问题再做分析。

（一）改变惠农措施与农业生产的发展

为了鼓励农业生产，历代政府都有轻徭薄赋之举，但因税制不同，故薄赋指向各异。唐前期在租庸调计丁征税体制下，惠农措施都围绕着丁口展开。如神龙元年（705）五月十八日，因韦后所奏下制："二十二成丁，五十九免役。"[2]按武德六年（623）令，男子二十一为丁，六十为老。将成丁年龄推后一岁，免役年龄推前一岁，意味着免除了二十一岁这一年龄段租调和五十九岁者役的负担，这实际上是一次轻徭薄赋之举，它通过丁的年龄变动来实现。还有直接免丁的记载，《新唐书·食货志》称：

> （开元二十六年）又以民间户高丁多者，率与父母别籍异居，以避征戍。乃诏十丁以上免二丁，五丁以上免一丁，侍丁孝者免徭役。天宝三载，更民十八以上为中男，二十三以上成丁。五载，诏贫不能自济者，每乡免三十丁租庸。男子七十五

1　参见陈明光《唐代后期地方财政支出定额包干制与南方经济建设》，《中国史研究》2004 年第 4 期；张安福《税制改革对唐代农民产业经营和日常生活的影响》，《江西社会科学》2009 年第 7 期；侯江红《唐朝两税三分制财政改革与地方政府农业经济职能》，《中国农史》2011 年第 1 期；王珏、何富彩《唐代两税法的经济效果——基于双重差分模型的实证分析》，《中国经济史研究》2017 年第 6 期。

2　《唐会要》卷 85《团貌》，第 1555 页。

以上、妇人七十以上，中男一人为侍；八十以上以令式从事。[1]

唐玄宗时期之所以多次调整丁的年龄和对特殊丁进行蠲免，是因为此时国家财政充裕，故通过这种方式来减轻百姓负担。由于租庸调来自农业，故也可看成惠农措施。就在安史之乱刚结束的广德元年七月，为了恢复经济，唐政府仍下诏："一户之中，三丁放一丁。庸调地税，依旧每亩税二升。天下男子，宜二十三成丁，五十八为老。"[2]说明调整丁的年龄和蠲丁是租庸调时期薄赋政策的主要方式。但值得注意的是，租庸调在广义上属于农业税，实际是通过丁口实现。丁的负担与土地之间没有必然联系，丁占有土地或多或少，甚至没有土地，却要免同样的赋税，故彼此之间的利益连带性不强，惠农效果势必会有所折扣。

随着唐宋之际税制变化，薄赋政策措施开始调整。早在安史之乱以后赋税调整期，惠农政策内容就已经发生变化。永泰二年（766）十一月敕云：

> 其京兆府所奏今年秋税八十二万五千石数内，宜减放一十七万五千石。委黎干据诸县户口、地数均平放免，仍分明榜示百姓，令知当户所减斛斗数，讫奏闻。其青苗地头钱，亦宜三分放一，先欠永泰元年地头钱十四万九千一百四十一贯并宜放免，朕当躬俭节用，恤我黎元，中夏渐宁，庶有康济，宣示百姓，知朕意焉。[3]

由于对地税及其附加税进行蠲免，因而能够看到具体的蠲免数字、对象，并要求要落实到当户所减斛斗数。故这种惠农措施直接

---

1 《新唐书》卷51《食货一》，第1346页。

2 《旧唐书》卷48《食货上》，第2091页。

3 《册府元龟》卷490《邦计部·蠲复二》，第5866页。

指向土地，对减轻农民负担，推动生产的作用会更突出。

水旱免灾是保护农业经济的常规政策。[1]唐前期规定："水、旱、霜、蝗耗十四者，免其租；桑麻尽者，免其调；田耗十之六者，免租调；耗七者，课役皆免。"[2]如武则天《改元载初赦》中曰："今年麦不熟处，及遭霜涝之处，并量放庸课，州县好加检校，勿使饥馑。"[3]但唐前期政府是根据损害结果来衡定均减，且蠲免尺度缺乏变通。唐后期大概也根据前期情况制定了蠲免尺度，如贞元八年秋八月，"江淮、荆湘、陈、宋至于河朔，连有水灾。……其州县府田苗损五六者，免今年税之半；七分已上者，皆免。委度支条以闻奏"。[4]这里田苗损耗以50%、60%和70%为标准，由于税制变化，改为损耗50%、60%免秋税的一半。这一标准在以后可能有变化，因为元和四年正月诏称："元和三年诸道应遭水旱所损州府合放两税钱米等，损四分以下者宜准式处分；损四分以上者并准元和元年六月十八日敕文放免。"[5]此处所提的元和元年（806）六月十八日敕文已无从知晓，不过这里以40%为限，这与唐前期的"水、旱、霜、蝗耗十四者，免其租"类似，看来前后有连带性。尽管如此，从具体蠲免实践上看，唐后期变得非常灵活、实际。如大历四年十一月诏曰："此属秋霖，颇伤苗稼，百姓种麦，其数非多，如闻村闾不免流散。其大历五年夏麦所税，特宜与减常年税。"[6]这是在未估计到损害程度时的蠲免。贞元六年闰四月大旱，诏："京兆府诸县田合征夏税者，除水利地外一切放免，其回种秋苗者，亦不在收税限。"[7]由于

1　关于唐宋时期田赋灾伤蠲免问题，陈明光《唐宋田赋的"损免"与"灾伤检放"论稿》(《中国史研究》2003年第2期)有专门探讨。

2　《新唐书》卷51《食货一》，第1343页。

3　《唐大诏令集》卷4《改元载初赦》，第19页。

4　《册府元龟》卷491《邦计部·蠲复三》，第5870页。

5　《文苑英华》卷435《分命使臣赈恤水旱百姓敕》，第2204页。

6　《册府元龟》卷490《邦计部·蠲复二》，第5867页。

7　《册府元龟》卷491《邦计部·蠲复三》，第5870页。

针对具体土地，故从这条诏书中能看出这一规定的细致性特点。另外，唐懿宗《咸通七年大赦》称：

> 其岳州、湖南、桂管、邕容管内沿路州县，今年二月二
> 日德音，已蠲放今年夏秋两税各一半，尚恐乡村未悉，更要
> 加恩。宜于今年夏税正钱，每贯量放三百文。沿路州县，亦
> 甚凋伤，先未沾恩，今须优假，宜于来年夏税正钱，量放
> 一半……京畿之内，蝗旱为灾，稼穑不收，凋残可悯。其
> 京兆府今年青苗地头及秋税钱悉从放免，仍并出内库钱
> 二十四万五千三百六十余贯，赐官府司，充填诸色费用。河南
> 及同、华、陕、虢等州遭蝗虫食损田苗，奏报最甚，除合放免
> 本色苗子外，仍于本户税钱上每贯量放三百文，如今年秋税已
> 纳，即放来年夏税。[1]

该诏书中对各地放免数量、税种、善后财政补贴以及已执行征纳如何处理都规定得非常详细，这使蠲免有的放矢，有利于惠农政策的实现。这种情况在五代时期被延续，如后唐庄宗同光二年诏称："诸道州县有经雹水旱之处，所损田苗纳税不迨悬欠处，仰仔细检详，如不虚妄，特与蠲放。五月敕，治国之由，安民是本，如闻今岁麦田虽繁，而结实不广，其四京诸道百姓于麦蔡地内种得秋苗，并不征税。"[2]

利用荒田免税或有限免税来鼓励农业生产也是惠农政策变化的标志。唐武宗会昌元年正月制："自今已后，州县每县所征科斛斗，一切依额为定，不得随年检责。数外如有荒闲陂泽山原，百姓有人力，能垦辟耕种，州县不得辄问所收苗子，五年不在税

---

1 《唐大诏令集》卷86《咸通七年大赦》，第489页。
2 《册府元龟》卷491《邦计部·蠲复三》，第5878页。

限，五年之外，依例收税。"[1]这种措施在五代进一步得到推广，后晋高祖《令开垦旷土敕》称："邓唐随郢诸州管界，多有旷土，宜令逐处晓谕人户，一任开垦佃莳，仍自开耕后，与免五年差徭。兼仰指挥其荒闲田土本主，如是无力耕佃，即不得虚自占吝。仍且与招携到人户，分析以闻。"[2]南唐烈祖李昪在位期间，为了招纳流亡人口归农，在升元三年（939）发布诏书称："其向风面内者，有司计口给食，愿耕植者，授之土田，仍复三岁租役。"[3]他又在同年夏四月大赦境内，"民三年艺桑及三千本者，赐帛五十匹；每丁垦田及八十亩者，赐钱二万，皆五年勿收租税"。[4]吴越在钱弘俶时，"募民能垦荒田者，勿收其税"。[5]上述政策都是通过税收蠲免鼓励农业生产和垦荒。

通过税钱折纳实物或高估让利于民也能收到惠农和鼓励生产的效果。如南唐采纳宋齐丘建议，将税钱折成了䌷、绢、绵本色征收，推动了农业生产。对此，王夫之在《读通鉴论》中评论道："且于时天下割裂，封疆各守，战争日寻，商贾不通。民有余之粟、帛，无可贸迁以易金钱。江、淮之间，无铜、铅之产以供鼓铸，而必待钱于异国，粟、帛滞而钱穷，取其有余，不责其不足，耕夫红女，得粒米寸丝而可应追呼，非四海一家，商贾通而金钱易得之比也。是以齐丘言之，知诰行之，因其时，就其地，以抚其人民，而国民交利，岂虚也哉？"[6]可见，正是由于以绢帛充税，农民才免于货币短缺、物价盘剥之苦，避免了弃农经商，使农业经济稳定发展。此外，南唐还根据宋齐丘的建议，实行了虚估制度，史载"是时，绢每匹市价五百文，䌷六百文，绵每两十五文，齐丘请绢每匹

1　《唐会要》卷84《租税下》，第1543~1544页。

2　《全唐文》卷116《令开垦旷土敕》，第1183页。

3　马令：《南唐书》卷1《先主书第一》，《丛书集成新编》第115册，第245页。

4　陆游：《南唐书》卷1《烈祖本纪第一》，《丛书集成新编》第115册，第299页。

5　《资治通鉴》卷288，后汉隐帝乾祐二年，第9415页。

6　王夫之：《读通鉴论》卷28《五代上·十五》，北京：中华书局，1975，第884页。

抬为一贯七百，䌷为二贯四百，绵为四十文"，这项制度使百姓亩税钱额几乎减少了三分之二，大大提高了农民的生产积极性。尽管"朝议喧然沮之，谓亏损官钱万数不少"，但徐知诰力主推行，并称之为"劝农上策"。[1]

以上惠农措施对农业的发展起到了巨大推动作用。如南唐的农业政策使江淮"自是不十年间，野无闲田，桑无隙地"。[2] 吴越钱弘俶实行的"荒田不加税"政策，使农民生产积极性空前提高，史称吴越"由是境内无弃田"。[3]

宋代统一全国以后，延续了唐后期和五代十国的农业政策，如宋太祖也实行了"荒田不加税"政策，"诏所在长吏谕民，有能广植桑枣、垦辟荒田者，止输旧租"。[4] 太宗在至道元年对荒田有限免税，"诏募民请佃诸州旷土，便为永业，仍蠲三岁租，三年外输三分之一"。[5] 至道二年，又由陈靖制定了鼓励逃民复业及浮客请田的赋税优免制度：

> 逃民复业及浮客请佃者，委农官勘验，以给受田土收附版籍，州县未得议其差役；其乏粮种、耕牛者，令司农以官钱给借。其田验肥瘠为三品，上田人授百亩，中田百五十亩，下田二百亩，并五年后收其租，亦只计百亩，十收其二。其室庐、蔬韭及桑枣、榆柳种艺之地，每户及十丁者给百五十亩，七丁者百亩，五丁者七十亩，三丁者五十亩，二丁三十亩。除桑功五年后计其租，余悉蠲。[6]

---

1 《容斋续笔》卷 16《宋齐丘》，《容斋随笔》，第 418 页。

2 《容斋续笔》卷 16《宋齐丘》，《容斋随笔》，第 418 页。

3 《资治通鉴》卷 288，后汉隐帝乾祐二年，第 9415 页。

4 《宋史》卷 173《食货上一·农田》，第 4158 页。

5 《续资治通鉴长编》卷 38，至道元年六月丁酉，第 817 页。

6 《文献通考》卷 4《田赋四》，第 56 页。

这些垦田制度的实施对宋代农业发展起到了推动作用。据漆侠研究，虽然宋初垦荒政策执行中也有瑕疵，但它确实"推动了田地的垦辟，使宋代垦田面积跨越了汉唐，在全国范围内扩大了"。[1]笔者同意此看法，不过需要补充的是，这种垦荒政策从唐后期就已经开始，宋代农业经济发展的成果应该是由唐宋之际惠农政策累积而成。

（二）商品性农业生产的增强

中国古代农业生产本身具有商品性倾向，农产品在满足自给之余也会拿到市场上出卖，以换回生产工具和其他生活用品，因此小商品经济是农业经济得以运行的重要补充。然而，古代国家往往通过赋税占有社会剩余产品的绝大部分，这使小商品经济受到赋税体制制约。在实物赋税体制下，农民缴纳赋税后，能够推向市场的剩余产品很少，故小商品经济缺乏发展潜力。如果征税物品被要求使用货币，农民就必须把生产收获物推向市场，从而有助于商品经济的发展。唐宋之际，赋税体制也存在从征收实物向征收货币演进的过程。与之相适应，商品经济逐步发展，它反过来也影响了农业生产本身，主要表现是商品性农业生产的增强。[2]

唐宋之际中央货币税制体系建立肇端于两税法。两税法以钱谷计税，如《通典》中记载："建中初，又罢转运使，复归度支。分命黜陟使往诸道收户口及钱谷名数，每岁天下共敛三千余万贯，其二千五十余万贯以供外费，九百五十余万贯供京师；税米麦共千六百余万石，其二百余万石供京师，千四百万石给充外费。"[3]不过，税物征钱在租庸调时期就有部分税制因子，如天宝计帐中，户税有二百万贯，各种资课和勾征四百七十万，这两部分收入即以钱

---

1 漆侠：《宋代经济史》，第63页。
2 张剑光、邹国慰：《唐五代时期江南农业生产商品化及其影响》，《学术月刊》2010年第2期。
3 《通典》卷6《食货六》，第111页。

为额。两税以钱计额，有承袭因素，但税钱通常折纳实物，故《新唐书·食货志》称"计钱而输绫绢"。[1]前已谈到，两税钱额一直存在固化的趋势，直到宋代才完成。尽管如此，税收中实钱始终占有一定比例。

赋税征钱促使农民与市场联系日益紧密，市场成为影响农民生产的重要因素。从市场角度分析，种植经济作物无疑比种植粮食能获得更大的经济效益。故一些地域性强、技术性高、经济价值大和商品率高的经济作物如桑、麻、茶、经济林木、蔬菜等在农业生产中的比重增强。

茶是唐宋之际最为活跃的经济作物。这一时期，在适于植茶地区，农民掀起了一股栽种茶叶的热潮。唐武宗开成五年（840）十月，盐铁司在奏文中说："伏以江南百姓营生，多以种茶为业。"[2]但茶叶需要适宜的土壤，像徽州，土地贫瘠，宣饶的上田少，刀耕火种的下田多。罗愿《新安志》记载："新安为郡在万山间，其地险狭而不夷。……大山之所落，深谷之所穷，民之田其间者。层累而上，指十数级，不能为一亩，快牛剡耜，不得旋其间。力耕而火种之，十日不雨，则仰天而呼，一遇雨泽，山水暴出，则粪壤与禾荡然一空，盖地之勤民力者如此。宣饶之田，弥望数百亩，民相与秫稌之。"[3]但该地区适宜植茶。如祁门县，百姓多以种茶为业，"山且植茗，高下无遗土。千里之内，业于茶者七八矣，由是给衣食，供赋役，悉恃此"。[4]文中谈到百分之七八十的人以种茶为业，茶户用茶收入来缴纳租税。其他地区如鄂州崇阳县，"民不务耕织，唯以植茶为业"。[5]四川地区，《宋史·食货志》称："蜀之茶园，皆民两税地，

1　《新唐书》卷52《食货二》，第1353页。
2　《册府元龟》卷494《邦计部·山泽二》，第5906页。
3　《新安志》卷2《叙贡赋》，《宋元方志丛刊》，第7624页。
4　《全唐文》卷802《祁门县新修阊门溪记》，第8430~8431页。
5　沈括：《新校正梦溪笔谈·补笔谈》卷2，第310页。

不殖五谷，唯宜种茶。……民卖茶资衣食，与农夫业田无异。"[1] 泸州早在唐代就"郡连戎僰，地接巴黔，作业多仰于茗茶，务本不同于秀麦"。[2] 种茶所以能资衣食，主要是茶叶产量比较高。《四时纂要》记载："三年后每科收茶八两，每亩计二百四十科，计收茶一百二十斤"。[3]

桑、麻种植也出现专业化倾向。在前蜀王建统治时，"蜀中每春三月为蚕市，至时货易毕集，阛阓填委，蜀人称其繁盛。而建尝登楼，望之，见其货桑栽者不一，乃顾左右曰：'桑栽甚多，倘税之，必获厚利。'由是言出于外，民惧，尽伐其桑柘焉"。[4] 民户"货桑栽者不一"说明桑树种植非常多。实际上，四川丝织业一直都很兴盛。唐武宗《会昌五年正月三日南郊赦文》中就指出："如闻两川税租，尽纳见钱。盖缘人多伎巧，物皆纤丽，凡所织作，不任军资，所以人转困穷。"因此，"劝课有机杼之家，依果、阆州且织重绢，仍与作三等估。上估一贯一百，下估九百。待此法行后，每年两税一半与折纳重绢，即异人稍苏息，军用不亏"。[5]《宋会要辑稿》中记载了南宋临安府新城县的桑田征税情况："新城县田亩旧缘钱氏以进际为名，虚增进际，税额太重。每田十亩，虚增六亩，计每亩纳绢三尺四寸，米一斗五升二合；桑地十亩，虚增八亩，计每亩纳绢四尺八寸二分，此之谓正税。"[6] 宋代桑田愈加普遍，像宋人描写北方洺州和密州的诗句"桑柘半郊原"[7]和"沃野便到桑麻川"[8]都反映了这一点。南方桑树种植也很普

1　《宋史》卷 184《食货下六·茶下》，第 4498 页。

2　《全唐文》卷 772《为京兆公乞留泸州刺史洗宗礼状》，第 8048 页。

3　韩鄂编，缪启愉校释《四时纂要校释》，北京：农业出版社，1981，第 69 页。

4　《五国故事》卷上，《丛书集成新编》第 115 册，第 44 页。

5　《文苑英华》卷 429《会昌五年正月三日南郊赦文》，第 2175 页。

6　《宋会要辑稿》食货七〇之五八，第 6399 页。

7　《祠部集》卷 4《过洺州》，《景印文渊阁四库全书》第 1091 册，第 41 页。

8　《东坡全集》卷 7《和蒋夔寄茶》，《景印文渊阁四库全书》第 1107 册，第 132 页。

遍，"东南之郡……平原沃土，桑柘甚盛，蚕女勤苦，罔为饥渴，急采疾食，如避盗贼，茧薄山立，缲车之声，连牖相闻"。[1]植桑、养蚕和纺织的净收益很高，陈旉以湖州安吉人为例进行了计算。"彼中人唯借蚕办生事，十口之家养蚕十箔，每箔得茧一十二斤，每一斤取丝一两三分，每五两丝织小绢一匹，每一匹绢易米一石四斗，绢与米价常相侔也。以此岁计，衣食之给极有准的也。以一月之劳，贤于终岁勤动，且无旱干水溢之苦，岂不优裕也哉。"[2]

植麻在唐后期也有长足发展，在北方多地被征收附加税，如元稹在同州发现，"当州从前税麻地七十五顷六十七亩四垄，每年计麻一万一千八百七十四两，充州司诸色公用"，由于无敕可凭，被他放免。[3]但后周时，北海令李元懿上书指出："夏秋苗上每亩麻、农具等钱，省司元定钱十六，及刘铢到任，每亩上加四十五。"[4]南方主要是苎麻，宋真宗咸平元年（998），广西转运使陈尧叟上言曰："臣所部诸州，土风本异，田多山石，地少桑蚕，昔云'八蚕之绵'，谅非五岭之俗，度其所产，恐在安南。今其民除耕水田外，地利之博者，惟麻苎耳。麻苎所种，与桑柘不殊，既成宿根，旋擢新干，俟枝叶裁茂，则刈获是闻。周岁之间，三收其苎，复因其本，十年不衰。始离田畴，即可纺绩。"[5]

蔬菜专业化种植也成为一种趋向。在唐代田令中，"宅园地"是与口分田、永业田相异的授田种类。菜园主要是"宅园地"，但有的永业田也变成专门菜地。如《开元四年（716）西州柳中县高宁乡籍》中有很多这样的记载："壹段伍拾步永业菜，城北壹里。""壹段陆拾步永业菜，城北半里。"[6]中唐以后，随着园圃业发展，园地与

1　《李觏集》卷 16《富国策第三》，北京：中华书局，1981，第 136 页。

2　陈旉：《农书》卷下，《景印文渊阁四库全书》第 730 册，第 188~189 页。

3　《元稹集》卷 39《论当州朝邑等三县代纳夏阳韩城两县率钱状》，第 438 页。

4　《册府元龟》卷 547《谏诤部·直谏一四》，第 6575 页。

5　《续资治通鉴长编》卷 43，咸平元年秋七月壬戌，第 913~914 页。

6　杨际平：《北朝隋唐均田制新探》，长沙：岳麓书社，2003，第 305 页。

宅地呈现分离的倾向。[1]有些地区就出现了专门的菜地。如四川地区，崔戎称："西川税科，旧有苗青如茄子、姜芋之类，每亩或至七八百文，征敛不时，烦扰颇甚。今令并省税名目，一切勒停，尽依诸处为两限，有青苗约立等第，颁给户帖，两税之外余名一切勒停。"[2]五代时期的洛阳，《五代会要·街巷》载："（后唐长兴二年）其所置田地，如是本主种田苗，及见菜园，候收刈及冬藏毕，方许交割。据交割日限后修盖，其已定田地内所有苗税等，宜令据亩数出除。"[3]福建也有这种专门的园，北宋均税时规定："请依漳、泉例课一色斛斗，上田亩九斗，中田、上园亩六斗，下田、中园亩四斗五升。"[4]看来，漳州、泉州和福州一样都对园分别定税。笔者估计这里的园包括菜园。北宋曾巩就谈道："福州无职田，岁鬻园蔬收其直，自入常三四十万。"[5]蔬菜的经济收益比粮食作物高，故宋人有"一亩园，十亩田"[6]的农谚。

最后，一些土地还种植了经济林木，如徽州"休宁山中宜杉，土人稀作田，多以种杉为业。杉又易生之物，故取之难穷"。[7]"松椴已见竹木下，大抵新安山多田少，故民勤于栽植。"[8]徽州林木经济繁荣，竟成为邻近州县获得税收的保证，如休宁杉木，邻近严州官吏说："吾州无利孔，唯歙杉不为州矣。"致使"一木出山或不直百钱，至浙江乃卖两千"，[9]从一个侧面反映出种植这些林木巨大的经济利益。

1　大澤正昭「唐代の蔬菜生産と経営」『東洋史研究』42-4、1984年。
2　《册府元龟》卷488《邦计部·赋税二》，第5837页。
3　《五代会要》卷26《街巷》，第316~317页。
4　《淳熙三山志》卷11《官庄田》，《宋元方志丛刊》，第7881页。
5　《宋史》卷319《曾巩传》，第10391页。
6　漆侠：《宋代经济史》，第160页。
7　《骖鸾录》，《景印文渊阁四库全书》第460册，第837页。
8　《弘治徽州府志》卷2《食货一》，第51页。
9　《骖鸾录》，《景印文渊阁四库全书》第460册，第837页。

三　农民生活的影响

在中国古代社会，赋税在国家统治中占据重要地位。北宋时期李觏曾指出："民之大命，谷米也；国之所宝，租税也。"[1] 南宋郑樵也认为："古之有天下者，必有赋税之用。"[2] 然而赋税是把农民一部分产品强制转为国家所有并进行支配，从征收结果来看，国家征得多一点，农民收入就会少一点，而这一比例在某种程度上直接影响着农民生活。唐宋之际税制变化很大，从租庸调到田税，赋税征收对象、征收额度、赋税法定承担者都有所调整。那么，在税制变迁过程中，农民负担情况有怎样的改变？又在多大程度上影响着唐宋之际的农民生活？对此，本书试加以解析。

（一）农民田税负担

关于唐宋之际税负情况，古人论述较多。唐代陆贽称两税法是"此总无名之暴赋而立常规也！"[3] 认为两税将租、庸、调与其他非法征敛合并，是一次税负增长过程。南宋林勋说："本朝二税之数，视唐增至七倍。"[4] 同时代蔡戡在《定斋集》中也称："其赋敛烦重，可谓数倍于古矣。"[5] 他们都认为唐宋时期税负呈上升趋势。明末清初，黄宗羲在论及此事时也认为："唐初立租、庸、调之法，有田则有租，有户则有调，有身则有庸，租出谷，庸出绢，调出缯纩布麻，户之外复有丁矣。杨炎变为两税，人无丁中，以贫富为差，虽租、庸、调之名浑然不见，其实并庸、调而入于租也。相沿至宋，

1　《李觏集》卷 16《富国策第二》，第 135 页。

2　郑樵：《通志》卷 61《食货略一》，北京：中华书局，1987，第 736 页。

3　《新唐书》卷 52《食货二》，第 1354 页。

4　《宋史》卷 173《食货上一·农田》，第 4170 页。

5　蔡戡：《定斋集》卷 5《论州县科扰之弊札子》，《景印文渊阁四库全书》第 1157 册，第 610 页。

未尝减庸、调于租内，而复敛丁身钱米。后世安之，谓两税，租也；丁身，庸、调也，岂知其为重出之赋乎？使庸、调之名不去，何至是耶！故杨炎之利于一时者少，而害于后世者大矣。"[1] 然而，马端临在《文献通考》中称："自祖宗承五代之乱，王师所至，首务去民疾苦，无名苛细之敛，划革几尽，尺缣斗粟，无所增益，一遇水旱徭役，则蠲除、倚阁，殆无虚岁，倚阁者，后或岁凶，亦辄蠲之。而又田制不立，畎亩转易，丁口隐漏，兼并伪冒者，未尝考按，故赋入之利，视古为薄。丁谓尝曰'二十而税一者有之，三十而税二者有之'，盖谓此也。"[2] 可见他认为宋代税负减轻了。现代学者中持唐宋税负增长论的居多，但也有学者提出质疑。如包伟民就认为宋代总体赋役征敛水平处于与前后各王朝大体相等的水平。[3] 孙彩红对唐后期两税量化后认为："两税法下纳税人法定的两税斛斗及其附加的粮食负担率，以及两税钱谷的产值负担水平，只比唐前期分别高出3.8和3.7个百分点。其后物价下降，田亩税增长约2个百分点。"[4] 田晓忠对宋代田赋负担研究是近年来的最新成果。他认为，宋代田赋本身具有各区域负担不平衡、社会阶层负担不平衡等特点，虽然这侵蚀着税制合理性与公平性，由此也造成一些贫下小农田赋的沉重不堪，但并没有沉重到让普通百姓全部不堪重负的境地。整体而言，宋代田赋负担的总体水平仍然不高，处于相对合理水平，这是宋代国家政权得以持续维持运行的重要前提。[5] 上述研究多从整体田赋负担问题着眼，本书尝试从个体百姓和区域税额差异方面进行考察。

关于两税法前后的具体税率，京兆地区所存资料最为详细，故先以京兆为个案考察租庸调向两税法过渡时期个体农民的税负情

---

1 黄宗羲：《明夷待访录·田制三》，《黄宗羲全集》第1册，杭州：浙江古籍出版社，2005，第26~27页。
2 《文献通考》卷4《田赋四》，第57页。
3 包伟民：《宋代地方财政史研究》，第242~279页。
4 孙彩红：《唐后期两税法下纳税人的税收负担水平新探》，《厦门大学学报》2010年第2期。
5 田晓忠：《宋代田赋制度研究》，第150页。

况。唐前期租庸调以丁为单位，所以租庸调数较为清晰，如以五口之家单丁计算，则需要上缴租粟2石，绢2匹。除此之外，还有户税。杜佑在《通典》卷6中云："其税钱约得二百余万贯。（大约高等少，下等多，今一例为八等以下户计之。其八等户所税四百五十二，九等户则二百二十二。今通以二百五十为率。）"[1]杜佑所举八等户和九等户税钱额，笔者认为属于特殊地区税率，从杜佑在中央任职来看，应属于京兆户税率。此处不妨取平均税率每户250文计算。地税由见佃者缴纳，考虑到普通家庭不会出租土地，故也是税负之一。唐前期农民土地占有情况并非均田制所说的百亩，杨际平先生研究西州地区的实际土地拥有数后，估计全国平均在40亩左右。[2]李伯重研究了江南地区的实际耕田数，认为在20~30亩。[3]京兆府属于狭乡，五口之家下等百姓土地占有数也就是在30亩左右，这样地税为6斗。其他运输和管理性的杂税姑且不算。总计税负为，粟2.6石，绢2匹，钱250文。

两税法实行以后，主要是户税和地税。地税税率，大历五年三月规定："京兆府百姓税，夏税上田亩税六升，下田亩税四升，秋税上田亩税五升，下田亩税三升，荒田开佃者亩率二升。"[4]陆贽云："今京畿之内，每田一亩，官税五升，而私家收租殆有亩至一石者。"[5]可见，京兆府田税平均在每亩五升左右。除正税以外，还有附加税青苗钱、榷酒钱。青苗钱每亩18文，与京兆府毗邻的同州"每亩只税粟九升五合，草四分，地头榷酒钱共出二十一文已下"，[6]可见榷酒钱每亩3文。这样，如果还按五口之家拥有30亩地计算，则田税税负为粟1.5石，税钱630文。此外还有户税钱。大

1　《通典》卷6《食货六》，第110页。

2　杨际平：《北朝隋唐均田制新探》，第220~221页。

3　李伯重：《唐代江南农业的发展》，北京：北京大学出版社，2009，第120页。

4　《册府元龟》卷487《邦计部·赋税一》，第5832页。

5　《翰苑集》卷22《均节赋税恤百姓第六条》，《景印文渊阁四库全书》第1072册，第795页。

6　《元稹集》卷38《同州奏均田状》，第436页。

历四年正月十八日敕："有司定天下百姓及王公已下每年税钱，分为九等：上上户四千文，上中户三千五百文，上下户三千文；中上户二千五百文，中中户二千文，中下户一千五百文；下上户一千文，下中户七百文，下下户五百文。"[1]因此，此时平均户税钱在2贯左右。唐后期京兆府税钱，《册府元龟》载："畿内百姓每年纳两税见钱五十万贯。"[2]而《元和郡县志》中记载京兆府人口，"开元户三十六万二千九百九，元和户二十四万一千二百二"。[3]从上述记载也可推算出平均户税钱在2贯左右。考虑到税收转嫁以及全国其他地区的平均税钱都在5贯以上，[4]姑且将京兆府最下等税钱定在2贯。元和十一年六月，将京兆府折纳绫、绢、絁、绌、丝、绵等限定在夏税。"并请依本县时价，只定上中二等，每匹加饶二百文，绵每两加饶二十文。"[5]元和时期，绢价已经回落，"绢一匹价不过八百，米一斗不过五十"，[6]如果每匹加饶200文，则2贯税钱折纳绢2匹。

因此，可以对两税法实行前后京兆府地区普通农民的税负进行一下比较。两税法实行前税负为粟2.6石，绢2匹，钱250文；两税法实行后粟1.5石，绢2匹，税钱630文。如果按米一斗不过五十来看，基本前后税负一致。当然，这仅是粗略计算，必定有很多额外因素，如五口之家或存在中男，两税法实行初期绢价较高，等等。但对普通民众来说，税负前后不会有太大差别，因为国家税负量与百姓之间有一个承受能力问题，超过这个度，百姓就会破产、逃亡，国家政治就会出现危机。故尽管国家调整税收制度，变换征税对象，但征收额度不会超越警戒线，正如任爽所言："在赋役征收额度与经济发展水平之间的界限不能随意超越

---

1 《旧唐书》卷48《食货上》，第2091~2092页。

2 《册府元龟》卷484《邦计部·经费》，第5790页。

3 《元和郡县图志》卷1《关内道一》，第1页。

4 李锦绣：《唐代财政史稿》下卷，第656~657页。

5 《唐会要》卷83《租税上》，第1539页。

6 《李文公集》卷9《疏改税法》，《景印文渊阁四库全书》第1078册，第145页。

的情况下，统治者对制度与政策的理解以及对执行中的细节把握，可以对国家强弱乃至王朝兴衰产生决定性的影响。"[1]

前面探讨的是个体农民在税制变化中的田税负担，所得结论是两税法实行前后变化不大。唐宋之际税制具有明显的地区性差异，这一点前面已经谈到。在税制变迁过程中，实际上各地区总体税收水平也变化不大，保持着连续性。如两税法中户税经过唐后期、五代十国至宋初逐步被消解，融入田亩税中，但钱绢税额还大体上保持了原来的户税额水平。这里不妨以南方苏州和徽州为例来进行考察。

晚唐陆广微所撰《吴地记》记录了苏州两税、茶盐酒等钱及送使、留州数额：

> 税茶盐酒等钱六十九万二千八百八十五贯七十六文……
>
> 使司割隶酱菜钱一十万七千七百二十贯二百四十六文，留苏州军事酱菜衣粮等钱一十七万八千三百四十九贯九十八文，团练使军资等三十（本无十字）万六千八百三十贯文。送纳上都。[2]

对上述史料，李锦绣根据团练使军资后旧本无"十"字，认为这部分支出为 36830 贯，余下的为上供额。这样上供额为 372734 贯404 文。[3] 但陈明光认为团练使军资后无具体数额，文中的 306830 贯文属于上供额。[4] 但对 692885 贯 76 文的总税钱并无异议。关于宋代苏州赋税额情况，北宋朱长文《吴郡国经续记》称："故其输帛为匹者八万，输纩为两者二万五千，输苗为斛者三十四万九千（苗有蠲

1　任爽：《唐宋制度史研究丛书·总序》，赵旭：《唐宋法律制度研究》，"总序"，第 3 页。

2　陆广微：《吴地记》，《景印文渊阁四库全书》第 587 册，第 55 页。

3　李锦绣：《唐代财政史稿》下卷，第 1085~1086 页。

4　陈明光：《唐代财政史新编》，第 212 页。

放者在此数中），输钱免役为缗者岁八万五千，皆有畸焉，而又有盐税、攉酤之利为多，以一郡观之，则天下盖可知矣。"[1]南宋范成大《吴郡志》中除延续北宋各项税收祖额外，还记载了淳熙年间的税收额："淳熙十一年，户十七万三千四十二，口二十九万八千四百有五，苗三十四万三千二百五十六石六斗九升六合四勺五抄，夏税折帛钱四十三万九千三百五十六贯四百五十八文，上供诸色钱共一百二十三万一千二百八贯九百文。"[2]

《吴地记》记录了苏州两税、茶盐酒等钱为 692885 贯 76 文，这里面有茶盐酒禁榷钱。对这部分钱，《吴郡志》卷 1 中说："大唐国要图云，唐朝应管诸院每年两浙场收钱六百五十五万贯，苏州场一百五万贯，观此一色，足以推见唐时赋入之盛矣。"[3]如果去掉 105 万贯，唐后期苏州两税钱额为 587885 贯 76 文。这部分钱到北宋时期变为八万匹帛，二万五千两纩，现已无法考察北宋时期的绢估价，但到南宋时期帛再折回绢时又达到 439356 贯 458 文。从中能够发现税额大体徘徊在一定量之间。

徽州情况与其类似，笔者在"田税的地域差异"一章中考察了徽州重税问题。根据《新安志》的记载，南宋淳熙时期徽州六县总税额 111708 贯 239 文，婺源 18472 贯 419 文，其他五县税额 93235 贯 820 文。[4]笔者认为这部分税额大体形成于唐后期。陶雅入主徽州时，当时户税钱额在 12 万贯左右，而五县税额 9.3 万贯，陶雅把这部分税钱额摊向土地，从而出现徽州重税。下面就唐宋之际徽州税钱额的关联做一考察。

首先，尽管跨越近 300 年，但徽州亩税钱额并没有变，对此，《宋会要辑稿》中的记载前文已引述。沈括在《梦溪笔谈》中也曾

1　朱长文纂修《吴郡国经续记》卷上《户口》，《宋元方志丛刊》，第 642 页。
2　范成大纂修，汪泰亨等增订《吴郡志》卷 1《户口税租》，《宋元方志丛刊》，第 700~701 页。
3　《吴郡志》卷 1《户口税租》，《宋元方志丛刊》，第 700 页。
4　《新安志》卷 2《税则》，《宋元方志丛刊》，第 7626 页。

谈道："唯江南、福建犹循旧额。盖当时无人论列，永为定式。"[1] 其次，五县土地额基本没有变。淳熙时期经界前记载的五县田地祖额是 83 万亩，这 83 万亩祖额应该是北宋初期十国所留。因为，北宋政府在初期实行了以现垦田数为祖额，荒田不加税的政策，"太祖即位，诏许民辟土，州县毋得检括，止以见佃为额。选官分莅京畿仓庾，及诣诸道受民租调，有增羡者辄得罪，多入民租者或至弃市"。[2] 江南归宋以后，仅收旧王国版籍，未见有重新丈量土地的规定和举措，王安石变法时只限北方，故北宋是沿袭了五代十国的田亩数。由此可以推之，在亩税钱额和土地祖额始终不变的情况下，北宋政府对徽州税收元额也一直沿袭。事实上，北宋政府确实采取了税收元额主义方针，该问题日本学者斯波义信进行了可贵的探索。他认为宋初征税方针主要是对旧租额的恢复即原额主义、新开垦地（见佃）税额的核定、自行申报和逃户归业着籍等方面，并且元额在地方被一直有效地推行。[3] 因此可以推断，徽州五县税钱额是宋初从南唐沿袭的。吴唐禅代，南唐时期徽州税钱总额又有哪些变化呢？南唐时期，李昪的确在升元五年进行了税收整顿，"升元中，限民物畜高下为三等，科其均输，以为定制"。[4] 但从徽州亩税钱额和征收标准保持不变来看，它也只是对徽州地方制度的承认，对徽州正税元额也不可能改变。综上，笔者认为，《新安志》所反映的徽州五县9.3 万贯税钱额应该是陶雅所定。陶雅时五县 9.3 万贯税额，如果加上婺源税额（婺源中等田亩税 40 文，田地祖额 67 万，则税钱是 2.68 万贯），徽州在唐末户税钱额是 12 万贯左右，应该说至多 12 万贯。那么，唐末徽州的户税钱能否达到 12 万贯呢？

唐朝末期"每岁赋入倚办，止于浙江东西、宣歙、淮南、江

---

1 《新校正梦溪笔谈》卷 9《人事一》，第 107 页。
2 《宋史》卷 174《食货上二·赋税》，第 4203 页。
3 斯波义信：《宋代江南经济史研究》，第 248~255 页。
4 马令：《南唐书》卷 14《汪台符》，《丛书集成新编》第 115 册，第 268 页。

西、鄂岳、福建、湖南等八道，合四十九州，一百四十四万户"。[1]
徽州即是宣歙道所辖州，当时称歙州。宣歙道素称殷富大藩，"赋
多口众，最于江南"。[2]当时徽州也被称为富州，唐德宗贞元十八年
（802）二月二十八日，陆傪出任歙州刺史，韩愈曾为之作序："歙，
大州也；刺史，尊官也。由郎官而往者，前后相望也。当今赋出于
天下，江南居十之九。宣使之所察，歙为富州，宰相之所荐闻，天
子之所选用，其不轻而重也，较然矣。"[3]韩愈之说未免有夸大溢美
之词，但在江南承担天下十分之九赋税的情况下，徽州被称为富
州，甚至刺史任命引起宰相、天子注意，足见其在中央财政中的重
要地位。另外元和十五年，崔玄亮迁歙州（徽州）刺史，元稹为他
制词，"今余杭、钟离、新安，顺政三，有财用，一邻戎狄。将有
所授，每难其人"。[4]此处新安即徽州，因为钟离（时称濠州）邻魏
博镇，所以称"一邻戎狄"，而"有财用"就是指徽州和杭州（余
杭）。从这里也可以看出，徽州在当时中央政府财政中的重要地位，
之所以这样，应该是每年赋入相对较多的缘故。

按唐制，郡分为辅、雄、望、紧、上、中、下七等。前几等按
地理位置划分，紧以下则以户多少、资地美恶划分。徽州在元和六
年九月被升为上州，《元和郡县图志》载户口为 16754 户。和州和杭
州当时也被称为上州，"（和州）初，开元诏书以口算第郡县为三品，
是为下州。元和中复命有司参校之，遂进品第一。按见户万八千
有奇，输缗钱十六万"。[5]虽然《元和郡县图志》中淮南道户口数不
载，和州面积也不大，但从淮南人口繁盛来说，一万八千余户数字
可信，同样，户税钱十六万缗也具有可信度。对杭州，唐长庆时

---

1 《旧唐书》卷 14《宪宗上》，第 424 页。

2 《全唐文》卷 755《唐故宣州观察使御史大夫韦公墓志铭》，第 7831 页。

3 《韩昌黎全集》卷 19《送陆歙州诗序》，第 275 页。

4 《新安志》卷 9《叙牧守》，《宋元方志丛刊》，第 7744 页。

5 《全唐文》卷 606《和州刺史厅壁记》，第 6120 页。

杜牧曾言："今天下以江淮为国命，杭州户十万，税钱五十万。刺史之重，何以杀生。"[1]《元和郡县图志》成书于 813 年，当时杭州户51276，杜牧 828 年以进士入仕，死于 852 年。这期间相隔不过 50年，户数不可能达到 10 万，可见是个虚数。另外，杭州处于交通要道，税钱中可能存有商税和榷税，"南派巨流，走闽禺瓯越之宾货。而盐鱼大贾，所来交会，每岁官入三十六万千计，近岁淮河之间，颇闻其费"。[2] 这 36 万缗应该是商税和榷税的最高值，杭州的实际税钱也就是在 15 万到 20 万。从这两州税钱额来看，既为上州，税钱额应在 10 万贯以上，何况当时徽州还有"富州"美誉，故徽州存在12 万贯税钱应该合乎情理。

　　另外，还可以从宣州税钱记载来考察。崔衍曾为宣州刺史，"居宣州十年，颇勤俭，府库盈溢。及穆赞代衍，宣州岁馑，遂以钱四十二万贯代百姓税，故宣州人至不流散"。[3] 宣州岁馑，所以出钱代税，最终宣州人不流散，可见这四十二万贯应是宣州一地百姓之税。岁馑而代税，可见与商税无关；税有定额，可以推断应是正税，而正税税钱只能是户税钱。宣州元和时户数是 57350 户，歙州是 16754 户，如果按户数比来计算，徽州税钱也应达到 12 万贯。

　　通过上述考察，笔者认为徽州税钱额在唐宋之际大体上持平。税钱额保持一定总量对个体百姓税负增长来说也是一个约束条件。当然，也会有额外因素，如宋代地方非法聚敛问题以及田税附加税变化等，但这些因素在唐后期也都一定程度上存在。故唐宋之际个体农民税负大体上还是保持在一定范围之内。

（二）农民生活状态

　　农民生活状态不仅受国家赋役征派的影响，同时更取决于农业

1　《樊川文集》卷 16《上宰相求杭州启》，第 249 页。

2　《全唐文》卷 736《杭州场壁记》，第 7604 页。

3　《旧唐书》卷 188《崔衍传》，第 4935~4936 页。

经济发展水平，归根到底是农业效益。在这方面，粮食亩产量是一个标志。但唐宋之际粮食亩产量从整体上看并没有太大突破。

粮食生产的地域性和粮食种类在统计粮食亩产量中是必须注意的问题。一般来说，北方地区属于旱田的粟产区。《新唐书·食货志》记载："元和中，振武军饥，宰相李绛请开营田……凡六百余里，列栅二十，垦田三千八百余顷，岁收粟二十万石，省度支钱二千余万缗。"[1]每亩产量在五斗左右，这属于边远地区的营田，产量比较低。一般来说，唐代北方地区的粟亩产量在一石左右。开元十八年，宣州刺史裴耀卿论时政上疏曰："营公田一顷，不啻得计，早收一年，不减一百石。"[2]唐中期的李翱也称："一亩之田，以强并弱，水旱之不时，虽不能尽地力者，岁不下粟一石。"[3]对此，胡戟有更详尽的论述。[4]宋代，北方粟亩产量也在一石左右，天圣八年范仲淹言，"窃以中田一亩，取粟不过一斛，中稔之秋，一斛所售不过三百金"。[5]另外，张方平也谈道："大率中田，亩收一石。"[6]唐宋时期，北方粟亩产量虽然都是1石，但由于亩制和石单位都略有不同，故也存在细微差别。据王家范研究，唐代1亩为今0.8市亩，宋代1亩为今0.9市亩；同样的1.5石，唐制石为今1.12市石，宋制石为今1.17市石。[7]以此数据测算，唐宋亩产之比为1.4∶1.3。这样，同为亩产一石，唐代比宋代还高一点。这在亩产一石时可忽略不计，若数字较高则会有影响。

江南为稻产区，亩产量相对较高。唐徐申在韶州，"四十余年刺史相循居于县城，州城与公田三百顷皆为墟，县令、丞、尉杂处民

1 《新唐书》卷53《食货三》，第1373页。
2 《唐会要》卷85《逃户》，第1563页。
3 《李文公集》卷3《平赋书》，《景印文渊阁四库全书》第1078册，第113页。
4 胡戟：《唐代粮食亩产量——唐代农业经济述论之一》，《西北大学学报》1980年第3期。
5 范仲淹：《范文正公集》卷8《上资政晏侍郎书》，《景印文渊阁四库全书》第1089册，第644页。
6 《乐全集》卷14《税赋》，《景印文渊阁四库全书》第1104册，第116页。
7 王家范：《中国历史通论》，上海：华东师范大学出版社，2000，第160~161页。

屋。公乃募百姓能以力耕公田者，假之牛犁、粟种与食，所收其半
与之；不假牛犁者，三分与二。田久不理，草根腐，地增肥，又连
遇宜岁，得粟比余田亩盈若干，凡积粟三万斛"。[1] 这里田 300 顷，
收粟 3 万斛，亩产 3 石。此处的粟，据李伯重先生研究为稻，并指
出在江南稻麦复种的地区亩产量达到四石。[2] 宋代稻产量多在 2~3 石。
这方面史料记载颇多。范仲淹曾上书称："臣知苏州日检点簿书，一
州之田系出税者三万四千顷，中稔之利，每亩得米二至三石。"[3] 南
宋的陈傅良说："闽浙上田，收米三石，次等二石。"[4] 对此，漆侠专
门进行了统计，并认为："两宋三百年间农业生产是逐步发展的。以
江浙为例，宋仁宗时亩产二、三石，北宋晚年到南宋初已是三、四
石，南宋中后期五、六石，是不断增长的。宋代亩产量一般是二
石，最差的也有一石。就单位面积产量而言，宋代显然超过了隋
唐，更远远超过了秦汉。"[5] 笔者认为，宋代江南稻亩产量比唐代肯定
有所增加，但从李伯重前述研究成果以及唐亩、石制稍大于宋情况
来看，其增加幅度不具有突破意义。

　　由此可见，中国古代农业经济对自然依赖性较大，在生产技术
尚达不到革命性创新的情况下，农业收益的增长进程极其缓慢，这
也是中国古代国家税负必须保持在一定限度之内的原因。至于赋税
占农业收入的比例和农民承受能力，一般比照地租率认为在 50% 左
右。因为地租率通常也保持在这一水平，如《汉书·食货志》中记
有："或耕豪民之田，见税什五。"唐中期陆贽也发现："有田之家，
坐食租税，贫富悬绝，乃至于斯。厚敛促征，皆甚公赋。今京畿之
内，每田一亩，官税五升，而私家收租殆有亩至一石者，是二十倍

1　《全唐文》卷 639《徐公行状》，第 6458 页。

2　李伯重：《唐代江南农业的发展》，第 111 页。

3　范仲淹：《范文正奏议》卷上《答手诏条陈十事》，《景印文渊阁四库全书》第 427 册，第 10 页。

4　陈傅良撰，曹叔远编《止斋文集》卷 44《桂阳军劝农文》，《景印文渊阁四库全书》第 1150 册，第 850 页。

5　漆侠：《宋代经济史》，第 138 页。

于官税也；降及中等，租犹半之，是十倍于官税也。"[1] 如果超过这个水平，扣除租佃土地成本就没有收益了。同样，自耕农如果缴纳赋税超过其农业生产成果的一半，生活就极其艰难。秦收"泰半之赋"，结果百姓揭竿而起，"泰半"为三分之二，超出了这个警戒线。王家范认为，中国历史上农业"产量长一寸，赋税量增一分，紧追不放，大体占总支出的 30%~50% 上下"。[2] 包伟民也简略计算了南宋税负和农业产出比率，"估计其可达到 30% 上下，不致失实"。[3] 即使控制在 30% 上下，扣除生产成本和必要生活支出，农民家庭收入也所剩无几。

根据以上分析，可以对唐宋之际田税变迁中农民的生活状况有所认识。不过，农民生活状况问题关涉很多层面，诸如农民分层、家庭手工业和小商品经营对农本经济的补充等，对此，谷更有对宋代乡村户生活水平的细化考察可见一斑。[4] 本书因仅是通过田税变迁来考察农民生活，故采用概描形式，揭示唐宋之际农民生活的大体状况。

唐前期，武则天想建大像，李峤上疏说："天下编户，贫弱者众，亦有庸力客作以济糇粮，亦有卖舍贴田以供王役。"[5] 说明普通农民多处于贫困状态，有的只能靠出卖劳动力勉强糊口，还有的赋税不足，只能变卖家产。这种情况在经济繁荣的开天之际依然存在，张九龄《敕处分十道朝集使》中称："诸处百姓，贫窭者多，虽有陇亩，或无牛力。"[6] 开元二十年《发诸州义仓制》亦云："如闻贫下之人，农桑之际。多阙粮种，咸求倍息，致令贫者日削，富者岁滋。"[7]

1　《翰苑集》卷 22《均节赋税恤百姓第六条》，《景印文渊阁四库全书》第 1072 册，第 795 页。

2　王家范：《中国历史通论》，第 178 页。

3　包伟民：《宋代地方财政史研究》，第 266 页。

4　谷更有：《唐宋国家与乡村社会》，第 155~175 页。

5　《旧唐书》卷 94《李峤传》，第 2994 页。

6　《全唐文》卷 283《敕处分十道朝集使》，第 2878 页。

7　《全唐文》卷 23《发诸州义仓制》，第 270 页。

自耕农虽有少量土地，但多数或无牛力，或缺粮种，足见贫窭之态。两税法实行以后，农民仍然在糊口线上挣扎。白居易《杜陵叟》诗云："三月无雨旱风起，麦苗不秀多黄死。九月降霜秋早寒，禾穗未熟皆青干。长吏明知不申破，急敛暴征求考课。典桑卖地纳官租，明年衣食将何如。"[1]反映出一旦遇到灾荒，农民生活就会出现危机。皮日休《橡媪叹》诗写道："秋深橡子熟，散落榛芜冈。伛偻黄发媪，拾之践晨霜。移时始盈掬，尽日方满筐。几曝复几蒸，用作三冬粮。山前有熟稻，紫穗袭人香。细获又精舂，粒粒如玉珰。持之纳于官，私室无仓箱。如何一石余，只作五斗量！狡吏不畏刑，贪官不避赃。农时作私债，农毕归官仓。自冬及于春，橡实诳饥肠。吾闻田成子，诈仁犹自王。吁嗟逢橡媪，不觉泪沾裳。"[2]农民即使获得丰收，也被搜刮殆尽，只能以橡子充饥。可见，"四海无闲田，农夫犹饿死"[3]是唐宋之际农民生活的写照。

五代十国处于军事争霸时期，南吴将领田颎手下谋事杨夔在《较贪》一文中深刻地揭露了军赋重压下的农民生活：

> 宏农子游卞山之阴遇乡叟。巾不完，履不全，负薪仰天，吁而复号，因就讯诸，抑有丧而未备乎，抑有冤而莫诉乎，何声之哀而情之苦耶？叟致薪而泣曰：迺助军之赋，男狱于县，绝粮者三日矣，今将省之。前日之迺，已贷其耕犊矣，昨日之迺，又质其少女矣。今田瘠而贫，播之莫稔，货之靡售。[4]

文中的"卞山"在湖州境内，这名乡叟为纳助军之赋而被狱儿质女，变卖耕牛，连赖以维生的土地也势难保全，声哀情苦，令人

1　《全唐诗》卷 427《杜陵叟》，第 4704 页。

2　《全唐诗》卷 608《橡媪叹》，第 7019 页。

3　《全唐诗》卷 483《古风二首》，第 5494 页。

4　《全唐文》卷 867《较贪》，第 9086~9087 页。

酸鼻！

关于宋代农民生活，司马光谈道：

> 窃惟四民之中，惟农最苦。农夫寒耕热耘，沾体涂足，戴星而作，戴星而息；蚕妇育蚕治茧，绩麻纺纬，缕缕而积之，寸寸而成之，其勤极矣！而又水旱、霜雹、蝗蜮间为之灾，幸而收成，则公私之债交争互夺，谷未离场，帛未下机，已非己有矣。农夫、蚕妇，所食者糠籺而不足，所衣者绨褐而不完，直以世服田亩，不知舍此之外，有何可生之路耳！故其子弟游市井者，食甘服美，目睹盛丽，则不复肯归南亩矣。至使世俗俳谐，共以农为嗤鄙，诚可哀也。[1]

尽管司马光的话有反对王安石变法的意图，存在夸张成分，但农民生活困苦之状肯定存在。吕陶谈到四川一些自耕农，"西南虽号沃壤，然赋敛百出于农。耕夫日夜劬劳，而三时有馁色。百亩之家，占名上籍，而歉岁或不免饥"。[2]而一些下等户，"才有寸土，即不预籴，其为可怜，更甚于无田之家。盖其名虽有田，实不足以自给。当农事方兴之际，称贷富民，出息数倍，以为耕种之资，及至秋成，不能尽偿，则又转息为本，其为困苦已不胜言。一有艰歉，富民不肯出贷，则其束手无策，坐视田畴之荒芜，有流移转徙而已"。[3]至于那些租种土地的客户，在田税转嫁下生活境遇更是艰难。欧阳修曾指出："今大率一户之田及百顷者，养客数十家。……及其成也，出种与税而后分之，偿三倍之息，尽其所得或不能足。其场功朝毕而暮乏食，则又举之。故冬春举食则指麦于夏而偿，麦偿尽

1　《续资治通鉴长编》卷 359，元丰八年八月乙丑，第 8589~8590 页。

2　吕陶：《净德集》卷 14《蜀州新堰记》，《景印文渊阁四库全书》第 1098 册，第 109 页。

3　真德秀：《西山文集》卷 10《申尚书省乞拨和籴米及回籴马谷状》，《景印文渊阁四库全书》第 1174 册，第 159 页。

矣，夏秋则指禾于冬而偿也。似此数十家者，常食三倍之物，而一户常尽取百顷之利。"[1]

　　通过上述分析能够发现，唐宋之际农民生活水平整体上没有实质性变化，大多数百姓仍然在糊口线上挣扎，田税变迁从整体上亦并未对农民的生活状态产生根本影响。这一方面表现出国家财政在尽可能地将农民的剩余成果化为己有，另一方面也说明田税征收额度与经济发展水平之间的界限不能随意超越。

1　《欧阳修文集》卷60《原弊》，李逸安点校，北京：中华书局，2001，第871页。

结　论

　　本书着力避免"唐宋变革"的简单概念演绎，以及对比式的长时段阐释，而是将唐宋之际田税制度看成一个连续性的动态发展过程，并将其放到同时期变动的唐宋社会中进行观察，从而考订细节，重构史实，生发议题。沿着制度结构演进、制度实施机制调整以及制度变迁影响等层面，本书不仅探讨了田税及其附加税的变迁、整合，而且剖析了其具体实施中的地域差异，以及相关征管模式、田制和户籍制度的调整。同时，还分析了田税制度变迁对国家财政、农业经济和农民生活的影响，从而希冀更全面地反映唐宋之际田税制度的演进脉络和整体面貌。

　　唐宋之际田税变迁在中国田税史上具有承前启后的划时代意义。尽管人头税向履亩征收的田税转移是历史发展的趋势，但在唐宋之际完成嬗变则具有偶然性。这是因为唐前期义仓地税的地方征管实践为田税的履亩而税准备了条件，而安史之乱以后人口逃亡，版籍错乱，破坏了人头税赖以存在的基础。与此同时，地方在战乱时期形成的财政税收自主权也加剧了这一转化过程。一般而言，中国古代田税整合多发生在王朝末期，新王朝确立后往往重拾旧有田税制度的外壳，但是安史之乱发生在唐中期，叛乱以后，藩镇割据依然存在，王朝中央并未实现原有意义上的统一，这使田税制度延续了动乱时期地方田税的征收惯例，并最终通过两税法将田税作为主体税种加以确认。因此，中国古代田税的履亩而税趋势尽管在春秋时期和东汉后期已有端倪，但最终都又回归到人头税模式之上。只有到中唐时期，地方节度使或藩镇势力的强大，以及它们对田税的实际征管决定了中央王朝的整体制度设计，从而实现了田税的制度变迁。

　　唐中期两税法中，除田税上升为主体税种外，户税也被推到主体税种地位。户税的征税对象是户内资产，其中包括动产和不动产。因资产变动不居，故中国古代社会的户税改革都未细化到与资产直接挂钩，而是粗线条地按资产划分户等，依据户等征税。尽管户等制一定程度上缓解了资产快速变动造成的税收对象与税源的脱节，但它仍然需要不断检核资产，评定户等。然而，安史之乱后地方制税权的扩大使唐中央三年一定户等的诏敕难以推行。当然，户税所依据的资产变化无常，资产多寡计量困难也是其中的重要原因。不定户等的结果是户税的僵化，进而裂变。户税所依据的动产征税衍化为商税和禁榷，而不动产中的城市屋宅则被征收间架税，宋代称为城郭之赋。至于户税定资产中的土地，其税额逐渐与田亩税融合，这一部分户税最终被田税消解，宋初形成二税。此外，中晚唐以降，田税在消解户税的同时，其内部结构也发生了变化。人头税时期田亩内在差别被掩盖，一旦履亩而税落到实处，田亩的自然差别和种植差别即被凸显出来，土地肥瘠、田园之别、田地之分，在征税实践中都有反映。而田亩的种植特征也被加入税收考量中，菜地、麻地和桑地都被征收不同类别的田税。尤其是桑税，至宋代衍化成为正税，大大丰富了田亩税的内容。

杂税是相对国家正税而言的，它既有中央明令加征的杂税，也包括地方私自摊派的税目。杂税的附加性实际上在中国古代社会始终存在，只是在人头税时代，杂税征税对象人或户与正税征税对象趋同没被细较罢了。唐宋之际，田亩税成为国家正税，征税对象也转向田亩。与之相应，杂税征收对象也向田亩靠拢，进而形成繁杂的田税附加税。杂税横生在中国传统的儒家思想中往往被认为违背天道、民本，是失去统治合法性进而王朝倾覆的征兆，故杂税常常成为税收简省的对象。然而，中国古代王朝的税收增量经常无法满足日益增长的财政需求，所以杂税减而复生、积累莫返成为常态。唐宋之际，田税附加税增长有三次高潮，即两税法实施前后中央明加和地方暗加阶段、五代十国军事争霸和后期财政危机下的加征以及入宋后一些杂税也随田出税。当然，中央官府也曾试图简省、整合田税附加税。两税法中要求："比来新旧征科色目，一切停罢，两税外辄别配率，以枉法论。"[1] 实际就是想把军兴时期的各种杂税吸纳进国家正税中，统一征收。北宋政府将五代"杂变之赋"调整变通为"杂钱"征收，亦有整合、简省、规范田税附加税之意，但始终都无法消弭杂税的隐性无序状态。

地域差异始终是中国古代社会的突出特征，与之相应，因田制赋思想在中国古代税制中也早有端倪，但授田制下的田税名税田实税丁，田亩的地域差异被遮蔽。这种情况在唐宋之际履亩而税的实践中被改变，一方面是最基本的土地分等和分类被赋予不同的税率，另一方面则是两税法税制变迁之际，中央"据大历十四年见佃

---

[1]《唐会要》卷78《黜陟使》，第1419页。

青苗地额均税"，[1] 从而造成两税税额、税率的"轻重相悬"。同时，税权下移也促使中央和地方规制田税中形成不同地域特色。随着五代十国时期天下瓜裂，各自为政，田税地域差异进一步加剧。北宋扫平诸国，已无法改变各地田赋税额、税率的"轻重相悬"之势，只能通过折变使之稍稍缓解。唐宋之际田税的地域差异在元、明、清各代继续存在，这固然有制度沿袭的惯性，但地域差异导致的因田制赋是其根本诱因。

相对田税制度的确立，田税具体征管更为关键。人头税在中国古代社会之所以长期占主导地位，要在其征管便利和易操作，田税一度趋向固化到户或人也是这一原因。然而，田税毕竟因田制赋，土地的丈量、检核，土地流转与税额增减，通过簿书使田主与土地绑定，以及田亩税额的确实征缴皆比人头税复杂，都需要细密化征管实践。故两税法实行以后，田税征管模式相应发生变化，与田税征管紧密关联的土地制度和户口制度也相继被调整。比较明显的如户帖的出现和户钞的完善，还有对逃田立租和移产割税的强制推行。同时，土地管理进一步落到实处，丈量检核越来越成为土地统计的主要手段，而将割税提升到土地交易控制的关键环节。另外，据地造籍、主户与客户之分以及形势户籍的出现掀开了中国户籍管理的新篇章，这一切都形成了唐宋以降税收乃至社会管理的新特征。

中国古代农本经济下，农业劳动人口是国家赋税和军队士兵的重要来源，故在秦汉王朝的赋税体制中，军赋和田租是财政收入的主要形式，军赋按丁征派，田租在授田制下也出自人丁。秦汉时期，国家财政收入主体依赖人头税，虽然汉武帝时期推行盐铁官营和榷酤，但都未成为经久之制，且在国家财政中所占比例较小。这种财政局面到魏晋南北朝时期一直如此。但中唐以后，租庸调的人头税体制瓦解，田税成为国家正税，与之相伴的是，禁榷和商税在

---

1 《唐会要》卷 83《租税上》，第 1535 页。

国家财政中地位日趋重要。唐代宗时期的财政收入,出现"盐利居半",北宋时期,禁榷收入亦为财政收入的主要组成部分。再加之,杂税和代役税的增长,这都说明,唐宋以后国家财政收入进一步多元化。这种局面与定额田税息息相关,定额田税不仅促使国家财政进行定额化管理,也造成了农业税收益走向停滞和萎缩,从而促使国家财政收入结构多元化的增强。

随着履亩而税的推行,唐宋王朝鼓励和推动农业生产的政策也更贴近作为税源的土地。如对农民的蠲免或出现水旱的灾免,都直接指向具体的土地。除此之外,通过税钱实物化或让利于民也能收到惠农和鼓励生产的效果。唐宋之际,国家征税物品更多地被要求使用货币,农民就必须把生产的收获物推向市场,从而有助于商品经济的发展。与之相适应,商品经济逐步发展反过来也影响了农业生产本身,促进了农业生产的商品化。田税成为国家正税以后,国家税收的主体征收对象、征收额度、赋税的法定承担者都有所调整,但个体农民的税负大体上还是保持在一定的范围之内。这是因为中国古代农业经济对自然的依赖性较大,在生产技术尚达不到革命性创新的情况下,农业收益的增长进程极其缓慢。这也是中国古代国家税负必须保持在一定限度之内的原因。唐宋之际农民的生活水平时空差异不大,基本上都是在糊口线上挣扎,可见,田税变迁从整体上并未对农民的生活状态产生巨大影响。

附录一　唐宋之际户税变迁问题再议[*]

关于唐宋之际户税的变迁，张泽咸、郑学檬、沈世培等都主张户税最终被田亩税所取代。[1] 不过，日本学者船越泰次不同意使用户税和地税概念，而主张用"两税钱"和"两税斛斗"。[2] 这一观点得到李锦绣和陈明光的认同。陈明光还使用这一概念框

[*] 本文为 2019 年 11 月纪念韩国磐先生诞辰 100 周年暨"韩国磐史学研究"学术研讨会和 2019 年 12 月北京师范大学历史学院主办的"中国中古制度与社会"国际学术研讨会会议交流论文。

[1] 张泽咸：《论田亩税在唐五代两税法中的地位》，《中国经济史研究》1986 年第 1 期；郑学檬：《五代两税述论》，《中国社会经济史研究》1983 年第 4 期；郑学檬：《五代十国史研究》，第 160 页；《中国赋役制度史》，第 278 页；沈世培：《两税向田亩税的转变及其原因初探》，《中国社会经济史研究》1990 年第 1 期。

[2] 船越泰次：《唐代两税法中的斛斗征科及两税钱的折籴和折纳问题》，中译本载刘俊文主编《日本中青年学者论中国史（六朝隋唐卷）》，第 485~508 页。

架，进一步论证了唐、五代时期两税的演变，强调了两税钱计征资产范围的转变，即从杂产及田产的综合，转向单纯的田地（含种植于其上的桑木）。[1] 周曲洋对唐宋之际户税演进的研究理路进行了更为全面的分析，认为中国学者多用"户税/地税"这一组概念进行分析，其中暗含了将两税中的户税视为户口税或人头税的倾向，并与据田亩征课的地税相对立。由于宋代两税已转为据地征收，因此中国学者多认为户税在宋代已经被消解或取代。日本学者船越泰次则坚持唐人语境中两税应由"两税钱"与"两税斛斗"组成，"两税钱"是对人户综合资产的课税，其中既包括杂产也包含田亩。故周曲洋主张两税在唐宋之际的变迁，究竟是田税对户税的消解，还是两税钱（户税）自身的重组，仍有待进一步探究。笔者也注意到其博士学位论文《量田计户：宋代二税计征相关文书研究》坚持户税"重组"观点，并进行了详细论证。[2] 由此可见，相对于户税"消解"的认识，"重组"说形成了对唐宋之际户税演进的重新解构。学术需要争鸣，户税"重组"说给笔者的启示为：在唐宋之际由人头税向土地为主的财产税过渡中，其细节并非那么简单，实际颇为复杂。不过，对户税"重组"说的认识逻辑，笔者认为还有诸多问题值得商榷。故尝试对其中关键问题提出自己的一些认识，希望能够实现争鸣，最终形成对该问题理性与科学的解释。

一　取财而非制税："两税钱"作为税项的实质

唐代官方多将两税法中的"两税"税项定义为"两税钱"和"两税斛斗"。如宣宗大中五年四月德音中称："自用兵已来，京畿与

1　李锦绣：《唐代财政史稿》下卷，第 614 页；陈明光：《从"两税钱"、"两税斛斗"到"桑田正税"——唐五代两税法演变补论》，《文史》2010 年第 1 辑。

2　周曲洋：《概念、过程与文书：宋代两税研究的回顾与展望》，《唐宋历史评论》第 4 辑，第 207~210 页；《量田计户：宋代二税计征相关文书研究》，第 101~121 页。

鄜坊、邠宁两道接界，及当路诸县，差役繁并，物力凋残，若无优矜，必难存立。其今年季夏税钱及青苗钱，每贯量放三百文，其斛斗量放一半。"[1] "两税钱"和"两税斛斗"作为税项使用，在中国古代赋役史上是非常特殊的现象，因为历来的税赋如田租、田赋、户调、地税等都有计税依据的因素，这也是决定税种的关键。而两税钱和两税斛斗中钱和斛斗属于征税物品种类，确切地说，是财政收入更强调的对象。对财政收入而言，官府首先注重的是财政收入的数量，这会影响到财政的收支平衡，其次就是财政收入的种类，因为在农本实物财政的体制下，征税物品种类会影响财政的调拨。由此可见，唐代官方文献中多用"两税钱"和"两税斛斗"，恰恰反映了唐后期中央在两税额三分的情况下，对财政收入的关注远远超过了对地方制税的要求。换句话说，"两税钱"和"两税斛斗"作为税项更强调取财而非制税。

　　唐代两税法重取财、轻制税的现象并非临时之举，实则早有渊源。唐前期的户税就有其端倪。户税属于因事制税，专税专用。唐代中央官府规定了户税的大致数额，"凡天下诸州税钱各有准常，三年一大税，其率一百五十万贯；每年一小税，其率四十万贯，以供军国传驿及邮递之用。每年又别税八十万贯，以供外官之月料及公廨之用"。[2] 至于户税的制税，除了按户等征收外，税率和具体税目可能各州都有自己的标准，李锦绣将户税称为杂税，实揭示了其本质。[3] 这说明地方通过户税满足财政需求的任务是刚性的，而具体制税形式，唐代中央官府并未硬性整齐划一。安史之乱以后，人口逃散，户籍紊乱，以人丁为征收对象的租庸调无法完成财政收入职能，于是以见居和见佃为特征的户税和地税被凸显。特别是户税的

1　《唐大诏令集》卷 130《平党项德音》，第 710 页。

2　《唐六典》卷 3《尚书户部》，第 77 页。

3　李锦绣：《唐代财政史稿》上卷，第 472 页。

财政特征，与方镇"应须兵马甲仗器械粮赐等，并于本路自供"[1]的政策契合。中央所需财物，完全采用调拨制。至于具体征税途径，中央无法规制，这也是两税税额三分的原因，"天下百姓输赋于府，一曰上供，二曰送使，三曰留州"。[2]在两税三分的情况下，唐中央政府税收征管方面倾向于税额调整、蠲免划分、税物折变、估法等，这些都是围绕上供税额实施的。至于户税征收中的定户等、土地检责，虽有敕令，地方却几十年无动于衷，足以说明唐代两税法下中央重于取财，轻于制税。

至于现代学者将两税钱和两税斛斗作为税项加以强调，除了尊重唐代文献习惯以外，也不能否认其与唐后期财政视角的暗合。当然，并非财政视角本身存在问题，但不同视角关注主旨不同，这会导致研究取向的差异。就唐代两税法而言，用"户税/地税"概念对两税法进行分析，追索的是税制运行实践层面，尽管与唐后期官府的财政语境有异，但对勾勒税制结构还是具有合理性。虽然将两税直接解释为户税和地税容易与唐前期户税和地税混淆，但从张泽咸、郑学檬、沈世培等诸位学者的研究来看，都没有直接将两税法中的"居人之税"和"田亩之税"简单地和唐前期户税和地税进行比附，而是讨论安史之乱以后租庸调难以为继之下，中央户税改革，京兆府地税变化，特别是杨炎两税法中将租庸调并入两税，甚至包括"大历中，非法赋敛，急备供军，折估、宣索、进奉之类者，既并收入两税矣"，[3]说明学者们都注意到两税中户税与地税的变化。之所以继续使用"户税/地税"概念，关键是着眼于两税中"居人之税"和"田亩之税"与唐前期户税和地税在计税方式上的承续。如张泽咸谈到，代宗时在关中和江淮地区实施的这些带有区域性和局部性的新税法，与唐初，尤其是唐玄宗统治时期以来的户

1　《唐大诏令集》卷36《命三王制》，第155页。

2　《唐会要》卷83《租税上》，第1539页。

3　《翰苑集》卷22《均节赋税恤百姓第一条》，《景印文渊阁四库全书》第1072册，第783页。

税、地税征课精神相一致，成为两税法制定的重要源流。[1] 郑学檬也认为，两税法中"户无主客，以见居为簿"，最早可上溯到宇文融括户征客户钱，再到大历四年改订户税，最终至两税法颁布，成为定制。[2] 上述两位学者都指出两税法承袭了唐前期户税和地税的征课精神。此外李锦绣在《唐代财政史稿》中对户税和地税的"见居"与"见佃"原则也有详细的论述。[3] 故使用"户税/地税"概念对两税法进行分析，是将两税法的出现看作一个历史的过程，同时，着眼于征税方式的一致性，这是确定税制的关键性因素。

故笔者认为，两税钱和两税斛斗属于财政收入的征税物品种类，唐代官方文献中多用"两税钱"和"两税斛斗"，恰恰反映了唐后期中央重取财，轻制税。将其作为税目或者税种来讨论，容易掩盖税种的本质。

二　计税依据是否改变："两税钱"转向桑产的关键

唐代"两税钱"征税对象有一个从田地和杂产向桑产演变的过程。两税法确立之际，两税钱是以户内资产为对象，根据户等征收，对此，学界都予以承认。两税法实际运行中，并没有按规定每三年执行一次据资产定户等，元和六年吕温在衡州发现，当地"并无等第，又二十余年都不定户"。[4] 长庆三年，元稹在同州也看到，"右件地并是贞元四年检责，至今已是三十六年"。[5] 同州和衡州分处南北，特别是同州，还属于京畿道所辖，足以反映出当时地方州县不定户等的普遍性。不定户等的结果，只能按照两

1　张泽咸：《唐五代赋役史草》，第 117 页。

2　郑学檬：《中国赋役制度史》，第 268 页。

3　李锦绣：《唐代财政史稿》上卷，第 486~491、500~514 页；《唐代财政史稿》下卷，第 613~623 页。

4　《唐会要》卷 85《定户等第》，第 1558 页。

5　《元稹集》卷 38《同州奏均田状》，第 435 页。

税法之初的户等征收两税。不定户等，有对财产税计征困难的原因，也有中央制税权下移到地方州县，缺少统一规制的因素。随着逃户的大量出现，国家能够有效控制与两税钱相关的征税对象只有不动产的土地，故两税钱与土地之间形成联系。两税钱的征税对象由土地和杂产变成了单纯的土地，对此，无论主张田税对户税的消解还是户税自身的重组，都注意到了这一点。问题的关键是征税对象变动后，两税钱计税依据是否还是根据资产，确定户等，然后征收税钱。

目前，根据现有史料尚未发现通过对土地估价计资然后定户等征收两税钱的证据。至于武宗会昌二年上尊号赦云："百姓垦田，承前已申顷亩及斛斗单数，近年又令其人户税钱等第、垦田水陆顷亩，挟县乡分析，徒为繁弊，无益政途。今年已后，并宜停送。"[1] 有学者据此认为，第二次对垦田亩数申报，应该是供评定"人户税钱等第"即户税所用，此时户税也并非据亩而征，而是仍然要评定"税钱等第"。由此推出，并非户税被地税所消解，而是户税自身的变革。[2] 笔者认为，将人户税钱等第、垦田水陆顷亩放在一起，并不意味着必然用垦田顷亩来定户等第，也可能是对两税钱和两税斛斗的重新排查。此外，长庆元年："应天下典人庄田园店，便合祗承户税。"[3] 大中四年诏："青苗两税，本系田土，地既属人，税合随去。"[4] 这些只能证明两税与土地的关系，故由此尚不能得出户税以土地计资纳税的结论。与其相反，从唐后期史籍中却能发现很多户税据地征收的迹象。晚唐时期韦庄《秦妇吟》中有："乡园本贯东畿县，岁岁耕桑临近甸。岁种良田二百廛，年输户税三千万。"[5] 这里廛虽是

1　《文苑英华》卷 423《会昌二年四月二十三日上尊号赦文》，第 2144 页。

2　周曲洋：《量田计户：宋代二税计征相关文书研究》，第 109 页。

3　《文苑英华》卷 426《长庆元年正月三日南郊改元赦文》，第 2161 页。

4　《唐会要》卷 84《租税下》，第 1544 页。

5　陈寅恪：《寒柳堂集》，陈美延编《陈寅恪集》，北京：三联书店，2001，第 124 页。

城市居住用地，但二百壖与户税三千万相对，足见户税据亩征税的影子。如果说文学作品与社会现实有距离，那么，晚唐"苗税"更为明显。僖宗《南郊赦文》中也称："其逃亡人户产业田地，未有人承佃者，其随田地苗税、除陌、榷酒钱及斛斗等，并权放三年，勒常切招召人户，三年后再差官勘覆，据归复续却收税。"另，"诸道州府，或有遭水旱甚处，去年夏税合纳苗税等钱，委本州府长吏酌量蠲放"。[1] "随田地苗税"和"夏税合纳苗税等钱"反映出两税钱与地税合并征收的事实，因为即使苗税仅指青苗钱，夏税与其合纳也透露出两税钱与地税一样按亩征收。

　　如果将唐、五代看作一个完整的历史发展过程，那么，户税的发展趋向则是据亩征钱，最终化作田税。因为从五代十国时期的定税实践来看，两税钱已经完全被摊入地亩，据亩征税。如后唐长兴元年（930）二月下制书中，出现夏秋苗税与正税匹段钱对应的情况。[2] 南方江淮地区，早在唐昭宗景福二年，杨行密手下的重要将领陶雅进入歙州（宋宣和三年后称徽州）时，就已经开始整顿税收，实行了按亩征钱制度。"上等每亩至税钱二百文，苗米二斗二升。"[3] 杨吴顺义二年，"差官兴版簿，定租税，厥田上上者，每一顷税钱二贯一百文，中田一顷税钱一贯八百，下田一顷千五百，皆足陌见钱"。[4] 上述征收实践足可证明唐末、五代时期两税钱征税对象指向土地之时，其自身据产和户等征税的户税本质也在逐步消解。

　　故唐代"两税钱"征税对象从田地和杂产转向桑产，本身并非具有特殊意义。关键是计税依据是保持以户内资产为对象，根据户等征收税钱的户税模式，还是变为与田税趋同，据亩征税。从唐、五代两税钱的征收实际观之，应是后者。

---

1 《全唐文》卷 89《南郊赦文》，第 930~931 页。
2 《册府元龟》卷 488《邦计部·赋税二》，第 5840 页。
3 《宋会要辑稿》食货七〇之三五，第 6388 页。
4 《容斋续笔》卷 16《宋齐丘》，《容斋随笔》，第 418 页。

三　配税而非定税：唐后期据贯均率的性质

还有一种观点认为，在户等制难以落实之下，唐代户税逐渐走出户等制束缚，以钱额为标准计征。[1]笔者也注意到唐后期的据贯均率，但对其解析需要注意两个问题，第一，据贯均率是根据已有税钱进行均摊，其方法属于配税还是定税？第二，据贯均率是否意味着百姓的税额也根据钱额计算？

唐后期两税钱的据贯均率有以下三种情况。

首先是两税钱缴纳现钱和折估匹段时的据贯均率。如《唐会要》载：

> 元和四年十二月，度支奏：诸州府应供上都两税匹段，及留使留州钱物等，自元和四年已后，据州县官正料钱，数内一半，任依省估例征纳见钱支给。仍先以都下两税户合纳见钱充，如不足，即于当州两税钱内，据贯均配支给。其余留使留州杂给用钱，即合委本州府并依送省轻货中估折纳匹段充。如本户税钱校少，不成端匹者，任折纳丝绵充数。如旧例征纳杂物斛斗支用者，即任准旧例处分。应带节度观察使州府，合送上都两税钱，既须差纲发遣，其留使钱，又配管内诸州供送，事颇重叠。其诸道留使钱，各委节度观察使，先以本州旧额留使及送上都两税钱充，如不足，即于管内诸州两税钱内，据贯均配。[2]

上文"据贯均配"出现两次：一是州县官正料钱中，部分通过

1　周曲洋：《量田计户：宋代二税计征相关文书研究》，第106~108页。

2　《唐会要》卷83《租税上》，第1537~1538页。

当州两税钱据贯均率支给；另一个是诸道留使钱，若本州不足，由管内诸州两税钱据贯均率支给。需注意的是，据贯均率的对象是两税钱。类似的还有元和五年度支奏："诸州府见钱，准敕宜于管内州据都征钱数，逐贯均配。其先不征见钱州郡，不在分配限。都配定一州见钱数，任刺史看百姓稳便处置。"[1]

其次，两税钱蠲免中也多采用据贯减免。这种情况非常多，如"元和十四年京畿今年秋税、青苗、榷酒等钱，每贯量放四百文；元和五年已前逋租赋并放"。[2] 又"其淮南、浙江东西、宣歙、江南、湖南、福建、山南、山东、荆南等九道今年秋税钱合上供者，每贯量放三百文。度支其今年秋税留州留使钱，并鄂岳共十道，每贯量放一百文"。[3]

最后，是在两税钱上据贯加征或配征。如唐德宗建中三年（782），"五月丙戌，增两税、盐榷钱，两税每贯增二百，盐每斗增一百"，[4]这是对两税钱额的普遍加征，采取两税每贯增二百的方法，也是据贯均率。另外，榷酒钱在摊征中也采用这种形式。如唐宪宗元和六年六月，京兆府奏："榷酒钱除出正酒户外，一切随两税青苗据贯均率。"[5]

上述三种形式都是基于原有两税钱来实施的。前两种形式属于财政收入变化，是对两税钱形式和数量的调整。第三种则是两税钱上据贯加征或配征，它是基于原有根据资产定户等确立的两税钱额进行摊派的。故它也不是定户，仅是配征。

两税钱财政调整和蠲免并不能形成新的税额。至于两税钱外配征税钱，也不是必然采用户税定户等来征收税钱的形式，最典型的

---

1 《唐会要》卷 83《租税上》，第 1538 页。
2 《旧唐书》卷 15《宪宗下》，第 469 页。
3 《文苑英华》卷 422《元和十四年七月二十三日上尊号赦》，第 2139 页。
4 《旧唐书》卷 12《德宗上》，第 333 页。
5 《旧唐书》卷 49《食货下》，第 2130 页。

就是榷酒钱的配征。前已谈到，元和六年，京兆府"榷酒钱除出正酒户外，一切随两税青苗据贯均率"。[1] 元和十四年，又称"京畿今年秋税、青苗、榷酒等钱，每贯量放四百文"。[2] 从上述记载来看，包括京兆府在内的京畿道榷酒钱除城市酒户外，都是随两税据贯均率的。京畿道除京兆府外，还包括同州和华州。但长庆时期元稹在同州均田时发现，当州每亩纳"税粟九升九合，草四分，地头、榷酒钱共出二十一文已下"。[3] 这里榷酒钱却是随地亩征收。另外，元稹《论当州朝邑等三县代纳夏阳韩城两县率钱状》中亦云："右，准元和十三年敕，缘夏阳、韩城两县残破，量减逃户率税，每年摊配朝邑、澄城、郃阳三县代纳钱六百七十九贯九百二十一文，斛斗三千一百五十二硕一斗三升三合，草九千九束，零并不计。"[4] 根据同州地亩税率，六百七十九贯九百二十一文正是地头、榷酒钱。这说明尽管榷酒钱随两税钱据贯均率，但实际是据亩出税，若进一步深究，据贯均率属于财政摊征，而据亩出税则是赋税计征，尽管都针对同样的税额，性质却完全不同。

四 从唐宋之际户税变迁看中国古代户税的角色与功能

唐后期中央在两税税额三分的情况下，更多地在保证和增加上供收入上做文章。虽然也偶尔对地方制税的混乱状况进行规制，但总体上少之又少，这使唐后期两税尤其是户税的演变过程难以准确揭示，但从五代十国户税钱履亩而税，以及唐后期两税钱随地征收的迹象来看，户税融入田亩税，或者说被其消解，还是有一定可信度。至于户税摆脱户等，按具体资产统计钱额，然后征税，在当时

---

1 《旧唐书》卷 49《食货下》，第 2130 页。

2 《旧唐书》卷 15《宪宗下》，第 469 页。

3 《元稹集》卷 38《同州奏均田状》，第 435 页。

4 《元稹集》卷 39《论当州朝邑等三县代纳夏阳韩城两县率钱状》，第 438 页。

具体的社会条件下很难实现，这并非由于唐宋之际国家统治能力相对其他朝代逊色，而是与户税类财产税本身的特质有关。

在中国古代赋税演进中，丁、户和地三种计征对象分别对应人头税、财产税和土地税。如果按现代财税理论把税种分为主体税种和辅助税种，那么，中国古代社会的主体税种只有人头税和土地税。人头税针对丁口，以成丁个体年龄来划分，计税标准简单，只要防止其诈老、诈小，准确周知人数就可以保证财政收入，像汉代"八月算民"、隋朝"大索貌阅"和"输籍定样"等都是人头税下的举措。故人头税在中国古代社会长期存在。但人头税也存在弊端，它是以个体等同为原则，忽略了个体在占有土地和具有财产上的差异。因此，户赋就成为人头税的补充形式。[1] 户赋性质的财产税作为辅助税种运行一般比较顺利，因为户赋的税率相对人头税比较低，百姓规避户税的获益不大，但规避行为的法律问责却相对很重，故户税能够正常运行。但是，一旦户赋从辅助税种变成主体税种，税额加大，百姓对户赋的规避也随之而来。同时，户赋征税对象财产的难以计量也导致户税征收困难。不过据陈明光研究，东汉评定各户资产和纳赋多少的职责被赋予乡吏来完成，但乡吏设置有限，只能依靠乡族势力。曹魏户调制时期，国家权力对乡族势力有所遏制，但北魏孝文帝改革之前，乡族势力又完全凌驾于国家权力之上。[2] 笔者认为，东汉时期户赋还是辅助税种，主体税种是人头税性质的算赋和口赋，故在具体执行过程中，国家让位于乡族势力。但是，曹魏户调制以后，户调成为主体税种，国家权力尝试对计赀定赋进行控制，但乡族势力对户调的规避力度加大，国家权力通过与乡族势力合作，保证了户调制的推行，但其结果肯定不是国家期

---

1 秦汉以降财产税颇为复杂，除户赋外，还有独立的訾算和赀税。参见贾丽英《秦汉至三国吴的"訾税"变迁》，《历史研究》2019 年第 2 期。

2 陈明光:《汉唐之际的国家权力、乡族势力与据赀定税》，张国刚主编《中国社会历史评论》第 3 卷，北京：中华书局，2001，第 84~90 页。

望的局面，这也是北魏孝文帝改革以后取消"九品混通"的原因。
唐前期的户税与东汉时期类似，并非主体税种，运行正常。但两税
法确立以后出现的新"居人之税"成为主体税种，户税易于规避的
特征遂更加突出，同时，户税定资成为困难，几十年竟不定户等。
由此观之，户税在汉唐之际更多的情况下是作为辅助税种出现并发
挥其职能，一旦作为主体税种，户税的执行就成为问题，最终被取
代。关于户税这一现象的归因，一些学者认为是户税制度性缺陷造
成的。[1] 笔者认为，与其说是制度性缺陷，不如说是执行中的技术限
制。财产税历来包括动产和不动产，对不动产计税，即使今天也是
非常困难的，毋宁说是古代社会。同时，财产瞬息万变，如何计税
也是古今难题。所以，户税执行中暴露的问题，更多的是属于技术
尚达不到财产变化的要求。由此观之，唐宋之际户税变迁不是时代
和社会的问题，而是与户税本身的特征相关。

　　上述所谈是作为税种的户税。实际上，户税还有另一层面的
意义，即作为征税客体的户名下之税。在人头税之下，土地、户口
和赋税三位一体，土地虽有授田、占田和均田之名，但它并没有和
赋税建立直接的计税依据关系，实际是虚的，而赋税与人或户建立
了直接的赋税征纳体系。随着唐后期均田制的废弛，履亩征税成为
取向，土地、赋税和户口三者中，税收和土地连在一起，建立了直
接对应的税负关系，但这并不意味着户口就可有可无。因为无论怎
样，税收都需要汇集在具体户口名下，向户内人征收。而且随着税
额的固化，户口与税额关系越来越密切，甚至弱化了土地的作用。
因此，有时会给人造成作为税种性质的户税再次回归的印象。不
过，随着土地流转的加大，千年田八百主，土地流转后必须割税，
说明土地与税收的直接关系仍然是主要的。不能因为土地的弱化就

1　陈明光:《试论汉宋时期农村"计赀定课"的制度性缺陷》,《文史哲》2007 年第 2 期；刘玉峰、
　　钏阳:《试论唐代两税法的制度缺陷和执行弊端》,《唐史论丛》第 17 辑，第 46~57 页。

认为户税重新复兴。实际上，尽管广义上所有的税收都可以放到户税名下，都可以称为户税，但毕竟这里的户仅仅是作为征税的客体存在的，不能因此就忽略了其本体，遮蔽了来自不同计税依据的税种。如果能将作为税种的户税和作为征税客体的户税进行区分，就不会混淆宋代两税的土地税性质，也不会认为宋代出现户税的二次回归了。

附录二　"伪朝"与"伪国"语境下的五代十国杂税[*]

　　杂税横生一向被看作中国古代王朝的乱世之源，也是政权失去合法性的原因。纵观中国古代社会，五代十国时期给人留下杂税暴兴的印象较为深刻，一方面表现为这一时期出现了许多极端杂税的例子，如"拔钉钱""渠伊钱""捋髭钱"；另一方面，有关杂税的记载也空前增多。那么，五代十国时期果真是"剥剽弗堪"[1]的暴敛时代吗？笔者在研读这段时期有关杂税的史料时，经常发现"伪朝"、"伪命"与"伪国"的称谓。可见在这些杂税史料中，无疑掺杂了历史记录者的主观情感。同时，五代十国一向被认为是中国社会经济发展的重要时

* 本文原载《社会科学辑刊》2011 年第 5 期。

1 《新五代史》卷 61《世家·序》，第 747 页。

期。后唐明宗时期被赞为"粗为小康"，[1]后周世宗有"十年养百姓"[2]
的政治蓝图，特别是这一时期南方经济的发展，这些都与杂税暴兴
的时代印象相抵牾。由此产生如下问题：史料的主观成分在多大程
度上颠覆了人们对五代十国杂税的现有认识？事实上的五代十国杂
税如何？如果抛开"伪朝"与"伪国"语境，这一时期杂税是否有
更长时段、更为深层的演进动力？鉴于此，本文不揣拙陋，拟对上
述问题做具体解析，希望能有助于对五代十国历史的整体研究。

一 "伪朝"旧制：对朱梁杂税的夸大

"伪朝"是中国古代社会对僭伪、非正统王朝的称呼。后唐
庄宗李存勖灭掉后梁以后，特别"以朱氏为伪朝"。[3]关于后梁的
"伪朝"杂税，史料记载不多。就现有史料来看，都是后唐对"伪
朝""伪命"加税的描述。如后唐庄宗同光二年二月敕："历代以后，
除桑田正税外，只有茶盐铜铁出山泽之利，有商税之名，其余诸司
并无税额。伪朝已来，通言杂税，有形之类，无税不加，为弊颇
深，兴怨无已。"[4]这里认为唐代地方商税在中央确立税额始自后梁，
并称"为弊颇深，兴怨无已"。同一时期的制书也称："盖闻伪朝已
来，恣为掊敛，至于杂色斛斗、柴草，受纳仓场，邀颉人户，分外
课求。纳一斗则二斗未充，纳一束则三束不充，互相蒙蔽，上下均
分，疲弊生灵，莫斯为甚。"[5]上文透露的信息是，后梁的加耗非常
重。另外，后唐同光三年二月敕亦载："城内店宅园囿，比来无税，
顷因伪命，遂有配征。后来以所征物色，添助军装衣赐，将令通

---

1 《旧五代史》卷 44《唐书二十·明宗纪十》，第 610 页。
2 陶岳：《五代史补》卷 5，《景印文渊阁四库全书》第 407 册，第 680 页。
3 《册府元龟》卷 96《帝王部·赦宥一五》，第 1145 页。
4 《册府元龟》卷 488《邦计部·赋税二》，第 5839 页。
5 《册府元龟》卷 160《帝王部·革弊二》，第 1933 页。

济,宜示矜蠲。今据紧慢去处,于见输税丝上,每两作三等,酌量纳钱,收市军装衣赐,其丝仍与除放。"[1] 说明城内屋税、地税(即宋代的城郭之赋)也是起于后梁。再者,《旧五代史·周太祖本纪》载:"东南郡邑各有租牛课户,往因梁太祖渡淮,军士掠民牛以千万计,梁太祖尽给与诸州民,输租课。自是六十余载,时移代改,牛租犹在,百姓苦之,至是特与除放。"[2] 它反映出五代牛租也是后梁所留。

上述"为弊颇深,兴怨无已""伪朝已来,恣为掊敛""顷因伪命,遂有配征""牛租犹在,百姓苦之"等记载给我们留下后梁苛征杂税的印象。但南宋洪迈的《容斋三笔》中谈到《朱梁轻赋》,文曰:

> 朱梁之恶,最为欧阳公《五代史记》所斥詈。然轻赋一事,《旧史》取之,而《新书》不为拈出。其语云:"梁祖之开国也,属黄巢大乱之余,以夷门一镇,外严烽候,内辟污莱,厉以耕桑,薄以租赋,士虽苦战,民则乐输,二纪之间,俄成霸业。及末帝与庄宗对垒于河上,河南之民,虽困于辇运,亦未至流亡。其义无他,盖赋敛轻而邱园可恋故也。及庄宗平梁室,任吏人孔谦为租庸使,峻法以剥下,厚敛以奉上,民产虽竭,军食尚亏,加之以兵革,因之以饥馑,不四三年,以致颠陨。其义无他,盖赋役重而寰区失望故也。"予以事考之,此论诚然,有国有家者之龟鉴也,《资治通鉴》亦不载此一节。[3]

洪迈对薛居正原《五代史》的节录被今本《旧五代史》和《文献通考》保存。薛居正原《五代史》中的"薄以租赋"和"盖赋敛轻"以及洪迈"朱梁轻赋"的认识,与前述有关资料所透露的信息形成极大反差,这无疑提醒须审慎看待"伪朝"话语。

---

1 《旧五代史》卷 146《食货志》,第 1946 页。

2 《旧五代史》卷 112《周书三·太祖纪三》,第 1488 页。

3 《容斋三笔》卷 10《朱梁轻赋》,《容斋随笔》,第 541 页。

　　如果仔细分析前述史料，不难看出，在"伪朝""伪命"的描述背后，朱梁杂税都有其制度承袭之处。其一，唐后期地方征商税是普遍现象，后梁确立中央商税额并不能算无故加征杂税，故似乎难以达到"为弊颇深，兴怨无已"的程度。其二，如果后梁加耗"纳一斗则二斗未充，纳一束则三束不充"，那的确很重，但笔者认为这里有夸大的成分。唐后期的加耗每斗取耗二升[1]或"斗耗其一升"，[2]后唐明宗时，州府受纳秆草，每束纳钱一文足。[3]比较前后情况，即使成倍增加也不会达到加耗至原税额二到三倍的程度。而《旧五代史》卷4记载："（开平三年八月敕）今岁秋田，皆期大稔，仰所在切如条流，本分纳税及加耗外，勿令更有科索。"[4]又同书卷5亦称："（开平三年十一月）刺史、县令不得因缘赋敛，分外扰人。"[5]由此可见，后梁如此重的加耗恐非事实。其三，后唐屋税、地税来源于后梁是肯定的，但屋税、地税却非创自后梁。唐后期曾出现间架税，虽不久被明令取消，但间架税实际并没有退出税制领域。唐昭宗《改元天复赦》载："都市之内，屋宇未多，闻浮造之人，常须更出地课，将期招葺，宜有指挥，应诸坊户公私地内浮造屋宇，每月地课，不得更有收征。"[6]这里的地课实际上就是城郭之赋中的地税。天复元年，朱全忠尚未控制唐昭宗政权，因此，将此杂税算在后梁头上，足见后唐作为敌对政权在歪曲后梁。其四，关于牛租，实质是将作为战利品的牛分配给百姓后收的补偿。"因梁太祖渡淮，军士掠民牛以千万计"，后梁与杨吴政权隔淮河对峙，故这些牛是从淮南杨行密那里得到的。梁太祖把这些牛全部分给诸州百姓，条件是"输租课"，这里有补偿关系，即使不算惠民措施也属租赁关系，称不上杂税。

1　《夏侯阳算经》卷中《求地税》，《景印文渊阁四库全书》第797册，第236页。

2　《樊川文集》卷14《祭城隍神祈雨文·第二文》，第203页。

3　《五代会要》卷25《杂录》，第307页。

4　《旧五代史》卷4《梁书四·太祖纪四》，第72页。

5　《旧五代史》卷5《梁书五·太祖纪五》，第80页。

6　《唐大诏令集》卷5《改元天复赦》，第33页。

通过以上分析能够发现，后梁的确沿袭了唐后期的杂税，但并非无度加征。将后梁杂税冠以"伪朝""伪命"的标签，并添加"兴怨无已""恣为掊敛""遂有配征""百姓苦之"等字眼，这是后唐作为对立政权在丑化后梁。不过，洪迈所言的"朱梁轻赋"也未必确切。《洛阳缙绅旧闻记》卷2《齐王张令公外传》言："梁祖经营霸业，外则干戈屡动，内则帑庾多虚，齐王悉心尽力，倾竭财资助之。"[1]说明后梁军需财政十分窘迫，像张全义在洛阳努力恢复生产，也必须倾心驻军。同时，李罕之为藩镇，也"每飞尺书于王，求军食及缣帛"，[2]亦透露出军需财政的缺口非常大。在这种情况下，后梁沿袭前朝杂税是很正常的事情，但认为后梁"薄以租赋"和"赋敛轻"也不客观。

二 "伪国旧制"：对十国杂税的渲染

相对于五代正统地位来说，十国属于僭伪政权，宋朝把它们视为"伪国"，[3]扫荡一统。对十国留下的"伪国旧制"，宋朝政府将它们或因或革，但出于正统意识的需要，对十国杂税，宋政府在蠲免过程中极尽渲染其烦苛。

（一）宋代对"伪国旧制"遗留杂税的蠲免

"杂税横生"在中国古代社会都是政治腐败、丧失民心的标志。宋朝吊民伐罪，削平诸国的理由之一就是百姓"苦烦苛之政，未沾旷荡之恩"，最终救百姓于水火，"共乐于轻徭薄赋"。[4]蠲免杂税正是让诸国百姓沐浴"旷荡之恩"的重要举措。不过，宋初对十国杂税蠲免中税种所列之细耐人寻味。下面试列举之，见表8-1。

---

1 张齐贤：《洛阳缙绅旧闻记》卷2《齐王张令公外传》，《景印文渊阁四库全书》第1036册，第145页。
2 《旧五代史》卷63《张全义传》，第839页。
3 《宋大诏令集》卷225~227，政事七十八至八十，专门有伪国上、中和下三部分，第869~880页。
4 《宋大诏令集》卷226《润州敕榜》，第875页。

表 8-1　宋初对十国杂税的蠲免情况

蠲免时间	具体史料	史料出处
乾德三年十月	诏忠州等处伪蜀日以鱼为膏输其算者，悉罢之	《宋会要辑稿》食货一七之一〇
乾德四年七月	诏剑南道应伪蜀日有米面收算者，罢之	《宋会要辑稿》食货一七之一〇
开宝五年	西川尚循伪制，牛驴死者，革尽输官，蠲去之，每租二十石输牛革一，准钱五百者	《续资治通鉴长编》卷 13
开宝六年	孟昶时，西川民嫁遣资装，皆籍其数征之	《续资治通鉴长编》卷 14
太平兴国六年	先是，江南诸州小民，居官地者有地房钱，吉州缘江地虽沦没，犹纳勾栏地钱，编木而浮居者名水场钱，皆前代弊政，齐贤悉论免之	《宋史》卷 265《张齐贤传》
太平兴国七年六月	诏江淮湖浙民贩芦苇者勿算	《宋会要辑稿》食货一七之一一
淳化元年四月	诏兴化军两浙伪命日，以官牛赋于民，岁输租，牛或死伤，则令民买偿，自今除之	《宋会要辑稿》食货一七之一二
淳化二年正月十八日	诏太平州管内，先是伪命日常税外，课民输茆草、稻穰为泥胶，又秋税科名，每名输稻糠一斗	《宋会要辑稿》食货七〇之四
淳化二年二月二十日	峡路州军于江置撞岸司，贾人舟船至者，每一舟纳百钱已上至一千二百，自今除之	《宋会要辑稿》食货一七之一二
淳化二年闰二月	诏峡路，先是商人船载米麦计斗取其算，并簟席等税，并除之	《宋会要辑稿》食货一七之一二
淳化二年十月	江南转运司言，鄂州旧例盐米出门皆收税钱，诏自今民贩鬻斛斗及买官盐出门并免收税	《宋会要辑稿》食货一七之一二
淳化四年七月	岳州岁输鱼膏四千五百八十斤，斤纳七钱并除之	《宋会要辑稿》食货一七之一二
至道元年九月	诏两浙诸州纸扇、芒鞋及他细碎物，皆勿税	《宋会要辑稿》食货一七之一三
景德元年	除杭、越等十三州军税鹅鸭年额钱	《文献通考》卷 14《征榷一》
大中祥符四年七月	其两浙福建荆湖南北广南东路身丁钱，并特除放	《宋大诏令集》卷第 186《政事三十九蠲复下》

从上述记载来看，除大中祥符四年（1011）对身丁税属于在南方地区大规模蠲免以外，其他的都是对个别地区个别杂税的除放。正如《文献通考》对上述杂税蠲免总结称："先时，淮南、江、浙、荆湖、广南、福建，当僭伪之时，应江湖及池潭陂塘聚鱼之处，皆纳官钱，或令人户占卖输课，或官遣吏主持。帝闻其弊，诏除之。又有橘园、水碨、社酒、莲藕、鹅鸭、螺蚌、柴薪、地铺、枯牛骨、溉田水利等名，皆因伪国旧制而未除，前后累诏废省。"[1]宋初对杂税不厌其烦，前后累诏废省，虽表面上看是对十国杂税的倾力厘革，减轻百姓负担，彰显赵宋王朝的恩泽，实际上恰恰暴露了两个问题：一是宋初对伪国旧制并未重新进行制度设计；二是即使对"伪国旧制"中比较突出的杂税也没有做到全部废除，所蠲免者多是杂税的枝蔓、末节，而这些名目恰恰是杂税最无理、最反动的一面。它对宋代杂税制度本身或杂税所完成的财政收入可能并无大碍，却把十国杂税的残暴、苛刻彰显无遗。从某种程度上讲，宋代杂税未见得少于十国，南宋朱熹曾言："古者刻剥之法，本朝皆备。"[2]宋史学者王曾瑜认为宋代还创造了更多自古未有的刻剥之法，并列举了两税外的十三类加税，观之令人触目惊心。[3]当然，如果不是对此进行深入研究，很难看出宋代杂税实不逊于十国这一问题。

（二）将宋代南方存在的杂税都冠以"伪国旧制"

宋代对十国杂税并没有彻底根除，实际上保留了十国杂税的主体部分，进而形成了宋代的杂税。如果对其仔细分析，其杂税中有唐代杂税制度的遗留，亦有入宋以后形成的新杂税，但在宋人文献的话语中都成了"伪国旧制"。像南唐沿纳，《续资治通鉴长编》称："江南李氏横赋于民，凡十七事，号曰沿纳，国朝因之，而民困不

1　《文献通考》卷19《征榷六》，第186页。

2　朱熹:《朱子语类》卷110《论兵》,《景印文渊阁四库全书》第702册，第284页。

3　王曾瑜:《宋朝的两税》,《文史》第14辑，第117~144页。

能输。"[1] 对此，《景定建康志》卷 40 进行了详细记载："咸平元年，转运使陈靖奏曰：且江南伪命日，于夏税、正税外，有沿征钱物，曰盐博紬绢、加耗丝绵、户口盐钱、耗脚、斗面、盐博斛斗、酝酒曲钱、率分纸笔钱、析生望户钱、甲料丝、盐博绵、公用钱米、铺衬芦簾、米面脚钱等，凡一十四件。"[2] 按照文中所言，上述杂税都是南唐暴政的结果。但事实并非如此。《唐会要》卷 88《仓及常平仓》载："其年（大中六年）十一月敕，应畿内诸县百姓军户，合送纳诸仓及诸使两税，送纳斛斗。旧例，每斗函头、耗物、遮除，皆有数限。访闻近日诸仓所由，分外邀额利、索耗物，致使京畿诸县，转更凋弊，农桑无利。职此之由，自今以后，只令依官额，余并禁断。"[3] 这里函头是指斗、斛多余的部分，郑学檬认为它就是后来的斗面。[4] 所以，函头、耗物与上文十四种杂税中的耗脚、斗面是相同的杂税。此外，遮除实际上应是籧篨，为古代用竹或芦苇编的粗席。《唐六典》卷 19 中就规定，"（输）米二十斛，籧篨一领"。[5] 而上文中的芦簾，也是芦苇编的粗席，是仓库用来覆盖粮食的，由此可见，这项杂税由来已久。再者，如公用钱米，李心传称："盖祖宗时，以前代牧伯皆敛于民，以佐厨传，是以制公使钱以给其费，惧及民也。然正赐钱不多，而着令许收遗利，以此州郡得以自恣。"[6] 按两税法规定，节度使和州县都有杂给用钱，虽以两税钱充，但多取自百姓。但具体方式不同，唐后期有计口取俸，十国中的"渠伊钱""捋髭钱"可能也与此有关，故从李心传的介绍来看，公使钱据地征收当始自宋初。足见"伪国旧制"成为宋代杂税的一块遮羞布。

---

1 《续资治通鉴长编》卷 51，咸平五年夏四月戊子，第 1126 页。

2 《景定建康志》卷 40《田赋志序》，第 1987 页。

3 《唐会要》卷 88《仓及常平仓》，第 1617 页。

4 郑学檬：《中国赋役制度史》，第 294~295 页。

5 《唐六典》卷 19《司农寺》，第 526 页。

6 《建炎以来朝野杂记》甲集卷 17《公使库》，第 394 页。

（三）宋代史籍对十国杂税的极尽搜罗和夸张性描述

　　宋代除官方修史外，私人修史之风也极其盛行，同时，在雕版印刷技术的推动下，这些典籍得以广布流传，从而丰富了历史的记载。就十国史来说，除新旧《五代史》以外，专门记载这段历史的有马氏《南唐书》、陆氏《南唐书》以及《吴越备史》《江南野史》《江南别录》《江表志》等十多部书。同时，有关宋代的史籍也有十国史的个别记载。由于十国史事记载相对丰富，再加上私人修史，所以关注史事层面广泛，而其对十国杂税极尽搜罗，史事记载甚为详细。如路振所著的《九国志》，成书于宋真宗时期，对法外增课记载较多。像安仁义任润州刺史，"仁义蓄性好货，虽凋敝之后，科敛尤急"。[1]李简镇守鄂州，"又非法重敛，鄂民之高资者，无不破产，时论以此鄙之"。[2]另外，闽政权后期，"时兵革屡兴，国力空匮，命（杨）思恭为仆射，录国事，增山泽垄亩之税，鱼盐蔬果，皆倍其算，道路侧目，号杨剥皮"。[3]其他史籍大致类此。

　　另外，有关杂税的诸多夸张性描述更值得注意。如对吴越杂税，《新五代史》载："自镠世常重敛其民以事奢僭，下至鸡鱼卵蔎，必家至而日取。每笞一人以责自负，则诸案史各持其簿列于廷，凡一簿所负，唱其多少，量为笞数，以次唱而笞之，少者犹积数十，多者至笞百余，人尤不胜其苦。"[4]另《江南余载》卷上云："钱氏科敛苛惨，民欠升斗，必至徒刑，汤悦、徐铉尝使焉，云夜半间声苦獐麂，号叫及晓，问之，乃县司催科耳，其民多身裸行，或以篾竹系腰。"[5]

1　《九国志》卷3《安仁义传》，第87页。

2　《九国志》卷1《李简传》，第27页。

3　《九国志》卷10《杨思恭传》，第225页。

4　《新五代史》卷67《吴越世家第七》，第843页。

5　《江南余载》卷上，《景印文渊阁四库全书》第464册，第152页。

对此，何勇强在《钱氏吴越国史论稿》中专门就"吴越国重敛虐民说"进行了考证，认为这种说法不无可能。[1]笔者不完全否认吴越曾出现杂税横生或重敛虐民的现象，但从税收征纳角度看，这种描述过于夸张。十国欠赋被笞很常见，如湖南楚之营道人何仲举，"时家贫，输税不及限，李宏皋为营道令，怒之，荷项系狱，将楢楚焉"。[2]另"伪蜀华阳县吏郝浦日追欠税户，街判司勾礼遣婢子阿宜赴县，且嘱浦云，不用留禁，残税请延期输纳，郝浦不允，决阿宜五下，仍纳税了放出"。[3]但是，达到"民欠升斗，必至徒刑"恐怕不可能。特别是"下至鸡鱼卵鷇，必家至而日取"，这里的"日取"根本无法实施，即使由乡里人员负责也难以做到。

南唐杂税的记载也有很多夸张的地方。史称："李主国用不足，民间鹅生双子，柳条结絮者税之。"[4]征税需要了解纳税对象，如果说柳条结絮还能被发现，那么鹅生双子如何知晓？因此，这是民间的讽刺语言被写入史籍，事实不可能出现。又徐知训在宣州，"苛敛暴下，百姓苦之。因入觐侍宴，伶人戏作绿衣大面胡人，若鬼神状，旁一人问曰：何？绿衣对曰：吾宣州土地神，今入觐，和土皮掠来，因至于此"。[5]徐知训是杨吴权臣徐温的长子，一向跋扈，对吴王杨隆演都非常轻视。有这样的人侍宴在旁，伶人未必敢如此相戏，只能是坊间传说而已。《五国故事》卷上也记载，前蜀王建在病中，对左右大臣说："我见百姓无数列于床前，诟我曰：重赋厚敛，以至我伤害至死，今已得诉于帝矣！"建曰：我实不知外间如此，今如之何。未几而殂。[6]王建崛起于草莽，跻身于军旅，为建帝业杀戮无数，即使有所醒悟，当反思那些被无端杀戮之人。至于被

1　何勇强：《钱氏吴越国史论稿》，杭州：浙江大学出版社，2002，第328~337页。

2　陶岳：《五代史补》卷2，《景印文渊阁四库全书》第407册，第656页。

3　《太平广记》卷124《郝浦传》，第880页。

4　《十国春秋》卷17《南唐后主纪》，第256页。

5　郑文宝：《江表志》卷中，《丛书集成新编》第115册，第210页。

6　《五国故事》卷上，《丛书集成新编》第115册，第44页。

"重赋厚敛"所累而死者，是不会引起注意的。尽管文中以迷信为托词，也难以令人置信。以上诸多有关杂税的夸张性描述皆出自宋人或原属十国的宋人之手，尽管有个别原因存在，但站在宋代立场上，对"伪国旧制"的无情鞭挞应是共通的。

三　"伪朝"与"伪国"语境下五代十国杂税实质的透视

（一）"伪朝"与"伪国"语境与政治合法性诉求

　　中国古代正统史家多把五代十国视为"黥髡盗贩，衮冕峨巍"[1]的僭伪之世，故"伪朝"与"伪国"的称谓史不绝书，这里面既有后唐久恶朱梁的敌对情绪，也有宋人"革五代之弊"的诉求。这种观念反映到修史中则表现为对五代十国旧制的揭示与挞伐，特别是对五代十国苛捐杂税的声讨。尽管历史事实是客观存在的，但任何人记载下来的历史都不能避免自己的立场、观点和感情的影响。毋庸讳言，极端杂税出现在五代十国军事争霸中是不争的事实，但后代王朝为彰显本朝的应天顺民，在修史中往往过于夸大五代十国杂税的残暴，从而在一定程度上影响了对五代十国历史的正确认识。陶懋炳就认为："把五代十国看成是混乱、倒退的'黑暗时代'，可以说是受了宋代文人陈腐观念的影响。"[2]实际上，唐祚播迁，五代十国鼎足而立。为了不断地扩充实力，各政权相互攻伐，这使军队成为政权核心，而满足军需成为这一时期税收的主要任务。在军需财政下，各政权都竭力丰财自赡，杂税遂起。因此，五代十国杂税无论是税种之繁还是税率之高都表现得烈于其他朝代。然而，需要注意的是，杂税横生不独出现在五代十国，这种现象在中国古代各个王朝都存在。"伪朝"与"伪国"语境的问题在于将五代十国杂税

1　《新五代史》卷61《世家·序》，第747页。
2　陶懋炳：《五代史略》，北京：人民出版社，1985，第7页。

的横生看作个别现象，认为是各僭伪政权的本性所致，由此证明其
非法性和非正统性，也进而凸显本朝的合法性和正统性。所以，"伪
朝"与"伪国"语境背后是政权合法性的诉求。

　　关于中国古代政权的合法性问题，古典政治哲学认为应具有
"天命"、"积德"和"民拥"三个条件。天命不可逆转，用天命诠释
政治权力的合法性具有极高的神圣性和权威性。不过，"以德配天"
的思想也随之出现，"德"因周公的发掘而进入诸多思想家的视野，
并与政治权力的存在紧密联系在一起。只有具备了德，才能获得上
天的垂爱，才能获得天下。同时，实行德政，才能得到百姓的拥
护。那么，如何衡量德政呢？中国古代社会常见的一个词就是"轻
徭薄赋"，这是儒家仁政的一个标准。与之相反的描述就是"杂税
横生"，它往往是政权失去合法性的标志。有学者提出了"负合法
性"的概念，"所谓负合法性，指它得到的证明不是直接的，而是建
立在对应物合法性的否定的基础之上。由于旧政权不能有效的回应
现代化的挑战而遭遇了合法性危机，因而新政权获得了历史负面合
法性"。[1] 从这一角度观察，"伪朝"与"伪国"语境的实质是通过对
"前朝"的否定来间接肯定"当朝"的政权合法性。

（二）"伪朝"与"伪国"并非杂税凸显的根本原因

　　"伪朝"与"伪国"语境实际上妨碍了人们对五代十国杂税的
理解。这一时期杂税的凸显不能简单归因于僭伪政权的本性，而是
与五代十国处于一个错综复杂的变革期有关。邓小南就指出，五代
是一个破坏、杂糅与整合的时期，又是大规模整理旧制度、建设新
局面的时期。它是上上下下空前分裂的时期，同时又是走向新层次
统一的时期。[2] 就杂税而言，五代十国正是唐宋之际税制的整合时期，

1　袁刚：《试析我国政权意识形态合法性的确立因素》，《云南行政学院学报》2004 年第 2 期。
2　邓小南：《祖宗之法：北宋前期政治述略》，北京：三联书店，2006，第 79 页。

杂税蜂起更深层的原因是中国古代后期国家财政收入体制的变化。唐宋之际是国家财政收入中的正税向单一田税转化时期,同时,田税也开始定额化。这种定额不仅是两税斛斗的定额,还有土地数量的定额,荒田不加税,这样的结果是田税税率的最终固化。田税管理的定额化有利于中央财政收入的稳定,也有利于税制的管理。但是,它同时也限制了中央财政的活力,而且田税收入受自然因素影响较大,水、旱、蝗、雹、风等灾害在唐宋历史上频繁出现,救荒是政府必须应对的问题,田税蠲免也成为灾荒时的经常举措。因此,田税形成的财政收入呈停滞和萎缩状态。相反,政府又经常遇到一些计划外的财政压力,如战时军需、土木修建等。所以,在田税定额化管理之下,财政始终存在缺口。对此,研究清代赋税制度的何平将其形象地称为"不完全财政"。[1]这种财政的出路是向外寻求其他的收入方式,故五代十国杂税的蜂起在某种程度上是田税定额化的结果。

(三)"伪朝"与"伪国"杂税存在有其合理性

杂税不像正税在税种设置、税率安排上具有固定性,因而在形成国家财政收入上比较灵活,可以实行多税种、多税目和多税率。所以,杂税作为正税的补充,在历代税制结构和财政收入中都占有一定的地位,始终无法消弭。故杂税存在是必然的,那种奢求无杂税的时代在中国古代社会仅仅是一种幻想而已。但也正因为如此,杂税的出现是否具有合法性成为问题。因而在征税额度和经济发展水平的承受能力允许之下,如何将杂税控制在合法区间内成为关键。非法杂税的增多会导致政权非法性和存在不合理性增强,使其趋向非正统性。故在中国古代社会,杂税一直处于被削减的范围。所削减的杂税都是非法的、不合理的,而合理存在的杂税被保留下

---

1 何平:《清代赋税政策研究:1644~1840 年》,第 108~141 页。

来。由此可见，杂税作为多元财政中的一环，主要是在保证合法性和承受能力下如何把握分寸的问题。五代十国杂税虽然存在众多非法性的加征，甚至出现极端征税的例子，但这种现象多出现在王朝建立的前期和走向倾颓的末期，在多数时间里还是处于合理的范围之内，这在中国古代社会具有一定的规律性。同时，这一时期的很多政权特别是后周一直在努力蠲免杂税，并使杂税的征税对象固定到土地上，这为北宋时期对杂税的整合奠定了基础。

总之，五代纷争，十国扰攘，为彰显正统地位，各政权相互口诛笔伐，特别是后唐对后梁"伪朝旧制"的揭露，北宋对"伪国旧制"的挞伐，使五代十国时期的杂税在某种程度上被过于渲染。实际上，五代十国杂税的整体状况并非如此残暴横征。这一时期杂税的凸显固然与五代十国分裂割据下的政治无序化有关，但也是唐宋之际财政赋役体制整合的必然结果。

附录三　中央与地方分权视野下的
　　　　唐宋经济变革[*]

　　帝制时期中国古代社会的政治特征是君主专制中央集权,其寓意是在中央与地方的权力博弈中地方权力集聚至中央,而在中央机构中,权力集中到君主,从而形成"上下相维,轻重相制"的大一统局面。然而,中国古代大一统与分裂割据主次兴替、相间而存则说明,地方集权于中央并非一以贯之,中央与地方也经常形成分权的态势。在中国古代缺少中间阶层制衡君主的情况下,地方机构的分权甚至割据对国家的盛衰、政权的兴替、经济的波动以及社会的变迁都有重要的影响。从这一角度来看,中央与地方的分权在唐宋时期的社会变革中

---

[*] 本文原载《中国社会科学报》2011 年 1 月 6 日,第 7 版。收入时有改动。

具有特殊意义。就唐宋经济变革而言，举凡田制不立、财政定额管理、赋役指向财产、商业市场繁荣、区域经济发展、城市的兴起、人口迁徙等都和唐宋之际中央与地方的分权息息相关。

唐前期是中央集权强化的时代。东汉以来的州一级行政单位被取消，地方恢复两级建制。与西汉的郡相比，隋唐州府所管辖的范围已大为缩小。同时，魏晋以来士族门阀把持地方政权的局面被打破，州县长官由中央派遣。以此为基础，中央政府通过严格的律令实现了对地方的高度集权，这突出表现在国家对经济制度的设计中。在土地制度上，唐朝延续了北魏以来的均田制。在土地主权、占有权和使用权三者关系中，唐中央政府在并不改变百姓的实际土地占有状态下，仍然普遍推行国有授田制度，其意义除了对地方和百姓宣示国家对土地的主权外，还有加强对农本社会中土地的中央集权管理成分。中央虽然不保证每丁百亩的授田额，但却以此征收租庸调，可见均田制实为赋役制张本。均田制与赋役制结合，背后有儒家为民制产和履亩而税的理想，然而实践中二者完全脱节。在授田普遍不足的情况下，赋役的征收对象实际指向人头，而人头税能够实施的保证因素是中央集权的强大。为此，唐中央政府设计了严格的户籍制度，从百姓的手实到乡里的计帐，最终在州县形成户籍，并报中央尚书省。百姓不得无故脱籍，以保持国家徭役的征派和国家财政收入的实现。在财政方面，地方州县政府只是国家财政支度国用计划的执行者而已，每年按尚书省的旨符行事，几乎没有独立的财政利益，在整个国家行政体系中处于绝对的从属地位。由于一切财政决策均由中央做出，地方州县是被动的客体和传导中央指令的中介，所以，地方政府并不具备与中央政府讨价还价的能力，从而也就不存在中央与地方的财政利益博弈，只能按照中央政府赋予的权力去实现国家整体财政利益。

在商品经济领域，唐前期的中央政府通过匠籍和市籍的户籍制度对工商业者采取人身控制。比照农民征收重税，并且在名田、派役、入仕和服制方面采取了种种歧视和限制政策。工商业者设立单独的户籍，与其说为实现传统"四民分业"，不如说是防止农民流向工商业领域，对工商业者政治和社会地位的歧视也体现了这种固本理念。为了将工商业者控制在规定的空间范围内，中央政府推行坊市制度，主要包括县下不设市场、坊市分区、定时启闭坊市门以及夜禁等内容。其目的就是对商人进行人身束缚，牢牢控制商人的活动空间，这是中央集权统治在商业和城市管理中的集中体现。对唐前期中央政府的上述政策，地方州县往往扮演着追随者的角色，因为中央政府对商业和城市采取种种限制性政策的同时，也实施"关讥而不征，市廛而不税"，在缺少经济利益诱惑的条件下，地方政府缺乏发展商品经济、活跃城乡市场的动力。

从上述情况可以看出，唐前期中央集权在经济上推行国家干预政策，具体是控制农业生产的要素——土地和人口，推行土地国有，实行授田，利用中央权力促使土地和劳动力的结合，保证生产，实现国家财政收入的最大化。为此，唐中央政府力求百姓固籍和减少土地流转，对商人、市场等商品经济要素也采取种种限制政策，以避免冲击农本经济。从经济学角度分析，这些政策多为逆经济规律行事，土地和人口作为生产要素的流动是经济发展的正态，商品经济也不是农本经济的异己力量。随着唐代社会经济的发展，土地流转，人口脱逃，商品经济的异军突起对唐前期的经济制度产生了巨大冲击，但依靠强有力的中央集权体制，这些经济制度还是得以维持。其中，地方州县对中央政令的服从和严格执行是关键，否则，国家的经济干预政策就会落空，所推行的户籍、均田、赋役、坊市以及中央统收统支的财政制度等都难以实践。因此，唐前期的经济政策和制度架构得以确立的决定性因素是中央对地方的集权。

当然，唐前期中央政府对地方州县的集权也不是完全绝对的，因为即使再专制的政府，也不可能把所有的权力都收归中央掌管。如唐前期中央政府为了抵御北部草原游牧民族的进攻，不得不把边疆数州甚至更多的州县资源集中使用，从而形成节度使行政区，甚至把财权、军权和行政权悉数下放。在经济领域，中央集权也不是完全没有给地方州县留下任何权力操作的制度空间，这就是租庸调税制下地方政府对户税和地税的管理。唐前期户税用于军国传驿、邮递和外官月料、公廨之费，采取的是以支定收的办法，中央规定户税总额，地方按九等户分别摊征。虽然中央对户等和税率也进行宏观监督，但地方拥有定户等和制定具体税率的权力。户税收入主要用来维持地方经费，开、天之际也出现中央对地方户税的分割。地税来源于亩税二升的义仓，原则上"贮于地方，以备凶年"，后来江淮地税被接送入京。户税和地税表现出来的以支定收、地方部分制税权、地方与中央的税额分割都是有别于租庸调制度的，其中已经有了中央与地方分税的萌芽。不仅如此，户税和地税的征收也不是完全依靠户籍，而是以见居户和见佃土地为准，这是地方州县对土地和人口等生产要素流动态势的顺应，与中央集权的刚性要求显然背道而驰，说明地方基层在新的经济形势下已经开始了制度实践。虽然地方政府对户税和地税管理的制度操作独立空间还很有限，但对以后地方政府权力的膨胀及其与中央分权起到了关键作用。

安史之乱是唐代政治的分野，它带来的最严重后果就是平叛以后各地藩镇势力的崛起，中央集权受到严重削弱。中央政府被迫赋予地方政府相对独立的财政权和经济管理自主权，中央与地方在经济上由此走向分权。这种变化首先来自中央与地方财税体系的重建。由于平叛期间中央允许方镇"应须兵马甲仗器械粮赐等，并于本路自供"，藩镇节度观察使成为独立的财政实体，中央对地方州县一以贯之的财权和税权被改变，中央所需支出只能从藩镇财政收益中分割。地方藩镇和州县在筹集财政收入过程中，依靠的是原来维持地方财政、以支定收的户税和地税，而不再是以往按丁征收的租庸调制，因为战争时期人口转死流移，租庸调制赖倚存在的户籍制度趋向瓦解。至780年，唐政府不得不适应地方的财税现实，废除租庸调，推行两税法，并采取定额化的两税三分体制，旨在确保中央财政收入的稳定，结果使唐前期统收统支的租庸调财税体系被定额三分的两税法取代。任何一个经济制度都是一个社会整合体系。在原来统收统支财政下，中央政府对土地和人口进行直接控制，由此形成租庸调制与均田制、户籍制的三位一体。随着战争时期人口的流转，以及地方藩镇州县成为一个个相对独立的财政实体，中央集权下的租庸调制开始瓦解，而与之相适应的均田制走向解体，户籍制也发生了变迁。履亩而税的推行使土地制度摈弃了虚拟的国有授田形式，加强了对土地流转的管理。同时，户籍制度也由重人丁转向重资产，"据地造籍"成为户籍制度的新原则，进而出现有土地的主户和没有土地的客户之分。新的土地和户籍制度反映了地方上土地、人口频繁流动的实态。值得注意的是，唐前期的均田制和户籍制是国家利用中央集权强制推行，最终来维持人头税的征收制度。而两税及相应的土地、户籍制度依赖的是土地、人口等经济要素在基层社会的自发结合，它不排斥土地、人口的自然流动。

安史之乱后地方的分权不仅改变了唐前期基于农本财政的中央经济集权制度架构，也使传统的抑商政策产生松动，商品经济获得了发展的契机。两税法下中央与地方财政分灶吃饭，两税定额制使中央政府的这部分财政收入被限定，中央集权适用的空间极小。为了增加财政收入，唐中央政府开始把中央集权的目标指向商品经济领域。实际上，经过休养生息，农业不断发展，唐代的商品经济在玄宗时期就已经呈现出繁荣的态势，但国家仍然坚持农本经济政策，继续推行传统的市籍制和坊市制度，限制了商品经济发展的空间。随着安史之乱时期人口的迁移，户籍制度的紊乱，原有对商人进行人身束缚和控制商人活动空间的制度亟待改变。然而，唐中央政府重拾传统的"官山海"政策，推行对盐、茶、酒等重要商品的专卖制度。对原有商品经济领域制度也选择维持，如对市籍租，唐后期变为按户缴纳，坊市制度也被明令维持，唐文宗开成年间，还规定"京夜市宜令禁断"。专卖制度的本质是中央垄断重要商品的经营权，排斥地方分利。实质上，唐中央政府的上述政策仍然是中央集权和国家干预政策在商品经济领域的表现。尽管中央政府力图维持原有的商品经济秩序，但地方出于财政利益的考虑却鼓励发展商品经济，希求增加商税收入。商税又称关市之赋，唐前期"关讥而不征"，安史之乱时期，地方以赡军为名征收，得到中央的默认。平叛以后，中央试图禁止关市之赋，但地方还是私自征敛。中央与地方对商品经济的态度和趋向虽然差别巨大，不过，唐代商品经济政策还是发生了变化。中央推行专卖制度本身也是靠商品经营来实现，国家跻身商品经济领域说明了农本政策的松动。同时，中央政府在专卖经营上选择与商人合作的办法，这在一定程度上提高了商人的社会地位。地方对商税觊觎的背后则对商品经济发展采取放任的态度。唐后期商业政策转变的直接原因是中央与地方分权后各自的财政压力，而间接的因素是商品经济在社会的孕育和繁荣。唐后期城市经济冲破坊市限制、农村地区草市和镇市的大量出现，与其说是制度变迁的结果，不如说是中唐时期没被书写的基层商业兴盛的常态，而国家政策的改变仅仅是顺应了这一变化趋势而已。

　　唐后期区域经济得到跨越式发展，人口迁移是其中的一个重要因素。人口的迁移有战争时期的被迫迁移，也有和平时期的自发迁移，而后者得益于地方政府的户籍政策。人口迁移的方向主要从北方迁到南方，从而促进了南方经济的发展。另一个推动因素是中央与地方的经济分权，它有助于地方政府独立决定和处理本行政区域内的政治、社会和经济事务，这大大激发和增强了地方政府的经济活力和地方政府管理的自觉性，于是地方政府的利益主体地位日渐凸显，承担了推动地区经济发展的重任。在地方经济发展中，南方地区成就最为突出。它们利用地方财政结余兴修水利、改善交通甚至蠲赋息役，推动了当地经济的发展。

　　中唐以后发端于地方的经济变革，历经五代，至宋被逐步固定下来。虽然宋代立国后重新确立了中央集权，在经济制度上力求恢复财政的中央集权，似有回潮之势。但是，唐宋经济变革的整体趋向并不能改变。有宋一代井田、均田和限田之议虽多，但正如马端临所言"书生之论所以不可行"，而对两税法，"一或变之，则反至于烦扰无稽，而国与民俱受其病"。事实上，宋代田制中的方田均税、经界法、户籍中的主客户以及税制中的二税都是沿着中唐以来的路径发展而来的。即使宋初财政上重建的统收统支体系到北宋中期也转向"以一路之资，供一路之费"，大体上又回到了财政定额体制的轨道。在商品经济领域，北宋政府除了对盐、茶、酒等少数重要商品坚持专卖以外，对其他的商品仍然委托地方政府管理。由于中央集权控制力较为薄弱，这些商品的经济规律得到较为充分的体现，从而促进了这些经济领域的迅速发展。

由此观之，中央与地方的分权格局是唐宋经济变革的重要条件。它改变了以往中央集权下的制度设计，顺应了地方自发的经济秩序，从而为后来的国家经济制度注入了鲜明的地方性特征。同时，它也让中国古代社会诸如人口、土地、资本、市场等经济因子摆脱了原有的制度束缚，迸发出生机和活力。如果将唐宋中央与地方分权视域进一步拓宽，我们还会发现，中国古代的经济制度建设主要来自中央集权的国家干预和对地方经济自发秩序的认同两个途径，以唐代安史之乱为界限可分为前后两期，前期以中央集权的国家干预为主，后期则主要适应地方经济的自发秩序。从这一角度观察，发生在唐宋之际的中央与地方分权以及经济变革更具有划时代的意义。

附录四 试论唐前期吐鲁番地区
户税的几个问题*

唐前期户税的研究因正史记载较少曾一度难以
深入，吐鲁番文书的发现改变了这一局面。自 20
世纪 50 年代起，中外学者开始利用吐鲁番文书对
唐前期户税进行研究，目前已经取得了丰硕的成
果。[1] 然而，学术界在充分利用吐鲁番文书中的户
税资料去分析唐朝前期户税制度时，却对吐鲁番本
地区的户税做出了许多错误的解释。这一方面是由

---

* 本文原载《西域研究》2007 年第 1 期。

1 首先利用吐鲁番文书对唐前期户税进行研究的是日本学者周藤吉之
（『唐宋社会経済史研究』；另见《敦煌学译文集》）；以后王珠文（《关
于唐代户税的几点意见》，《北京师院学报》1983 年第 1 期；《关于唐
中期户税的税额税率和计征的一些认识》，《北京师院学报》1985 年第
1 期）和朱睿根（《唐代两税法前的户税》，《中国社会经济史研究》，
1986 年第 3 期）在户税研究中都运用了吐鲁番文书。近年来，李锦
绣在《唐代财政史稿》上卷中利用敦煌吐鲁番文书对户税做了进一步
深入探讨。

于用正史中的户税条文去硬性比附吐鲁番地区的户税文献，忽视了吐鲁番地区户税的地方性特征；另一方面是由于用两税法时期户税征收框架来解释唐前期吐鲁番地区的户税，忽视了户税已经发展变化的历时性特征。鉴于此，笔者尝试摆脱上述思维惯性，对唐前期吐鲁番地区的户税诸问题重新加以梳理。

一 吐鲁番地区户税是否有中央户税和地方户税之分？

将唐代的户税分为中央户税和地方户税，这是日本学者日野开三郎的观点。他认为：地方户税的税目仅存在于某一地区，并完全服务于地方财政。中央户税则与此相反。具体到吐鲁番地区的户税，他认为该地区的大税钱、第一限税钱、第二限（后限）税钱都是中央户税，户税柴和勾征税钱是地方户税。[1] 对此，有必要讨论一下户税在中央与地方的权力划分和具体实施问题。

户税是以户等为征收对象、以钱为课税物的税种。这种征税方式不仅仅见于唐代西州所在的吐鲁番地区。伯三八四一号文书背"唐开元廿二年沙州冬季勾帐草"中就有"肆阡玖伯伍拾文，开廿二年欠"和"壹拾阡柒伯陆拾文，开廿三年预税"的记载。[2] 武后时期陈子昂在四川上书，"请为九等税钱以市骡马"。[3] 天宝十载，河南尹裴迥"请税本府户钱，自龙门东山抵天津桥东，造石堰以御水势"。[4] 可见，在敦煌的沙州以及河南、四川地区也都存在这一税种。从户税广泛分布于不同地区并且征税前都需上报中央批准来看，唐前期户税的制税权在中央。另外，中央对户税的征收额度和服务对象也进行宏观管理。《唐六典》记载："凡天下诸州税钱各有准常，

---

1 日野开三郎：《论唐代赋役令中的岭南户税米》，《唐史论丛》第 3 辑，第 52 页。
2 池田温：《中国古代籍帐研究》，录文与插图部分，第 227 页。
3 《陈拾遗集》卷 8《上蜀中军事》，《景印文渊阁四库全书》第 1065 册，第 618 页。
4 《唐会要》卷 86《桥梁》，第 1578 页。

三年一大税，其率一百五十万贯；每年一小税，共率四十万贯，以供军国传驿及邮递之用。每年又别税八十万贯，以供外官之月料及公廨之用。"[1] 由此可知，户税的中央总税额在二百万贯左右，主要供军国传驿、邮递和外官月料、公廨之用。到天宝中期，户税钱的服务对象有所变化，"百四十万诸道州官课料及市驿马，六十余万添充诸军州和籴军粮"。[2] 因此，在整个唐前期，户税的制税权始终被中央牢牢把持，而且一直处于国家财政统一的管理之下，户税并没有中央和地方之分。

那么，户税为什么会给人地方户税的印象呢？这与户税的地方性特征有关。虽然户税的制税权在中央，但它与租庸调正税的不同之处在于财政服务对象在地方。租庸调正税是国家统收统支，而户税则是地方专征专用。具体来说，各地方的馆驿数量和邮递费用不同，官吏数目多少、月料和公廨费用也不同。对此，唐政府不是在全国范围内统一征收户税，然后再统一分配，而是按规定标准分别统计各地方的上述费用，确立地方的户税额，再根据地方的户口和户等征收户税。因此，尽管中央规定了税制形式，控制征收的决定权，但户税具体如何征收以及税率的确定，权力在地方。由于各地军国馆驿和邮递的具体情况不同，户税的征收目的是有区别的，如前述四川地区军粮运脚通过户税征收，河南地区征收户税钱修石堰，都是户税不同征收目的的表现形式。

通过以上分析再反观吐鲁番地区的户税能够发现，出现中央户税和地方户税的认识，是用正史中的户税制度条文对吐鲁番文书简单比附的结果。吐鲁番文书中的大税钱、第一限税钱、第二限（后限）税钱由于在《唐六典》中有据可查，所以被认为是中央户税；户税柴不见记载，就被划入地方户税之列。所以，首先应该剔除中

---

1 《唐六典》卷3《尚书户部》，第77页。
2 《通典》卷6《食货六》，第111页。

央户税和地方户税的概念。唐前期户税是唐政府统一制定的，没有中央和地方之分。其次，承认吐鲁番文书中的大税钱、第一限税钱、第二限（后限）税钱由中央制定是正确的，但是，户税收入不是上缴中央，而是服务于中央设在地方的军队和驿站。户税柴和勾征也不是地方户税，前者是户税钱的折纳方式，并没有超出中央规定的军国传驿范围；后者本身就体现出中央的宏观管理，只不过中央勾户税帐籍，地方州县具体勾征税钱，其收入供地方军国传驿的专项财政使用。

二　吐鲁番地区的户税是单一形式税还是复合形式税？

吐鲁番地区的户税分两限征收，前限和后限，或第一限和第二限，对于这一点学界基本达成共识。但是，在两限税额是否相等的问题上却存在分歧。大谷五八二三号文书中记载了一个叫周通生的税户纳户税钱的情况："周通生纳天囗（宝）叁载后限钱壹佰壹拾陆文，其载七月二日，典魏立抄。"[1]这里周通生纳后限税钱116文。王仲荦先生以此推测，前后限税钱相等，共232文。正接近于《通典》里杜佑天宝计帐中九等户222文的税钱标准。[2]日本学者周藤吉之与王先生解释相同，并认为另一文书大谷五八一一号中八等户周祝子纳第一限税钱151文，两限相加共302文，也接近于《通典》里杜佑天宝计帐中八等户452文的税钱标准。[3]对此，李锦绣先生从别税的研究出发认为，户税两限征收目的不同，税率也不会一致。[4]笔者同意李锦绣的看法，吐鲁番地区户税两限税额相等的认识并不符合实际。

1　池田温：《中国古代籍帐研究》，录文与插图部分，第296页。
2　王仲荦：《唐代两税法研究》，《历史研究》1963年第6期。
3　周藤吉之「唐代中期における戶税の研究—吐鲁番出土文書を中心として—」『唐宋社会経済史研究』549頁。另见《敦煌学译文集》，第771页。
4　李锦绣：《唐代财政史稿》上卷，第480页。

　　实际上，产生吐鲁番地区户税两限税额相等认识的前提是把唐前期户税当作了单一形式税。户税以单一形式税出现是在两税法推行时期，此时它除对原来的各种形式户税进行了整合外，还容纳了租庸调和一些杂税。然后，"约丁产，定等第，均率作，年支两税"。[1] 即户税钱一年分两次平均等额征收。但在两税法确立前，户税形式并非如此，而是以复合形式税存在的。所谓复合形式税是指在共同的征税对象下税收表现为多税目、多额度、多税率的税种。唐前期户税的复合形式首先表现为多税目。据学者统计，在吐鲁番文书中以户为征收对象的税目除了大税钱、第一限税钱、第二限（后限）税钱和户税柴以外，还有"户收草夫价钱并粮""闰月后加税""修军营鎒鉴""修赤亭镇夫价钱""付科户缏价钱"。[2] 这些都是户税不同税目的表现形式。其次是多额度。户税最大宗的财政服务对象是军国传驿和地方官月料，相对应的税目是第一限税钱（或大税钱）和第二限税钱。由于唐代各地的驿馆有具体数量，需购马匹和什物花费也有具体规定，因而有固定的税额。地方配备官员数量、品级和月料标准法律有明文规定，计算这项总额也不难。这两项税目一则是户税的主要税目，同时又比较固定，因而中央将其写入令、典。除此之外，户税还有一些税目属于本地区特有的军事或传驿所需，有的是临时性的，也有的固定为经常性则例，它们各自也都有不同的税额。最后，就是多税率。由于多税目和多额度，各自分配到九等户中，所以户税也表现为多税率。吐鲁番文书中记载的税率有"大税钱壹伯陆拾伍文""税钱壹伯壹拾柒文"（大谷四九八〇号），"后限税钱壹伯壹拾陆文"（大谷五八二三号），"第壹限税钱壹伯伍拾壹文"（大谷八一一号），"勾征麸价钱壹伯文"（周氏一族文书五八二二号），"科户缏价钱壹阡壹伯文"（周氏一族文书

1　《唐会要》卷 83《租税上》，第 1535 页。
2　李锦绣：《唐代财政史稿》上卷，第 495 页。

五七九二号）。[1]正是由于对唐前期户税的复合形式认识不清，把它与两税法推行以后户税按户等在一年中分两次平均征收的单一形式税混淆，才出现了吐鲁番地区户税两限税额相等的认识。

此外，杜佑对天宝年间户税的记载也对上述错误认识起了一定的作用。《通典》中称："其八等户所税四百五十二，九等户则二百二十二。今通以二百五十为率。自七载至十四载六七年间，与此大数，或多少加减不同，所以言约，他皆类此。"[2]八等户和九等户税额的记载增强了唐前期户税为单一形式税的错误认识，甚至令人相信各户等人户所纳户税全国有统一的标准。前文已经谈到，唐前期户税是地方专征专用，中央对地方户税是总额管理。如果中央统一为各地、各级别户等制定税率，那么，户税额将随着各地户口的流动和户等的变化而不断变化。各地户税额将多寡不一，不可能保证军国传驿、邮递的顺利运行和外官月料、公廨的支出。同时，统一税率和定额管理本身是一种矛盾关系，既然《唐六典》中有明确的户税总额，那么，《通典》中的具体税率就不可能是全国统一的税率。

三 吐鲁番地区户税征收中所依据资产是否包括土地?

唐前期户税是依据户等来征收，而评定户等的标准是户内的资产。那么，资产是否包括土地呢?《吐鲁番出土文书》中的《唐开元二十一年西州蒲昌县定户等案卷》所记财产包括人口、粮食、车牛和园宅，未见土地。于是依据该文书，一些学者坚持认为定户等的资产不包括土地。[3]但也有一些学者对该文书提出质疑，认为定户

---

1 王永兴:《隋唐五代经济史料汇编校注》，第 523~529 页。
2 《通典》卷 6《食货六》，第 110 页。
3 唐耕耦:《唐代前期的户等与租庸调的关系》，《魏晋隋唐史论集》第 1 辑，北京:中国社会科学出版社，1981;王珠文:《关于唐代定户等及户令中的几个问题》，《山西大学学报》1983 年第 2 期;宋家钰:《唐代的户籍法和均田制》，郑州:中州古籍出版社，1988，第 122~127 页;李锦绣:《唐代财政史稿》上卷，第 491~495 页。

等的资产包括土地。[1] 这样，不仅对于在整个国家层面上唐前期征收户税所依据的资产是否包括土地难下定论，就吐鲁番地区来说，征收户税所依据的资产是否包括土地也变得扑朔迷离。

我们先对《唐开元二十一年西州蒲昌县定户等案卷》[2] 进行分析：

　　　肆户下上户（下残）

　　　户韩君行年七十二老　　部曲知富年廿九　宅一区　菜园坞舍一所

　　　车牛两乘　青小麦捌硕　糜粟肆拾硕

　　　户宋克隽年十六中　婢叶力年卅五丁　宅一区　菜园一亩　车牛一乘

　　　牸牛大小二头　青小麦伍硕　糜粟拾硕

　　　户范小义年廿三五品孙　弟思权年十九　婢[柳]叶年七十老　宅一区

　　　糜粟拾硕

　　　户张君政年卅七卫士　男小钦年廿一白丁　赁房坐　糜粟伍硕

　　　已上并依县　（后缺）

从上述文书记载的评定标准来看，资产包括了户内的丁中、奴婢和部曲、住宅、菜园、车牛和家中的粮食。目前，学者间的分歧在于以上户内的土地是否原本就不包括在资产之内，还是依靠另外的户籍或青苗簿记载来补充？在所列资产中，与土地有关联的是宅和菜园。这种菜园可能是"宅园地"分离形成的。因为在唐代田令中，"宅园地"是与口分田、永业田相异的受田种类，但中唐以后，

1　杨际平：《唐代户等与田产》，《历史研究》1985 年第 3 期；李晓路：《唐代定户等赀中包括土地》，《历史研究》1985 年第 3 期；张泽咸：《也谈唐代评定户等与田产的关系》，《杭州师院学报》1995 年第 1 期；邢铁：《户等制度史纲》，昆明：云南大学出版社，2002，第 26~28 页。

2　《吐鲁番出土文书》第 9 册，第 98~99 页。

随着园圃业的发展，园地与宅地呈现分离的倾向。[1] 另一种可能是永业田变成专门的菜地。如《开元四年（716）西州柳中县高宁乡籍》中有很多这样的记载："壹段伍拾步永业菜，城北壹里。""壹段陆拾步永业菜，城北半里。"[2] 但值得注意的是，无论是从宅园地中分出的菜园还是永业田演变成的菜地，在西州户籍中都被包括在已受田部分中。如前引《开元四年（716）西州柳中县高宁乡籍》中记载江义宣户为："壹拾叁亩壹拾步永业，壹拾叁亩捌拾步已受；应受田玖拾壹亩，柒拾步居住园宅，柒拾柒亩半肆拾步未受。"

这样就带来下列问题，如果资产中的土地通过户籍来另外统计，那么户籍中的已受田既然包括了菜地，显然在统计其他资产中就不应该再重复统计。倘若是因为菜地经济价值较高，被着重强调，所以才专门列出，那么，在衡量土地亩数来评估资产时就要刨出菜地。而户籍中的土地是按地块分别记载的，菜地可能分成很多块，这样麻烦的统计问题蒲昌县不去完成而留给州官，恐难以信人。因此，定资产时另外参照户籍中的土地缺乏具体操作的可能性。除了户籍，再就是青苗簿登记土地。《唐六典》记载："每年户别据以受田及借荒等，具所种顷亩，造青苗簿。"[3] 青苗簿的制造需要几个过程。吐鲁番出土文书中出现了青苗案、青苗历和户青苗簿。青苗案是征收地税的堰头根据地亩和佃人情况所造，由于它是按地亩编制，所以，不可能成为衡量户资产的依据。州县则根据青苗案进一步加工青苗历和户青苗簿。青苗历是对以乡为单位的地亩和青苗的统计，大谷文书二八三九号背面记载了敦煌县的青苗历，统计总亩数四百八十六顷八亩，"皇八十五顷卅一亩（六十顷麦），高五十五顷卅八亩……"，[4] 皇和高都是乡名，由

1　大澤正昭「唐代の蔬菜生産と経営」『東洋史研究』42-4、1984 年。
2　池田温：《中国古代籍帐研究》，录文与插图部分，第 103 页。
3　《唐六典》卷 3《尚书户部》，第 84 页。
4　池田温：《中国古代籍帐研究》，录文与插图部分，第 182 页。

此能够发现，青苗历仅是县根据上面的地亩数和作物种类向基层乡里督征地税的簿书。因此，如果土地要被列入资产范围，只能依据户青苗簿。户青苗簿是以户为单位登记田亩和青苗，它最终要上报尚书省。大谷文书二八三四号登载了户青苗簿："户主石海达，见受田七十四亩。廿亩麦，一段廿亩，城北卅里宜谷渠……廿九亩粟，一段一亩，城北卅里宜谷渠。"[1] 能够看到，户青苗簿详细记载户内的见受田、作物种类、种植亩数，如果有菜地必然也被列入其中。这样又出现了《定户等案卷》与户青苗簿重复的问题。所以，户青苗簿和户籍都不可能成为定资产补充参照的依据。另外，基层定户与造户籍是一并进行的，据《唐会要》卷 85《籍帐》载："诸户籍三年一造，起正月上旬，县司责手实、计帐，赴州依式堪造……其户每以造籍年预定为九等，便注籍脚。"[2] 这里需注意的是造户籍依据手实，即百姓的自我呈报来完成。由此推断，《定户等案卷》所依据的资产也应该是通过手实完成的。既然百姓通过手实呈报，县司计帐，那么，就应该呈报全部财产，没必要再通过户籍或青苗簿补充衡量。因此，根据蒲昌县《定户等案卷》中所列的资产中除菜地外没有其他土地，可以断定吐鲁番地区户税征收中这些土地被排除在资产以外了。

　　坚持定户等依据土地的学者还认为，上述蒲昌县《定户等案卷》中同为下上户即七等户，但范小义户和张君政户的资产情况无法与其他两户相比，范小义户没有车牛、菜地，张君政户甚至租房住，他们能被列入七等户只能是户内土地多的缘故。事实上，这种解释很牵强。资产多的人户土地反而少，资产少的人户土地

---

[1]　池田温：《中国古代籍帐研究》，录文与插图部分，第 194 页。此文书池田温将其称为"受田簿"，但杨际平先生将其定为"户青苗簿"。由于"受田簿"不必登载作物种类，因此，杨际平先生的意见应该是正确的。参见杨际平《唐代州青苗簿与租佃制下的地税》，《新疆社会科学》1989 年第 1 期。

[2]　《唐会要》卷 85《籍帐》，第 1559 页。

反而多，这明显与常理相悖。个中原因，笔者认为与这两户户主的身份有关。范小义是五品孙，张君政是卫士，在吐鲁番地区勋官和军卫的户等普遍较高，如在《唐赵恶奴等户内丁口课役文书》中有"卫怀德队副，单身，上中户"的记载。[1]《吐鲁番出土文书》第 6 册收录的两件被题为"唐欠田簿"的文书也反映了这种情况，其录文如下：

（一）

1 □住行□□□□	户内欠常田［二］亩	［部］□三亩
2 米文行廿五_{卫士}	户内欠常田三亩	部田四亩
3 四等		
4 高峻端卅五_{卫士}	户头欠常田二亩	部田三亩
5 高君达廿二_{三卫}	户内欠常田三亩	部田五亩
6 张文固五十六_{勋官}	户头欠常田三亩	部田五亩
7 张□□五十五_{□［官］}	户头欠常□□亩	部田五□
8 弟建嘿卅九_{府史}	户内欠常田四亩	部田六亩
9		阴永
10 上上户		
11 史义感廿九_{品子}	户内欠常田四亩	部田六亩
12 堂弟仁俨廿六_{品子}	户内欠常田四亩	部田六亩

（二）

1 六等		
2 贾行通卅二_{卫士}	户内欠常田四亩	部田六亩
3 弟孝通十八_中	户内欠常田四亩	部田六亩

1　国家文物局古文献研究室、新疆维吾尔自治区博物馆、武汉大学历史系编《吐鲁番出土文书》
　　第 6 册，北京：文物出版社，1985，第 329 页。

4	令狐高贞廿三_{庭州佐史}	户内欠常田三亩	部田三亩
5	安妙何卅五_{卫士}	户内欠常田二亩	部田六亩
6	白神宝廿一白丁	户内欠常田四亩	部田六亩
7	□□□廿一白丁	□［内］［欠］常田二亩	部田二亩[1]

　　这两件文书中除两人为白丁外，其他人皆是勋官、佐史和军卫，户等最高为一等户，最低是六等户。而且这些户按官田的常田四亩、部田六亩的授田标准都不足，甚至没有被授田。如果这些高等户另有土地，在西州地区户均垦田 10 亩左右且占有分散的情况下，这些户需要占有多少土地才配得上其户等呢？[2] 另外，如果土地在西州是攫取财富的头等资源，那么，高等户凭其社会地位为什么没有占有本应获得的官田？由此可见，身份和其他资产在吐鲁番地区定户等中才是考虑的因素。

　　许多学者之所以坚持认为吐鲁番地区的定户等包括土地，在笔者看来还是用其他时代定户等的方式进行比附的结果。一种是根据秦汉以来定户等的历史传统。如吐鲁番胜金口地区出土北朝时期的《赀合文书》[3]，里面有按土地记赀的内容，于是据此认为唐前期吐鲁番地区的户税也应是按土地记赀。另一种是根据两税法时期定户等的资产情况。这一时期土地作为定户等资产的例子非常多，如元和时期的大臣独孤郁在《才识兼茂明于体用策》中曾说："昔尝有人，有良田千亩，柔桑千本，居室百堵，牛羊千蹄，奴婢千指，其税不下七万钱矣。"[4] 大中二年正月三日赦书中亦载："所在逃户见在桑田、屋宇等，多是暂明东西，便被邻人与所由等计会，推云代纳税钱，

---

1 《吐鲁番出土文书》第 6 册，第 574~576 页。
2 杨际平认为西州存在均田制和官田给百姓田制。参见《北魏隋唐均田制新探》，第 308~310 页。
3 该文书朱雷将其定名为"北凉承平年间高昌郡高昌县赀簿"。参见《吐鲁番出土北凉赀簿考释》，《武汉大学学报》1980 年第 4 期。
4 《文苑英华》卷 488《才识兼茂明于体用策》，第 2490 页。

悉将砍伐毁折。"[1] 然而，唐前期的户税不仅与以前的"赀赋"、户调有所不同，就是与两税法时期的户税区别也较大，况且吐鲁番地区与中原相比，制度的地方性又相对突出。因此，将这种比附的方法用在研究吐鲁番地区户税的问题上是值得商榷的。

　　总之，唐前期吐鲁番地区户税存在与中央户税制度相通的一面，但户税本身是一个地方性特征极强的税种，而且吐鲁番地区远在边陲，又具有原麹氏高昌政权时期赋税制度的基础，因而其户税征收形式存在特殊性。在正史资料对唐前期赋役制度的实施情况记载笼统、缺失的情况下，吐鲁番文书提供了珍贵的个案史料，这是其价值所在。但是，用国家的赋役制度框架来比附吐鲁番地区的赋役制度，或是用不同时期和地区的赋役制度来解释吐鲁番地区赋役制度的运行实态都是不可取的。就唐前期吐鲁番地区来说，其户税征收存在独特的地方色彩。

---

1 《文苑英华》卷 422《大中二年正月三日册尊号敕书》，第 2137 页。

参考文献

一 文献资料

白居易:《白氏长庆集》,《景印文渊阁四库全书》第
　　1080 册，台北：台湾商务印书馆，1986。以下
　　文渊阁《四库全书》本皆为此版本。

班固撰，颜师古注:《汉书》，北京：中华书局，
　　1962。

蔡戡:《定斋集》,《景印文渊阁四库全书》第
　　1157 册。

陈旉:《农书》,《景印文渊阁四库全书》第 730 册。

陈傅良撰，曹叔远编《止斋文集》,《景印文渊阁四库
　　全书》第 1150 册。

陈寿:《三国志》，北京：中华书局，1959。

陈子昂:《陈拾遗集》,《景印文渊阁四库全书》第

1065 册。

程大昌:《演繁露续集》,《景印文渊阁四库全书》第 852 册。

《东坡全集》,《景印文渊阁四库全书》第 1107 册。

董诰等编《全唐文》,北京:中华书局,1983 年影印本。

窦仪等:《宋刑统》,薛梅卿点校,北京:法律出版社,1999。

杜牧:《樊川文集》,上海:上海古籍出版社,1978。

杜佑:《通典》,王文锦等点校,北京:中华书局,1988。

范成大:《骖鸾录》,《景印文渊阁四库全书》第 460 册。

范成大纂修,汪泰亨等增订《吴郡志》,《宋元方志丛刊》本,北京:
　　中华书局,1990 年影印本。以下《宋元方志丛刊》本皆为此版本。

范晔撰,李贤等注:《后汉书》,北京:中华书局,1965。

范仲淹:《范文正公集》,《景印文渊阁四库全书》第 1089 册。

范仲淹:《范文正奏议》,《景印文渊阁四库全书》第 427 册。

高承:《事物纪原》,《景印文渊阁四库全书》第 920 册。

勾延庆:《锦里耆旧传》,《丛书集成新编》第 115 册,台北:新文丰出
　　版公司,1985 年影印本。以下《丛书集成新编》本皆为此版本。

顾从义:《法帖释文考异》,《景印文渊阁四库全书》第 683 册。

顾炎武撰,黄汝成集释《日知录集释》,上海:上海古籍出版社,
　　1985。

《国语》,上海:上海古籍出版社,1978。

国家文物局古文献研究室、新疆维吾尔自治区博物馆、武汉大学历
　　史系编《吐鲁番出土文书》第 5 册,北京:文物出版社,1983。

国家文物局古文献研究室、新疆维吾尔自治区博物馆、武汉大学历
　　史系编《吐鲁番出土文书》第 7 册,北京:文物出版社,1986。

国家文物局古文献研究室、新疆维吾尔自治区博物馆、武汉大学历
　　史系编《吐鲁番出土文书》第 9 册,北京:文物出版社,1990。

韩鄂编,缪启愉校释《四时纂要校释》,北京:农业出版社,1981。

韩愈:《韩昌黎全集》,上海:世界书局,1935。

洪迈:《容斋随笔》，孔凡礼点校，北京：中华书局，2005。

黄淮、杨士奇编《历代名臣奏议》，上海：上海古籍出版社，1989
　　年影印本。

《黄宗羲全集》第 1 册，杭州：浙江古籍出版社，2005。

嵇曾筠等监修，沈翼机等编纂《浙江通志》，《景印文渊阁四库全书》
　　第 526 册。

江少虞:《宋朝事实类苑》，上海：上海古籍出版社，1981。

乐史:《宋本太平寰宇记》，北京：中华书局，2000 年影印本。

黎翔凤撰，梁运华整理《管子校注》，北京：中华书局，2004。

李翱:《李文公集》，《景印文渊阁四库全书》第 1078 册。

李昉等:《太平御览》，北京：中华书局，1960 年影印本。

李昉等编《太平广记》，北京：中华书局，1961。

李昉等编《文苑英华》，北京：中华书局，1966。

李复:《滴水集》，《景印文渊阁四库全书》第 1121 册。

《李觏集》，王国轩校点，北京：中华书局，1981。

李吉甫:《元和郡县图志》，贺次君点校，北京：中华书局，1983。

李林甫等:《唐六典》，陈仲夫点校，北京：中华书局，1992。

李焘:《续资治通鉴长编》，上海师范大学古籍整理研究所、华东师
　　范大学古籍整理研究所点校，北京：中华书局，2004。

李心传:《建炎以来朝野杂记》，徐规点校，北京：中华书局，2000。

李心传:《建炎以来系年要录》，《景印文渊阁四库全书》第 327 册。

厉鹗:《辽史拾遗》，《景印文渊阁四库全书》第 289 册。

梁克家纂修《淳熙三山志》，《宋元方志丛刊》本。

刘昫等:《旧唐书》，北京：中华书局，1975。

刘长卿:《刘随州集》，《景印文渊阁四库全书》第 1072 册。

龙衮:《江南野史》，《丛书集成新编》第 115 册。

卢宪纂，史弥坚修《嘉定镇江志》，《宋元方志丛刊》本。

陆广微:《吴地记》，《景印文渊阁四库全书》第 587 册。

陆耀遹:《金石续编》,《石刻史料新编》第 4 册,台北:新文丰出版公司,1982。

陆游:《南唐书》,《丛书集成新编》第 115 册。

陆贽:《翰苑集》,《景印文渊阁四库全书》第 1072 册。

路振:《九国志》,宛委别藏本,南京:江苏古籍出版社,1988。

罗愿纂,赵不悔修《新安志》,《宋元方志丛刊》本。

吕陶:《净德集》,《景印文渊阁四库全书》第 1098 册。

马端临:《文献通考》,北京:中华书局,1986。

马令:《南唐书》,《丛书集成新编》第 115 册。

《欧阳修文集》,李逸安点校,北京:中华书局,2001。

欧阳修、宋祁:《新唐书》,北京:中华书局,1975。

欧阳修:《新五代史》,北京:中华书局,1974。

彭定求等编《全唐诗》,北京:中华书局,1960。

彭泽、汪舜民纂修《弘治徽州府志》,《天一阁藏明代方志选刊本》,上海:上海书店出版社,2014。

钱大昕:《廿二史考异》,方诗铭、周殿杰校点,上海:上海古籍出版社,2004。

潜说友纂修《咸淳临安志》,《宋元方志丛刊》本。

强至:《祠部集》,《景印文渊阁四库全书》第 1091 册。

丘濬:《大学衍义补》,《景印文渊阁四库全书》第 712 册。

权德舆:《权载之文集》,《四部丛刊》本。

仁井田陞著,栗劲、霍存福、王占通、郭延德编译《唐令拾遗》,长春:长春出版社,1989。

任广:《书叙指南》,《景印文渊阁四库全书》第 920 册。

阮元校刻《十三经注疏(附校勘记)》,北京:中华书局,1980 年影印本。

邵伯温:《邵氏闻见录》,李剑雄、刘德权点校,北京:中华书局,1983。

沈括撰，胡道静校注《新校正梦溪笔谈》，北京：中华书局，1957。

沈练撰，仲昂庭辑补《广蚕桑说辑补》，北京：农业出版社，1960。

沈亚之：《沈下贤集》，《景印文渊阁四库全书》第 1079 册。

司马光：《资治通鉴》，北京：中华书局，1956。

宋敏求：《春明退朝录》，诚刚点校，北京：中华书局，1980。

宋敏求编《唐大诏令集》，北京：商务印书馆，1959。

孙光宪：《北梦琐言》，贾二强点校，北京：中华书局，2002。

孙应时纂修，鲍廉增补，卢镇续修《琴川志》，《宋元方志丛刊》本。

陶宗仪编《说郛》，北京：中国书店，1986。

《天一阁藏明钞本天圣令校证（附唐令复原研究）》，天一阁博物馆、
　　中国社会科学院历史研究所天圣令整理课题组校证，北京：中华
　　书局，2006。

脱脱等：《金史》，北京：中华书局，1975。

脱脱等：《辽史》，点校本二十四史修订本，北京：中华书局，2016。

脱脱等：《宋史》，北京：中华书局，1977。

王安石：《临川先生文集》，北京：中华书局，1959。

王夫之：《读通鉴论》，北京：中华书局，1975。

王鸣盛：《十七史商榷》，黄曙辉点校，上海：上海书店出版社，
　　2005。

王辟之：《渑水燕谈录》，吕友仁点校，北京：中华书局，1981。

王溥：《唐会要》，北京：中华书局，1955。

王溥：《五代会要》，北京：中华书局，1998。

王钦若等编《册府元龟》，北京：中华书局，1960 年影印本。

王直：《抑庵文集》，《景印文渊阁四库全书》第 1241 册

吴兢：《贞观政要》，上海：上海古籍出版社，1978。

吴任臣：《十国春秋》，徐敏霞、周莹点校，北京：中华书局，1983。

吴廷燮：《唐方镇年表》，北京：中华书局，1980。

《五国故事》，《丛书集成新编》第 115 册。

夏侯阳撰，甄鸾注《夏侯阳算经》，《景印文渊阁四库全书》第797册。

谢深甫监修《庆元条法事类》，北京：燕京大学图书馆，1948年影印本。

徐梦莘：《三朝北盟会编》，上海：上海古籍出版社，1987。

徐溥等奉敕撰，李东阳等重修《明会典》，《景印文渊阁四库全书》第617册。

徐松辑《宋会要辑稿》，北京：中华书局，1957年影印本。

薛季宣撰，薛旦编《浪语集》，《景印文渊阁四库全书》第1159册。

薛居正等：《旧五代史》，北京：中华书局，1976。

《永乐大典》，北京：中华书局，1960年影印本。

佚名编《宋大诏令集》，北京：中华书局，1962。

俞希鲁纂，脱因修《至顺镇江志》，《宋元方志丛刊》本。

元好问：《遗山集》，《景印文渊阁四库全书》第1191册。

《元稹集》，冀勤点校，北京：中华书局，1982。

袁甫：《蒙斋集》，《景印文渊阁四库全书》第1175册。

圆仁：《入唐求法巡礼行记》，顾承甫、何泉达点校，上海：上海古籍出版社，1986。

曾敏行：《独醒杂志》，朱杰人点校，上海：上海古籍出版社，1986。

曾枣庄、刘琳主编《全宋文》，上海、合肥：上海辞书出版社、安徽教育出版社，2006。

张方平：《乐全集》，《景印文渊阁四库全书》第1104册。

张金吾编《金文最》，北京：中华书局，1991。

张齐贤：《洛阳缙绅旧闻记》，《景印文渊阁四库全书》第1036册。

长孙无忌等：《唐律疏议》，刘俊文点校，北京：中华书局，1983。

赵汝愚编《宋朝诸臣奏议》，北京大学中国中古史研究中心校点整理，上海：上海古籍出版社，1999。

赵翼：《廿二史札记校证》，王树民校正，北京：中华书局，1984。

真德秀：《西山文集》，《景印文渊阁四库全书》第 1174 册。

郑樵：《通志》，北京：中华书局，1987。

周应合纂，马光祖修《景定建康志》，《宋元方志丛刊》本。

朱熹：《晦庵集》，《景印文渊阁四库全书》第 1143 册。

朱长文纂修《吴郡国经续记》，《宋元方志丛刊》。

仁井田陞『唐令拾遺補—附唐日両令対照一覧』東京大学出版社、1997。

小田義久『大谷文書集成』第三巻、法蔵館、2003 年。

二　今人论著

（一）著作

包伟民：《传统国家与社会（960~1279）》，北京：商务印书馆，2009。

包伟民：《宋代城市研究》，北京：中华书局，2014。

包伟民：《宋代地方财政史研究》，上海：上海古籍出版社，2001。

长野郎：《中国土地制度的研究》，强我译，北京：中国政法大学出版社，2004。

陈登原：《中国田赋史》，北京：商务印书馆，1998。

陈明光：《唐代财政史新编》，北京：中国财经出版社，1991。

陈寅恪：《金明馆丛稿二编》，陈美延编《陈寅恪集》，北京：三联书店，2001。

陈寅恪：《隋唐制度渊源论稿》，北京：中华书局，1963。

程民生：《宋代地域经济》，郑州：河南大学出版社，1992。

程喜霖：《唐代过所研究》，北京：中华书局，2000。

池田温：《中国古代籍帐研究》，龚泽铣译，北京：中华书局，2007。

道格拉斯·C.诺斯：《经济史中的结构与变迁》，陈郁、罗华平等译，上海：三联书店，1994。

道格拉斯·C.诺斯:《制度、制度变迁与经济绩效》,刘守英译,上海:三联书店,1994。

邓小南:《祖宗之法:北宋前期政治述略》,北京:三联书店,2006。

冻国栋:《中国中古经济与社会史论稿》,武汉:湖北教育出版社,2005。

杜文玉:《五代十国经济史》,北京:学苑出版社,2011。

杜希德:《唐代财政》,丁俊译,上海:中西书局,2016。

杜赞奇:《文化、权力与国家:1900~1942年的华北农村》,王福明译,南京:江苏人民出版社,1996。

凡勃伦:《有闲阶级论》,蔡受百译,北京:商务印书馆,1964。

弗里德利希·冯·哈耶克:《个人主义与经济秩序》,邓正来译,北京:北京经济学院出版社,1998。

弗里德利希·冯·哈耶克:《自由秩序原理》,邓正来译,北京:三联书店,1997。

高明士:《战后日本的中国史研究》,台北:明文书局,1987。

葛金芳:《两宋社会经济研究》,天津:天津古籍出版社,2010。

耿元骊:《唐宋土地制度与政策变迁研究》,北京:商务印书馆,2012。

谷更有:《唐宋国家与乡村社会》,北京:中国社会科学出版社,2006。

郭正忠主编《中国盐业史·古代编》,北京:人民出版社,1997。

韩茂莉:《辽金农业地理》,北京:社会科学文献出版社,1999。

何平:《清代赋税政策研究:1644~1840年》,北京:中国社会科学出版社,1998。

何勇强:《钱氏吴越国史论稿》,杭州:浙江大学出版社,2002。

侯外庐主编《中国思想通史》第四卷上册,北京:人民出版社,1992。

胡如雷:《隋唐五代社会经济史论稿》,北京:中国社会科学出版社,

1996。

黄纯艳:《宋代财政史》,昆明:云南大学出版社,2013。

黄仁宇:《十六世纪明代中国之财政与税收》,上海:三联书店,2001。

黄正建主编《中晚唐社会与政治研究》,北京:中国社会科学出版社,2006。

黄宗智:《长江三角洲小农家庭与乡村发展》,北京:中华书局,1992。

加藤繁:《中国经济史考证》(卷一、二),吴杰译,北京:商务印书馆,1963。

鞠清远:《唐代财政史》,北京:商务印书馆,1940。

康芒斯:《制度经济学》,于树生译,北京:商务印书馆,1981。

李伯重:《理论、方法、发展趋势:中国经济史研究新探》,北京:清华大学出版社,2002。

李伯重:《唐代江南农业的发展》,北京:北京大学出版社,2009。

李华瑞:《探寻宋型国家的历史——李华瑞学术论文集》,北京:人民出版社,2018。

李剑农:《中国古代经济史稿》第3卷(宋元明部分),武汉:武汉大学出版社,2005。

李金水:《王安石经济变法研究》,福州:福建人民出版社,2007。

李锦绣:《唐代财政史稿》上卷,北京:北京大学出版社,1995。

李锦绣:《唐代财政史稿》下卷,北京:北京大学出版社,2001。

李晓:《宋代工商业经济与政府干预研究》,北京:中国青年出版社,2000。

李志贤:《杨炎及其两税法研究》,北京:中国社会科学出版社,2002。

林文勋:《唐宋社会变革论纲》,北京:人民出版社,2011。

刘安志:《敦煌吐鲁番文书与唐代西域史研究》,北京:商务印书馆,

2011。

刘道元:《两宋田赋制度》,上海:新生命书局,1933。

刘进宝:《唐宋之际归义军经济史研究》,北京:中国社会科学出版社,2007。

刘俊文主编《日本学者研究中国史论著选译》(第一、四、五卷),北京:中华书局,1992、1993。

刘俊文主编《日本中青年学者论中国史》(六朝隋唐卷、宋元明清卷),上海:上海古籍出版社,1995。

刘泽华:《中国的王权主义》,上海:上海人民出版社,2000。

刘子健:《中国转向内在:两宋之际的文化内向》,赵冬梅译,江苏人民出版社,2002。

吕思勉:《中国制度史》,上海:上海教育出版社,1985。

宁可:《中国经济发展史》,北京:中国社会科学出版社,1998。

漆侠:《宋代经济史》,上海:上海人民出版社,1987。

钱穆:《中国文化史导论》,北京:商务印书馆,1993。

青木昌彦:《比较制度分析》,周黎安译,上海:上海远东出版社,2001。

任爽:《南唐史》,长春:东北师范大学出版社,1995。

桑田幸三:《中国经济思想史论》,沈佩林、叶坦、孙新译,北京:北京大学出版社,1991。

斯波义信:《宋代江南经济史研究》,方健、何忠礼译,南京:江苏人民出版社,2001。

宋家钰:《唐朝户籍法与均田制研究》,郑州:中州古籍出版社,1988。

唐任伍:《唐代经济思想研究》,北京:北京师范大学出版社,1996。

唐长孺:《魏晋南北朝隋唐史三论》,武汉:武汉大学出版社,1993。

陶懋炳:《五代史略》,北京:人民出版社,1985。

田晓忠:《宋代田赋制度研究》,北京:中国社会科学出版社,2016。

汪圣铎：《两宋财政史》，北京：中华书局，1995。

王曾瑜：《宋朝阶级结构》，石家庄：河北教育出版社，1996。

王曾瑜：《锱铢编》，石家庄：河北大学出版社，2006。

王成柏、孙文学：《中国赋税思想史》，北京：中国财政经济出版社，1995。

王棣：《宋代经济史稿》，长春：长春出版社，2001。

王家范：《中国历史通论》，上海：华东师范大学出版社，2000。

王永兴：《隋唐五代经济史料汇编校注》，北京：中华书局，1987。

王仲荦：《金泥玉屑丛考》，北京：中华书局，1988。

威廉·配第：《赋税论　献给英明人士　货币略论》，陈东野等译，北京：商务印书馆，1978。

武建国：《五代十国土地所有制研究》，北京：中国社会科学出版社，2002。

西奥多·W.舒尔茨：《改造传统农业》，梁小民译，北京：商务印书馆，1999。

西嶋定生：《中国经济史研究》，冯佐哲、邱茂、黎潮合译，北京：农业出版社，1984。

邢铁：《户等制度史纲》，昆明：云南大学出版社，2002。

杨际平：《北魏隋唐均田制新探》，长沙：岳麓书社，2003。

叶坦：《富国富民论——立足于宋代的考察》，北京：北京出版社，1991。

约翰·希克斯：《经济史理论》，厉以平译，北京：商务印书馆，1987。

张国刚：《唐代藩镇研究》，长沙：湖南教育出版社，1987。

张剑光：《唐五代江南工商业布局研究》，南京：江苏古籍出版社，2003。

张泽咸：《汉晋唐时期农业》，北京：中国社会科学出版社，2003。

张泽咸：《唐代工商业》，北京：中国社会科学出版社，1995。

张泽咸:《唐代阶级结构研究》,郑州:中州古籍出版社,1996。

张泽咸:《唐五代赋役史草》,北京:中华书局,1986。

赵晶:《〈天圣令〉与唐宋法制考论》,上海:上海古籍出版社,2014。

赵靖、石世奇:《中国经济思想通史》第3卷,北京:北京大学出版社,1997。

赵旭:《唐宋法律制度研究》,沈阳:辽宁大学出版社,2006。

赵雅书:《宋代的田赋制度与田赋收入状况》,台北:台湾大学文学院,1969。

郑学檬:《五代十国史研究》,上海:上海人民出版社,1991。

郑学檬:《中国赋役制度史》,厦门:厦门大学出版社,1994。

郑学檬:《中国古代经济重心南移和唐宋江南经济研究》,长沙:岳麓书社,1996。

船越泰次『唐代両税法研究』汲古書院、1996年。

吉田虎雄『唐代租税研究』汲古書院、1973年。

日野開三郎『日野開三郎東洋史学論集』第3卷『唐代両税法の研究　前篇』三一書房、1981年。

日野開三郎『日野開三郎東洋史学論集』第4卷『唐代両税法の研究　本篇』三一書房、1982年。

曽我部静雄『宋代財政史』生活社、1941年。

周藤吉之『唐宋社会経済史研究』東京大学出版会、1965年。

柳田節子『宋元郷村制の研究』創文社、1986年。

仁井田陞『唐宋法律文書の研究』東京大学出版会、1983年。

(二) 论文

包伟民:《唐宋转折视野之下的赋役制度研究》,《中国史研究》2010年第1期。

岑仲勉:《唐代两税法基础及其牵连的问题》,《历史教学》1951年第

2 卷第 5、6 期。

晁福林：《论"初税亩"》,《文史哲》1999 年第 6 期。

陈国灿：《略论唐五代的各类"地子"及其演变》,《中国古代社会研究——庆祝韩国磐先生八十华诞纪念论文集》，厦门：厦门大学出版社，1998。

陈明光、毛蕾：《唐宋以来的牙人与田宅典当买卖》,《中国史研究》2000 年第 4 期。

陈明光：《"检田定税"与"税输办集"：五代时期中央与地方的财权关系论稿之一》,《中国社会经济史研究》2009 年第 3 期。

陈明光：《20 世纪唐代两税法研究评述》,《中国史研究动态》2000 年第 10 期。

陈明光：《从"两税钱"、"两税斛斗"到"桑田正税"——唐五代两税法演变补论》,《文史》2010 年第 1 辑，北京：中华书局，2010。

陈明光：《从"两税外加率一钱以枉法论"到两税"沿征钱物"——唐五代两税法演变续论》,《魏晋南北朝隋唐史资料》第 25 辑，武汉：武汉大学出版社，2009。

陈明光：《汉唐之际的国家权力、乡族势力与据赀定税》，张国刚主编《中国社会历史评论》第 3 卷，北京：中华书局，2001。

陈明光：《论唐朝两税预算的定额管理体制》,《中国史研究》1989 年第 1 期。

陈明光：《论唐五代逃田产权制度变迁》,《厦门大学学报》2004 年第 4 期。

陈明光：《试论汉宋时期农村"计赀定课"的制度性缺陷》,《文史哲》2007 年第 2 期。

陈明光：《宋朝逃田产权制度与地方政府管理职能变迁》,《文史哲》2005 年第 1 期。

陈明光：《唐朝推行两税法改革的财政前提——代宗时期财政改革与

整顿述评》,《中国社会经济史研究》1990 年第 2 期。

陈明光:《唐代后期地方财政支出定额包干制与南方经济建设》,《中国史研究》2004 年第 4 期。

陈明光:《唐宋田赋的"损免"与"灾伤检放"论稿》,《中国史研究》2003 年第 2 期。

陈明光等:《试论唐朝的赋役折纳折免与政府购买及地方治理》,《中国经济史研究》2019 年第 2 期。

陈寅恪:《论韩愈》,《历史研究》1954 年第 2 期。

船越泰次:《唐代两税法中的斛斗征科及两税钱的折籴和折纳问题》, 中译文载刘俊文主编《日本中青年学者论中国史 (六朝隋唐卷)》, 上海:上海古籍出版社, 1995。

大津透:《唐律令国家的预算——仪凤三年度支奏抄·四年全金部旨符试释》, 苏哲译,《敦煌研究》1997 年第 2 期。

戴建国:《从佃户到田面主:宋代土地产权形态的演变》,《中国社会科学》2017 年第 3 期。

戴建国:《宋代的田宅交易投税凭由和官印田宅契书》,《中国史研究》2001 年第 3 期。

邓小南、荣新江:《"唐宋时期的社会流动与社会秩序研究"专号·序》, 邓小南、荣新江主编《唐研究》第 11 卷, 北京:北京大学出版社, 2005。

邓小南:《近年来宋史研究的新进展》,《中国史研究动态》2004 年第 9 期。

习培俊:《"唐宋社会变革"假说的反思与区域视野下的"历史中国"》,《学术月刊》2013 年第 2 期。

冯剑辉:《宋代户帖的个案研究》,《安徽史学》2018 年第 3 期。

高树林:《试论中国封建社会赋税制度的税役变化问题》,《中国史研究》1989 年第 1 期。

葛金芳:《两宋摊丁入亩趋势论析》,《中国经济史研究》1988 年第

3 期。

葛金芳:《宋代户帖考释》,《中国社会经济史研究》1989 年第 1 期。

宫泽知之:《唐宋变革论》,《中国史研究动态》1999 年第 6 期。

郭丽冰:《略论宋代国家的土地管理》,《广东教育学院学报》2005 年第 2 期。

郝若贝:《750~1550 年期间中国的人口、政治和社会变迁》,穆仪译,《中国史研究动态》1986 年第 9 期。

侯江红:《唐朝两税三分制财政改革与地方政府农业经济职能》,《中国农史》2011 年第 1 期。

胡戟:《唐代粮食亩产量——唐代农业经济述论之一》,《西北大学学报》1980 年第 3 期。

胡如雷:《唐代两税法研究》,《河北天津师范学院学报》1958 年第 3 期。

黄永年:《唐代两税法杂考》,《历史研究》1981 年第 1 期。

贾丽英:《秦汉至三国吴的"訾税"变迁》,《历史研究》2019 年第 2 期。

姜伯勤:《一件反映唐初农民抗交"地子"的文书——关于〈牛定相辞〉》,《考古》1978 年第 3 期。

金宝祥:《论唐代的两税法》,《甘肃师范大学学报》1962 年第 3 期。

金毓黻:《唐代两税与宋代二税》,《中国学报》第 1 卷第 1 期,1943 年。

荆三林:《〈唐昭成寺僧朗谷果园庄地亩幢〉所表现的晚唐寺院经济情况》,《学术研究》1980 年第 3 期。

鞠清远:《唐代的两税法》,《国立北京大学社会科学季刊》第 6 卷第 3 期,1936 年。

李伯重:《略论均田令中的"桑田二十亩"与"课种桑五十根"》,《历史教学》1984 年第 12 期。

李华瑞:《20 世纪中日"唐宋变革"观研究述评》,《史学理论研究》

2003 年第 4 期。

李华瑞:《唐宋史研究应当翻过这一页——从多视角看"宋代近世说（唐宋变革论）"》,《古代文明》2018 年第 1 期。

李锦绣:《试论唐代的税草》,《文史》第 34 辑，北京：中华书局，1992。

李锦绣:《唐后期的虚钱、实钱问题》,《北京大学学报》1989 年第 2 期。

李锦绣:《唐前期"轻税"制度初探》,《中国社会经济史研究》1993 年第 1 期。

李锦绣:《唐前期的附加税》,《中国唐史学会论文集》，西安：三秦出版社，1993。

李埏:《略论唐代的"钱帛兼行"》,《历史研究》1964 年第 1 期。

李晓路:《唐代定户等赀中包括土地》,《历史研究》1985 年第 3 期。

李志贤:《"宋承五代之弊，两税遂呈变态"——论宋代赋役变革与两税法精神的传承》,《宋史研究论丛》第 5 辑，石家庄：河北大学出版社，2003。

梁太济:《宋代客户诸称辨析》,《陈乐素教授 (九十) 诞辰纪念文集》，广州：广东人民出版社，1992。

刘浦江:《金代户籍制度刍论》,《民族研究》1995 年第 3 期。

刘玉峰、钊阳:《试论唐代两税法的制度缺陷和执行弊端》,《唐史论丛》第 17 辑，西安：陕西师范大学出版社，2014。

刘云、习培俊:《宋代户帖制度的变迁》,《江西师范大学学报》2009 年第 6 期。

刘云:《税役文书与社会控制：宋代户帖制度新探》,《保定学院学报》2010 年第 2 期。

柳立言:《何谓"唐宋变革"？》,《中华文史论丛》2006 年第 1 期。

罗祎楠:《模式及其变迁——史学史视野中的唐宋变革问题》,《中国文化研究》2003 年第 2 期。

内藤湖南:《概括的唐宋时代观》，刘俊文主编《日本学者研究中国史论著选译》第 1 卷《通论》，黄约瑟译，北京：中华书局，1992。

宁欣:《唐德宗财税新举措析论》,《历史研究》2016 年第 4 期。

任爽、卞季:《鉴空衡平——任爽教授访谈录》,《历史教学》2005 年第 8 期。

任爽:《唐宋制度史研究丛书·总序》，赵旭:《唐宋法律制度研究》，沈阳：辽宁大学出版社，2006。

日野开三郎:《论唐代赋役令中的岭南户税米》，辛德勇译,《唐史论丛》第 3 辑，西安：陕西人民出版社，1987。

沙知:《跋开元十六年庭州金满县牒》，中国敦煌吐鲁番学会编《敦煌吐鲁番学研究论文集》，上海：汉语大词典出版社，1990。

尚平:《宋代户帖的性质及其使用》,《广西社会科学》2007 年第 5 期。

沈世培:《两税向田亩税的转变及其原因初探》,《中国社会经济史研究》1990 年第 1 期。

束世澂:《两税法与建中税制改革》,《历史教学问题》1958 年第 2 期。

孙彩红:《唐后期两税法下纳税人的税收负担水平新探》,《厦门大学学报》2010 年第 2 期。

孙继民:《唐宋之际归义军户状文书演变的历史考察》,《中国史研究》2012 年第 1 期。

唐耕耦:《唐代前期的户等与租庸调的关系》,《魏晋隋唐史论集》第 1 辑，北京：中国社会科学出版社，1981。

唐长孺:《唐代的客户》,《山居存稿》，北京：中华书局，1989。

汪圣铎:《北宋两税税钱的折科》,《许昌师专学报》1989 年第 2 期。

汪圣铎:《税钞、粮草钞和盐钞》,《文史》第 15 辑，北京：中华书局，1982。

王炳华:《吐鲁番出土唐代庸调布研究》,《唐史研究会论文集》，西安：陕西人民出版社，1983。

王曾瑜:《宋朝的两税》,《文史》第 14 辑,北京:中华书局,1982。

王珏、何富彩:《唐代两税法的经济效果——基于双重差分模型的实证分析》,《中国经济史研究》2017 年第 6 期。

王永兴:《中晚唐的估法和钱帛问题》,《社会科学》1949 年第 2 期。

王仲荦:《唐代两税法研究》,《历史研究》1963 年第 6 期。

王珠文:《关于唐代定户等及户令中的几个问题》,《山西大学学报》1983 年第 2 期。

王珠文:《关于唐代户税的几点意见》,《北京师院学报》1983 年第 1 期。

王珠文:《关于唐中期户税的税额税率和计征的一些认识》,《北京师院学报》1985 年第 1 期。

魏道明:《论唐代的虚估与实估》,《中国经济史研究》2002 年第 4 期。

魏道明:《略论唐朝的虚钱和实钱》,《青海师范大学学报》1992 年第 2 期。

魏天安:《宋代的契税》,《中州学刊》2009 年第 3 期。

翁俊雄:《唐后期民户大迁徙与两税法》,《历史研究》1994 年第 3 期。

吴丽娱:《从张平叔的官销之议试论唐五代盐专卖方式的变迁》,《中国史研究》1996 年第 1 期。

吴丽娱:《浅谈大历高物价与虚实估起源》,韩金科主编《'98 法门寺唐文化国际学术讨论会论文集》,西安:陕西人民出版社,2000。

吴丽娱:《试析唐后期物价中的"省估"》,《中国经济史研究》2000 年第 3 期。

杨际平:《试论唐代后期的和籴制度》,《杨际平中国社会经济史论文集·唐宋卷》,厦门:厦门大学出版社,2016。

杨际平:《唐代户等与田产》,《历史研究》1985 年第 3 期。

杨际平:《唐代西州青苗簿与租佃制下的地税》,《新疆社会科学》1989 年第 1 期。

杨际平:《唐田令的"户内永业田课植桑五十根以上"——兼谈唐宋间桑园的植桑密度》,《中国农史》1998 年第 3 期。

杨际平：《走出"唐宋变革论"的误区》，《文史哲》2019 年第 4 期。

尹敬坊：《关于宋代的形势户问题》，《北京师院学报》1980 年第 6 期。

张安福：《税制改革对唐代农民产业经营和日常生活的影响》，《江西社会科学》2009 年第 7 期。

张邦炜：《史事尤应全面看——关于当前宋史研究的一点浅见》，《西北师大学报》2017 年第 1 期。

张邦炜：《唐宋变革论的误解与正解——仅以言必称内藤及会通论等为例》，《中国经济史研究》2017 年第 5 期。

张剑光、邹国慰：《唐五代时期江南农业生产商品化及其影响》，《学术月刊》2010 年第 2 期。

张飘：《出土文书所见唐代公验制度》，《史学月刊》2017 年第 7 期。

张其凡：《关于"唐宋变革期"学说的介绍与思考》，《暨南学报》2001 年第 1 期。

张熙惟：《宋代折变制探析》，《中国史研究》1992 年第 1 期。

张小军：《理解中国乡村内卷化的机制》，（香港）《二十一世纪》总第 45 期，1998 年 2 月号。

张亦冰：《唐宋时估制度的相关令文与制度实践——兼论〈天圣令·关市令〉宋 10 条的复原》，《中国经济史研究》2017 年第 1 期。

张泽咸：《论田亩税在唐五代两税法中的地位》，《中国经济史研究》1986 年第 1 期。

张泽咸：《唐代的寄庄户》，《文史》第 5 辑，北京：中华书局，1979。

张泽咸：《唐代的客户》，《历史论丛》第 1 辑，北京：中华书局，1964。

张泽咸：《唐代的衣冠户和形势户——兼论唐代徭役的复除问题》，《中华文史论丛》1980 年第 3 辑，上海：上海古籍出版社，1980。

张泽咸：《也谈唐代评定户等与田产的关系》，《杭州师院学报》1995 年第 1 期。

郑学檬：《五代两税述论》，《中国社会经济史研究》1983 年第 4 期。

郑学檬：《五代十国的杂税》，《中国社会经济史研究》1984 年第 4 期。

周曲洋:《概念、过程与文书：宋代两税研究的回顾与展望》,《唐宋历史评论》第 4 辑，北京：社会科学文献出版社，2018。

周曲洋:《量田计户：宋代二税计征相关文书研究》，博士学位论文，中国人民大学，2017。

朱家源、王曾瑜:《宋朝的官户》，邓广铭、程应镠主编《宋史研究论文集》，上海：上海古籍出版社，1982。

朱雷:《吐鲁番出土北凉赀簿考释》,《武汉大学学报》1980 年第 4 期。

朱睿根:《唐代两税法前的户税》,《中国社会经济史研究》1986 年第 3 期。

梁太濟「宋代兩稅及其與唐代兩稅的異同」『中国史学』第 1 卷、中国史学会、1991 年 10 月。

鈴木俊「唐の戸税と青苗錢との關係に就いて」『池内博士還暦記念東洋史論叢』座右宝刊行会、1940 年。

曽我部静雄「両税法と戸税・地税の無関係を論ず」『東洋学』2 号、1959 年 10 月。

周藤吉之「唐代中期における戸税の研究—吐魯番出土文書を中心として—」『唐宋社会経済史研究』東京大学出版会、1965 年。另见《敦煌学译文集》，兰州：甘肃人民出版社，1985。

梅原郁「兩稅法の展開－五代、宋の租税制をあぐつて－」『歴史教育』17-6、1968 年。

梅原郁「宋代の形勢と官戸」『東方学報』60、1988 年。

草野靖「両税法以降の主客戸制度」（上、下）『熊本大学文学部論叢』37、1991 年。

草野靖「宋代の形勢戸」『人文論叢』〈福岡大学〉25-1、1993 年。

日野開三郎「五代の沿征に就いて」『史渊』13、1936 年。

周藤吉之「南唐、北宋の沿征」『和田博士古稀記念東洋史論叢』講談社、1961 年。

大澤正昭「唐代の蔬菜生産と経営」『東洋史研究』42-4、1984 年。

后　记

　　本书是我对博士学位论文的再次修订。2007年，我于东北师范大学博士毕业后，由于当时所在工作单位黑龙江大学历史系学科建设急需成果，故将博士学位论文仓促付梓。当时印数非常少，更谈不到发行，故此书惠及面颇小。承蒙学界诸多师友和学界新锐抬爱，近些年来对书中某些浅见一直有转载、引用、评介以及商榷者，这对我而言皆是激励与扶掖。我的研究课题后来偏向唐宋役制，但对田税制度一直关注，亦有一些新的思索，故萌生再版之念。2018年底，我负笈南下，入职福建师范大学社会历史学院。学院为我营造了优越的工作和科研环境，也鼓励和支持科研成果的发表和出版，这使拙著有机会再次修订。

　　本书在保留原有基本架构和主体内容的基础

上，尽可能地吸收近十年来学界有关唐宋之际田税的最新成果。除全面校订原书文字和注释外，也把本人诸如户帖、杂税等后来的拓展性研究成果融入所在章节。还另以附录形式，收入已经发表或参与学术交流的几篇文章，它们都属于我立足唐宋之际对田税相关问题的解读，故连缀于此。

田税制度在中国古代农本社会中颇为关键，而唐宋社会变迁之际的田税更具有牵动性。拙著虽对该问题尝试梳理，并经再次修订，但在呈现学界之时，仍觉忐忑。这不仅囿于本人学识所限，书中可能存在诸多疏错，还由于本书研究时段跨越唐宋，难以避免讨论问题的畸轻畸重。同时，我受业于先师任爽先生，入门十国，根在有唐，对宋史习惯于采取从唐到宋推演的视角去考察，这与立足有宋一代对田税的整体审视殊异。因此，本书重在关注中晚唐至北宋前期田税制度的过渡性特征，而对北宋田税在王安石变法后新的嬗变以及南宋田税，还有与宋代田税相关联的簿籍、土地管理、运行机制等问题多为个案深入，未做整体性探讨。鉴于上述可能存在的研究不足，还请相关学者批评斧正！

人生每一阶段都会结识很多人，经历许多事。我在二十余年的学术生涯中，有幸得到学界众多师长和朋友的帮助与抬爱。因纸短情长，恕我在此不逐一列出，但感恩之心，常怀于心间！

回顾以往学术道路，特别怀念恩师任爽先生。硕士阶段跟随先生研习十国史，使我接受了严格的制度史训练；读博期间在先生指导下研究唐宋史，培养了我通贯的历史视野。我在而立之年才进入学术研究领域，迄今能粗窥学术门径，全赖恩师锻造学术根基。遗憾的是，恩师已于2012年仙逝。行文于此，顿然酸楚，笔也瑟瑟。传承是最好的怀念！沿着恩师所指引的学术道路，我只有加倍努力，不断开拓，才能不辜负恩师的期望。

在本次修订的书稿付梓之际，我还要特别感谢福建师范大学社会历史学院学术委员会同意该书出版，并给予经费资助，感谢叶青院长多次与出版社协调，玉成此事！此外，还要感谢社会科学文献出版社历史学分社社长郑庆寰先生以及编辑赵晨先生、汪延平女士对书稿提出的具体修订意见。

　　此刻，假期的领先楼多了一份宁静，唯有窗外知了在不知疲倦地长鸣。独居静室，置身书丛，于我而言并不觉得寂落，反而有一份惬意和充实！二十几年来，读书问学已经成为一种生活方式，以致稍有怠惰，便有负罪之感。虽然已近天命之年，亦知雪泥鸿爪，学无所成，但做自己能做的事，能做自己喜欢的事，吾亦足矣！

　　　　　　　　　　　　2020年8月于福建师大领先楼

图书在版编目 (CIP) 数据

承续与变迁：唐宋之际的田税 / 吴树国著. -- 北
京：社会科学文献出版社，2021.12
（九色鹿·唐宋）
ISBN 978-7-5201-8655-1

Ⅰ.①承⋯　Ⅱ.①吴⋯　Ⅲ.①赋税制度－研究－中国
－唐宋时期　Ⅳ.①F812.94

中国版本图书馆CIP数据核字（2021）第138169号

·九色鹿·唐宋·

承续与变迁：唐宋之际的田税

著　　者 / 吴树国

出 版 人 / 王利民
组稿编辑 / 郑庆寰
责任编辑 / 赵　晨
文稿编辑 / 汪延平
责任印制 / 王京美

出　　版 / 社会科学文献出版社·历史学分社（010）59367256
　　　　　　地址：北京市北三环中路甲29号院华龙大厦　邮编：100029
　　　　　　网址：www.ssap.com.cn
发　　行 / 市场营销中心（010）59367081　59367083
印　　装 / 北京盛通印刷股份有限公司

规　　格 / 开　本：787mm×1092mm 1/16
　　　　　　印　张：23.5　字　数：315千字
版　　次 / 2021年12月第1版　2021年12月第1次印刷
书　　号 / ISBN 978-7-5201-8655-1
定　　价 / 89.80元